【국제이해교육】 1

세계화 시대의 국제이해교육

이삼열·강순원·한경구 外 지음
아시아·태평양 국제이해교육원 엮음

한울 아카데미 | UNESCO 아시아·태평양 국제이해교육원

이 도서의 국립중앙도서관 출판시도서목록(CIP)은 e-CIP홈페이지(http://www.nl.go.kr/ecip)와 국가자료공동목록시스템(http://www.nl.go.kr/kolisnet)에서 이용하실 수 있습니다. (CIP제어번호: CIP2003001819)

서문

이 책은 국제이해교육에 관심을 갖는 교사와 대학생, 시민사회의 교육자들이 활용하며 참고할 수 있는 자료집(Source Book)으로 기획되고 만들어졌습니다. 특히 초·중등학교에서 창의적 재량학습 과목으로 채택되고 있는 국제이해교육 과목을 담당한 교사들이 교안을 짜거나 교재를 만드는 데 도움을 드리기 위해 편찬되었습니다. 그래서 저희 교육원이 만든 초중등학교 교과과정에 따라, 내용을 여섯 단원으로 나누고, 각 단원에서 핵심적인 주제들을 골라, 이를 이해하는 데 도움이 되는 글들을 모아보았습니다. 사실 여기에 묶은 글들은 <아시아·태평양 국제이해교육원>이 실시하고 있는 '국제이해교육 교원연수과정'에서 강의 자료집으로 쓰기 위해 모은 원고들입니다. 교원연수 교재로 쓰기 위해 편집했지만, 관심 있는 대학생이나 일반 시민들에게도 참고가 될 수 있을 것으로 생각되어 교양서적으로 서적에 서가에 내놓기로 하였습니다.

국제이해교육이란 2차세계대전 후 국제연합(UN)이 탄생하면서, 다시는 참혹한 전쟁이 일어나지 않도록 국가와 민족 간의 이해교육을 넓혀 세계 평화를 달성해보자는 취지에서 도입된 새로운 교육이었습니다. 그러나 지난 반세기 동안 시대적 상황이 변하면서 그 개념과 목표가 크게 확장되었고, 여러 나라에서 실시된 교육의 실제 내용도 매우 다양하게 발전하였습니다. 특히 국제이해교육을 주도적으로 이끌어 온 유네스코는 시대적 변화가 요구될 때마다, 국제적 회의나 협의과정을 통해, 이 교육을 인권교육, 환경교육, 평화교육, 다문화이해교육 등으로 발전시켜 왔습니다. 그러나 이 책에서는 아직도 논의가 분분한 국제이해교육의 개념과 범위, 철학적 방향과 원칙에 대한 포괄적인 서술을 시도해보았고, 가급적 편향되지 않은 전체론적 관점(holistic viewpoint)에서 개괄적으로 파악하려는 글들을 골라보았습니다.

국제이해교육은 특히 세계화시대에 와서 특별한 의미와 중요성을 갖는 교육입니다. 국가·민족이 중심이 되던 시대에도 국제이해란 세계평화를 위해 필수적인 교육 분야요, 철학이었지만, 국경의 의미가 희박해지고, 여러 민족·문화·종교가 한 나라, 한 도시 안에서도 혼재하게 된 세계화시대에 이르러서는 나라 안의 평화를 위해서도 필수적으로 가르치지 않으면 안 되는 교육이 되었습니다. 이미 유네스코의 21세기 교육위원회는 21세기에 인류가 추구해야 할 교육목표를 설정하면서, 지식교육(learning to know), 실천교육(learning to do), 인격교육(learning to be)이라는 전통적 목표에 덧붙여 "함께 사는 것을 배우는 교육(learning to live together)"이라는 새로운 방향을 제시한 바 있습니다. 아무리 지식과 기술이 고도로 발달해도 인류가 인종·종교·문화·전통·습관의 다름을 넘어서, 함께 살 수 있는 능력을 갖추지 못하면 전쟁과 테러와 총칼과 폭탄이 난무하는 세상을 볼 수밖에 없기 때문입니다. 세계화시대의 국제이해교육은 무엇보다도 함께 살기 위해서 요구되는 보편적인 가치관과 삶의 태도를 가르치는 것이라 하겠습니다. 모든 사람을 차별 없이 존중하는 인권의식, 갈등과 적대감을 폭력 없이 합리적 대화로 풀어 가는 평화의식, 물질적 삶을 풍요롭게 발전시키면서도 자연생태계를 파괴하지 않는 지속가능한 발전의 가치관, 문화적 다양성을 인정하며 타문화를 이해하고 존중하려는 태도 등을 중요한 덕목으로 가르치는 교육을 말합니다.

여기에 모은 글들이 세계화시대의 구조와 문제들을 파악하고, 함께 사는 가치관과 태도를 길러주는 교육의 방향을 잡고 틀을 짜는 데 도움이 될 수 있기를 희망합니다. 또한 이 자료집이 국제이해교육을 과목으로 가르치는 교사들에게뿐 아니라 사회과, 어문과, 예체능 등 모든 교과목의 교사들에게도 유용하게 쓰일 수 있기를 바랍니다. 사실 국제이해교육은 모든 과목에 관련되고, 또 모든 교사들이 사명감을 가지고 해야 할 교육의 목표이기 때문입니다.

글을 써주시고, 교사연수 시 강의를 맡아주신 필자 여러분들과 출판을 해주신 김종수 사장님에게 깊은 감사를 드리며, 편집의 실무를 맡아 수고한 교육정보실장 곽숙희 박사와 여러 직원들에게도 고마운 뜻을 표하고자 합니다.

2003년 12월

아시아·태평양 국제이해교육원장 이삼열

차례

제1장 국제이해교육의 내용과 방법

국제이해교육의 철학과 역사적 발전

이삼열(유네스코 아시아·태평양 국제이해교육원장)

1. 국제이해교육의 개념과 철학

국제이해교육이란 무엇을 어떻게 가르치는 교육을 말하는가? 국제관계나 국제적인 모든 것을 가르친다고 한다면, 우리나라에 관한 것 이외의 모든 나라나 민족, 문화, 언어, 역사가 다 포함될 터이니 엄청난 양의 교육이 될 것이며, 그것을 교육의 한 분야나 대상으로 따로 특징지을 필요가 없을 것이다. 지구상에는 수백 개의 나라와 수천 개의 언어와 민족, 문화가 있고, 수만 개의 산과 강, 섬들이 있는데, 이들을 모두 알고 이해시키는 것을 말한다면, 아예 세계인류학, 세계지리학, 세계역사학, 외국 언어학을 모두 합쳐놓은 것이나 마찬가지일 것이며 이는 아무도 감히 안다고 할 수 없고, 더구나 가르친다는 것은 말도 안되는 일일 것이다.

국제이해교육은 국제적인 내용이나 대상에 관한 것을 가르치는 교육이겠지만, 국제적인 모든 것을 교육하는 것일 수는 없고 우리에게 중요하고 의미가 있는 것을 선택하여 가르치는 교육이라고 하겠다. 그러나 무엇이 중요하고 의미 있는 내용인가를 정하는 것도 쉬운 일이 아니다. 나에게는 중요하게 보이지만, 다른 사람들에게는 별 의미가 없어 보이는 일도 있으니, 국제관계에서 중요한 문제는 입장에 따라 서로 다르게 볼 것이기 때문이다.

그러면 왜 국제이해교육이란 것이 생겨났으며 오늘날 문제가 되고 있는가? 외국의 역사나 지리, 문화를 교육하는 일은 오래전부터 있어왔고, 특히 현대사회에 와서는 필수적인 교양으로 여겨져왔다. 초·중등학교의 교과 내용 중 언어, 사회,

예능 교육의 절반 이상은 외국에 관한 것이며 국제적인 성격을 띤 교육이다. 그러나 외국에 관한 정보나 지식을 전달한다고 해서 이 모두가 국제이해교육은 아니다. 해외에 수출을 많이 해서 돈을 버는 데 유용한 국제무역이나 해외시장에 관한 정보와 지식을 전하고 배우는 일을 우리는 국제이해교육이라고 하지 않는다. 혹은 과거 제국주의시대에 약소국이나 미개국을 정복해서 식민지로 삼고, 그 민족을 노예로 부려먹기 위해, 아프리카나 아시아 대륙의 인종 문화를 연구했던 학문이나 교육을 우리는 국제이해교육이라고 하지 않는다.

국제이해교육(education for international understanding)은 그 출발 당시부터 함께 잘 살기 위해, 전쟁이나 착취를 하지 않고 서로 존중하며 존중 받으며 살기 위해, 다른 나라의 문화와 역사, 인종, 습관 등을 이해시키는 교육을 목표로 했다. 그것은 애초에 평화를 위한 국제이해교육이었다. 자기 나라나 자기 민족만 알고 그 이익만을 위해 노력하는 인간형을 만들어서는 평화가 있을 수 없기 때문에, 국경을 넘어서 이웃 나라, 남의 나라를 잘 이해시켜 친선관계를 만들려는, 그래서 적대관계나 갈등관계를 극복하려는 목적을 가진 교육이라 할 수 있다.

그래서 국제이해교육은 단순한 국제교육(international education)과는 다르다. 두 가지를 혼용해 쓰는 경우도 있지만, 엄격히 말해 국제이해교육은 국제교육과 같은 대상이나 분야를 다루는 교육이더라도 '이해(understanding)'라는 목적을 가진 교육이다. 이해를 통해 공존과 협력, 평화를 달성하려는 의도를 가진 가치관적 교육이라 하겠다. 물론 다른 나라나 문화의 이해를 통해 자기 발전을 꾀하고 유익을 얻으려는 목적에서 하는 교육도 국제이해교육이라 할 수 있다. 그러나 적어도 자기와 타자의 상호 발전이나 공동의 이익을 전제로 하는 자기 발전과 유익이어야지, 상대방을 이용만하거나 지배하기 위해서 상대방을 알려고 하는 지식의 탐구는 국제이해교육이 아니다. 따라서 국제이해교육은 국제정치학이나 국제경제학, 국제관계학이 아니다. 그런 내용을 갖고 있지만 교육의 목적이나 방향은 전혀 다르다.

국제이해교육의 개념은 그 단어의 뜻에서만 나오지 않는다. 오늘날 여러 나라, 여러 지역에서 다양한 형태와 내용으로 전개되고 있는 국제이해교육은 오랜 역사적 발전 과정을 통해 진보하고 확정되어왔기 때문에 다양한 분야와 차원, 내용을 가지고 있다. 따라서 그 개념도 한가지로 고정될 수 없고 다양하게 정의되고 있으며, 실제 교육내용이나 체계도 여러 가지로 나타나고 있다. 외국의 역사나 사회, 인종, 종교, 습관 등을 중심으로 여러 나라의 문화(culture)를 익히는 국제이해교육도 있고, 세계적인 빈곤이나 질병, 공해 등 해결해야 할 문제(issue)를 중심으로 하는 교육, 또한 평화나 인권 발전과 같은 세계 보편적인 가치들(value)을 중심으로 하는 국제이해교육 등 다양하게 있다.

그래서 국제이해교육은 세계 도처에서 여러 가지 다른 명칭으로 불리면서 교과과정에 편입되어 있다. 우리나라와 일본처럼 국제이해교육(EIU)이라는 이름으로 추진되는 곳도 있지만, 미국에서는 세계교육(global education) 혹은 국제교육(international education)이라고 불리우며 캐나다, 오스트레일리아, 유럽 등지에서는 문화간 교육(intercultural education) 혹은 다문화교육(multicultural education)을 중심으로 추진되고 있다. 그러나 필리핀이나 태국, 인도네시아 등지에선 세계 속에서 함께 사는 데 필요한 덕성(virtue)과 가치(value)를 가르치는 것이 중요하다고 보며 특히 평화교육, 인권교육 등 가치관 교육에 열심이다. 물론 이런 가치관 교육은 시민의식교육(citizens education)이나 도덕교육(moral education)에 포함시켜 실시하기도 한다. 최근 영국에서는 모든 학교에 세계시민교육(global citizenship)을 실시하도록 교육과정을 만들었다고 한다. 뉴질랜드에선 건강(health)교육 속에 사회적 평화나 갈등해소 등을 포함시켜 국제이해교육을 추진하고 있다.

국제이해교육이 이처럼 여러 가지 명칭과 형태로 실시되고 있는 것을 보면, 국제이해교육은 교육의 어떤 특정한 분야(area)를 말하는 것은 아닌 것 같다. 국내이해교육이 있으니 국제이해교육을 해야 된다는 것이 아니다. 또한 이 교육은 너무나 많은 과목과 분야에 널리 걸쳐 있기 때문에 이것을 한 과목(subject)으로 만들기도 어렵다. 흔히 국제이해교육은 범교과적(cross-curricular)으로, 간(間)학문적(interdisciplinary)으로 가르쳐야 하는 분야라고 한다. 새로운 분야도 아니고 새로운 과목도 아니라면 국제이해교육은 무엇을 말하는가? 우리가 국제이해교육을 강화해야 한다고 할 때 무엇을 핵심적으로 가르쳐야 한다는 것인가? 세계지리? 국제경제? 문화인류학? 그것도 다 필요한 내용이지만 국제이해교육의 핵심적 알맹이는 아니다. 모든 나라, 모든 인종, 모든 사람들과 함께 살아가는 지혜와 가치관, 의식과 태도를 길러주기 위한 교육이 아니라면, 아무리 많은 국제적 지식과 정보를 제공하는 교육이라 하더라도 국제이해교육이라 할 수 없다. 그리고 이러한 가치관과 의식을 길러주는 교육이라면, 그 명칭이 다문화교육이든, 세계화교육이든, 영어교육이든, 지리교육이든, 국제이해교육이 될 수 있다고 본다. 따라서 필자는 국제이해교육을 교육의 새로운 방향이요, 새로운 패러다임(paradigm)이라고 부르고 싶다.

이제까지는 나를 중심으로 한 교육이었다면, 남과 이웃 나라, 세계를 중심에 놓고 보게 하는, 모든 사람들과 함께 사는 것을 목표로 국제문제를 새롭게 보게 만드는, 새로운 교육의 방향이요, 패러다임이 바로 국제이해교육이라고 생각한다.

국제이해교육의 바른 원칙과 철학은 "함께 사는 것을 배우는 데(learning to live together)"에 있다. 이것을 현대 교육의 가장 중요한 목표로 설정한 교육철학자가 자끄 들로(Jacques Delors)였다. 유네스코(UNESCO)는 21세기의 세계교육의 목표와 방향을 모색하기 위하여 1993년부터 1996년까지 세계적인 교육전문가 14명으로 '21세기 교육위원회(International Commission on Education for the Twenty-first Century)'를 조직하여 운영하였는데, 그 의장 역할을 한 사람이 전 유럽연합(European Union)의 총재였던 자끄 들로이다. 1996년에 유네스코에 제출된 이 위원회의 보고서에서 그는 미래 교육이 지향해야 할 목표를 네 가지 기둥(four pillar)으로 설명했는데, ① 알기 위한 교육(learning to know), ② 행동하기 위한 교육(learning to do), ③ 참인간이 되기 위한 교육(learning to be), ④ 함께 사는 것을 배우는 교육(learning to live together)이라고 했다.[1)]

이제까지 교육은 주로 알기 위해서, 아는 것을 힘으로 삼아 잘살기 위해서라는 목표를 갖고 있었다. 또한 인격적인 인간, 훌륭한 인간, 책임감 있는 인간이 되기 위해서 배워야 한다고 했다. 그러나 21세기에 와서 한 가지 추가되어야 할 교육의 목표는 모두 함께 사는 것을 배우는 것이라고 했다. 이것은 사람들로 하여금 오늘의 세계가 서로 연관되어 있다는 상호의존성(interdependence)과 문화적 다양성(cultural pluralism)을 배우게 하여, 다른 사람들의 역사와 전통, 가치를 이해하고 존중히 여기게 함으로써 갈등을 평화롭고 합리적인 방법으로 풀어나갈 수 있게 하는 교육을 말한다.

"오늘날 세계 도처에서 강도 높게 일어나는 삶의 구조의 변화는 다른 사람들(other people)과 세계 전반에 대한 좀더 깊은 이해를 가질 것을 요구한다. 상호이해, 평화적인 교류, 그리고 조화(harmony), 이것은 바로 오늘의 세계에서 가장 결핍된 것이다."[2)] 국제이해교육의 기본 목표와 철학이 바로 나와 다른 사람들과 함께 살 줄 아는 세계시민(world citizen)을 기르자는 데 있다고 하겠다.

---

1) Jacque Delors, *Learning : the treasure within*, 1996.
2) 자끄 들로, 앞의 책, p.22.

2. 국제이해교육의 역사적 발전 과정

1) 국제이해교육의 출항 배경(1946)

국제이해교육은 언제부터 실시되었을까? 이런 뜻을 가진 교육은 세계 여러 곳에서 오래전부터 시도되었겠지만, 국제이해교육이란 이름과 목적을 가진 교육은 제2차세계대전 후 유네스코의 창립과 함께 탄생했다고 볼 수 있다.

수천만의 인명을 앗아간 제2차세계대전이 인류의 생존을 멸망시킬지도 모를 원자폭탄의 사용으로 종식되자 전쟁의 방지와 평화의 유지에 대한 관심이 높아졌으며, 드디어 1945년 10월에 샌프란시스코에서 국제연합(United Nations Organization)이 탄생하게 된다.

그 후 1년 뒤, 유엔은 평화를 유지하고 달성하기 위해서는 교육의 역할이 중요하다는 것을 절실히 느끼면서, 1946년 11월에 런던에서 유엔 교육과학문화기구(UNESCO, United Nations Educational, Scientific and Cultural Organization)를 창설하게 된다. 유네스코는 창립 총회가 채택한 헌장(Constitution)에서 그 설립 목적을 분명히 밝힌다.

"전쟁은 인간의 마음에서 시작되므로, 평화를 지키는 일도 인간의 마음에서 구축되어야 한다(Since wars begin in the minds of men, it is in the minds of men that the defences of peace must be constructed)." 유네스코나 교육의 목적이 평화를 지키는 일만은 아니겠지만, 창립 당시 유네스코는 세계교육의 시대적 사명을 평화를 지키는 일에 있다고 선언했다. 평화가 유지되지 않고서는 인권도 발전도 과학기술도 아무런 의미를 갖지 못한다는 것을 절감했기 때문이다.

사실상 이 선언은 국제이해교육의 토대가 되었다. 유네스코는 이미 런던의 창립 총회에서 세계평화와 인류의 복지 향상을 위해서 국제이해교육(education for international understanding)을 도입·강화할 것을 결의했고, 여러 가지 실천 프로그램을 만들었다. 평화를 지키기 위해서는 전쟁의 원인이 되는 다른 나라에 대한 적대감과 오해, 편견을 제거하는 국제이해교육을 강화하지 않으면 안되었기 때문이다. 특히 제2차세계대전은 독일과 이웃 나라들 사이의 많은 편견과 오해, 유태인들에 대한 미움이 원인으로 작용했기 때문에, 전후의 복구와 화해를 위해서도 서로 원수가 되었던 이웃 나라 사람들과 국경을 넘어서 다른 나라에 대한 이해의 교육을 실시하지 않고서는 평화의 질서와 토대를 마련할 수 없는 실정이었다.

그러나 국제이해교육에 대한 필요성은 제2차세계대전을 겪고 나서가 아니라, 이미 제1차세계대전이 끝난 직후부터 의식 있는 지성인들에 의해 감지되고 있었으며, 국경을 넘어선 이웃 나라들에 대한 오해와 적대감을 극복하려는 교육적인 시도가 있었다. 제1차세계대전의 참혹한 기억이 아직도 짓누르고 있던 1920년대 중반, 새로운 갈등과 전쟁의 씨앗이 배태되고 있던 1925년에, 유럽의 양식 있는 교육학자들이 모여, 제네바에 국제교육연구소(International Bureau of Education)를 설치했다. 발달 심리학자로 유명한 피아제(Jean Piaget) 등 뜻 있는 학자들은 영국, 독일, 프랑스 같은 나라에서 민주주의 교육을 한다면서 이웃 나라들을 서로 무시하고 비방하는 교육이 문제라는 것을 절감하여, 상호 정보라도 교환하자고 자료를 모아 연구할 센터를 건립하게 되는데, 이것이 오늘날 유네스코의 국제교육연구소(IBE)의 효시가 되었다.[3)]

스위스의 제네바에서 몇몇 학자들에 의해 설립된 이 국제 민간연구소는 경제공황과 새로운 전쟁의 위협이 불어닥치는 1929년에 당시에 제네바에 본부를 두었던 국제연맹(League of Nations)의 도움을 얻어, 준 국제기구적 성격의 정부간 협력기구(intergovernmental organization)로 개편하게 된다. 새로 개편된 국제교육연구소(IBE)의 헌장에는 그 목적과 취지를 이렇게 밝히고 있다.

"교육을 발전시키는 것이 평화를 달성하고(establishment of peace) 인간을 도덕적으로나 물질적으로 향상시키는 데(progress of humanity) 본질적 요소가 된다. 이러한 교육의 발전을 위해서는 연구자료를 수집하여 교육에 활용하며, 정보자료를 광범하게 교환하게 해서(interchange of information and data) 각 나라들이 다른 나라들의 경험을 통해 자극을 받고 배울 수 있는 혜택을 주는 것이 중요하다."[4)]

국제교육연구소를 창립한 교육학자들은 이미 제1차세계대전의 원인 등을 분석해보면서 평화의 달성을 위해서는 각국의 국가중심적 교육 패러다임이 바뀌어야 함을 감지했고, 국제이해교육의 여건 마련을 위해 각국의 교육자료들을 모아 분석·연구하기로 한 것이다. 국제이해교육의 예비 작업이 이미 1920년대 유럽에서 일어났다고 볼 수 있다. 그러나 1930년대에 들어와 유럽은 파시즘과 나치즘 등, 오히려 국가주의, 군국주의가 팽배하였으며, 제국주의적 침략과 식민지 전쟁으로 더욱 참

3) Lucie-Mami Noar Nkaké, *Education for International Understanding*, 1996, UNESCO-IBE, p.5.
4) Statutes of the International Bureau of Education, July 25, 1929.

혹한 피투성이 제2차세계대전이 터지게 된다. 국제이해와 교육혁신을 통해 평화를 지켜보자던 이들의 노력은 좌절되고 말았다. 그러나 이러한 꿈과 실천의 노력은 헛된 것이 아니어서, 제2차세계대전 직후 유네스코의 직할기구로 'IBE'가 다시 부활되었으며 오늘날까지 국제이해교육의 발전에 중요한 역할을 담당하고 있다.

2) 국제이해와 친선을 위한 협동학교(ASP 1953)

제2차세계대전의 상처가 아물기 시작한 1950년대에 와서 국제이해교육은 전세계적으로 새 교육운동의 핵심적 내용이 된다. 특히 1953년에 유네스코가 전세계의 새로운 교육활동으로 추진한 '유네스코 협동학교 사업(ASP, Associated School Projects)'은 무엇보다 국제이해교육을 각국에 확산시켜 교육의 패러다임을 바꾸어 보려는 교육개혁운동이었다고 할 수 있다. 이 ASP 협동학교사업은 유네스코와 협력하면서 국제적인 교류와 이해교육 프로그램을 실시하는 학교들을 모델 학교로 지정해서 네트워크화하는 사업으로, 이 프로그램을 통해 각국에서는 학교 단위의 국제교류와 교환연수, 방문여행 등 국제이해교육사업이 크게 진흥되었다.

특히 전후 유럽에서는 국제이해교육이 새로운 교육운동으로 번져서, 과거의 편견과 오해, 적대감을 씻고 새로운 유럽공동체를 만드는 데 크게 기여하였다. 특히 자국의 이해와 민족주의의 바탕에서 실시되던 역사, 지리, 언어, 문화 교육이 이웃나라와 타문화를 이해하고 존중하는 교육으로 바뀌면서 국제교류와 친선활동이 활발히 전개되었다. 영국이나 독일, 프랑스의 중고등학생 청소년들이 이웃 나라를 잘 알아야겠다고 1년간씩 다른 나라에 교환학생으로 가서, 외국어를 배우고, 다른 문화와 사회구조를 익히고 돌아오는 교류 프로그램이 대대적으로 실시되었다. 국경을 넘어 자매결연을 맺고 상호 교환 방문하는 일들이 빈번해졌다. 우수한 엘리트층 학생들에겐 외국 체류나 경험이 필수적인 교양으로 인식되기까지 했다.

사실 제1·2차세계대전 같은 참혹한 전쟁을 겪고 원수처럼 지내던 독일, 프랑스, 영국 등 유럽 국가들이, 오늘날 역사적 갈등의 문제를 풀고, 유럽연합(EU)을 만들고 유로(euro) 화폐까지 함께 만들어 쓰는 공동체를 이룩한 데는, 1950년대부터 활발하게 전개해온 국제이해교육이 크게 공헌했다고 볼 수 있다. 특히 이웃 나라를 침략하고 정복했던 독일은 과거의 잘못에 대한 뼈아픈 반성을 보였으며, 체코, 폴란드 등과 역사 교과서를 함께 만드는 등 편견과 오해, 증오심과 적개심을 극복하고 진정한 국제이해와 협력의 관계를 수립하기 위해 많은 노력을 했다.

우리나라가 있는 동북아시아에서도 제2차세계대전 후 유네스코의 활동과 국제이해교육운동은 있었지만, 유럽에서처럼 과거의 적대관계를 해소하는, 공동체적 협력관계를 만들어내지 못했다. 한국과 일본, 중국 등 동북아시아 나라들은 아직 과거의 불행한 역사를 말끔히 청산하고, 오해와 편견을 시정하고 함께 사는 상생의 문화를 만들어낼 만큼 국제이해교육을 실시하지 못했다고 할 수 있다. 서구에서처럼 제2차세계대전 직후부터 국제교류와 이해교육을 활발히 실시했더라면, 지금쯤 한·일간에 역사 교과서 문제나 지도의 표기 문제 같은 것은 벌써 해결되었을지 모른다. 더구나 남북의 분단과 냉전체제는 중국, 소련 등 북방 국가들과도 오랫동안 적대관계를 유지하게 만들었고, 남북한 동족간에도 가장 심각한 적대감과 증오심에서 벗어나지 못하게 했다. 평화를 위한 교육이나 국제이해교육은 동북아에서, 특히 한반도에서는 매우 결핍되어왔고 낙후성을 면치 못했다.

이런 사정은 동북아시아나 한반도에만 국한되지 않았고 아시아, 아프리카, 제3세계 대부분의 나라들에게서 마찬가지였다. 서구의 오랜 식민지에서 해방된 많은 신생독립국들은 정치적 혼란과 경제적 후진성을 면치 못했으며, 해방전쟁과 독립투쟁의 연장선에서 민족주의와 민족국가의 수립에만 몰두했다. 과거 청산이나 화해와 용서 등은 너무나 먼 이야기였고, 제국주의와 식민지에 대한 규탄이나 저항운동에 여념이 없었다. 1960년대와 1970년대에 이르러 식민지 지배에서 해방된 많은 신생독립국가들이 유엔과 유네스코에 가입하면서 국제기구들의 분위기와 토의 내용이 달라지게 되었다. 평화의 유지와 국제이해교육활동은 중요한 것이지만, 정치적으로 강대국에 예속되거나 경제적으로 식민지 수탈을 당하는 많은 제3세계 나라나 민중들에겐 평화라는 것이 막연한 구호처럼만 보였고, 자주독립과 주권 및 자결권의 회복 그리고 생존권, 교육권, 평등권 등 기본적 인권의 보장이 없이는 전쟁과 폭력만 반대하는 평화운동이 별 의미가 없다고 주장되었다.

3) 해방과 인권, 사회정의를 향한 교육 권고문(1974)

유엔의 창설 30주년을 맞게 되면서, 유엔의 변화된 구조와 분위기 가운데 국제이해교육도 새로운 모습과 방향으로 발전하며 재정립되는 것을 볼 수 있다. 1974년 11월 17일 유네스코 18차 총회가 채택한 '국제 이해, 협력, 평화를 위한 교육과 인권, 기본적 자유에 관련된 교육 권고(Recommendation concerning Education for International Understanding, Cooperation, and Peace and Education relating to Human Rights and Fundamental Freedoms)'는 바로 이러한 상황을 반영한 국제이해교육의 새로운 지침서였다고 할 수 있다. 이 문서는 서두의 목적에서 국제이해나 평화는 사회·정치적 제도가 서로 다른 국가와 민족들이 서로 우호관계를 맺고, 서로의 인권과 기본적 자유를 존중하는 토대 위에서 성립될 수 있다는 것을 천명한다.[5] 특히 교육의 사명에 관해서는 인권과 자유 및 지배와 예속으로부터의 해방을 강조했다.

> 교육은 세력 확대와 침략과 지배를 위해 전쟁수단을 사용하거나, 억압을 위해 무력과 폭력을 사용할 수 없다고 강조해야 하며, 모든 개인에게 평화를 유지할 책임을 인식하고, 또 그 책임을 지도록 해야 한다. 교육은 국제이해와 세계평화 증진에 기여해야 하고, 모든 종류의 식민주의와 신식민주의, 모든 형식의 인종주의와 파시즘과 인종차별정책 및 인종적 증오를 부추기는 이데올로기에 반대하는 투쟁활동에 이바지해야 한다.[6]

또한 교육이 관심을 가지고 연구해야 할 인류의 문제로서, 사회적 불의(injustice)와 불평등(inequality)을 들었고, 민중의 권리(peoples right)와 평등권 및 자결권(self-determination), 식민주의와 탈식민주의화(decolonization), 개발도상국의 원조, 문맹·질병·기아에 대한 투쟁, 환경오염과 자연자원 문제 등 국제적인 문제들을 해결하는 데 이바지해야 한다고 국제이해교육의 방향을 폭넓게 설정했다. 제3세계의 목소리가 커진 1970년대의 시대적 상황을 반영한 이 문서는 너무 진보적이며 낭만적이었다는 비판도 들었지만, 국제이해교육을 세계적 문제의 해결을 위한 실천적 프로그램으로 확장시켰다는 점에서 커다란 발전의 계기를 만들었다고 평가된다.

사실상 1970년대 하반기에 와서 유엔은 세계 인류의 보편적 인권의 신장을 위해 많은 노력을 하게 되며 유엔 인권헌장(Bill of Human Rights)이라고 할 수 있는 중요한 인권협약(Covenant)을 만들어낸다. 1976년에 A규약으로 알려진 '경제적·사회적·문화적 권리에 관한 국제협약(International Covenant on Economic, Social and Cultural Rights)'과 B규약으로 알려진 '시민적·정치적 권리에 관한 국제협약(International Covenant on Civil and Political Rights)'이 통과되고 이를 조인하는 나라들이 많아지면서 인권에 대한 관심이 높아졌고, 인권교육이 평화교육과 함께

---

5) 『유네스코 국제규약문서』, 유네스코한국위원회, 1999년, 110쪽.
6) 앞의 책, 113쪽.

국제이해교육의 핵심 분야로 등장하게 된다. 개인의 인권은 물론, 집단 사회의 기본 인권의 보장 없이는 평화가 달성될 수 없으며, 인권의 존중은 평화의 '전제조건(prerequisite)'이라는 인식이 확산되기 시작했다. 1977년에 유네스코는 인권의 존중에 기초한 평화의 구성요소를 연구하기 위해 인권과 평화의 관계에 대한 전문가 회의를 열게 된다. 1978년 비엔나에서 열린 '인권교육에 관한 국제대회(International Congress on Human Rights Education)'는 바로 인권교육의 위상과 중요성이 고조되었음을 나타냈다.

1970년대가 사회정의와 인권을 높이 외치면서 제국주의적인 지배와 신식민지적 수탈에 항거하는 제3세계의 주장과 요구들이 거세게 표출된 시기였다면, 1980년대는 유럽의 평화운동을 기점으로 해서 미·소 강대국을 중심한 양대 블록권이 서서히 변화해가는 탈냉전시대로 특징지을 수 있을 것 같다. 유럽의 반핵평화운동은 NATO의 핵무기 증강계획을 무산시켰고, SALT 회담의 진척으로 전략 핵무기의 감축이 현실화되자 소련체제 안에서 '페레스트로이카'와 '글라스노스트'의 변화가 일어났다. 동서의 양대 진영에서는 시민사회의 폭발적 운동들이 양체제를 뒤흔들 만큼 거세게 일어났지만, 막상 수세에 몰린 강대국인 미국과 소련이 주도하는 국제기구에서는 이러한 민중층의 변화욕구들이 그대로 반영되지 못했다. 오히려 강대국들의 이데올로기 편향적인 노선들이 제3세계의 외침이나, 동서진영의 시민사회의 욕구들을 회피하거나 억압하려는 자세를 취했다. 체제가 흔들리며 불안했기 때문에, 양대 진영의 교육은 평화나 공존, 대화와 협력을 멀리하고 오히려 체제 옹호나 이데올로기 교육에 더 매진하게 되었다. 자본주의권에서는 자유주의 이념교육으로, 사회주의권에서는 반제국주의 이념교육에 더 우선적 관심을 갖는다. 1980년대를 가리켜 '국제이해교육의 겨울'이라고 할 정도로 이 시기에 국제이해교육은 정체되고 오히려 쇠퇴한다. 미국과 영국이 유네스코와 국제기구들에서 탈퇴하고 회원권을 정지한 것도 1980년대 중반이었다.

그러다가 1989년 베를린 장벽의 붕괴가 일어났고, 유럽 공산권의 해체와 민주화, 독일의 통일, 소련연방의 해체, 드디어 동서냉전체제의 해체가 1990년대 초까지 숨가쁘게 일어났다. 이제까지 미·소 강대국의 군사 균형과 동서냉전체제가 상대적으로 소극적인 평화공존체제를 유지해왔는데, 이 분할지배와 대칭구조가 무너지게 되면서 1990년대에는 새로운 갈등과 분쟁, 폭력, 전쟁들이 줄이어 일어나게 되었다. 1991년의 걸프 전쟁을 비롯해 보스니아 전쟁, 체첸, 소말리아, 르완다, 코소보, 수단, 콩고 등 인종, 문화, 종교간의 갈등과 분쟁이 급격히 폭력화하고 전쟁화하는 양상을 띠게 되었다. 냉전체제와 이데올로기 대결체제가 해소되고, 하나의 시장경제체제로 세계화하면서, 이제는 전쟁이 없는 평화의 시대가 오는 줄 알았는데, 오히려 더 많은 폭동과 전쟁이 벌어지게 되었다. 새로운 지역주의, 인종주의, 민족주의, 종교근본주의가 세계평화를 위협해서 정말 문명간의 충돌과 전쟁이 오는 게 아닌가 하는 우려를 낳기도 했다.

4) 평화의 문화를 향한 통합적 실천계획(1994)

1990년대에 들어와 생겨난 새로운 정세와 변화는 오히려 국제이해교육의 필요성을 인식하고 활성화하는 데 도움을 주었다. 동서냉전과 지배체제의 붕괴로 인해 많은 나라들이 자유와 인권을 누리게 되고, 민족자결권과 평등권을 얻게 되었지만 평화는 오지 않았다. 오히려 숨어 있던 종족·종교간의 갈등마저 증폭되어 유혈화됐고, 자기 종족, 자기 종교, 자기 지역의 자유와 독립은 곧 다른 종족이나 종교, 문화, 지역에 대한 탄압과 예속으로 나아감으로써 더 많은 분쟁과 전쟁을 야기시켰다. 민주주의도 인권도 사회정의나 평등도 중요하지만 평화가 유지되지 않고서는 파괴와 살상, 혼란만 지속될 뿐이었다.

이러한 시대적 요구에 부응하기 위해 유네스코는 1990년대 중반에 들어 '평화의 문화(culture of peace)'를 진작시키는 국제이해교육을 강화·실천할 것을 강력히 주문하게 되었다. 1994년 10월 전세계 교육부장관들이 모인 44차 국제교육대회(International Conference of Education)에서는 21세기의 국제이해교육에 새로운 이정표가 될 만한 문서를 만들어냈다.[7] 그것이 '평화와 인권, 민주주의를 위한 교육의 통합적 실천 요강(Integrated Framework of Action on Education for Peace, Human Rights and Democracy)'이다. 이 문서는 유엔 창립 50주년인 1995년의 28차 유네스코 총회에서 총회의 선언문으로 결의됨으로써, 유엔헌장과 유네스코의 창립 선언에 선포된 평화를 위한 교육의 사명을 새로운 시대 상황 속에서 역사적 의미를 갖게 되었다.

폭력, 인종차별, 외국인 혐오, 종교적 불관용, 여러 형태의 테러가 급증하는 상

7) 1994년 10월 3-8일, 제네바에서 열린 44차 국제교육대회에는 102명의 전세계 각국 교육부 장관들과 800여 명의 전문가들이 모였다.

황에서, 평화, 인권, 민주주의를 위한 교육의 목적에 충실하기 위하여, 전세계 교육장관들은 평화의 문화를 증진시키고 지속가능한 발전에 기여하는 교육을 강화하며, 이를 실천하는 프로그램을 만들어 실행에 옮기겠다는 것이 이 문서의 요지였다.[8] "평화, 인권, 민주주의, 교육의 궁극적 목표는 평화의 문화가 예견되는 보편적 가치의식과 행동양식을 모든 개인들에게 개발시키는 것"이라고 했다. 교육은 개인, 성, 민족, 문화 등의 다양성에 존재하는 가치를 인식하고, 수용하며, 의사교환의 능력을 개발시켜 다원주의 문화와 다문화사회의 시민들로서 서로 이해하고 존중하는 태도를 길러주어야 한다고 강조한다.

이 1994년의 문서는 전세계 21세기 국제이해교육의 방향과 내용을 포괄적으로 규정한 기념비적 지침서가 되었다. 이미 1993년부터 가동하기 시작한 21세기 교육위원회의 주요 인사들인 자끄 들로 의장과 마요르(Federico Mayor) 유네스코 사무총장, 그란트(James Grant) 유니세프 사무총장 등이 참석한, 1994년의 국제교육대회는 '국제이해교육의 성과와 전망(Appraisal and Perspectives of Education for International Understanding)'을 토론의 핵심 주제로 삼았다. 국제이해교육의 그동안의 성과를 돌아보고 미래의 과제를 전망하면서 그 장애물이 무엇인가를 검토하는 것이 목적이었다.

이 문서의 특징은 이제까지의 많은 선언문이나 권고문과는 달리, 구체적으로 행동하고 실천하는 프로그램의 요강(framework of action)으로 만들어졌다는 것과 이제까지 제기되었던 국제이해교육의 다양한 목표와 가치 내용들을 통합적으로 체계화(integrated framework)했다는 것이다. 인권과 자유를 강조한 1974년의 문서와 그 후 1990년대의 평화의 문화, 지속가능한 발전, 민주주의교육 등에 관한 여러 문서들에 나타난 도덕적 가치들(moral values)이 통합되었다고 볼 수 있다. 국제이해교육의 여러 과제와 목표들을 종합해볼 때 평화, 인권, 민주주의를 실천하는 교육이 핵심내용이 된다는 것을 강조한 지침서였다고 생각된다. 급변하는 세계의 복잡한 도전에 직면해서, 세계시민(global citizenship)으로 책임 있게 살아가는 데 필요한 보편적 가치와 규범을 가르치는 교육이 바로 국제이해교육이라고 규정한 것도 매우 중요하다. 국제이해교육은 곧 세계시민을 육성하는 교육이며, 여기엔 가치관교육(value education)이 필수적으로 따라야 한다는 것이다. 세계시민과 보편적 가치의 연관성을 밝힌 점도 큰 의미를 갖는다.

---

8) 『유네스코 국제규약문서』, 167쪽.

또한 국제이해교육의 실천방법으로 이 과목(subject)을 학교교육의 교과과정(curriculum)에 포함시킬 것과, 교사교육을 강화할 것을 권장했다는 점에서도 큰 의미를 갖는다. 국제이해교육을 과목화한다면 세계시민교육(global citizenship), 평화교육, 인권교육, 다문화교육 등 다양하겠지만, 교사교육은 이 과목의 교사들뿐만 아니라, 모든 교과목의 교사들을 훈련시켜, 학생들의 새로운 가치관과 태도를 육성하게 해야 한다고 보았다. 지식교육만이 아니라 태도의 교육이기 때문에 머리(head)와 가슴(heart)과 손(hand)으로 함께하는 배움이 되어야 한다는 것 또한 강조했다.

유네스코는 이러한 가치관의 교육을 구체적으로 실천하기 위해 부단히 계획하고 노력했다. 1995년을 '관용(tolerance)의 해'로, 2000년을 '평화의 문화(culture of peace) 해'로, 2001년을 '문명간의 대화(dialogue among civilization)의 해'로, 1995년~2004년을 인권교육 10년(decade)으로, 2001년~2010년을 아이들에게 비폭력(non-violence)을 가르치는 10년으로 정하는 등, 1994년의 '통합적 실천요강'은 21세기 교육의 철학과 방향이 되고 있다. 또한 유엔은 2005년부터 2014년까지 10년간을 '지속가능한 발전을 위한 교육 10년 (Decade of Education for Sustainable Development)'으로 확정했기 때문에, 국제이해교육은 인권교육, 평화교육에 이어 지속가능한 발전 교육으로 앞으로 10여 년 간 중심축으로 자리잡아갈 것 같다.

3. 세계화시대 국제이해교육의 철학과 과제

이렇게 국제이해교육이 발전해온 과정을 보면서 우리가 사는, 우리가 가르치는 학생들이 살아갈 21세기의 국제이해교육은 어떤 철학과 과제를 가지고, 어떻게 발전해갈 것인가를 생각하지 않을 수 없다. 이미 유네스코의 21세기 교육위원회는 세계화와 지역화, 정보화와 첨단과학기술화가 20세기보다 훨씬 강도를 높여갈 미래사회를 예견하면서, 함께 사는 것을 배우는 교육(learning to live together)이라는 커다란 과제를 설정한 바 있다. 그러나 과연 21세기 사회구조 속에서 함께 산다는 것이 무엇을 말하며 또 함께 잘살 수 있으려면 어떤 내용을 가르치고 배워야 하는가의 문제는 오늘의 현실과 상황을 토대로 해서 구체적으로 모색하고 실험해보아야 할 일이다.

분명한 것은 우리가 사는 시대가 벌써 밀도 높게 세계화되어 있고, 그 강도는 점점 깊어질 것이기 때문에, 세계화시대에 함께 살 수 있는 국제이해교육의 방향과 내용을 새롭게 개척해야 할 것이며, 그 의미와 중요성은 점점 커지게 될 것이라는 점이다. 국제이해교육은 이미 민족국가 단위의 시대에서, 국제화시대로 변천해가면서 등장하게 된 새로운 차원의 교육이지만, 이제 국제화의 단계를 넘어서, 그야말로 세계화·지구화하는 시대에는 국제이해교육의 이슈나 과제도 비약적으로 발전하지 않으면 안되게 되었다.

그러면 세계화시대는 어떠한 시대이길래, 인간의 삶의 구조가 그토록 영향을 받고 있으며, 어떠한 문제를 가져오길래 우리의 교육 내용과 질이 달라져야 하는 것인가? 오늘의 국제이해교육의 과제는 바로 이러한 질문에 대한 해답을 찾으면서 모색되어야 할 것 같다. 교육은 바로 새로운 환경에 적응하면서 사는 삶의 능력을 길러주는 사명을 갖기 때문이다.

오늘날과 같은 세계화 추세 속에서 인간의 삶의 구조를 파악하고 삶의 문제를 해결하는 방안을 찾는다면 세계화(globalization)라는 흐름이 갖는 도전과 의미를 먼저 생각하지 않을 수 없다. 한때 우리는 세계화의 의미가 무엇이냐는 질문을 했고, 오늘날에도 세계화의 찬성론자와 반대론자가 날카롭게 대립되어 있는 것이 사실이지만, 세계화는 너무나 깊숙이 진척된 현실이어서, 싫다고 해서 거부할 수도 돌이킬 수도 없는 필연적인 과정이라고 할 수 있다.

세계화는 이미 세계화라는 용어가 등장하기 이전부터 진행되어온 과정이었다. 어떤 학자는 세계화라는 것이 이미 아메리카 신대륙이 발견되고, 세계 항로가 개척된 15세기경부터 시작되었다고 하며, 혹은 18세기 산업혁명과 교역의 증대로 현실화했다고 하며, 19세기 서구 제국들이 식민지 개척과 세계정복의 길로 나서면서 세계화가 추진되었다고도 한다. 혹은 세계화는 제2차세계대전 이후에 국제연합이 생기면서 나타났다고도 하고, 1970년대 이후 세계경제의 통합 과정을 통해서 실감나게 드러났다고도 한다. 그러나 오늘날처럼 국제화시대를 뛰어넘는 새로운 패러다임의 의미를 갖는 현금의 세계화는 1990년대에 와서 동서냉전체제가 무너지고, 세계가 하나의 시장경제 속에 통합되며, WTO 무역체계와 인터넷 정보통신망의 발달과 보편화로 지구촌이 그야말로 하나의 생활권이 되면서 등장한 개념이라고 할 수 있다.9)

---

9) 이삼열, 「세계화의 불안과 세계시민적 이성」, 『철학과 현실』(1999 겨울호), 62-79쪽.

그러면 이렇게 강도가 높아진 세계화는 오늘날 어떤 변화와 새로운 현상을 만들어내고 있으며, 이들은 인간의 삶의 세계에(Lebenswelt) 어떠한 영향을 주고 있는가? 이를 먼저 밝히는 것이 이 시대에 국제이해교육이 지향해야 할 철학적 방향과 실천적 과제를 모색하는 데 도움이 될 것이다.

세계화의 이론가인 울리히 벡(Ulrich Beck)은 오늘날의 세계화는 더 이상 국제적 관계와 유대가 밀접해지는 국제화(internationalization)를 의미하지 않고, 국제화의 토대가 되었던 국가와 민족(nation)의 개념마저 점차 해체되거나 모호해지는 지구촌화(global village) 현상이 나타나는 과정이라고 설명한다.[10] 이것은 지난 200여 년 간 지속되어왔던 국가와 민족, 지역을 중심으로 한 정치·경제·사회·문화의 전체적 구조가 달라진다는 것을 의미한다. 무엇보다 국가나 민족의 권위나 영향력이 줄어들고 초국가적(transnational), 다국적적인(multi-national) 기구나 제도들이 힘을 얻고 주도해가는 현상은 경제적 세계화(economic globalization)에서 두드러지게 나타나고 있다. 특히 시장경제의 세계화로 거대한 힘을 얻게 된 다국적기업이나 은행, 초국적 경제기구들은 국가나 지역의 통제력을 무력화시켰으며, 세계무역의 자유화 체제(WTO)와, 정보통신기술(IT)의 발달로 국경과 지역을 마음대로 넘나드는 자본과 금융 기술, 시장의 힘을 바탕으로 국가의 권능을 상대화시켜 '탈국가화(Denationalisierung)'의 현상마저 만들어내고 있다.

그러나 인간의 삶의 구조에 막대한 영향력을 미치고 있는 경제적 세계화는 동시에 정치·사회·문화 전반에 걸쳐 커다란 변화를 일으키고 있다. 아직도 세계화가 미치는 영향력과 구조 변화는 충분히 파악되거나 이론화되지 못하고 있지만, 지금까지 드러난 변화만 보아도 지구촌 인간의 삶의 세계는 엄청나게 다른 패턴과 구조를 갖게 되는 것이 확실하다고 예단할 수 있다. 함께 사는 것을 배우고 가르치는 국제이해교육은 강도 높게 진행된 세계화로 말미암아 인간의 삶의 세계에 어떤 변화와 영향이 생겼는지 주목해야 하며, 이런 상황에서 제기되는 교육의 필요성과 요구가 무엇인지 살펴보아야 한다.

세계화시대에 국제이해교육이 강화되어야 하는 필요성과 이유는 무엇이며, 세계화시대가 가져온 삶의 세계의 변화와 문제들에 대해 국제이해교육은 어떤 의식과 자세로 책임 있게 살도록 가르쳐야 하는가? 그 과제와 사명을 아래의 세 가지 면에서 생각해보고자 한다.

---

10) Ulrich Beck(hrsg.), *Politik der Globalisierung,* Suhrkamp, Frankfurt, 1998, S.9.

1) 지구촌사회의 구조와 상호연관성

첫째, 세계화시대는 국경이 무력해지며 지구 전체가 하나의 생활권으로 서로 연결되는 지구적 사회화(global socialization) 현상이 나타나므로, 세계화의 구조와 성격, 상호연관성에 대한 교육을 강화해야 한다. 중동의 기름이 없이, 브라질의 커피가 없이, 인도네시아의 목재가 없이, 미국의 점보 비행기가 없이는 살 수 없는 세상이 되었기 때문에 지구 전체의 자원이나 인구, 시장, 기후, 질병에 관해 알고 또 관심을 갖고 살아야 하는 시대가 세계화시대이다. 그래서 뉴욕 월 스트리트(Wall Street)의 주가가 폭락하면, 금방 아시아나 유럽의 주식시장이나 환율이 요동을 치고, 중국에 '사스'라는 질병이 유행하면 아시아 경제가 불경기가 될 정도로 오늘날 세계인의 경제적 삶의 구조는 전 지구적으로 밀접히 연계되어 있다. 그래서 중동 전쟁이 일어났다던가, 남미의 경제가 부도를 냈다던가, 아시아의 외환시장이 급등했다던가의 변화는 곧 전세계인의 삶에 영향을 미치는 문제가 된다.

필자는 여행중에 덴마크의 코펜하겐에 사는 여류 디자이너를 만났는데, 이 여성은 일년에 한국을 네 번 내지 다섯 번쯤 다녀간다고 했다. 그녀는 한국뿐만 아니라 유럽과 미국에도 그만큼 드나들며 사는데, 파리에 가서 유행하는 패션을 가져오고 이태리에 가서 좋은 옷감을 구입하여 이것을 한국에 와서 꼼꼼히 바느질하는 재봉사에게 맡겨 고급 유행 옷을 만들어서 다시 파리와 런던, 뉴욕의 시장에다 내다 파는 것이 자기 직업이라고 했다. 이 디자이너는 세계를 원료 공급지로, 기술과 노동의 무대로, 생산과 소비의 시장으로 활용하며, 점보 비행기의 비즈니스 좌석에 앉아 패션 잡지를 보는 세계시민이었다.

그러기 때문에 오늘날 지구촌의 세계시민으로 살아가야 할 우리들의 자녀와 청소년들에게는 우리의 삶의 구조가 갖고 있는 지구촌과의 연계성, 세계 곳곳의 모든 민족, 문화, 인종들이 갖고 있는 상호연관성(interconnectedness)을 가르치고 이해하게 만들지 않으면 안된다. 더구나 오늘날 우리 청소년들은 벌써 방학 때면 배낭을 매고 전세계 곳곳을 찾아다닌다. 여행을 통해서뿐만 아니라 텔레비전의 위성 채널과 인터넷의 발달로 지구촌 안의 어느곳 사정도 자기 동네 마을처럼 들여다보고 파악할 수 있는 시대가 되었다. 이제는 해외여행이나 해외유학 혹은 해외 직장 근무나 이주노동, 이민이 매우 자연스러운 일상생활이 되면서, 자연히 우리의 의식 구조나 가치관이 세계화하지 않을 수 없게 되었다. 외국사람과의 사업상 교제, 교환근무, 국제결혼이 점점 늘어나고 있고, 여러 나라 사람들과 함께 일하고 사는 것이 보편화되어가는 시대다. 이러한 시대에 자기 나라 자기 민족, 자기 문화만 알고 외국문화나 세계화의 현상과 구조를 전혀 모른다면, 국제문맹(international blind)이 될 수밖에 없다.

또한 오늘의 시대는 인간 사회가 세계화할 뿐만 아니라, 자연환경마저 세계화·지구화하고 있다는 느낌이 든다. 과거 지구에 사는 인구가 얼마 안되었을 때는 인류의 삶이 지구 환경에 미치는 영향이 매우 적었다. 그러나 이제 세계인구가 60억을 넘어 100억에 육박하게 된 오늘에는 이 많은 인구가 먹고 마시고, 불 때고 소비하는 자원이 엄청 나서, 이것이 지구환경의 균형을 깨뜨리고 생태계를 파멸시키는 지경에까지 이르게 되었다. 인간들이 자연과 기후마저 변화시키는 시대이기 때문에 세계화에 따른 자연환경의 변화와 상호연관성을 이해하지 않으면 안되게 되었다. 한때 인도네시아, 필리핀에는 산불과 연기가 계속 피어올라 동남아시아 전체를 숨막히게 만들었는데, 이는 남미의 적도지방인 페루와 에콰도르의 이상기온으로 무역풍이 불지 않아 동남아시아에까지 비가 오지 않고 가뭄이 들었기 때문이라고 한다. 브라질의 아마존 강 유역의 삼림지대는 지구 전체의 산소공급량의 절반이상을 차지하고 있다고 하는데, 이 지역의 삼림을 개발의 명목으로 잘라낼 때, 지구생태계 전체에 미치는 영향은 엄청나게 된다.

세계화시대, 지구촌시대, 국제이해교육의 일차적 과제는 세계화의 구조와 영향, 지구촌 인간의 삶과 자연환경의 상호 연관성·의존성을 이해시키는 일일 것이다. 앞으로는 정치든 경제든 문화든 예술이든 어떤 분야에서 일하거나 장사를 하거나 노동을 하든지 세계화의 흐름과 구조를 알지 못하면 어떤 일도 시작할 수 없게 된다. 세계시민으로 살기 위해서는 세계를 알고 지구촌을 이해하는 지구적 사회화(global socialization)의 과정이 필수적으로 요구된다.

2) 세계화의 문제와 보편적 가치

둘째로 세계화시대에 국제이해교육은 함께 살기 위해서(living together) 해결해야 할 문제(issue)가 무엇인지를 밝혀주고, 이 문제들을 해결하려면 어떠한 가치의식(value consciousness)과 태도(attitude)를 가져야 할 것인지를 교육해야 한다. 세계화는 정보통신과 교역의 세계화로 많은 유익과 혜택을 가져오는 것이 사실이지만,

더 많은 해결해야 할 과제들과 고통스럽고 곤란한 문제들을 가져오고 있다. 어떻게 보면 세계화시대는 인류가 함께 사는 것이 더욱 어려워진 시대라고도 볼 수 있다. 과거에는 자기가 사는 동네나 나라의 문제만 해결하면 됐지만, 이제 지구촌에 사는 세계시민들은 지구상에서 일어나는 심각한 문제들(global issues)을 자기 문제처럼 고민하고 해결하지 않으면 안된다. 그것은 곧 우리들의 삶의 세계에 중대한 영향을 미치는 문제이기 때문이다.

예를 들어, 과거에는 자기 동네의 식량이나 물 걱정만 하면 됐는데, 이제는 지구 전체의 물 부족과 식량 부족 문제를 걱정하게 되었다. 아프리카 사람들마저도 스위스의 에비앙 물을 사다가 먹는 시대, 깨끗한 물의 부족 현상은 지구촌의 인간 모두에게 고통을 가져오는 문제요, 함께 지혜를 모아 해결해가야 할 문제이다.

인구의 증가도 마찬가지 문제이다. 지구촌의 자원과 공간은 제한되어 있는데 세계인구는 끝없이 늘어난다면, 지구촌의 모든 사람들이 고통스럽고 결핍된 채로 살 수밖에 없게 된다. 인구 증가만큼 식량이나 주택이나 도시, 학교, 병원이 증가하지 못하기 때문이다. 1900년 초에 세계인구가 15억이었는데, 100년 후인 2000년에는 60억이 되었다. 이대로 간다면 2100년에는 그 네 배인 240억쯤 될 것인데, 생태계 학자들은 지구의 부존자원이 240억 인구를 따뜻하게 배부르게 먹여 살릴 만큼 있지 못하다는 것이다. 결국 새로운 위성으로 이민을 가든가, 인구증가를 통제하지 않으면 모든 사람에게 불행이 오게 된다는 것이다.

특히 세계화로 인해서 인간의 삶의 세계에 막대한 영향이 일어나는 곳은 경제적 삶의 영역이다. 무엇보다 세계화는 세계 전체를 하나의 시장경제체제 속에 몰아넣은 경제적 세계화였다. 고도로 발달한 정보, 통신 기술의 힘과, 국경의 통제력을 무력화시킨 신자유주의적 시장경제정책들이 자본과 기술, 금융과 노동을 세계 어느곳에나 자유롭게 이동시키면서 이득을 챙기게 만들었기 때문에, 여기에 따른 많은 희생과 고통은 오늘날 심각한 세계적 문제(global issues)가 되고 있다.[11)]

무엇보다 투기성이 강하며, 빛의 속도로 세계시장을 활보하는 초국적 금융자본이 경제적 세계화를 지배하게 되면서, 하루에도 수십억 달러씩 벌어들이는 금융재벌이 생기는가 하면, 하루에 1달러 이하의 저소득으로 연명해가는 절대빈곤층이 세계에 13억이나 되는 모순이 벌어지고 있다.

시장경제활동의 범위는 지구촌 전체로 확대되었지만, 과거와 같은 민족국가의

---

11) 이삼열, 「상생의 세계와 문명 간의 대화」, 『철학과 현실』(2002 봄), 68-84쪽.

시장통제기능은 약화되거나 무력화되었기 때문에, 부익부 빈익빈의 양극화가 점차로 확대되는 것이 경제적 세계화의 큰 문제이다. 오늘날 세계화를 80:20이나 90:10으로 빗대어 비판하는 이유는 바로 경제적 세계화가 빈부격차를 강화시키고, 빈곤층이나 실업자들에게 불리한 방향으로 구조조정을 해가기 때문이다. 사회적 시장경제나 사회복지정책을 관리하던 민족국가의 통제기능이 탈국가화로 인해 약화된 상태에서, 초국적 기업들과 금융자본들이 지나치게 비대해지는 오늘의 경제적 세계화는 앤서니 기든스의 지적대로 세계경제의 불안한 모험을 촉진시킬 뿐이다.

이 불안한 모험이 아시아 여러 나라의 IMF 외환위기나, 남미의 아르헨티나를 비롯한 여러 나라들의 국가부도에서 드러나고 있다. 가난한 나라의 외채는 점점 갚을 수 없을 정도로 늘고, 세계은행이나 IMF로부터 구제금융을 받아 구조조정을 하는 개발도상국들은 점점 실업자와 노숙자들이 늘어나고, 사회적 불안과 갈등이 심화되어, 민중의 삶이 지대한 고통을 당하게 된다. 빈부격차와 사회적 불안이 높아지게 되면, 소외된 계층과 범죄자와 불만세력이 늘어나게 되고, 이것이 집단적 이해관계와 연결되면 곧 분쟁과 폭동으로 이어져 전쟁으로 발전하게도 된다.

국제이해교육은 평화와 인권, 사회정의와 민주적 참여 등의 가치를 위한 교육인데, 이러한 교육이 세계화시대에 더욱 절실히 요구되는 이유는 세계화시대의 삶이 점점 이러한 가치들로부터 멀어지고, 함께 살아가는 윤리와 규범이 부재하거나 무시되고 있기 때문이다. 세계화로 인한 불안과 모순, 갈등과 폭력이 증대할수록 정의와 인권, 평화와 지속가능한 발전에 대한 교육의 필요성은 더욱 절실해진다.

3) 다문화사회와 타문화 이해

셋째로 세계화시대가 삶의 세계에 미치는 중요한 변화는 다문화사회(multicultural societies)의 형성이므로, 다문화사회에서 함께 사는 세계시민을 육성하기 위해서는 국제이해교육이 타문화에 대한 이해교육을 대대적으로 실시해야 한다.

문화간 이해교육(intercultural education)은 유네스코가 국제이해교육을 주창하고, 협동학교사업(ASP)을 통해 지역 문화간 교환 방문과 타문화 체험학습을 권장했을 때부터, 국제이해교육의 중심 내용이었다. 해외여행과 외국인의 초청강연, 국제 워크 캠프나 훈련대회의 참석 등은 다른 문화를 이해하면서, 국제적인 감각이나 책임의식을 기르는 데 현저한 공헌을 했다.

그러나 오늘날 세계화시대에 이르러서는 타문화 이해라는 것이 국제이해의 차원에서 즉 남의 나라를 이해하는 데 필수적인 요건으로만 여겨지는 것이 아니라, 자기 나라, 자기 문화를 이해하는 데도 필수적으로 요구된다는 것이다. 그것은 세계화와 함께 우리 사회가 점점 다문화사회로 변질되고 있기 때문이다.

원래 다문화교육이나 문화간 이해교육은, 여러 민족들과 이주해서 함께 사는 이민국가(land of immigration)인 미국이나 캐나다와 같은 곳에서만 성행하였다. 영어와 영국 문화가 지배적 문화로 자리잡았지만, 차츰 남미 스페인 계통의 이민이나, 유럽 이민들이 많아지면서, 그리고 최근에는 아시아 계통의 이민이 크게 늘어나면서, 미국과 캐나다에서는 복합문화(complex culture), 다양한 문화(diverse culture)론이 제기되었다.[12]

흑인들과 원주민들의 문화는 원래 무시되었지만, 최근에는 사회적 평등과 인권의 차원에서 이들의 문화도 존중되어야 한다는 의식이 성장하게 되었다. 이렇게 여러 가지 문화가 복합적으로 존재하는 사회에서는 사회적 평화를 위해서나, 평등한 발전을 위해서, 무엇보다 모든 사람의 인권과 가치를 존중한다는 차원에서 다문화교육 시스템은 필수적인 것이다.

그런데 오늘날 세계화시대에 이르면 이주노동자의 숫자가 엄청나게 늘고, 해외근무 노동자나 기술자들이 그곳에 영주하는 경향이 높아져 다민족·다인종·다문화사회가 점점 늘어나게 된다. 이제는 오스트레일리아 같이 백인들만 이민을 오게 허락하던 백호주의 사회도 100여 개 국의 민족들이 이주해와 사는 다문화사회가 되었다. 유럽에서도 독일 같은 나라는 많은 외국인 노동자들을 고용해 경제발전을 이루었으나, 이민국가(Einwanderungsland)가 아니라고 천명하면서 1980년대 초까지도 외국인에게 국적을 주지 않았다. 터키 노동자 등 외국인 노동자가 500만, 600만을 넘어서게 되고, 이들이 10년 이상 거주해 독일 시민이 되자 1990년대에 와서는 급격히 다문화사회로 변모하고 있다.[13] 프랑스, 영국, 네덜란드 등은 식민지 시절의 이주민으로 다인종을 이룬 사회지만, 최근에는 이주노동자의 숫자가 늘어 도시마다 인종 전시장 같은 모습을 보이고 있다. 유럽의 대도시의 초등학교에는 대략 한 학급의 절반 정도가 외국인으로 채워져 다문화학교가 되고 있다. 다문화사

---

12) 캐나다에서는 이미 1971년 트뤼도(Trudeau) 수상 시절에 복합문화주의(multiculturalism)를 국가이념으로 제창한 바 있다.

13) Interkulturelles Lernen, *Bundeszentrale für Politische Bildung*, Bonn, 1998, S.11.

회의 성장과 확대는 비단 미주나 유럽에서뿐만 아니라, 홍콩, 싱가포르, 일본, 한국과 같은 아시아 사회에도 점차 일어나고 있다. 아직은 초기 단계지만 점차 확대되어갈 것이 분명하다.

따라서 사회구조가 다인종, 다문화로 바뀌게 되면 학교교육의 내용이나 교과과정도 바뀌지 않을 수 없게 된다. 우선 여러 가지 언어 교육을 실시해야 하며, 자기 모국어들을 선택과목으로나마 배우게 해야 한다. 역사, 지리, 사회 과목도 다인종 학교에 맞게끔 개편되어야 하고, 특히 종교교육이나 시민의식교육, 윤리교육에서는 국가주의나 자국문화 중심의 교육을 탈피해야 한다. 회교국인들이 다수가 사는 유럽 사회에선 이제 기독교 과목만 가르칠 수 없고, 회교나 불교, 힌두교도 가르쳐야 하고, 크리스마스뿐만 아니라 라마단도 축제일로 교과내용에 포함시키게 되었다.

교통과 통신, 정보의 세계화는 경제를 하나의 시장경제로 세계화했지만, 경제가 세계화되어도 문화는 쉽게 획일화하지 않는다는 것이 드러났다. 물론 맥도날드나 헐리우드 영화가 세계시장을 석권하기 때문에, 문화도 어떤 면에서 세계화하고 있다고 볼 수 있지만, 오랜 이민국가들의 경험으로는, 민족 전통에 따른 문화나 종교, 생활습관 등은 쉽게 변하지 않는다는 것이다. 미국으로 이민을 간 한국 사람들은 그곳에서도 불고기와 김치를 먹고, 추석 명절에 한복을 입고, 불교사원을 짓고 태권도 훈련장을 만든다. 오히려 미국 사람들에게 고유한 한국 문화를 전하기도 한다. 미국 서부지방에서 흔하게 볼 수 있는 스시바, 힌두교 명상 센터, 쿵푸나 가라데 연습장, 그리고 각종 사원이나 성당 등은, 미국의 이민자들이 고유한 전통 문화, 종교를 보존·유지해가고 있음을 말해준다. 오늘날 문화인류학자들은 문화의 본질이 그 특수성에 있음을 강조한다. 타문화와 구별되는 것을 생명으로 하고 있다는 것이다. 유럽의 음식문화는 양념을 많이 치는 아시아의 음식문화와 다르고, 짧은 스커트를 입는 브라질의 의복문화는 긴치마를 입고 차도르를 쓰는 중동의 의복문화와 다르다.

그러므로 오늘날 점증하는 다문화사회 속에서는 서로 다른 다양한 문화들이 공존하며, 다양성을 유지하는 것이 좋고, 사회 발전에도 유익하다고 인정되고 있다. 유네스코는 이미 1990년대 초부터 문화다양성의 원칙을 제시하여, 다양한 문화를 유지 발전시키며 함께 사는 공동체를 만들어야 한다고 강조해왔다.

> 우리는 개인의 발전을 위해서나 사회집단의 발전을 위해서나 문화적 다양성이 중요한 자산과 부(wealth)임을 잊지 말아야 한다.[14)]

문화다양성은 무엇보다 여러 종족 집단들이 가진 언어 문화가 소멸하지 않도록 보호하는 것과, 또 여러 집단간의 이질적 문화가 충돌하지 않도록 대화와 협력을 해감으로써 유지될 수 있다.

그러나 현실적으로 문화의 다양성을 존중하며, 서로 나와 다른 남의 문화에서 배우려는 자세를 갖는 것은 쉬운 일이 아니다. 오랜 전통문화와는 다른 이질적인 문화가 들어오게 되면 일단 거부반응부터 보이고, 방어와 무시, 차별, 소외 현상이 나타나는 것이 보통이다. 이것이 종교와 연결될 때는 더욱 심각하고 이것이 여러 종족, 국가들의 정치적 이해관계와 연결될 때는 심각한 충돌과 폭력을 일으키게 된다. 냉전체제가 끝난 뒤 1990년대에 와서 일어난 수많은 전쟁과 폭력들이 종족과 종교, 문화의 갈등과 대립에서 왔다. 보스니아, 소말리아, 르완다, 코소보, 카슈미르, 스리랑카, 팔레스타인에서의 유혈 참극은 오랫동안 함께 살아왔던 같은 나라와 지역 안에서, 종교와 문화가 다른 종족들끼리의 투쟁에서 비롯되었다. 그래서 21세기는 이데올로기 전쟁이 없어진 대신, 문화나 종교가 다른 문명(civilization)간의 충돌이 될 것이란 예견이 헌팅턴에 의해 주장되기도 했다. 2001년 9월 11일 뉴욕의 테러 참사 이후에 미국과 영국이 중심이 된 기독교권과 아프가니스탄, 이라크 등 회교국가와의 전쟁을 보면서, 문명간의 충돌이 현실화하는 것이 아니냐는 우려가 깊어지고 있다.

이처럼 문화와 종교의 갈등이 세계대전으로 갈 수도 있는 위험한 상황에서, 평화의 문화와 상생의 세계를 건설하는 길은 다른 민족, 종교, 문화, 전통에 대한 오해와 편견을 없애고 서로 대화하며 공존하는 길을 찾도록, 타문화이해교육을 강화하는 길밖에 없다. '아랍 제국은 테러 국가', '이슬람교는 폭력의 종교'라는 편견이 시정되어야 하겠다. 이 시대의 타문화이해교육은 전쟁과 파멸을 방지하고 평화로운 세계를 만들기 위해서도 필수적이며 시급한 과제이다.

---

14) Federico Mayor, *The UNESCO Courier*, February 1996.

평화의 문화를 향한 국제이해교육

토 스위힌(그리피스 대학 교수, 오스트레일리아)
옮긴이: 배경래(인권운동사랑방 상임활동가)

세계 곳곳에서 정치, 경제, 사회 문화적 변화와 발전이 이루어진 지난 수십 년 동안 '국제이해교육'이라는 개념 역시 셀 수 없이 많은 교육자와 연구자, 교육기관과 단체들의 활동과 더불어 성장해왔다. 초기에는 학교나 고등교육 프로그램에서 좀더 나은, 그리고 좀더 '평화로운' 경제·정치적 차원의 국제 관계와 문화적 관계를 발전시키기 위한 주요 수단으로서 다른 나라의 사회, 문화에 대한 지식 수준을 향상시키는 것에 주로 초점을 맞추는 경향이 있었다. 특히 '북반구' 대학들에서 다른 지역과 국가에 관한 연구 분야가 점차 확대되었고, 이에 따라 국제이해교육이 학교 교과과정 내에 반영될 수 있는 기반이 마련되었다. 한편으로 국제이해교육은 외국의 원조 프로그램을 수행하기에 필요한 인적 자원을 개발하는, 매우 중요하고 유용한 수단으로서 간주되었다. 또한 국제이해교육은 외국 유학생 수가 증가함에 따라 캠퍼스의 국제화가 진행되는 현실에 대한 하나의 대응이기도 했다.

하지만 1960년대에 들어서면서부터 다양한 사회·정치 세력들과 운동들이 초기 국제이해교육이 강조했던 초점에 영향을 미치기 시작했다. 첫째, 국제이해교육의 개념이 정치적·경제적 경계를 가로지르는 '국가'나 '사회'들 사이의 관계를 이해하는 것이라는 의미만으로는 더 이상 사용되지 않게 되었다. 국제이해교육은 이제 국제관계의 방향과 본질에 중대한 영향을 미칠 수 있는 국내 문제와 지역의 문제들, 그리고 한 사회 내부의 문제에도 긴밀한 관심을 기울여야 했다. 둘째, 국제이해교육의 개념을 바라보는 관점 역시 '보수적'이고 '자유주의적'인 이해와 분석의 틀에서 좀더 '비판적인' 패러다임으로 전환되기 시작했다. 이러한 비판적 접근의 핵심적 기초는 국민국가들로 구성된 국제질서를 특징짓는 권력의 불평등에 의문을 제기하고, '세계평화'라는 본원적 전망이 실현되기 위해서는 그러한 간극이 극복되지 않으면 안된다는 필요성에 눈뜨는 것이었다. 셋째, 국제이해교육의 이론과 실천은 모든 삶의 수준에서 급박한 문제로 다가오고 있는 수많은 사회적·국제적 문제들과, 점차 더욱 전 지구적 이슈가 되어가는 문제들을 받아들이면서 발전하게 되었다.

가장 중요한 표본은 단연 평화운동, 좀더 정확하게는 군축운동이라고 볼 수 있다. 이 운동은 히로시마와 나가사키에 대한 원자폭탄 투하에 반대하고 그 후 냉전이 촉발시킨 핵무기 경쟁에 저항하는 과정에서 성장해왔다. 최근 수십 년 동안, 군축에 관한 교육 역시 세계 곳곳에서 벌어진 수많은 무력 충돌에 불을 지피고 있는 재래식 무기들을 폐기해야 할 필요성을 강조해왔다. 이와 비슷하게 유엔의 '세계인권선언'의 공포에 뒤이어 많은 기관들과 비정부기구, 개인들은 국제이해교육의 필수적이고 핵심적인 차원의 하나로서 인권교육을 발전시키게 된다. 또한 1960년대에는 '발전교육'이라고 불리는 새로운 운동의 영역이 출현하게 되는데, 이 운동은 근대화라는 발전의 주된 개념에 도전하면서 세계적 기아를 비롯한 빈곤과 주변화의 징후들을 낳는 토대인 불공정하고 지속불가능한 경제 질서에 대한 비판을 전개했다. 이 후 1970년대에는 뒤를 이어 환경 파괴에 관한 관심이 높아졌다. 그 결과 환경보호교육이 학교 프로그램이나 보다 폭넓은 비공식 시민교육의 무대 속으로 들어오기 시작했다. 국제이해교육의 개념적 변화를 보여주는 가장 최근의 중요한 표본은 해외 이주에 따른(특히 북반구에서의) 다문화사회의 증가에 그 뿌리를 두고 있다. 그러한 다문화사회에서는 다문화교육이 국제이해교육이라는 개념과 조응하는 것으로 인정되기 시작했다. 한 사회 내에 세계 모든 지역의 지극히 다양한 문화들이 존재하는 현실은 교실이나 작업장을 비롯한 사회기관들 내에 사실상 '세계'가 존재한다는 것을 의미하였다.

나아가 공식·비공식 교육기관들과 시민사회기구들도 좀더 발전된 형식으로 국제이해교육이 발전할 수 있도록 기여했으며, 국제기구와 국제단체들의 활동 역시 중요한 영향을 끼쳐왔다. 바로 이러한 변화로 인해 유엔 내에서 유네스코가 차지하는 역할도 더욱 중요해졌다. 1974년 역사적인 '국제이해와 협력, 평화를 위한 교육과 인권, 기본적 자유에 관한 교육 권고문'이 제18차 회기에서 채택된 이래, 유네스코는 세계평화에 복무하는 교육이 제 기능을 할 수 있도록 하는 노력을 확대·강화해왔다. 수많은 개별 학문과 간학문적 프로그램, 프로젝트 등을 통해 유네스코는 평화교육, 인권교육, 발전교육, 문화간 교육, 반인종주의교육, 성차별폐지교육, 관용교육, 환경교육, 군축교육, 지구교육, 가치교육, 시민교육, 민주주의교육, 국제교육 등 상호 연관된 영역과 운동들을 넘나들며 사회의 모든 수준에서 교육기구들과 교육자들의 작업을 촉진해왔다. 이들 상호 연관된 영역들과 운동들은 국제이해교육이 다차원적이고 통전적(holistic)이지 않으면 안된다는 점을 강조·확인해주고 있다.

1974년의 유네스코의 권고문이 채택된 지 20여 년이 지난 1995년 1월, 국제이해교육의 이러한 다양한 흐름들과 상호연관성은 유네스코 총회 제28차 회기에서 승인된 「평화, 인권, 민주주의를 위한 교육에 관한 선언과 통합적 실천요강」에서 다시 한번 강조되고 더욱 정교화되었다. 이렇게 평화와 인권, 민주주의의 원칙에 기초하여 개인과 공동체, 국가와 세계를 재구성하는 데 교육이 시급히 핵심적인 역할을 수행해야 한다는 점에 대한 강력한 전 지구적 합의가 형성되었지만, 만약 수많은 다른 기구들과 단체, 운동들이 함께 노력을 기울이지 않았더라면 그러한 합의도 아무런 소용이 없었을 것이다. 점점 더 많은 사람들과 공동체들이 시민사회가 비폭력적이고 정의롭고 지속가능한 국내적, 국제적 질서를 건설하는 과정에 강력하면서도 정당한 역할을 수행해야 한다고 주장하게 되었다. 이는 의심할 바 없이 폭력적이고도 충돌로 얼룩진 세기에 하나의 고무적인 유산이 되었다. 분과학문의 경계를 뛰어넘는 프로그램을 통해 평화의 문화를 꽃피우려고 하는 유네스코의 노력도 여러 나라들과 단체, 개인들이 평화롭고 지속가능하며 공정한 세계를 건설하고 이를 위한 교육을 수행하는 데 관련된 지식과 경험을 공유할 수 있는 중요한 기회들을 제공해왔다. 유네스코의 이러한 역할은 2000년을 '국제 평화 문화의 해'로, 2001년부터 2010년까지를 '세계 어린이들을 위한 평화와 비폭력 문화 10년'으로 선포한 유엔 선언문을 통해 다시 한번 지지를 받았다. 유네스코의 협력학교 프로그램 역시 국제이해교육의 다양한 차원에 청년들의 참여를 확대시켰다.

1. 평화의 문화를 향하여

요컨대, 국제이해교육을 지역과 국가 수준에서부터 국제적, 전 지구적 수준에 이르기까지 모든 삶의 영역에서 평화의 문화를 건설하고자 하는 교육운동이자 비폭력운동의 하나로서 인식하는 것이 무엇보다도 중요한 일이다. 국제이해교육은 모든 사람과 공동체, 기관, 국가, 운동들이 손을 맞잡고 마음과 정신을 나누면서 비폭력적이고 공정하며 타인에 대한 배려심이 있는 지속가능한 세계를 향해 나아갈 수 있도록 하는 가치관과 의식, 지식과 기술을 배양해야 한다. 우리는 분명 수많은 폭력의 현실과 형식들에 둘러싸여 있으며, 개인적 혹은 집단적으로 다음 세기, 아니 다음 새 천년에 폭력의 문화로부터 평화의 문화로 어떻게 나아가야 할 것인가 하는 거대한 도전에 직면해 있다.

'세계 평화 문화의 해'라는 역사적 선언을 통해 유엔이 단지 국제사회에 전쟁과 지속적인 핵의 위협, 직접적인 물리적 폭력의 징후가 나타나고 있음을 상기시키고 있는 것만은 아니다. 우리는 또한 물리적인 것은 물론 비물리적인 형태와 수준에서 전개되고 있는 폭력을 인식하고 극복해야 하는 부름을 받고 있다. 유네스코가 1992년 마련한 선구적인 다학문적 프로그램에서 이미 강조하고 있듯이 말이다.

> "평화의 문화는 비폭력과 기본적 권리와 자유에 대한 존중, 이해와 관용과 연대, 정보의 공유와 자유로운 교류, 여성의 완전한 참여와 역량 강화에 기반한 공통의 가치와 태도, 행위와 삶의 양식을 의미하는 일종의 변화하는 동체인 것이다. 평화의 문화는 다양성에서 비롯된 갈등을 부정하지는 않지만, 비폭력적 해결을 요구하며 폭력적 경쟁으로부터 공통의 목표를 향한 협력으로의 전환을 촉진한다. 그것은 전망이자 과정이며, 다차원적이고 전지구적인 하나의 거대한 프로젝트로서 전쟁과 군사주의에 의해 길러지고 있는 기존 기능들에 대한 긍정적인 대안을 개발해내는 작업과 관련되어 있다."

유네스코가 주최한 수많은 회의와 포럼, 그리고 '국가적 차원의 평화 문화 프로그램'을 이행하고자 했던 몇몇 정부들의 노력과 함께, 1995년 5월 열린 '헤이그 평화회의(Hague Appeal for Peace)'는 최근 평화의 문화가 서서히, 하지만 명백하게 어떻게 전세계적으로 형성될 수 있는지를 보여주는 고무적인 사건이었다. 이 역사적인 현장에는 유엔 사무총장과 여러 노벨 평화상 수상자들을 비롯하여 각 집단과 운동단체, 공동체, 기관과 기구들을 대표한 8,000명 이상의 사람들과 각 분야에서 활동중인 비정부기구들이 참석해 좀더 평화로우며 정의롭고 지속가능한, 타인에 대한 배려심이 넘치는 세계를 건설하기 위해 아이디어와 전략, 교훈, 희망과 꿈을 공유했다. 평화의 문화를 건설하는 것은 이미 확대되고 있는 이들 변형의 흐름들 속에도 반영되어 있듯이, 수많은 실을 이용하여 엄청난 규모의 융단을 짜는 일과 같다.

2. 전쟁 문화의 해체

지난 냉전시기에 우리는 미국과 소련이라는 두 초강대국들 사이의 긴장과 핵무기 경쟁이 점차 감소되어가는 일을 기쁘게 바라보았다. 하지만 불행하게도 여전히 세계는 헤아릴 수 없는 고통과 역경, 아픔과 죽음을 대가로 지불해야 하는 전쟁의 문화가 낳은 비극적인 징후들을 경험하고 있다. 2000년도 유엔 '인간개발보고서'는 1998년 한 해에만 36건의 중요한 분쟁이 발생했다고 기록하고 있다. 1990년대 여러 나라에서 발생한 분쟁으로 약 500만 명이 목숨을 잃었다. 1998년에는 1,000만 명 이상의 난민이 발생했고, 고향을 떠나 타지를 떠도는 유민도 500만 명에 이르렀다. 보스니아, 르완다, 수단, 스리랑카, 쿠웨이트-이라크, 시에라리온, 에티오피아-에리트레아, 체첸, 북아일랜드, 코소보, 그리고 뉴욕과 워싱턴에 대한 9·11 테러와 뒤를 이은 아프가니스탄에 대한 군사 보복에 이르기까지, 이 모두는 갈등과 분쟁을 '해결'하는 방식으로 여전히 많은 나라들과 집단들이 무장 폭력에 기꺼이 의존하고자 한다는 사실을 상기시키는 몇 가지 예에 불과하다. 그 결과는 치명적이고도 비극적이었다. 수백만 명이 죽고, 다치고 고향을 잃었다.

핵무기 분야를 살펴보면, 세계에서 극빈국에 속하는 두 나라인 인도와 파키스탄이 자신들의 풍부한 국가 자원을 핵무기 개발 경쟁에 어떻게 낭비해왔는지를 잘 보여준다. 핵무기의 수평적 확산을 어떻게 비폭력적인 방식으로 해결할 것인가는 이제 중요한 문제가 되었다. 또 최근 미국은 핵심적인 군축협정을 내팽개치고 새로운 미사일 방어체제를 구축하려는 계획을 마련해 무기경쟁을 다시금 가속화시키고 있으며, 이는 특히 우주공간의 군사력 강화를 초래하게 될 것이라는 우려를 낳고 있다. 이라크 위기 역시 미국이 주도하는 연합군에 의해 급속히 전쟁으로 확대되었다. 이라크가 대량살상무기로 위협을 가하고 있다는 믿을 만한 증거도 부족하고 유엔 감시단의 조사가 진행중에 있음에도 불구하고 '정부체제의 변화'를 목적으로 하는 전쟁이 일어난 것이다. 무고한 시민들을 포함한 수천 명의 사상자가 발생했고 그들의 가정과 사회가 크게 파괴된 것은 물론이거니와, 이라크에 대한 전쟁 강행 결정은 더 많은 테러리스트들의 충원과 보복을 불러오는 악순환의 씨앗을 뿌렸다. 나아가 일방주의적인 군사 개입을 '정당화'하고 국제법의 지배를 무너뜨리는 위험한 선례를 남기게 되었다.

평화의 문화에 이르는 가장 중요한 경로가 무력충돌과 분쟁을 비폭력적인 방식으로 해결하는 것이라는 점은 분명하다. 우리는 내전이나 국제전이 전개되고 있는 나라의 몇몇 정부들과 전투 당사자들이 전쟁과 무력충돌을 끝내는 평화협상에 나설 의지를 보여준 것에 고무 받고 있다. 물론 이스라엘과 팔레스타인 간의 분쟁 사례에서 보듯, 평화협정을 이행하는 일은 쉽지도 어렵지도 않다. 그럼에도 불구하고, 협상과 중재를 통해 충돌과 분쟁을 해결하는 과정, 그리고 그러한 갈등이나 전쟁이 종식된 이후의 평화정착 프로그램에서 유엔과 다른 다자간 기구들의 역할이 좀더 충분한 지원을 받고 강화될 필요가 있다.

전쟁의 문화를 해체하는 데에는 정부와 공적 기구들의 참여가 무엇보다도 중요하지만, 평화적 해결과 충돌의 전환을 일구어내는 과정에서 시민 중재단의 역할이 증가하고 있는 현실도 평화의 문화를 건설하는 데 바람직한 역할 모델로서 인정될 필요가 있다. 비판적 교육과 평화를 건설하는 과정에 역동적으로 참여하게 될 평범한 시민들의 역량을 강화하는 일은 우리가 비폭력적 사회를 건설하는 데 성공하기 위한 핵심적인 조치라고 볼 수 있다. 1993년 캄보디아에서 불교 승려들이 중심이 되어 벌인 평화와 화해를 위한 도보행진을 예로 살펴보자. 이 행진은 캄보디아인들이 내전 이후 평화로운 미래를 건설하는 작업에 참여하도록 힘을 북돋우기 위한 것이었다. 필리핀에서는 평화운동가의 연대를 통해서 지역 주민들과 더불어 정부군과 무장 세력들 간에 열린 평화회담을 옹호하는 것은 물론, 평화지대를 만들어내는 작업을 함께 벌였다. 콜롬비아에서는 고무적이게도 청년과 어린이들이 평화와 비폭력을 위한 운동을 이끌면서 전쟁과 폭력이 낳은 비극적인 문화를 극복하고자 노력하고 있다.

무기거래를 종식시키기 위한 비정부기구들의 캠페인은 몇몇 무기 생산지에 살고 있는 시민들을 교육하고 조직하여 해외로의 무기 수출을 감소시키고 궁극적으로는 중지시키는 정책을 요구하도록 했다. 역사적인 대인지뢰금지협정 역시, 평범한 시민들이 국가기관들과 함께 수많은 세계인들의 안전을 향상시키는 운동에 어떻게 참여할 수 있는가를 분명히 보여주고 있다. 무력충돌과 전쟁이 진행중일 때, 심지어는 적대행위가 중단된 이후에도, 그로부터 가장 심각한 영향을 받는 사회집단이 아동이라는 점은 의심할 여지가 없다. 아동은 전쟁이 진행되는 동안 무고하게 희생될 뿐만 아니라 아동 병사로서 동원된다. 따라서 무력충돌이 종식된 이후에 평화교육은 다치고 상처 입은 아이들을 육체적으로 회복시키는 일뿐만 아니라 심리적·정신적 치료까지 수행해야 하는 과제를 안고 있다.

나아가 특히 북반구에 위치한 나라들에서는 학교 안에서 폭력의 문화(예를 들어, 괴롭힘, 폭행, 체벌, 패싸움, 교사 괴롭히기 등)를 중단시키기 위한 태도와 행동, 관계들을 형성하는 데 점점 더 높은 관심을 기울이고 있다. 그 결과, 지난 수십 년 동안 많은 공식적인 학교교육 체계 내에서 비폭력의 원칙들을 학교 내 정책과 프로그램, 교과과정, 교수·학습 환경 속으로 통합시키려는 노력이 확대되어왔다. 이러한 프로그램들은 기본적으로 학교와 공동체 내에 존재하는 폭력의 문화를 극복할 수 있도록 갈등 해결과 폭력 예방에 관한 가치와 실천을 향상시키는 것을 목적으로 하고 있다. 이러한 프로그램이 성공적으로 수행된다면, 아동과 청소년들이 비폭력의 원칙과 규범에 뿌리를 두고 있는 가치관과 실천들을 내면화한 다음 세대의 성인으로 자라날 수 있을 것이다.

문화, 레저, 오락과 관련한 상품과 서비스(예를 들어, 미디어, 장난감, 오락산업 등)의 생산과 분배 과정을 변화시키기 위한 전세계적 캠페인에서도 전쟁과 폭력의 문화를 해체하기 위한 주요한 전략을 찾아볼 수 있다. 공적 기관이나 학교에서 이루어지고 있는 비판적 문화교육을 통해 성인과 아동은 폭력적인 미디어나 장난감 무기들을 소비하지 않게 되는 동시에, 관련 정책과 규정들을 시행하고 있는 정부와 민간 부문에 압력을 가하도록 격려 받는다. 하지만 전쟁의 문화는 단지 그러한 '거시적인' 맥락에서만 존재하는 것이 아니라 모든 사회 내의 보다 '미시적인' 삶의 영역들 속에서도 자리잡고 있다. 가정폭력을 비롯해 대인관계, 가족, 교육기관, 공동체 내에서도 육체적인 피해를 낳는 관행들이 존재하며, 이러한 관행들은 공식·비공식 교육 캠페인과 프로그램들에 의해 도전 받고 있다. 특히 총기 소지가 점차 확산되고 자경주의(自警主義)적 심성이 더욱 심화되고 있는 많은 북반구 사회에서는 더욱 그러하다.

3. 사회적 정의 실현

평화의 문화에 이르는 두번째 경로는 사회적 정의 실현으로 타인과 더불어 사는 것이라고 표현될 수 있을 것이다. 이 길 위에 세워진 표지판들 가운데 우리는 무엇보다도 먼저 '발전'이라 불리는 표지판부터 주의깊게 살피고 이해할 필요가 있다. 1950년대 이래 우리가 근대화라고 부르는, 매우 강력한 '발전'의 패러다임 혹은 구조 틀이 유지되어왔다. 근대화는 모든 나라와 세계가 급속한 경제성장을 거두어야 한다는 것, 그러한 성장을 이루는 가장 좋은 동력은 민간 부문이며 그를 통해 모든 시민들에게 '혜택이 돌아갈 수 있는' 부를 생산할 수 있다는 것, 그리고 북반구는 원조와 무역, 투자 등을 통해 남반구 국가들을 성장중심적인 세계 경제와 시장, 정치질서에 통합시킴으로써 북반구 나라들을 따라잡을 수 있도록 도와줄 수 있다는 것 등을 믿어오게 했다. 최근 몇 년 동안 이러한 근대화의 주제들은 강대국과 초국적기업, 국제기구와 국제체제(예를 들어, IMF, World Bank, WTO, APEC, NAFTA 등)들이 지배하는 세계화와 자유화의 압력에 의해서 다시금 주목을 받고 있다.

하지만 셀 수 없이 많은 보통 사람들이 세계 곳곳에서 심화되고 있는 주변화에 격노하여 목소리를 내고 있듯이, 그러한 근대화와 세계화는 가난한 소수자들에 대한 구조적 폭력을 더욱 증가시켜왔다. 경제적 힘과 자원의 불공평하고 불공정한 분배를 의미하는 이 구조적 폭력으로 인해, 한 사회나 세계에서 살아가고 있는 몇몇 집단과 부문은 기본적 필요조차 충족시키지 못해 고통받아야 한다. 2000년도 유엔 '인간개발보고서'는 12억에 달하는 사람들이 하루 1달러도 못되는 돈으로 살아가고 있다고 보고한 바 있다. 3만 명 이상의 아이들이 예방할 수도 있었던 질병임에도 불구하고 매일 죽어가고 있다. 10억 이상의 사람들은 부적합한 거주환경에서 살고 있고, 심지어 집도 없이 살아가야 하는 사람들은 전세계 수백만에 이른다. 착취와 빈곤으로 고통받고 있는 아동노동자들도 2억 5,000만을 넘는다. 보건 분야에서도 충분히 예방할 수도 있는 질병으로 지속적으로 고통받고 증세가 심해지는 사람들이 늘어나고 있는 것은 물론이고, 에이즈 감염자와 보균자의 창궐로 수백만이 고통받고 있으며 그에 따라 한 사회에 비극적인 장기적 해악을 초래하고 있다. 물론 '새로운' 산업화에 성공한 나라들도 몇몇은 존재한다. 하지만 최근 이들 나라들조차 심각한 경기후퇴 혹은 경제위기로 어려움을 겪고 있다. 무엇보다 중요한 것은 대부분의 사회에서 사회 엘리트들과 주변화된 부문간의 수입과 부의 격차가 날로 확대되어가고 있다는 사실이다. 이처럼 남반구 내에서의 내부적 불평등을 둘러싼 구조와 관계들(북반구의 경우에도 점차 비슷한 상황이 펼쳐지고 있다)은 무역, 투자, 외채 등의 형식을 통해 불균형적으로 북반구에 더 많은 혜택이 돌아가고 있는 국제적·지구적 부정의와 상호 연관되어 있다. 부자 나라들과 극빈국들 사이의 수입 격차는 1950년 35:1에서 1973년 44:1로, 1992년 72:1로 날로 확대되고 있다.

1980년부터 1997년까지 극빈국들의 총부채액은 미국 달러로 처음에는 5,680억 달러였던 것이 지금은 2조 달러로 불어났다. 그러나 같은 기간 극빈국들이 원금상환과 이자로 지불한 돈은 2조 9,000억 달러에 이른다.

따라서 우리는 세계적 빈곤이라는 도전에 직면하여 이러한 빈곤의 근본 원인이 불평등과 부정의에 있다는 사실을 반드시 인식해야 한다. 유엔 코피 아난 사무총장이 이야기했듯이, "진정한 평화란 단지 전쟁의 부재만을 의미하지 않는다. 그것은 경제발전과 사회정의를 아우르는 하나의 현상"이다. 교황 요한 바오로와 달라이 라마와 같은 존경받는 종교지도자들이 지속적으로 세계인들에게 상기시켜왔듯이, '정의 없는 평화'란 있을 수 없다. 세계에서 가장 영향력 있는 정계와 재계의 지도자들의 연례 모임인 세계경제포럼에서 연설을 맡은 남아공의 넬슨 만델라 대통령도 세계화가 부자들의 욕구는 우선적으로 충족시켜주는 반면, 전 지구적 빈곤과 불평등을 증가시키고 있는 것이 아닌가 하는 의문을 제기한 바 있다.

전세계 평범한 시민들과 비정부기구, 민중단체, 종교나 교육 부문의 사회기관, 국제 변호사 네트워크는 물론 몇몇 비판적 정치 지도자들과 정부 관료들이 근대화 패러다임의 '진실'에 의문을 제기해온 것도 바로 이 때문이다. 그들은 근대화 패러다임 대신에 대안적인 발전의 구조 틀을 교육하고 활용하고자 노력해왔다. 대안적 발전의 내용을 말해주는 'PEACE'라는 문자어는 참여적이고(Participatory), 공평하며(Equitable), 가치나 기술 측면에서 적합하고(Appropriate), 비판적인 역량을 강화하며(Critically empowering), 생태적으로도 지속가능한(Ecologically sustainable) 발전을 의미한다. 평화로운 발전은 모든 시민의 기본적 필요를 충족시키는 것을 무엇보다도 중요시한다. 우리는 진보를 고도의 소비주의자들이 기술적으로 발전된 사회를 만드는 과정으로서 이해하는 시각을 재고해보아야만 한다. 농촌에서부터 도시에 이르기까지 가난한 사람들과 연대하는 집단들은 자립적이고, 평등지향적이며, 지속가능한 발전 프로젝트를 통하여 힘을 길러나가고 있다. 현재 사회정의와 인간 중심적 발전 모델에 기초하여 가난한 시골 농부와 조그마한 어촌의 주민들, 도시 빈민들, 주변화된 여성, 심지어 아동노동자들과 거리의 아이들까지 포함한 평범한 시민들이 변화를 일구어내는 활동을 벌여나가고 있는 사례들은 매우 고무적이다. 이러한 평화로운 발전 패러다임에서 핵심적인 것은 비판교육이 주변화되고 가난한 사람들이 빈곤, 특히 불평등이라는 구조적 폭력의 근본 원인을 인식하고 그에 도전할 수 있는 힘을 길러줄 수 있어야 한다는 것이다.

지난 수십 년 동안, 원조나 발전 분야에서 활동하고 있는 북반구의 많은 비정부기구들은 남반구의 주민들과 기층 민중들의 발전을 위해 활동하고 있는 비정부기구와 민간단체들과의 연대를 강화하면서 대안적인 원조와 무역, 남북 불균형의 시정을 이끌어낼 수 있도록 그들 정부의 외교정책의 변화를 촉구해왔으며, 빈민과 취약집단에 속하는 소수자들을 더욱 주변화시키는 세계화와 국제기구들의 활동에 도전해왔다. 그러한 북반구의 비정부기구들이 수행하고 있는 발전교육과 전 지구적 교육은 북반구 주민들이 세계적 빈곤과 저발전에 대한 그들 자신의 책임과 의무를 인식할 수 있도록 하는 비판적 의식을 고양시켜왔다. 여기에는 지속불가능한 소비주의적 생활양식에 대한 반성도 포함되어 있다. 몇몇 경우에는 공적 원조기구들도 기층 민중의 역량강화 프로젝트는 물론이고, 발전교육 분야에서 활동하고 있는 비정부기구들을 지원하기도 했다. 그에 따라 이제는 북반구와 남반구 국가들이 상호 협력하여 사회적 정의를 실현할 수 있고 인정과 정의의 정신을 고양시킬 수 있는 교육의 필요성이 더욱 중요해지고 있다.

4. 인권의식과 책임감의 고양

50년이 넘는 기간, 세계인권선언과 그 뒤를 이은 수많은 규약들과 협약, 조약들을 비롯한 국제규범들 속에 구체화되어 있는 전망을 실현하기 위한 수많은 노력들이 전개되어왔다. 인권과 관련된 법률과 정책, 관행들은 정치·경제·사회·문화적 영역에 관계없이, 인간에게는 양도할 수 없는 권리가 있으며, 그러한 권리는 개인, 공동체, 국가, 국제사회 등 모든 삶의 수준에서 향상되어야 한다는 사실을 우리들에게 상기시켜왔다. 그동안 인권 수준이 상당히 향상되어온 것은 사실이지만, 여전히 이론과 실천 사이에 커다란 간극이 존재하고 있다는 사실을 되새기는 것은 중요하다. 아주 많은 사회에서 인권침해는 지속적으로 이루어지고 있으며, 그 결과 셀 수 없이 많은 남성들과 여성, 어린이들에게 커다란 고통과 상처, 모욕을 가하고 있다.

인권을 존중하고 향상시키기 위한 거대한 도전들은 마치 폭풍우 속에서 타오르고 있는 촛불을 지키고자 하는 노력에 비유될 수 있다. 여기서 촛불은 세계인권선언과 그 뒤를 이은 규약과 협약, 헌장들의 정신에 녹아 있는, 모든 인간이 당연히 누려야 할 본래적 존엄성을 의미한다. 그러나 국가, 사적인 이해, 사회문화적 체제, 세계기구 등의 구조에 의해 엄호되고 있는 권력은 여전히 인권과 존엄성의 빛을 꺼뜨리고자 하는 강풍을 불어대고 있다. 위험을 감수하며 시민과 사회기관들이 삶의 모든 부문과 수준에서 인권침해에 항거하고 권리를 주장할 수 있도록 교육하고 조직화하는 데 헌신하고 있는 인권활동가들의 작업은 분명히 평화의 문화를 건설하는 또 하나의 중요한 길을 닦고 있는 것이다.

평범한 사람들이 스스로를 교육하고 힘을 길러 국가기관이나 사적 권력들이 진정한 민주주의의 정신에 따라 책임 있게 행동하도록 만드는 강력한 시민사회를 건설할 때, 우리의 인권도 더 잘 보호되고 향상될 수 있다. 인권 분야는 단순하지 않다. 그래서 우리가 길을 잃지 않으려면, 그러한 복합성을 충분히 이해하도록 노력해야 한다. 예를 들어, 우리는 문화적 다양성에 대한 감수성을 기를 필요가 있지만, 동시에 모든 인권의 보편성을 지지하지 않으면 안된다. 문화적 신념이나 관행은 결코 인권침해를 합리화하는 명분으로 사용될 수 없다. 우리는 모든 권리들의 불가분성과 상호연관성을 인정해야 하며, 그를 통해 예전처럼 개인적인 시민·정치적 권리만이 강조되고 집단과 민중들의 경제·사회·문화적 권리와 집단권이 외면당하는 일이 없도록 해야 한다. 우리는 또한 인권을 향상시킴에 있어 비정부기구들과 민중단체들의 역할을 정당한 것으로 인식해야 하며, 인권침해의 징후보다는 근본적인 원인을 치유하는 데 노력을 기울여야 한다. 마지막으로 인권과 함께 동등한 책임의식도 향상시키기 위해 노력해야 한다.

특히, 평화의 문화는 여성과 아동의 인권이라는 핵심 영역에 커다란 관심을 기울인다. 여성들 자신의 평화는 물론 전체 공동체와 사회의 평화를 위해서도 여성들의 기여는 필수적이라는 점이 인정되고 있으며, 그를 통해 지금까지의 남성 편향적 발전 모델도 여성들에게 동등한 혜택이 돌아갈 수 있는 방향으로 재구성되고 있다. 또한 역사적인 아동권리협약과 관련해 활동하고 있는 비정부기구들은 아동을 착취와 주변화, 폭력(경제적·성적·문화적·사회적 폭력과 가정폭력)으로부터 보호하기 위한 비판교육에 힘쓰고 있다.

인권교육을 공적 교육기관 내의 교수·학습 과정에 통합시키기 위해 힘들게 노력해온 사람들도 있다. 많은 교사와 학부모, 학생, 그리고 국제앰네스티(amnesty)나 '민중의 인권교육 10년'과 같은 인권단체들은 학생들이 자신들이 사는 지역과 자기 나라, 국제사회에서 일어나고 있는 인권침해의 현실에 관한 의식을 향상시키고,

사회 내부에서나 해외에서 인권을 보호하고 존중하는 행동에 나설 수 있도록 힘을 길러주기 위한 다양한 교과과정을 설계해왔다. 자신들의 학교 내에서 인권과 관련해 할 수 있는 일을 찾아보는 일에서부터 정치범의 석방과 사형제도의 폐지, 주변화된 그룹들(예를 들어, 지속적인 추방으로 고통받는 집 없는 빈민, 땅 없는 소작농, 수출가공산업 종사 노동자, 아동노동자, 발전이라는 침략과 식민주의라는 부정의와 맞닥뜨리고 있는 원주민 등)의 권리를 옹호하는 활동에 이르기까지 다양한 활동들을 통해, 학생들은 향후 평화의 문화에 긍정적으로 기여할 수 있는 인권의 문화를 내면화할 수 있게 될 것이다. 이 점에서 볼 때, 인권을 교육하는 일은 책임감 있는 의식과 행동을 계발하는 과정을 수반한다는 사실이 강조될 필요가 있다.

국제적, 전 지구적 수준에서도 상당히 많은 인권활동가들과 인권단체들이 각 정부가 공식적으로 비준한 인권조약들을 더 잘 이행하도록, 개발관련 국제기구들과 경제기구들이 인권에 대해 책임을 지도록 요구하기 위해 지역과 대륙을 가로지르면서 공적 교육기관 내에서 상호 협력하고 있다. 전쟁범죄와 다른 반인도적 범죄들을 처벌하기 위한 국제사법재판소와 같은 법정을 설립하려는 최근의 적극적인 조치들은 인권침해를 저지른 자들을 평화로운 방법으로 정의의 심판대에 세울 수 있는 가능성을 잘 보여주고 있다.

5. 지구와의 조화로운 삶

1992년 리우 환경개발회의가 열리기 이전에도 이미 환경운동이 개별 시민들과 기관, 정부에 영향을 미치고 있음은 명백히 인식할 수 있는 수준이었다. 환경파괴(예를 들면, 핵실험, 삼림파괴, 독성폐기물 투기, 생명다양성의 감소 등)에 맞선 그린피스를 비롯한 다른 국제 환경단체들의 비폭력 행동은 물론, 부족민들이 자신들의 삼림을 보존하고 그를 통해 사회·경제·문화적 생존을 보존하고자 했던 유명한 칩코운동(Chipko campaign)과 같은 기층집단들이 주도했던 환경운동에 의해 세계는 크게 고무받아왔다.

사실상 모든 지역과 나라의 시민들과 공동체들은 어머니 같은 지구와 평화롭게 살아가기 위해 발언하고 행동하는 힘을 길러왔다. 또 많은 나라에서는 여성들과 선주민들이 환경 악화에 정면으로 맞서 감시단을 조직하고, 지역 환경을 보호하고 그를 통해 가족과 공동체의 기본적 필요를 지속적으로 충족시키기 위한 활동을 전개해왔다. 점점 더 많은 종교기관들과 종교 지도자들도 '녹색 신학'을 소리 높여 이야기하고 있으며, 그들이 속한 공동체가 지구에 대한 공경심을 갖추고 자신들의 신앙활동을 펼치도록 격려해왔다.

점점 더 많은 정부들과 심지어 기업들까지도 지구 온난화와 오존층 파괴, 다른 생태위기의 징후들이 심각해지고 있는 문제에 대응하여 환경보호를 주장하는 대열에 동참하고 있다. 그러나 리우 회의 이후의 결과와 최근 남아공에서 열린 지속가능한 발전에 관한 세계정상회의가 보여주고 있는 바와 같이, 생태적으로 지속가능한 '발전'을 향상시키기 위해 정부와 사적 부문의 기구들이 벌이고 있는 활동은 성장 중심의 세계화의 원칙들에 압도되면서 제한적 수준에 머무르고 있다. 생태적 지속가능성을 염두에 두고 기업의 정책을 수립하고 자신들의 관행을 변화시키고자 노력하고 있는 몇몇 사례들은 매우 고무적이지만, 안타깝게도 세계시민사회단체들에 의해서 환경보호에 더 신경을 써야 할 필요가 있다고 도전 받는 일종의 '환경 세탁이 필요한' 기업들은 아직도 더욱 증가하고 있다. 아마존 지역에 관한 최신 보고서는 불행하게도 환경파괴의 정도가 더욱 심화되고 있음을 보여주고 있는데, 이는 브라질과 그 나라의 국민들뿐만 아니라 지구 환경에도 더욱 부정적인 결과를 가져올 것임을 의미한다.

따라서 평화의 문화에 이르는 네번째 주요 경로는 바로 환경보호에 관해 교육하는 일이 되어야 한다. 그러나 '지속가능한 발전'은 개인이나 개별 국가의 차원을 뛰어넘어, 자원을 재활용하고 온실효과를 낳는 가스의 분출을 제한하며 에너지를 효율적으로 사용하고 멸종될 위기에 처한 생물 종들을 보호하는 활동을 벌여나갈 것을 요구한다. 세계 곳곳에 존재하는 원주민들의 지혜가 우리들에게 충고하고 있듯이, 우리는 다음 7세대 이후까지를 내다보며 생활해야 한다. 인간들이 세대간 책임이라는 윤리에 따라 자연환경과 관계를 맺지 않는다면, 미래세대는 결코 생존할 수 없다. 따라서 평화 지향적 환경교육은 지배적인 근대화 패러다임에 의해 추동되고 있는 과도한 물질주의적 생활양식과 소비주의적 이데올로기에 근본적인 질문을 제기해야 한다. 또한 평화 지향적 환경교육은 녹색 정의에 대해서도 이야기해야 하며, 그를 통해 환경주의자들이 내놓은 의제들과 남북관계가 동시에 구조적 폭력으로부터 벗어나 사람들이 기본적 필요와 권리를 누릴 수 있도록 해야 한다. '지속가능한 발전'이 성장중심적 세계화라는 변하지 않은 목표에도 봉사할 수 있어야 한다는 조건에 구속되는 한, 생태위기의 뿌리는 흔들리지 않고 그대로 남아 있게 될 것이다.

환경교육은 이제 공적 교육체계 내에서도 교과과정과 교육학의 정규 주제로 자리를 잡고 있다. 초기 환경교육은 아이들이 개인적으로나 사회적으로 환경친화적인 삶을 살아가도록, 그리고 환경친화적 학교가 될 수 있도록(예를 들어, 자원재활용, 중고품의 재사용, 소비축소, 동식물보호 등) 교육하는 데 초점을 맞추었으나, 이후 환경교육은 통전적인 관점을 갖고 생태위기의 뿌리를 파고 들어가야 한다는 인식이 성장하게 되었다. 그 결과, 개인적 수준의 지구 살리기 활동이 집단과 국가들 사이의 구조적 정의와 권리의 원칙들과 통합되어야 하고, 성장과 소비중심적인 근대화 이념에 도전해야 하며, 소박한 생활양식을 자발적으로 옹호하고, 지구권(earth rights)이라는 개념을 증진시켜나가야 한다는 점이 인식되기에 이르렀다.

6. 타문화의 존중과 화해

인류 역사를 통해 볼 때 다른 문화권에 살거나 다른 윤리와 인종적 정체성을 가진 사람들 사이에 갈등이 발생하는 것은 새로운 일이 아니지만, 군사주의와 구조적 폭력이 지배하는 세계적 상황하에서 이러한 갈등은 비평화와 비극적 폭력이라는 중대한 문제를 낳고 있다. 단지 문화적 차이만으로는 갈등이 일어나지 않는다. 우리는 자원과 영토의 획득을 위해 경쟁하는 것과 같은 광범위한 근본 원인들과 요소들을 함께 살펴보아야 한다. 또한 원주민 혹은 토착민들에 대한 식민화의 경우에서처럼, 그러한 갈등의 근본 원인이 역사적으로 구조화되어온 부정의에 있는 경우도 종종 있다. 앞서 지적한 바와 같이, 지배적인 근대화 패러다임은 '진보'의 길에 멈춰서 있는 존재로서 묘사되고 있는 선주민이나 토착민들을 더욱더 주변화시키고 있다. 삼림을 베어내고, 에너지 기반시설을 건설하며, 산업화와 소비주의를 충족시키기 위해 더욱더 많은 광산을 채굴하고, 거대 농산물기업이 오지로까지 침투해 들어가는 방식을 통해서 근대화 패러다임은 그들을 더욱 주변화시키고 있는 것이다.

따라서 평화의 문화에 이르는 다섯번째 경로는 한 국가 내의 서로 다른 문화집단들, 혹은 국가들 사이의 다른 문화들 사이에 역동적인 조화를 발전시켜내는 일이다. 모든 집단이 다양성 속에서도 일체를 이루면서 비폭력적으로 생활하고자 하는 의지와 능력을 갖추지 않는다면, 평화로운 세계는 가능하지 않을 것이다. 이러한 점에서 볼 때 '문명 간 충돌'에 의해 세계 안보가 위협받고 있다는, 몇몇 사상가들과 정치 지도자들이 퍼뜨리고 있는 신화에 가까운 생각을 하루 빨리 벗어던져야 한다. 이러한 극도로 단순화된 언명들은 '문명들'의 복합성을 간과하고 있다. 또한 문명 간 충돌이나 전쟁이 일어났을 때조차도 협력과 연대가 이루어졌음을 보여주는 역사적 증거들이 있음에도 불구하고, 그러한 언명들은 위험하게도 한 문명이나 문화를 다른 문명이나 문화에 대립시키고 있다.

많은 다문화사회에서 정규학교 교과과정이나 교육기관들 속에 문화간, 혹은 다문화교육의 원칙과 가치, 전략들을 통합시켜왔다. 이는 한 나라의 역사를 다룰 때에도 모든 집단과 문화권의 역사를 포함해야 함을 의미한다. 우리는 다른 문화에 대한 의식과 감수성을 고양시킬 필요가 있다. 모든 집단은 동등하게 존중받고 차별받지 않을 자격을 갖고 있다. 우리는 현존하는 문화간의 갈등을 비폭력적으로 화해시킬 수 있는 기술훈련을 받아야 한다. 하지만 평화교육자들은 다문화간 부조화의 근본 원인들(예를 들어, 인종주의, 차별, 구조적 부정의, 역사적 억압 등)을 비판적으로 이해하며 연대를 모색하지는 않고 단순히 피상적으로 문화적 차이를 '칭송하는' 다문화적 교육에 대해서는 비판적이다. 바로 이 점에서 원주민들은 자신들의 문화를 보존하기 위해 필수적인 정체성과 지혜와 전통을 적극적으로 발전시켜주지 않는 다문화간 교육을 결코 유용한 것으로 간주하지는 않을 것이다.

지금의 세계화라는 힘은 '문화적 동질화'라는 결과를 낳고 있다. 문명에 상관없이 점점 더 많은 사람들이 똑같은 패스트푸드를 먹고 똑같은 청바지와 셔츠를 입고 화장을 하며, 똑같은 휴대폰에 대고 이야기를 하고, 똑같은 TV 프로그램을 보고, 똑같은 팝송을 듣고, 스타를 모방해야 한다는 강력한 심리적 압박을 받고 있다. 따라서 우리는 문화권 사이의 역동적인 조화를 일구어내는 길에서 우리 자신의 문화적 정체성과 뿌리에 대한 건강한 자신감을 가질 수 있도록 격려해야 한다.

마지막으로 문화들 사이의 건강한 조화를 이루어내기 위해서는 다양한 신앙과 종교, 영적 전통의 지도자들이 자주 회합을 갖고 한 사회 내의 사람들과 서로 다른 사회들 사이의 더 활발한 조화를 일구어내는 데 결정적인 상호 신뢰와 종교간 대화 혹은 초교파적인 대화를 진척시켜야 한다. 대화와 존중으로부터 화해의 길, 비참과 적대와 불신을 치유할 수 있는 길이 열린다. 지역, 국가, 국제적 수준에서 '종교와 평화에 관한 세계회의'나 '세계종교의회' 등과 같은 종교조직들과 네트워크들은 다양한 종교의 지도자들이나 신자들이 비폭력적이고 공정한 상호 신뢰와 다문화간 관계를 일구어내는 데 협력하고 힘을 기를 수 있는 교육 기회와 공간을 제공해야 한다. 다문화간 조화를 일구어내 일에 초점을 맞추고 있는 평화교육자들이 원주민들의 문화나 전통적인 사회문화적 양식이 갈등을 해결하는 데 핵심적인 역할을 수행할 수 있다는 점을 인정하는 것도 중요하다.

7. 내적 평화의 배양

앞서 제시된 평화의 문화에 이르는 다섯 가지 경로는 주로 가시적인 삶의 관계들과 구조에 초점을 맞춘 것이었다. 하지만 평화적 가치와 실천의 내적 차원과 원천도 간과되어서는 안된다는 합의가 증가하고 있다. 내적 평화를 배양하는 일은 다양한 전통과 신앙, 문화를 가진 사람들이 윤리적, 정서적, 영적인 내적 평화를 통해 외적, 사회적 평화를 위해 활동할 준비가 더 잘 되어 있도록 한다. 또한 여기에는 다양한 문화와 신앙의 핵심 가치와 근본 원리는 내적 평화의 문화를 발전시키는 데 지침과 영감을 제공한다는 기본 가정이 깔려있다. 성서나 교리, 선주민들의 영성을 비롯한 모든 종교들에서 발견되는 구전된 지혜와 숭배 행위들, 그리고 '뉴에이지' 개념 속에도 반영되어 있는 바와 같이, 개인들의 영성을 성장시키는 일은 바로 내적 평화의 뿌리를 지속적으로 배양하고 늘 새롭게 함으로써 가능하다.

예를 들어, '해방신학'의 영감을 받아 주로 남반구의 상황하에서 등장했던 '기독교 기초공동체(Basic Christian)'나 '교회적 공동체(Ecclesial Communities)'와 같은 기층조직의 신도들은 진정한 내적 변화를 체험할 수 있도록 기독교적 가치와 원칙들을 깊게 끌어안고자 한다. 동시에 그러한 내면화는 자신들의 공동체와 더 넓은 범위의 사회를 좀더 평화롭고 정의롭게 만들기 위해 노력하도록 하는 비판적 사회분석과 함께 이루어진다.

불교 사회에서는 내적 평화나 개인적 '깨달음'을 추구하는 과정에서 신도들뿐만 아니라 승려들이 담당해야 할 역할에 대해서도 재해석하려는 노력이 증가하고 있다. 이처럼 내적 깨달음을 위한 기도와 명상의 중심 원칙과 목적은 여전히 중요한 것으로 남아있지만, 사회적 불교는 한 사회 내에서 발생하는 사건들, 특히 비평화를 심화시키는 사건들과 유리되어 있지 않다. 내적 평화에 대한 추구는 무소유와 무권력, 절제된 생활양식, 모든 존재에 대한 연민 등과 같은 불교의 핵심 원리들에 의해 지침을 제공받는다.

통전적인 평화교육 가운데 일부 프로그램은 학습자들이 다양한 삶의 수준, 즉 대인과의 관계에서, 작업장이나 교육기관에서, 사회나 세계 속의 한 시민으로서 내적 평화를 발전시킨다는 것의 함축된 의미를 따져보도록 훈련시킴으로써 내적 평화라는 주제를 탐색해보고 있다. 이러한 접근은 학습자들에게 '내적인 것', '개인적인 것'이 '사회적인 것', '구조적인 것'들과 서로 결합되어 있으며, 역으로 평화를 위한 사회적 행동이 내적 평화의 가치와 영성을 더욱 깊이 있게 만들 수 있음을 상기시켜준다. 불교 지도자인 탁낫한이 우리에게 적절하게 일깨워주고 있듯이, 우리는 '혼자서 존재하는 것'이 아니라 '관계 속에서 존재'한다. 진정한 내적 평화는 사회적·지구적 평화를 위해 활동하고자 하는 열망과 함께 상호작용해야 한다. 예를 들어, '내적 평화'의 감성은 사회경제적으로 유리한 지위에 있는 개인들로 하여금 주변화된 사람들에 대한 연민을 느끼고 자선활동에 뛰어들 수 있도록 만들 수 있을 것이다. 하지만 이것이 과연 폭력과 부정의의 구조를 해체하는 데 도움을 줄 수 있을지는 의문이다.

8. 국제이해교육의 방법론

국제이해교육의 마지막 중요한 차원은 '어떻게' 혹은 '교육과정'의 문제와 관련되어 있다. 비판적, 통전적 국제이해교육의 옹호자들은 국제이해교육이 내용, 즉 무엇을 가르치고 이해할 것인가의 문제만은 아니라는 사실에 기꺼이 동의할 것이다. 똑같이 중요하게 간주되어야 할 것이 바로 어떻게 가르칠 것인가의 문제, 바꿔 말하면 교수·학습 과정에 구체화되어야 할 교육방법적 원칙의 문제이다. 이 책의 버지니아 카와가스가 쓴 글이 이러한 원칙들의 예를 자세히 소개하고 있으므로, 이 글에서는 아주 간단히 언급하는 정도에 그치고자 한다. 다음과 같은 원칙들이 있을 수 있다.

통전적 이해: 폭력과 갈등의 문제를 상호 관계 속에서 이해하도록 하려면, 국제

이해교육은 모든 수준과 양식의 교육(형식·비형식·비공식 교육)을 관통하며 이루어져야 한다. 또한 국제이해교육은 주변화된 사회 부문만을 대상으로 해서는 안 되며, 권력과 유리한 지위를 차지하고 있는 사람들도 교육하기 위해 노력해야 한다.

가치관 형성: 평화의 문화에 이르는 토대가 될 수 있는 적합한 가치들(예를 들어, 정의, 연민, 화해, 비폭력, 지속가능성 등)을 발전시키는 데 국제이해교육이 핵심적인 역할을 수행할 수 있음을 인정해야 한다.

대화: 국제이해교육은 '은행저축식'(브라질 교육학자 파울로 프레이리가 전통적 교수법을 이렇게 의미 있게 묘사했듯이)이 되어서는 안되며, 대화와 비판적 사고, 문제제기의 방법을 동원하면서, 그리하여 학습자가 교사가 되고 교사 역시 학습자가 되기도 하는 방식으로 이루어져야 한다.

비판적 역량 강화: 학습자들이 희망적이며 건설적인 방식으로 폭력의 문화를 넘어 평화와 비폭력의 문화에 도달하기 위해 개인·사회적 조치를 취할 수 있도록 힘과 의식을 기르게 해야 한다.

세계 곳곳에서 효과를 거두고 있는 국제이해교육의 경험은 참여적인 교수·학습과정과 방법론이 동원될 때만이 이러한 교육학적 원칙들이 최상으로 실현될 수 있음을 확인해주고 있다. 하지만 이러한 교육학적 원칙들이 충실히 이행되기 위해서는 위계적이고 경쟁주의적이며 시험 위주의 구조와 방법론을 강조하는 지배·전통적인 교육체계를 개혁해야 한다. 이와 함께 "모든 이를 위한 교육" 캠페인과 최근 다카에서 열린 세계교육회의에서 선언된 바와 같이, 현재 전세계의 많은 교사들, 특히 남반구의 교사들이 처한 주변화된 지위와 작업환경, 기본적인 교육시설의 낮은 질적 수준이 하루 빨리 개선될 필요가 있다. 그를 통해서만 국제이해교육을 담당할 교사들과 학교들이 더욱 책임 있는 활동을 펼쳐나갈 수 있게 될 것이다.

요컨대, 평화의 문화를 향한 국제이해교육은 비평화와 갈등, 폭력의 문제들을 해결하기 위해 활동하고 있는 특정 운동들 속에서, 그리고 그러한 운동들을 통하여 역동적으로 자신을 표현하고 있다. 서로 다른 형식의 폭력과 갈등이 상호 연관되어 있다는 사실은 평화의 문화를 건설하고자 하는 우리 모두에게 손을 맞잡고 마음과 정신과 영혼을 나누면서 개인적·사회적 변화를 위해 연대할 것을 요구하고 있다. '유네스코 2000 선언'(인터넷: www.unesco.org/manifesto2000)은 그러한 상호 의존과 지구적 연대의 정신을 잘 반영하고 있다. 그 중 일부를 읽어보자.

나는 일상에서, 가족과 일터, 공동체, 국가, 그리고 지역에서 다음과 같이 행동할 것을 서약한다.

1. 모든 생명체를 존중하며
2. 폭력을 거부하며
3. 다른 이들과 공유하며
4. 귀기울여 듣고 이해하며
5. 지구를 보존하며
6. 연대의 정신을 재발견한다.

유명한 불교 지도자 탁닛한은 현명하게도 우리들 중 어느 누구도 '혼자서 존재' 하는 것이 아니라는 사실을 일깨워주고 있다. 우리는 항상 '관계 속에서' 존재한다. 이는 폭력의 문화를 벗어나 평화의 문화로 나아가기 위해서는 얼마나 복합적인 도전이 이루어져야 하는지를 은유적으로 매우 적절히 표현해주고 있다. 바로 이러한 점에서 국제이해교육은 인간을 '관계적인 존재'로 이해하는 교육이 되어야 한다.

국제이해교육의 방법론적 원칙

버지니아 카와가스(앨버타 대학교 교수, 캐나다)
옮긴이: 이대훈(평화운동가)

평화의 문화를 지향하는 국제이해교육은 현재 전세계적으로 다양한 수준에서의 통합적인 교육으로서 진행되고 있다. 교육자들은 교육이 진행되는 지역 또는 주민들의 사회·문화적 조건을 세심히 반영한 나름대로 적절하고 효과적인 방법을 도입해 국제이해교육을 실시하고 있다. 그러나 교육실천의 다양성에도 불구하고 우리는 보편적인 맥락에서 국제이해교육에 의미 있는 몇 가지 공통적인 교육적 원리를 생각할 수 있다. 여러 해에 걸쳐 다수의 평화교육자들과 세계교육 교육자들이 이러한 교육원리의 체계를 만드는 데 중요하게 기여해왔다. 이 과정에서 태동된 중심 철학은 국제이해교육이 사람들의 능력향상(empowerment, 스스로 힘을 갖고 상황에 임하는 주체가 되도록 함)과 사회의 근본적 변화(transformation)를 추구한다는 점이다. 이 글에서는 평화의 문화를 지향하는 국제이해교육의 지침이 될 수 있는 4가지의 교육 원리에 대해서 논하고자 한다.

1. 총체적 이해

평화의 문화를 지향하는 국제이해교육의 첫번째 방법적 원칙은 총체적 이해이다. 평화의 문화에는 다양한 요소들이 포괄된다. 때문에 갈등과 폭력에 대해서 그리고 평화를 이루는 방법에 대해서 분절된 몇 조각의 이해를 얻는 것은 별로 유용하지 않다. 국제이해교육에서 총체적 이해란 오해, 평화 부재상태, 갈등 및 폭력 간에 작용하는 상호관계를 모두 이해함으로써 갈등의 근본 원인과 근본적 해결책을 파악한다는 의미를 갖는다. 예를 들어, 주거시설과 일자리를 보장하지 못하고 기아를 야기하는 구조적 폭력 상황이 지속된다는 사실은 불평등한 사회가 강제와 억압에 의해서 유지된다는 것을 의미하며 바로 인권침해와 군사주의와 연관되어 있다. 또 지구 자원의 소비는 환경의 악화를 야기하고 있다. 개인의 소외, 범죄, 무관심과 같은 미시적 갈등 상황은 부와 자원의 불평등한 분배나 빈곤 등 거시적 문제에서 기인하는 것일 수 있다. 그러므로 국제이해교육은 다양한 갈등에 대한 각각의 이해가 하나의 총체적 구성으로 통합되도록 해야 한다. 문제상황이 안고 있는 다방면의 원인에 대하여 부분적인 분석에 그치는 것은 비현실적인 해법 또는 실효성 없는 대안을 내올 수 있기 때문이다.

문화간 이해와 문화간 관계맺기의 문제는 왜 총체적 이해가 중요한 교육원리인지를 보여주는 하나의 사례이다. 다른 문화권에 속한 사람들간의 상호존중 및 신뢰 그리고 서로의 다른 가치와 전통을 이해하는 데는 타문화에 대한 문화적 감수성이 필수이다. 그러나 만일 종족간의 갈등의 근저에 경제적·정치적 불의가 존재할 때 신뢰와 선의만으로는 충분하지 않다. 구조적인 불의의 원인을 치유하지 않을 때 문화적 이해와 신뢰 형성 노력은 자칫 환상에 그칠 수 있다. 그러므로 평화의 문화를 교육한다는 것은 군사주의, 인권, 경제적·사회적 불평등, 지구촌 환경에 대한 보살핌, 타인과의 조화로운 공존, 자기 개인의 평화에 관련된 이슈들간의 상호연관성을 총체적으로 이해하도록 돕는 일이다. 각 이슈에 대한 학습은 그 자체로 중요하지만 각 이슈의 원인과 결과가 가지는 상호연관성과 상호의존성이 이해되지 않을 경우 파편화된 접근으로 남게 된다.

학교 교육현장에서 총체적 이해의 원칙은 평화문화교육을 모든 교과 과목과 교과 외 과정에 스며들게 함으로써 구현될 수 있다. 국제이해교육을 사회과 과목에 국한하는 것은 학생들이 갖고 있는 과학, 기술, 예능 및 기타 분야의 지적 능력을 평화의 가치와 책임감으로 연결시키지 못하게 하여 교육적 계기를 상실하는 것과 같다. 우리는 사회과학이나 예술적 재능을 가진 평화 시민뿐만 아니라 과학기술, 경영, 법조 등 모든 분야에서 평화 시민들을 필요로 한다.

제도교육과 비제도교육, 아동교육 및 성인 사회교육, 경제·문화적 집단별 교육

등 다양한 교육 수준과 교육 방식이 모두 국제이해교육에 중요한 부분으로 구성됨으로써, 총체적 이해의 원리가 구현될 수 있다. 핵심은 모든 교육 방식이 상호 보완적이며 상호 필수적인 요소를 구성한다는 점에 있다. 예를 들어 학교 밖 현실의 구체적·폭력적 상황과 평화구축의 과제에 대해서 학생들이 배우는 교과 외 교육활동과 연관되어 그 효과를 강화시킨다.

같은 이유로 평화문화교육이 근본적 변화를 추구하는 총체적 활동이 되도록 하기 위해서는 각 사회와 세계공동체의 모든 부문과 수준으로 확산되어야 한다. 평화문화교육은 소외되고 억압받는 사람들에게만 국한될 수 없다. 사회의 여유계층과 특권층, 통치집단과 엘리트 부문에 다가감으로써 평화문화교육은 사회의 근본적 변화를 지지하는 사람들과 이에 영향력을 미칠 지점들을 만들어낼 수 있다. 사회적 불의와 폭력으로 인하여 가장 소외된 층의 사람들 역시 자신이 처한 현실과 이를 평화적으로 변혁시키고자 하는 동기를 가질 필요가 있다. 권력층에 있는 사람들 역시 자신의 판단과 감성 및 정신이 평화의 문화를 지향할 수 있게끔 교육의 기회가 닿아야 한다. 평화 문화를 위한 교육은 동시에 비정부기구(NGO)와 민중단체들이 지역과 그 나라 그리고 국제적인 수준에서 정당이나 관료기구 등 공식 기구 영역에 비판적으로 개입하고 관계를 맺는 노력에 도움이 되어야 한다. 시민사회의 그러한 대정부 개입활동은 평화의 문화 형성과 관련된 공공정책 분야에서 변화를 가져오는 효과와 교육적 효과를 가진다.

2. 대화의 교육

국제이해교육의 두번째 원리는 대화의 교육이다. 교사가 권위적인 '전문가' 역할을 맡고 피교육자가 수동적으로 지식을 흡수하는 '강둑 쌓기(banking)'의 교육방법은 평화교육에 역행하는 것이다. 반면 대화의 교육방법은 교사와 학생 사이에 보다 수평적인 관계를 만들어 서로 교육하고 배우는 대화의 관계를 형성한다.

창의적이고 참여적인 교수·학습에서 대화법에 기초한 교육방법은 더 높은 효과를 낸다는 점이 이미 확인되었다. 이 대화 방식의 교육은 학습자에게 자신이 처한 현실과 경험, 자신의 이해와 편견, 소명감, 희망과 절망, 꿈 등에 대해서 말할 수 있는 편한 기회를 부여하며, 이를 바탕으로 교육자는 일련의 대안적인 관점을 가지고 학습 내용에 비판적으로 개입해들어갈 수 있다. 평화의 문화를 향하여 '무엇을 어떻게 왜' 변혁시켜야 하는지를 학습자들과 공유해나가는 데 대화의 과정은 좀더 강력한 공감대를 형성하는 필수적인 방법으로 작용한다. 이 방법은 학습자 개개인의 자각과 결심 수준을 높일 뿐만 아니라, '학습자 공동체' 내의 대화가 가능하게 한다. 또한 공공기관이나 민간 권력기구 구성원들의 평화교육에서도 대화 학습법이 필요하다.

많은 사회에서 국제이해교육의 내용(커리큘럼)은 순수하게 학구적이어서 지역 현실의 사회·경제·문화적 맥락과 무관하게 진행되는 경향이 있다. 대화로서의 교육은 교육기관과 지역 및 확대된 공동체의 현실, 삶의 믿음과 정신적 영역이 서로 긴밀한 연관성을 갖도록 해야 한다. 자신이 배우는 '추상적'인 지식이 어떻게 공동체의 문제에 적용될 수 있는지 생각하는 일은 학습자들에게 도전으로 다가가야 한다. 일상적인 문제에 대처하는 데 학습자들은 전통적인 또는 민속적 지혜를 되살펴봄으로써 무언가 새롭게 배울 수 있다. 또 한 가지 강조할 점은 대학의 일부 학자들이나 소위 전문가 또는 기술관료들이 갖고 있는 엘리트주의적 오만이 대화의 학습법에서는 거부되고 비판된다는 점이다. 대화의 교육에서 학습자들은 제도교육을 받지 않은 사람들이 갖고 있는 사회발전과 인간의 생존에 긴요한 지식으로부터 배우고자 하는 겸손한 태도를 지니게 된다.

3. 비판적 능력향상

국제이해교육의 세번째 교육적 원리는 비판적 자기역량 강화라고 할 수 있다. 대화는 대화 그 자체로 멈추면 의미가 제약된다. 파울로 프레이리(Paulo Freire)가 설명하듯이 대화의 교육은 의식화, 다른 말로 하면 비판적 능력향상(critical empowerment)을 추구할 때 의미가 있다. 대화와 참여의 학습법과 교사-학습자 간의 수평적 관계 맺기가 교육의 방향과 방법에서 핵심적인 것이지만 그것으로 충분하지는 않다. 평화문화교육이 학습자의 생각을 트이게 하되 그 가슴과 영혼을 움직여 평화를 만드는 개인적·사회적 행동으로 이어지게 하지 못한다면 그러한 교육은 크게 '학구적'인 틀에 머무는 것이다. 한마디로 평화교육은 비판적 능력개발을 위한 교육이며 학습자들은 이를 통해 전쟁과 폭력의 문화를 평화와 비폭력의 문화로 변화시키는 과정에서 자신이 무엇을 어떻게 해야 하는지 고찰하는 과정, 즉 비판적 의식을 형성하는 개인적인 내적 갈등을 겪게 된다. 평화문화교육은 학습자들이 단지 주위에서 발생하는 갈등과 폭력의 해악을 설명하는 데서 멈추지 않도록 도와야 한다. 자신이 직접 처한 문제가 가난과 굶주림의 고통이든 영아사망률의 문제나 내전, 고문, 납치 실종이나 다른 인권침해 또는 가출 아동이나 환경파괴의 문제이든 비인간적인 현실의 원인에 대한 학습자의 배움은 비판적 능력향상, 즉 스스로 현실 변화의 비판적 행위자가 되는 과정과 결합되어야 한다.

사회 주변부에서 고통받는 사람들에게 이 능력은 일상생활의 빈곤과 구조적 폭력의 뿌리에 대해서 눈을 뜨는 과정이다. 절망과 무기력을 자신감과 희망으로 교체할 수 있을 때 가난한 사람들은 사회 정의와 평등을 실현하기 위해 적극적으로 행동하게 된다.

사회 엘리트층에게 비판적 능력은 불의한 사회현실과 군사주의, 인권침해와 기타 다른 형태의 비인간적이거나 폭력적인 상황을 인식하는 일이다. 이러한 현실인식은 특권층으로 하여금 독점의 의지를 줄이게 해 사회의 부와 자원이 보다 다수인 가난한 사람들에게 재분배되도록 할 것이다. 분명한 현실 인식을 갖게 되면 이들 역시 비특권층을 위하여 기꺼이 자신의 기술과 전문성을 제공할 것이다.

강조하건대 비판적 능력향상의 과정은 "말과 행동이 일치해야 한다"는 것을 요구한다. 평화문화교육에 필수적인 이 교육 원리는 비판적 사회이론의 성과를 반영할 뿐만 아니라 서로 다른 모든 세계관 속에 담겨 있는 보편적 요구, 즉 성찰과 행위, 이론과 실천을 연결시켜야 한다는 요구를 담은 것이다. 교육은 단순히 사회문제나 이슈에 대한 객관적 지식을 함양시키는 일이 아니다. 핵심적인 것은 학습자가 자신이 처한 사회·경제·문화·정치적 환경을 창의적으로 또 비폭력적으로 변화시키고자 행동하도록 안내하는 일이다. 파울로 프레이리와 같은 비판교육 실천가의 관점에서 보면, 교육은 교육자와 실천가를 절망 상태에 방치하지 않고 자력화(주체화, empowering)하게 하는 실천이다. 평화문화교육에서는 학습평가점수가 폭력과 평화부재 현실에 대한 이론적 지식 능력에 의해서 그 교과과정의 우수성이 평가되지 않는다. 적절한 지식과 건전한 이론이 교육에 필수적인 점은 분명하지만 학습자가 세계를 변화시킬 책임과 의지를 갖지 않는다면 좀더 평화로운 세상은 오지 않을 것이다.

4. 가치 형성

지구 공동체를 평화롭게 만들고자 하는 국제이해교육은 넷째로 학습과정에서의 가치 형성에 최우선의 중요성을 부여한다. 평화교육 실천가들은 가치중립적인 지식이 없다는 점을 인정하면서 학습자 내면의 가치가 자신의 현실을 이해하는 데 영향을 미치는지, 또한 학습자들의 행위결정에 영향을 미치는지 알도록 해야 한다. 평화교육자들은 평화교육이 선호하는 가치, 즉 고통에 대한 연민, 정의, 성적 평등을 포함한 사회적 평등, 생명 존중, 나눔, 화해, 성실성, 희망, 적극적 비폭력 등의 가치를 교육과정에서 분명하게 드러내야 한다. 희망은 필수적인 요소이다. 희망을 전제로 하지 않으면 우리는 현실 세계의 거대한 폭력상황에 직면하여 무기력함과 절망감에 압도당할 수 있기 때문이다. 희망, 즉 평범한 사람들이 자신의 현실을 변화시키기 위하여 인내와 헌신 그리고 용기를 가지고 실천할 수 있다는 믿음을 불러일으키는 것은 평화교육의 성공을 판별하는 강력한 지표이다.

마지막으로 평화문화교육자들은 자신 내부의 힘과 신념으로부터 교육에 임해야 한다. 그러한 내면의 힘과 신념은 개인의 가치와 동기에 대한 끊임없는 성찰로부터 양성되는 것이기 때문에 그러한 성찰 의지 또한 갖추어야 한다. 왜 우리는 평화를 위해 교육하는가? 우리는 어떻게 하면 스스로의 생각과 실천에서 비평화적이지 않으면서 평화로운 세상을 위한 교육과 활동을 전개할 수 있을까?

구체적인 교수방법과 관련된 <표 1>은 다양한 주제와 학습양식에 적용되는 교수 방법의 몇 가지 사례를 담고 있다. 어떤 교육활동이 교실 내 학습에 유용한 반면에 다른 것은 워크숍이나 세미나 등에 유용하다. 다른 교수 방법은 다양한 학습환경에 적용될 수 있는 융통성을 가졌다. 각 교수 방법은 평화 문화를 지향하는 국제이해교육이 필요로 하는 6가지 주제를 보다 깊이 인식하고 수용하고 또 비판적으로 이해하도록 하기 위하여 구상된 것이다.

〈표 1〉 교육주제와 활동계획

주제/이슈	교육활동의 성격과 방향
평화심성 기르기	평화의 그물—그물 차트
평화심성 기르기	내면과 외면의 평화, 원형 브레인스토밍
평화로운 세상에 대한 전망	전망 내오기, 형상화, 기획하기
종교, 영성, 평화	탐구, 소모임, 대화
갈등해결의 이해	그물 차트, 분류하기
지구촌의 다양한 모습	포스터, 만화 그리기
지구촌 보호하기	보물찾기
민족국가의 점진적 소멸	공청회
산림의 파괴	3막극 연극
정의와 연민과 함께하는 삶	민요 작곡, 안무
사회부조리의 희생자	사례 분석
식량의 권리	시뮬레이션
해외원조의 가치	TV 공청회
빈곤층의 자력 상호 구제	역할극
외채문제 파고들기	논쟁 형식의 공청회
외국인 투자	연구 프로젝트
인권 증진	집단 토론 및 보고
아동의 권리	아동권리헌장 만들기
아이들에게 평화로운 세상	형상화, 시 쓰기, 포스터 만들기
세상의 절반인 여성	만화 그리기, 시뮬레이션
인권침해	모의 재판
대포와 폭탄 대 쌀과 약품	전체 토론, 비교 발표
TV, 영화 속의 폭력	미디어 분석
군사기지, 은혜인가 재앙인가	예측 시나리오 만들기, 모의 투표
사람 유형에 대한 편견 극복	무언극, 라디오 방송
문화적 다양성	가계도, 지도에서 위치 찾기
다양성 속의 연대	모의 원탁회의
가난한 사람들과 소외된 사람들	춤극, 연극, 노래

국제이해교육의 영역과 교육과정

김현덕(거제대학교 교수)

1. 국제이해교육의 영역

국제이해교육은 20세기 초 평화와 국제이해를 위한 세계인의 노력으로 비롯된 교육이라고 할 수 있다. 특히 교육학자들은 제1, 2차세계대전을 겪으면서 앞으로 미래세대가 지구상에서 남들과 더불어 조화롭게 살기 위해서는 학교교육에 이를 포함시켜야 한다는 필요성을 절감하고 국제이해교육의 장을 열게 되었다. 이러한 이유로 다음과 같은 국제이해교육의 철학적 배경에 대해 많은 학자들이 동조하고 있다.

① 인간은 나이, 능력, 계급, 민족, 성, 국적, 성적인 성향, 사회경제적 지위, 혹은 인종과 상관없이 평등하게 창조되었다.

② 인간의 행동은 인종적이 아니라 문화적으로 결정된다.

③ 사람은 모두 기본적 인권을 가지고 있다.

④ 국제이해교육은 도덕적인 목적을 갖고 있다.

(Kirkwood, 2001 재인용; Csikszentmihalyi, 1993; Farr-Darling, 1994).

한편 국제이해교육의 영역에 어떤 것이 포함되는지 살펴보기 위해서는 무엇보다도 국제이해교육의 개념에 대해 정의가 이루어져야 할 것이다. 국제이해교육의 개념은 시대적 발전에 따라 그 내용이 조금씩 수정, 추가되거나 강조점이 달라져 왔고, 따라서 그 개념을 한 마디로 정리하기는 힘들다.

여러 학자들의 정의 중 로버트 한비(Robert Hanvey)의 개념은 국제이해교육 분야에서 가장 먼저 구축된 정의일 뿐만 아니라 여러 정의 중에서 학교현장에서 가장 많이 활용되고 있다. 이러한 이유로 많은 학자들은 국제이해교육의 가장 핵심적이고 기초적인 정의로 그의 정의를 많이 인용하고 있다.

한비는 1976년에 저술한 "습득 가능한 세계적 시각(An Attainable Perspective)"이라는 논문에서 국제이해교육에서 강조해야 할 세계적 시각의 구성요소들로 다음의 5가지를 들고 있다.

① 시각에 대한 자각(perspective consciousness): 개인이 가지고 있는 세계에 대한 시각이 보편적으로 공유된 것이 아니라는 점과 세계에 대한 이미지가 다양하게 존재할 수 있다는 사실을 알고 인정할 뿐만 아니라, 세계에 대한 타인의 관점이 나와는 전혀 다를 수 있다는 것에 대한 인지 또는 자각.

② 지구상황에 대한 인식(state of the planet awareness): 인구증가, 이민, 경제적 조건, 자원과 물리적 환경, 정치적 발전, 과학과 기술, 법, 건강·보건, 국내 및 국제 분쟁 등 현재 당면한 세계적인 문제, 사건 및 상황에 대한 깊은 인식.

③ 문화간 이해(cross-cultural awareness): 문화간 유사점과 차이점에 기초한 세계문화에 대한 전반적인 인식.

④ 세계의 역동적 체제에 대한 지식(knowledge of global dynamics): 상호의존성으로 서로 연결되어 있는 세계체제와 세계변화에 대한 지식.

⑤ 인간의 선택에 대한 인식(awareness of human choices): 세계의 역동적 체제에 대한 의식과 지식이 증대됨에 따라 사람들의 선택이 지역적, 국가적, 세계적으로 서로 다를 수 있다는 인식.

이밖에 영향력 있는 몇 가지 정의들로 지역사회와 세계의 상호의존성에 초점을 맞춘 채드 앨저(Chad Alger, 1986)의 정의, 국제이해교육의 교육과정 틀을 개발하면서 특히 세계역사의 개념화를 매우 중요하게 여긴 윌라드 크니프(Willard Kniep, 1986)의 정의, 지적인 측면과 정의적인 측면으로 구별하여 정의한 케이스(Case, 1993)의 정의, 그리고 가장 포괄적인 내용인 메리필드(Merryfield, 1997)의 정의 등이 있다. 국제이해교육의 개념에 대한 비교연구를 한 커크우드 교수(Kirkwood, 2001)는 그녀의 논문에서 다음과 같이 결론을 내리고 있다. 즉 "국제이해교육학자들은 개념을 구성하는 요소로서 다음의 4가지에 합의하고 있다. 즉 다양한 관점(multiple perspectives), 문화에 대한 이해와 인정(comprehension and appreciation of cultures), 세계이슈에 대한 지식(knowledge of global issues), 그리고 상호 연관체제로서의 세계(the world as interrelated systems)가 이들이다."

이상에서 살펴본 여러 학자들의 세계적인 시각의 구성요소와 세계의 상호의존성 증가에 대한 인식은 향후 여러 국제이해교육의 방향정립에 지표가 되어왔다. 국제이해교육 분야의 학자들의 정의를 중심으로 국제이해교육의 분야를 분류해보면 대체로 다음의 4가지 영역이 포함되어 있음을 알 수 있다. 우선 자기중심적 세계관에서 탈피하여 다양한 세계관과 상반된 세계관을 인정하는 세계적 시각 및 관점(global perspectives)의 교육이 무엇보다도 우선되어야 하겠고, 문화간 이해(cross-cultural awareness)를 위한 교육이 그 다음으로 강조되었다. 보다 구체적인 차원에서 세계인들이 함께 고민하고 해결해야 할 세계적인 문제나 이슈(global problems and issues)에 대한 교육과 세계를 연결하는 정치, 경제, 사회, 문화, 기술, 생태적 차원에서의 세계체제(global systems)에 대한 교육은 국제이해교육의 구체적 구성요소라 할 수 있다.

따라서 이러한 국제이해교육의 핵심내용과 구체적 구성요소를 중심으로 실천적 개념을 구성해보면 국제이해교육은 "세계의 상호의존성에 대한 이해를 증진시키기 위해 세계적 관점의 교육, 문화간 이해에 대한 교육, 세계 문제 및 이슈에 대한 교육, 그리고 세계체제에 대한 교육을 포함하는 세계시민교육이다"라고 정의할 수 있을 것이다.

국제이해교육의 개념정의에 나타난 4가지 영역을 보다 상세히 살펴보면 다음과 같다.

1) 세계적인 시각 혹은 관점에 대한 교육

'세계적인 시각(global perspectives)'의 영역에는 자기중심적 세계관에서의 탈피, 다양한 세계관 또한, 상반된 세계관의 인정, 인간의 기본적 욕구, 행동, 관심, 경험의 유사성에 대한 인식 등이 포함되어 있다. 자기중심적 사고란 자신이 갖고 있는 '세계에 대한 관점'이 유일하게 옳은 것이라는 가정을 믿는 것이다. 또한 무의식적으로 자신이 세계의 중심이므로 다른 사람들도 자신의 관점으로 세상을 보아야 한다고 믿는 것이다. 다양한 관점에 대한 인식은 세계적인 시각을 갖는 데 기초가

되는 중요한 능력이다. 이것은 감정이입의 능력과 밀접하게 관련되어 있고 또한 자기중심적인 사고와 자민족중심적인 사고를 감소시키는 데 관련된다. 감정이입이란 "다른 사람의 신발을 신고 걸을 수 있는" 능력으로서, 이렇게 되면 다른 사람들의 관점으로 세계를 볼 수 있다. 이는 어떠한 행동, 제도, 사건들을 다른 사회나 상황에서는 어떻게 받아들이는가를 공감하는 능력이라고 하겠다.

다양한 관점이 존재할 수 있다는 인식은 모든 세계인들이 자신들의 세계관을 함께 공유하는 것이 아니라는 사실을 인정하는 것이다. 이를 통해서 새로운 생각을 포용하고 다른 사람과의 의사소통을 통해 자기중심적인 관점에서 벗어나 성장할 수 있다. 자기중심적 사고에서 벗어나면서 신체적 그리고 사회심리적인 면에서의 다양한 관점의 존재를 인정하게 되고 다른 관점에서 사물을 볼 수 있는 능력이 생기게 된다. 다른 사람의 이익과 안녕을 고려하고 행동할 수 있을 때 자기중심적인 사고를 극복했다고 할 수 있다.

또한 새로운 생각을 받아들이고 다른 사람들과 효율적으로 의사소통을 할 수 있을 때 학생들은 자민족중심적인 사고에서 벗어나 성장할 수 있음을 보여줄 것이다. 자민족중심적인 관점은 자기중심적인 사고와 비슷하다. 다만 자기중심성은 자신과 다른 사람과의 관계와 관련이 있다면, 자민족중심주의는 자신과 다른 집단과의 관계와 관련이 있다. 자민족중심적인 관점은 자신이 속한 집단이 모든 것의 중심이라고 믿는 것이다. 자신이 속한 집단의 행동, 관습, 제도, 이념들이 다른 집단의 그것들보다 훨씬 우수하다고 믿는다. 이러한 사람은 자신이 속한 집단의 단기적이고 즉각적인 이익의 증대가 모든 선의 유일한 기준이라고 생각한다.

자민족중심적인 관점에서 벗어나면서 자신이 속한 집단들(가족, 지역사회, 국가 등)과 다른 집단들의 속성들에 따라 개인의 관점이 정해진다는 사실을 이해하게 된다. 즉 자기집단의 관점을 갖고 있으면서 다른 집단을 존중하고 이들과 효율적으로 관계를 맺는 능력을 갖는다는 것이다. 다른 집단에 대한 평가와 상관없이 이들과 관계를 맺고 자기 집단의 이익과 안녕뿐만 아니라 다른 집단의 그것들을 고려하여 행동할 수 있을 때 자민족중심주의적인 관점에서 벗어났다고 할 수 있다.

이 같이 세계적인 시각에 대한 교육을 통해 많은 사람들이 가지고 있는 인종차별주의, 성차별, 종교적인 편견, 그리고 그밖의 여러 부정적인 시각들이 불식될 수 있을 것이다. 또한 이러한 세계적인 시각을 증진하는 교육에는 동일 사회 내의 다른 계층에 대한 이해(빈곤층, 여성, 아동, 소수민족, 외국인노동자 등)도 포함되어야 한다.

2) 문화간 이해를 위한 교육

문화간 이해(cross-cultural awareness)에는 각 나라의 문화 및 가치의 다양성에 대한 이해, 문화의 상호 비교, 이를 통한 문화와 가치의 보편성에 대한 인식, 타문화의 관점에서 자기문화 조망, 문화간 상호 작용을 통한 세계문화의 개념 형성, 타문화를 수용하는 태도, 전통 및 자기문화에 대한 태도 등이 포함된다. 국제이해교육은 이들 문화간 이해 요소들의 증진을 위해 여러 다양한 프로그램을 마련해야 할 것이다.

첫째, '문화 다양성' 영역에서는 세계에는 자신들과는 다른 여러 다양한 문화와 가치관이 존재하고 있고, 이들은 그들의 전통과 경험, 역사에 깊은 뿌리를 내리고 있다는 관점을 다룬다.

둘째, '문화 비교' 내용 영역에는 여러 문화들을 상호 비교하여 공통점과 차이점을 찾아내고 세계문화에는 공통점이 많이 존재한다는 점을 발견하는 내용이 포함된다.

셋째, '타문화 관점에서 자기문화 조망' 영역에는 자기문화를 올바르게 이해할 수 있도록 타인이나 타문화의 입장에서 자기문화를 조망하는 내용이 포함된다. 이때 외국여행 등의 타문화 체험은 자문화에 대한 깊이 있고 객관적인 이해가 가능하게 하는 방법 중의 하나라고 하겠다.

넷째, '문화간 상호 작용과 세계문화 형성' 영역은 세계역사상 문화간의 접촉, 교환, 상호 의존 현상이 끊임없이 존재하여왔고 이러한 상호 관계에서 오늘날의 세계문화가 형성된다는 내용을 포괄한다. 특히 모든 문화는 세계문화 형성에 기여한다는 점을 강조하여야 한다.

다섯째, 타문화를 수용하는 자세로는 '문화상대주의'적인 관점을 강조한다. 즉 문화에는 우열이 없으며, 모든 문화는 그 문화 자체의 논리에 따라 그 문화의 맥락에서 이해되어야 한다는 것이다. 즉 흔히 후진국이라고 생각되는 아프리카 국가들의 문화에도 가치가 있고, 그 존재를 인정해야 한다는 것이다. 이러한 관점은 문화의 다양화라든가 타문화의 유입 및 습득을 반민족적이고 국가와 민족에 대한 의식의 결여에서 나오는 행위라고 보는 '자문화중심주의(문화적 국수주의)'나 자신의 문화는 열등하고 무조건 선진국의 문화만 선호하는 '타문화중심주의(문화적 사대주의)'적인 관점들을 거부한다.

여섯째, '전통 및 자기문화의 보전과 재발견'은 공정한 문화이해를 위해서는 타문화에 대한 이해 못지않게 자기문화에 대한 올바른 이해도 필요하다는 내용이다. 국제이해를 위한 문화에 대한 학습은 타문화 학습을 하기 전에 자기문화에 대한 학습으로부터 시작하여야 한다. 그리고 나서 한국문화가 세계문화를 구성하는 하나의 요소로서 이해되어야 한다. 세계문화에 기여하는 한국문화가 되기 위해서는 국제사회 속의 한국 음악, 문학, 건축, 사상 및 가치관의 입지나 위치를 정립하는 노력이 따라야 한다. 세계화란 세계문화가 획일적으로 되는 것을 의미하는 것이 아니라 문화의 고유성 자체가 세계문화의 풍요롭고 열린 다양성을 통하여 발전하는 것을 의미한다. 여기서 우리의 전통문화가 무조건 좋다는 뜻이 아니라 전통 및 자기문화의 보전과 재발견은 세계문화 속의 한국문화의 가치를 논하고 다른 문화와 비교하는 비교적인 관점에서 이루어질 수 있다는 말이다.

한편 한국적인 상황에서 국제이해교육에 포함되어야 할 지역으로 북한이 있다는 것을 잊지 말아야 할 것이다. 진정한 국제이해를 위해서는 그동안 외국문화보다 좀더 생소한 북한의 문화에 대한 이해도 국제이해교육에 포함시켜야 할 것이다. 즉 이제는 남한과 문화적 기준이 크게 다른 북한에 대한 이해가 필요함을 우리 모두 인식해야 한다. 그동안 북한에 대한 정보가 거의 없거나 왜곡된 정보만을 접하던 상황을 고려해보면, 더욱더 북한이해를 위한 교육 프로그램들이 앞으로는 많이 개발되어야 할 것이다.

3) 세계적인 문제나 이슈에 대한 교육

'세계적인 문제나 이슈(global problems and issues)'에는 평화와 안보의 문제, 개발과 관련된 문제, 인류 환경에 대한 문제, 인권의 개념 등이 포함되어 있다. 또한 생명, 자유, 평등, 정의, 식량, 인구, 에너지 등 인류가 행복한 삶을 유지하기 위해서 반드시 존중해야 할 보편적인 가치관들도 이에 포함된다. 그 구체적인 예로 중국의 인권문제, 북한의 식량난과 식량지원문제, '국경없는 의사회'의 활동, 핵폐기물 처리문제 등을 들 수 있다. 그리고 지구상황에 대한 정보와 지구의 미래에 대한 내용도 포함된다.

한비(Hanvey)는 이를 지구상황에 대한 인식(state-of-the-planet awareness)이라는 말로 표현하고 있는데, 이는 현재 당면한 세계적인 문제, 사건 및 상황에 대한 깊은 인식이라고 설명하면서 그 실례로 인구성장, 인구의 이동, 경제변화, 자원 및 물리적 환경, 정치적 발달, 과학과 기술, 건강, 국가간 갈등 등을 들고 있다. 한비는 지구상의 많은 사람들이 이러한 지구가 처한 상황에 대해 정확하게 알고 있지 못하다고 지적하면서, 앞으로 학교에서는 학생들에게 이러한 지구상황에 대한 정보를 지적으로 처리하는 능력을 기를 뿐만 아니라 이러한 상황의 개선에 적극적으로 참여하는 태도를 길러야 한다고 강조하고 있다.

모든 생명체는 지구의 생명유지체제에 의존하고 있다. 국제이해교육은 학생들에게 생태계 체제를 유지하는 데 대한 책임감을 불어넣을 것이다. 학생들은 자신들의 행동이 지구에 좋은 영향과 나쁜 영향을 모두 미친다는 것을 깨달을 것이다. 개인의 행동이 어떻게 지구체제에 영향을 미치는가에 대해 이해한다면 이러한 행동에 대한 책임감을 갖게 될 것이다. 국제이해교육은 학생들에게 지구에 대한 의무감을 가르치고, 이러한 의무가 개인적인 책임임과 동시에 집단의 책임임을 깨닫도록 한다. 지구에 대한 책임감을 수행하기 위해서는 협력적인 행동이 매우 중요하고 필요하다. 따라서 국제이해교육은 학생들이 살기 좋은 지구를 만들기 위한 시민활동에 참여하기를 권장한다.

그런데 또 한 가지 문제는 현재 세계문제에 관심을 갖고 있는 나라들도 국내에서의 환경, 식량, 에너지 문제 등에 주로 관심을 갖을 뿐, 세계 여러 나라에서 발생하는 문제들에 대해서는 관심이 적고, 이러한 문제들이 결국 자신의 문제가 될 수 있다는 사실을 인식하지 못하고 있다는 데 있다. 따라서 국제이해교육에서는 인권, 환경, 평화 등의 세계문제가 국가적인 차원을 넘어 지구적인 차원에서 해결되어야 할 성격이며, 인류적 관점에서 공동 노력이 필요함을 가르칠 수 있어야 한다.

4) 세계 각국인을 연결시키는 세계체제에 대한 교육

21세기는 세계적인 차원에서 인간 활동들이 서로 상호 관련된 특성을 보일 것이다. 개인이나 단체들이 모두 여러 면에서 상호 관련을 맺게 될 것인데, 특히 통신과 교통망의 발달은 개인과 국가들이 그들의 거주지역과 상관없이 함께 일할 수 있게 할 것이다. 또한 이러한 상호관련성은 갈등이 발생하면 발생된 지역에서 멀리 떨어져 있는 사람들에게도 영향을 미치는 것을 의미한다. 어린 아동들은 이러한 사람들간의 상호관련성을 인정하는 것이 중요하고, 자신과 주위의 넓은 세상과의 관련성도 인지하여야 한다.

문화적으로 다양하고 세계적으로 상호 관련된 21세기에는 세계의 여러 사람들이 서로 연관되어 있는 다양한 방법에 대해 이해하는 일이 중요하다. 세계 각국인을 연결시키는 '세계체제(global systems)'는 경제체제, 정치체제, 사회나 문화체제를 비롯하여, 지구 생태계의 구조, 기술체제 등의 하위개념을 포함하고 있다. 즉 기술·생태·문화·경제·정치적 문제에 대해 세계 여러 나라들이 긴밀히 관련되어 있으므로 개별국가가 이를 해결할 수 없으며, 따라서 세계를 하나의 상호 의존체제로 보아야 한다는 것이다. 그러므로 국제이해교육에서는 이렇게 상호 연결되어 있는 지구체제에 대한 학습을 실시해야 한다.

또한 이러한 세계적 상호관련성의 많은 측면이 역사적으로 어떻게 발전되어왔는가를 이해하여야 한다. 현재 우리가 경험하고 있는 세계적인 상호관련성은 새로운 현상은 아니고 인류의 역사와 함께 발전하여왔다. 국제이해교육을 통해 학생들은 세계연관성의 진화과정을 추적할 수 있고, 인류의 역사와 기술이 지구상에 전파된 역사를 살펴보게 될 것이다. 그들은 인간의 이동과 경제체제의 발달, 그리고 기술 진보의 중요성에 대해 이해하게 될 것이다. 또한 여러 가지 체제들이 어떻게 늘 상호 연관되어 있고, 세계가 점점 복잡해짐에 따라 이들 연관성들이 어떻게 증가하게 되는지에 대해서도 이해하게 된다.

이러한 세계적인 상호 연관들이 한 국가의 시민역할에 어떠한 영향을 미치는지에 대해서도 이해하여야 한다. 21세기의 교육은 인간이 내린 결정과 그들의 행동이 인간의 환경과 그들이 살고 있는 세계에서의 상호의존성을 형성해왔고, 앞으로도 계속 영향을 미치게 될 것이라는 사실을 명확히 해줄 수 있어야 한다. 또한 지역이나 국가 수준에서 내린 결정이나 행동이 다른 지역이나 국가에 미친 영향에 대해 살펴볼 수 있는 기회를 준다. 자신들의 행동이 미치는 영향의 범위를 생각하면서 학생들은 지역사회 내에서 행동할 때에도 세계적으로 사고하는 습관을 갖게 된다.

지역, 국가, 세계 속에서의 지역사회에 대한 이해도 매우 중요하다. 이에 대한 학습은 전통적으로 자신들이 거주하는 지역사회에 대한 학습으로부터 시작된다. 학생들은 지역사회가 상호 의존적인 개인과 집단의 네트워크로 이루어졌음을 이해할 필요가 있다. 또한 자신의 지역사회 내의 문화, 사회, 종교, 정부, 경제, 교육기관의 기능에 대해 알아야 될 뿐만 아니라, 세계 다른 곳의 지역사회와 견주어 유사점과 차이점에 대해서도 알 필요가 있다. 21세기가 되면서 이들 지역사회는 점점 세계에 대한 학습을 할 수 있는 잠재적 교실이 되고 있다. 세계는 여러 지역사회에 살고 있는 사람과 사건에 영향을 미치고, 반대로 이들은 멀리 떨어진 세계에 영향을 미친다. 훌륭한 국제이해교육은 학생들에게 자신이 살고 있는 지역사회 내의 이러한 기관들이 지역주민에게 물자와 서비스를 공급해주기 위해 다른 주나 국가, 그리고 세계의 다른 지역사회와 어떤 관계를 맺고 있는지에 대해 살펴보게 한다. 이러한 과정을 통해 학생들은 지역사회와 세계와의 상호의존성을 깨닫게 된다.

이상에서 살펴본 국제이해교육의 4가지 영역에서 공통적으로 강조하고 있는 측면은 세계의 상호의존성(interdependence)에 대한 이해이다. 즉 국제이해교육은 국제경쟁에 이기기 위한 교육이 아니라 다른 나라 사람들과 더불어 살고, 상호 밀접한 관계를 인정하는 교육이다. 이를 위해 역사라는 시간과 세계라는 공간을 연결하여 상호의존성의 개념을 이해시켜야 한다. 즉 세계 여러 나라는 공간적으로 상호 밀접히 연관되어 있을 뿐만 아니라, 이들 여러 나라들의 과거와 현재 그리고 미래 사건들이 하나의 역사적 연결고리로서 상호 밀접히 연관되어 있다는 것을 이해시켜야 한다. 따라서 세계 문제 또는 문화는 개별적으로 가르치기보다 세계문제간의 상호연계성, 문화간 상호관련성에 중점을 두고 가르쳐야 하는 것이다.

2. 국제이해교육 교육과정

국제이해교육은 타학문 분야에 비해 역사가 짧기 때문에 관련 논문이나 책자가 적은 편이다. 나아가 기존의 연구물이나 저서들도 주로 국제이해교육의 필요성, 개념, 요소 등에 초점이 맞추어져 있다. 교육과정 개발과 관련하여 참고할 만한 것으로는 샬롯 앤더슨(Charlotte Anderson) 등이 1994년 개발한 초등학교용 교육과정 지침서, 크니프(Kniep)가 1997년 펴낸 일반적인 교육과정 개발 안내서, 그리고 1996년 콜린스(Collins) 등의 지침서 정도이다. 이 중 콜린즈 등이 펴낸 지침서는 국제이해교육의 내용을 3가지 영역으로 나누어 영역별로 목표를 상세히 진술하고 있다. 비록 국제이해교육의 영역을 포괄적으로 다루지 않고, 세 영역으로 단순화시키기는 했지만, 그가 밝힌 교육목표에 대한 진술은 앞으로 국제이해교육 교육과정을 개발하고자 하는 교사나 전문가에게 많은 참고가 되리라고 생각한다. 따라서 다음에서는 이를 간단히 요약하고, 학교현장 교육자들의 관심과 환경에 따라 여러 다양한 방법으로 운영되고 있는 국제이해교육 교육과정 중 현재 가장 활발히 활용되고 있는 대표적 방법을 소개하고자 한다.

1) 국제이해교육의 목표

콜린즈 등은 국제이해교육 교육과정을 개발하고자 하는 교육학자를 돕기 위해 미국 초·중등학교에서 활용할 수 있는 교육과정 지침서를 개발하였다. 이들은 국제이해교육의 영역으로 첫째, 세계이슈, 세계문제, 세계과제, 둘째, 문화와 세계 여러 지역, 셋째, 미국과 세계와의 상호 연결 등 3가지로 나누어 각 영역별로 지적, 기능적, 행동적 목표를 상세히 서술하고 있다. 지적 목표는 각 영역별 세부 주제에 대해 학생들이 알고 이해해야 할 내용을, 기능적 목표는 이들 주제를 이해하기 위해 필요한 기능을, 행동적 목표는 이들 주제와 관련된 구체적 행동의 실천에 대해 묘사하고 있다. 다음은 이들 세 가지 영역별 교육목표에 대한 진술이다.

(1) 세계이슈, 세계문제, 세계과제

이들을 해결하기 위해서는 관련된 모든 사람이 참여해야 하기 때문에 학생들은 졸업할 때까지 다음의 세계이슈 중 한 가지 이상에 대해 반드시 알고 있어야 한다. 관련 세부 주제는 다음과 같다. 갈등과 갈등에 대한 관리, 경제체제, 세계의 사상체계, 인권과 사회정의, 지구 관리(자원, 에너지, 환경), 정치체제, 인구, 인종과 민족, 인간의 유사성과 다양성, 기술적인 혁명, 지속가능한 발전이다.

<지적 목표>

① 세계 이슈와 과제는 항상 존재하며 학생들은 이들이 자신의 개인생활에 영향을 미친다는 사실에 대해 알고 이해할 것이다.

② 학생들은 적어도 한 가지 이상의 세계이슈에 대해 심도 있는 학습을 계속할 것이다.

③ 학생들은 세계 이슈와 과제들이 서로 복잡하게 연결되어 계속 변하고 있으

며, 이들이 모두 세계적인 특성을 지니고 있음을 이해할 것이다.

④ 학생들은 자신들이 가지고 있는 세계이슈에 대한 정보와 지식이 불충분하므로 이러한 이슈들이 형성되는 과정에 대한 정보를 계속 수집하고 공부해야 한다는 것을 알게 될 것이다.

<기능적 목표>

① 학생들은 세계 이슈, 문제, 과제에 대한 학습기술을 배울 것이다.

② 학생들은 세계 이슈와 과제에 대한 정보능력을 개발할 것이다.

③ 학생들은 자신들이 현재 가지고 있는 이해력과 감성으로 해결이 안되는 새로운 자료나 의견을 접하게 될 때 판단을 보류하는 능력을 개발할 것이다.

<행동적 목표>

① 학생들은 세계 이슈, 문제, 과제에 대해 지나친 낙관주의나 근거 없는 비관주의적인 관점으로 접근하지 않을 것이다.

② 학생들은 세계 이슈나 과제를 해결하는 방법을 발견해내고 문제해결에 참여함으로써 세계 시민으로서의 책임감을 증진시킬 수 있다.

(2) 문화와 세계의 여러 지역

문화간 학습은 다문화사회에 함께 살아가면서, 다른 사람들이 나와는 전혀 다른 관점을 가질 수 있다는 것을 이해하는 데 매우 중요하다. 학생들은 다양한 문화에 대한 객관적 학습을 통해 세계의 주요 지역과 문화, 문화간 유사성과 차이, 지리와 역사가 문화에 미치는 영향, 문화의 변화에 대한 이해 등을 넓힐 수 있고, 이를 통해 자신의 문화는 물론 타문화에 대한 통찰력을 얻을 수 있다.

<지적 목표>

① 학생들은 자신의 문화 외에 적어도 한 가지 이상의 타문화에 대해 알고 이해할 것이다.

② 학생들은 세계의 주요 지리와 문화에 대해 일반적인 지식을 갖게 될 것이며, 이들의 통합·분리와 관련된 이슈와 과제에 대해서도 이해할 것이다.

③ 학생들은 다른 문화권의 구성원들이 세상을 다른 관점에서 본다는 것을 알고 이해할 것이다.

④ 학생들은 문화가 변한다는 사실을 알고 이해할 것이다.

⑤ 학생들은 모든 문화를 연관시키는 보편성이 있다는 것을 알고 이해할 것이다.
⑥ 학생들은 한 가지 이상의 문화적 정체성을 가질 수 있다는 것을 알고 이해할 것이다.
⑦ 학생들은 문화와 의사소통이 밀접하게 관련되어 있다는 것을 알고 이해할 것이다.
⑧ 학생들은 문화가 국경을 넘는다는 것을 알고 이해할 것이다.
⑨ 학생들은 문화가 지리와 역사로부터 영향을 받는다는 것을 알고 이해할 것이다.

<기능적 목표>
① 학생들은 문화의 주요 사건과 동향을 분석·평가할 것이다.
② 학생들은 세계의 여러 문화를 분석하고, 이들이 미국 내에서 자신의 생활과 관련을 맺고 있다는 것을 인정할 것이다.
③ 학생들은 문화의 다양한 관점을 비교하고 이들을 이해할 것이다.
④ 학생들은 타문화들 사이의 공통성과 다양성을 조사할 것이다.
⑤ 학생들은 타문화를 왜곡하지 않고, 그 문화권의 사람들이 만족할 만한 방법으로 그들의 관심, 입장, 가치관을 말할 수 있다.

<행동적 목표>
① 학생들은 타문화 학습을 중요하게 여길 것이다.
② 학생들은 문화의 다양성을 적당히 인내할 것이다.
③ 학생들은 타문화권의 사람과 의사소통하는 방법을 찾으려고 노력할 것이다.
④ 학생들은 보편적 인권에 대한 가치를 중요하게 여기고 이를 행동으로 나타낼 것이다.
⑤ 학생들은 타문화권에서 온 사람들을 만나고 그들로부터 배울 것이다.

(3) 미국과 세계와의 상호 연결

세계와의 상호연결성을 경제적인 활동, 종교집단, 지역 사회단체에 미치는 영향 등을 통해 이해한다. 학생들은 지역사회, 국가, 세계적인 이슈간의 상호관련성은 물론 자신의 개인적인 생활과 세계적인 사건간의 상호관련성에 대해 인정하고, 분석·평가할 수 있는 기술을 개발하여야 한다.

<지적 목표>

① 학생들은 자신들이 역사·정치·경제·기술·사회·언어·생태적으로 세계와 어떻게 연관되어 있는지에 대해 알고 설명할 것이다.

② 학생들은 세계의 상호의존성이 반드시 축복은 아니며, 미국에게 긍정적, 부정적 영향을 미친다는 것을 알고 이해할 것이다.

③ 학생들은 국제외교와 국제관계에서 미국의 역할, 특히 제2차세계대전 이후의 역할에 대해 알고 이해할 것이다.

<기능적 목표>

① 학생들은 미국과 세계역사의 주요 사건과 동향을 알고, 분석·평가한 후 이러한 사건과 동향이 오늘날 자신의 지역사회와 미국에 미치는 영향을 조사할 것이다.

② 학생들은 지역사회 및 지역의 이슈가 세계 이슈 및 과제와 갖는 상호연관성을 알고, 분석·평가할 것이다.

③ 학생들은 자신의 일상생활과 세계이슈의 상호연관성을 알고, 분석·평가할 것이다.

④ 학생들은 미래에 대한 대안을 작성하고, 미래의 잠재적 청사진을 중요하게 여길 것이다.

<행동적 목표>

① 학생들은 민주적인 과정에 대한 참여를 중요하게 여길 것이다.

② 학생들은 세계이슈의 모호성을 인내할 것이다.

③ 학생들은 세계문화 및 국제적 주제와 관련하여 신문, 잡지, 책 등을 읽거나 라디오나 텔레비전을 시청한 후, 이러한 기사나 프로그램, 책 내용에 대해 적극적으로 반응하고 참여할 것이다.

2) 교육과정의 운영방안

초등학생이나 중등학생들의 국제이해도 향상을 위해 실시하는 국제이해교육 프로그램의 운영방법은 여러 가지로 다양하다. 교과과정의 일부로 실시할 수 있고, 교과시간과는 별도로 특별활동이나 클럽활동 시간에 실시할 수도 있다. 이러한 교육을 통해 학생들은 국제사회 전반에 대한 폭넓은 이해와 기초지식을 습득할 수 있을 것이다. 다음은 현재 국제이해교육을 위해 가장 빈번히 사용되고 있으며, 그 효과가 인정되고 있는 대표적인 방법 6가지에 대한 간단한 소개이다.

(1) 주제학습방법

국제문제에 대한 주제별 학습방법이다. 이때 선택해야 할 주제의 조건은 세계적 관심의 대상이 되어야 하고, 여러 국가의 협력을 요하는 문제로 국제체제 개발에 대한 역사적 관심을 길러주어야 한다. 그 예로 핵 시대의 안전방안, 국가간 빈부의 격차 해소방안, 인구성장에 기인한 환경문제, 자원고갈 등의 주제를 들 수 있다.

(2) 통합 프로그램의 개발

어떤 한 개의 교과를 통해 국제이해교육을 실시하기보다 여러 교과가 공동 협력으로 국가간 상호의존성이나 문화간 이해를 증진시키는 통합 프로그램을 개발하는 방안이 있다. 교사들은 단일 교과목을 통한 국제이해교육보다도 여러 학문 분야를 통합한 학제적(interdisciplinary) 방법을 사용하기도 한다. 또한 2~3과목의 교사들이 함께 협동으로 국제이해교육 소단원을 개발하여 수업에 활용하기도 한다. 예를 들어, 영어과 교사와 사회과 교사가 공동으로 서양문화사의 주제별 소단원을 만들어 서양문화를 학습하면서 영어문법이나 쓰기학습을 함께하는 방법을 생각해 볼 수 있고, 사회과와 국어과가 함께 '제3세계 문학'이라는 단원을 개발할 수 있으며, 사회과와 과학과 교사가 함께 환경이나 기술과 같은 주제를 다룰 수 있다. 이러한 프로그램은 교과뿐만 아니라 특별활동에도 사용될 수 있으며, 국가간 또는 문화간 밀접한 관련성이나 이해를 증진시키는 데 기여할 수 있을 것이다.

(3) 특별교과를 개설하는 방안

국제이해교육을 학교에서 실시할 수 있는 가장 적극적인 방법은 국제이해과목을 새로이 만들어 독립시키는 것이다. 현재 포화상태인 학교 교육과정에 새로운 과목을 첨가시키는 것이 부담이 되겠지만, 국제이해력 증진을 위한 기초과목이 중·고등학교 특별교과로 개설된다면 학생들의 국제이해 증진에 커다란 역할을 할 것이다.

이러한 특별교과에서 다루어질 수 있는 주요 주제에 대해 몇 가지 예를 들어본다면, 국제이해의 개념과 필요성, 세계의 상호의존성에 대한 이해, 세계적인 시각의 필요성, 문화의 다양성과 보편성 이해, 평화·안전·인구·환경·인권 등의 세계 문제나 이슈의 연구, 변화하는 지구, 미래를 위한 교육, 세계인을 연결시키는 세계체제의 연구 등을 들 수 있다.

(4) 특별활동에서 실시하는 방안

기존의 교육과정을 크게 허물지 않고 간편하게 실시할 수 있는 방법으로 특별활동시간에 국제이해교육을 실시하는 것이다. 이것은 우리나라에서 그동안 가장 보편적으로 실시되었던 방법이라고 하겠다. 특별활동반으로서 국제이해반을 만들어 이를 중심으로 국제이해와 관계되는 정보나 자료를 수집하고, 이들 수집된 자료로 게시판이나 스크랩북을 꾸미게 한다. 그리고 외국학생과의 펜팔, 외국학교와의 자매결연, 주한 외국사절단 및 문화기관의 방문, 또는 모의 올림픽이나 세계민속춤 경연대회 등의 행사를 개최하는 등 주로 활동중심, 행사중심으로 운영되며, 일회성의 특징을 가지고 있다.

(5) 사회과에서의 국제이해교육

국제이해교육은 학교의 전 교과에 걸쳐 실시될 때 가장 효과적이라고 많은 학자들이 지적하고 있음에도 불구하고, 아직도 많은 사람들이 사회과 과목에 국제이해교육을 도입하여 가르치는 것에 관심이 있다. 전통적인 사회과 교과내용은 역사, 지리, 정치, 경제 등이며, 어떤 과목에서든 간에 국내·국외의 양분법이 통용되어왔다. 즉 한국역사·세계역사로 나누던가 한국지리·세계지리로 나누어 수업이 진행되었다. 이러한 교육방법은 국가간 상호 의존체제에 대한 이해를 전제로 하지 않으며, 시간적·공간적으로 분리된 교육을 의미하기 때문에 많은 사람들이 이러한 교육방법에 수정이 이루어져야 한다고 주장하고 있다.

그러므로 국제이해교육을 사회과에서 실시하기 위해서는 교사들이 다음과 같은 노력을 할 수 있을 것이다. 첫째, 세계 문제 또는 문화를 개별적으로 가르치기 보다 세계문제간의 상호연계성, 문화간 상호관련성에 초점을 맞추어 가르치도록 한다. 둘째, 최근의 국제적인 문제나 쟁점의 역사적 유래를 찾아본다. 셋째, 세계문제를 학생 개개인의 일상생활과 연결시켜본다. 마지막으로 문화간 차이를 인내하고 인정하도록 가르친다.

(6) 전 교과에 실시하는 방안(융합 프로그램)

학교 전 교육과정에 국제이해 요소를 도입하는 방법으로 기존의 교육과정은 그대로 두고 국제이해교육을 실시하는 방안이다. 최근 세계의 상호의존성을 알리는 학습은 특정교과에서 실시하기보다는 기존 교과에 그 개념을 도입하여 실시하는 것이 가장 효과적이라는 주장이 나오면서, 과거 사회과 과목에만 제한하였던 국제이해교육이 학교 전 교과목에 확대되기 시작하였다. 국제이해교육이 다른 나라에 대한 지식을 다루는 것이라는 잘못된 인식으로 인해 이 새로운 방법에 대한 교사들의 지지가 적을 수 있다. 그러나 교사들의 교과연구 능력과 창의성, 다양한 학습자료와 수업방법의 활용 등으로 국제이해교육은 얼마든지 국어, 영어, 수학, 과학, 미술, 음악, 체육, 가정 등 여러 교과목에서 실시될 수 있다.

<참고문헌>

한국국제이해교육학회. 2001, 『지구촌시대의 국제이해교육 프로그램(초중등학생 교육용 국제이해교육 프로그램 연구)』.

한명희 외, 1996, 『국제사회와 국제이해교육』, 정민사.

Alger, C.F., 1986, "Implications of Microelectronically Transmitted Information for Global Education," in A. Culbertson & L.L. Cunninham(eds.), *Microcomputers and Education*, Chicago: University of Chicago Press.

Anderson, C.C., Nicklas, S.K., & Crawford, A.R. 1994, *Global Understandings: A Framework for Teaching and Learning,* Alexandria, VA: Association for Supervision and Curriculum Development.

Case, R. 1993, "Key Elements of a Global Perspective," *Social Education*, 57(6), pp.318-325.

Collins, H.T., Czarra, F.R., & Smith, A.F. 1996, "Guidelines for Global and International Studies Education," *Issues in Global Education*, pp.135-136.

Csikszentmihalyi, M., 1993, *The Evolving Self,* New York: Harper Collins.

Darling-Farr, L. 1994, *Global Education as Moral Education: Building a Community of Concern,* Unpublished dissertation. Vancouver: University of British Columbia

Hanvey, R.G. 1976, *An Attainable Global Perspective.* New York: Center for Global Perspectives in Education.

Kirkwood, T.F. 2001, "Our Global Age Requires Global Education: Clarifying Definitional Ambiguities," *The Social Studies*, 92(1), pp.10-15.

Kniep, W.M. 1986, "Defining a Global Education by its Content," *Social Education*, 50 (10), pp.437-466.

Kniep, W.M. 1987, *Next Steps in Global Education: A Handbook for Curriculum Development,* New York: American Forum for Global Euducation.

Merryfield, M. 1993, "Reflective Practice in Global Education: Strategies for Teacher Educators," *Theory Into Practice*, 32(1), pp.27-32.

Merryfield, M. 1997, "A Framework for Teacher Education in Global Perspectives," in Merryfield, M. & Jarchow, E. & Pickert (Eds.), *Preparing Teachers to Teach Global Perspectives a Handbook for Teacher Educators*, pp.1-24.

Merryfield, M. 2001a, "Implications of Globalization for Teacher Education in the U.S.: Towards a Framework for Globally Competent Teacher Educators," Paper Prepared for 53th Annual Meeting of AACTE.

Merryfield, M., 2001b, "Moving the center of global education: From imperial world views that divide the world to double consciousness, contrapuntal pedagogy, hybridity, and cross-cultural competence," in William B. Stanley(ed.), Critical issues in social studies research for the 21st century, pp.179-207.

Tye, K.A. (ed.). 1990, *Global Education: From Thought to Action*, Alexandria, VA: The Association for Supervision and Curriculum Development.

제2장 세계화와 삶의 문제

경제적 세계화의 구조적 이해 • 이찬근

세계화 시대의 사회문제 • 김영화

경제적 세계화의 구조적 이해

이찬근(인천대학교 교수)

1. 지구촌의 분노

사람들은 저마다 일상을 살아간다. 늘 다람쥐 쳇바퀴 돌 듯 일상에 묶여 뒤돌아다볼 틈이 없으므로, 자칫 자신이 살고 있는 시대가 역사의 중대한 분기점일지라도 사람들은 이를 잘 깨닫지 못한다.

지난 수년간 지구촌 곳곳에서 예기치 못했던 대형 시위가 터져나오고 있다. 1998년 12월 프랑스 파리에서는 일명 선진국 클럽으로 알려진 경제협력개발기구(OECD, Organization for Economic Cooperation and Development)가 은밀히 기획해온 다자간투자협정(MAI, Multilateral Agreement on Investment)[1]을 반대하는 시위가 있었고, 이를 주도한 프랑스 범시민사회연대는 이 협정의 체결을 원천봉쇄하는 데 성공했다. 1999년 말 미국 시애틀에서는 세계무역기구(WTO, World Trade Organization)가 준비해온 뉴라운드 출범 계획이 세계 각국에서 모여든 농민운동단체, 환경운동단체, 노동운동단체 등의 초국적 연대 시위에 의해 역시 봉쇄되었다.

이처럼 대자본을 위시한 주류측의 일방적인 세계화 기획에 반대하는 각종 시위는 2000년에도 이어졌다. 2000년 2월, 방콕에서 열린 유엔무역개발회의(UNCTAD, UN Conference on Trade and Development)의 10차 총회에서는 100여 개의 세계 시민사회단체들이 모여 연간 투쟁 계획을 결의했다. 이어서 4월, 미국 워싱턴에서 열린 세계

---

1) 다자간투자협정은 다자간의 투자보장협정이 아니라, 다자간의 투자자유화협정이다. 즉 투자자에게 정치적 위험으로부터의 최소한의 안전장치를 제공하기 위한 협정이 아니라, 원칙적으로 모든 투자를 자유화해야 한다는 매우 급진적인 협정이다.

은행-IMF의 춘계회의는 아수라장이 되었고, 6월의 제네바 유엔 사회개발점검회의, 7월의 오키나와 G7 정상회담, 9월의 뉴욕 밀레니엄 지도자회의도 연대시위 사태에 대비해서 주최측의 삼엄한 경계가 이루어졌다. 그 극치는 10월 체코의 프라하에서 열린 세계은행-IMF의 연차대회였다. 당시 체코 당국은 경찰력만으로는 사태 진압이 어려워 군대를 출동시켰고, 미 연방수사국(FBI)에 국제적인 진압 지원을 요청하기도 했다. 그리고 마침내 일방적 세계화에 반대하는 인간사슬의 저항선은 한반도에도 상륙하여 세계화의 향연에 도취된 한국의 집권 엘리트들이 맹렬히 준비해온 10월의 아시아·유럽 정상회의(ASEM, Asia Europe Meeting) 행사장에도 드리워졌다.

이처럼 세계화 반대투쟁의 전선이 확대되고 있는 것은 분명하지만, 그렇다고 주류 측이 추진하는 세계화의 진행 속도가 늦추어지고 있는 것은 아니다. 따라서 세계화 카운터 진영으로선 지금까지 진행되어온 산발적인 저항운동을 전략적·조직적으로 정비해야 한다는 과제를 안고 있다. 마침 2001년 1월 말 주류측이 스위스 다보스에서 연례행사인 세계경제포럼(WEF, World Economic Forum)을 개최했을 때, 카운터 진영은 이것과 일정을 맞추어 브라질 남부의 항구도시인 포르토 알레그레에서 세계사회포럼(WSF, World Social Forum)을 개최했다. 프랑스의 투기자본과세연합(ATTAC)과 브라질의 중남미대안정책연대(PACS)가 합동으로 주관한 이 모임에서는 전세계로부터 수백여 개의 시민사회단체가 참가했고, 다국적 시위의 행렬은 1만 명을 넘어섰다. 세계화의 폐해를 근절하고 민주적 국가기능을 회복해야 한다는 이들의 외침은 지구촌 전역에서 공명을 일으켰다.

이처럼 급류를 타고 있는 전세계적 시위의 행렬은 질풍노도와도 같았던 68혁명 시대를 떠올린다. 프랑스의 전쟁 영웅이자 민족주의의 표상이었던 드골은 격렬한 학생 시위로 하야했고, 미국에서는 월남전 반전 데모가 전국의 대학가를 휩쓸면서 기성 보수주의 질서를 흔들었다. 또한 어린 홍위병들이 이끌던 중국의 문화혁명은 그 절정을 향해 치달았고, 일본의 동경대학은 연이은 과격시위로 인해 일시 폐교를 감수하지 않으면 안되었다. 이는 전후 서방사회의 보수화 경향에 진보진영과 젊은 층이 연대해서 저항했던 지구적 차원의 사회운동이었다. 일견 서방의 선진 각국은 제2차세계대전 이후 1960년대 말까지 황금의 시대를 구가하며 미증유의 풍요를 구가했지만, 정치적·사회적 보수화의 간단없는 진행은 진보진영의 반격을 받을 수밖에 없었고, 이는 당시의 사회·정치·경제 질서에 큰 타격을 가했다.

오늘날 지구촌 곳곳에서 펼쳐지고 있는 대형시위에도 과거 68혁명에 못지 않은 글로벌 진보의 결집이 느껴진다. 실로 다양한 집단이 반(反)신자유주의, 반(反)세계화를 내걸고 참가하고 있다. 농민단체는 농산물 교역의 자유화를 반대하고 있고, 환경단체는 세계화로 인한 지구의 황폐화를 성토하고 있다. 선진국의 노동조합은 자본의 자유로운 이동으로 인해 빚어지고 있는 일자리의 파괴를 막기 위해 후진 개도국에 대해 강력한 노동 규범을 적용할 것을 요구하고 있다. 이처럼 이들은 모두 세계화의 폐해를 질타하고 있지만, 그렇다고 이들의 이해관계가 상호 일치되어 있는 것은 아니다. 다시 말해 이들의 저항선을 하나의 실타래로 묶어줄 미래지향적인 통합이념은 아직 존재하지 않는다. 그럼에도 불구하고 분명한 것은 이들 모두가 신자유주의에 분노하고 있다는 사실이다. 이들은 신자유주의가 추동하고 있는 세계화를 거부해야 한다고 믿고 있다.[2)]

2. 신자유주의의 부상과 대외확산

도대체 신자유주의란 무엇일까? 어떤 경제이념이기에 전세계 시민단체와 민중운동단체, 그리고 종교단체 등 양심세력으로부터 극렬한 저항을 받고 있는 것일까? 신자유주의가 서서히 정체를 드러내기 시작한 것은 1973년 말 1차 석유위기가 발발하면서부터였다. 즉 스태그플레이션(stagflation)이라는 세계경제의 새로운 고질병이 등장하면서부터이다.

제2차세계대전 이후부터 1970년대 초까지 서방 선진국들이 채용해온 경제이념은 일정 수준 국가에 의한 시장개입을 정당화하는 케인스주의 혹은 수정자본주의였다. 공산권의 세력확장을 봉쇄하기 위해 그리고 대공황과 같은 시장의 실패를 방지하기 위해서는 국가의 시장개입을 정당화해야 한다는 케인스(J. M. Keynes)의 이론이 당시 시대를 관철했다. 유럽 각국은 케인스 이론을 토대로 사회적 시장경제의 기치를 내걸었고, 노·사·정 합의를 통해 자본과 노동이 이윤을 공유하는 체제

2) 초국적 자본의 이익을 전 지구에 관철시키려는 신자유주의 프로젝트에 대응해서 대안 체제를 마련하는 일은 쉽지 않다. 1990년대를 전후한 국가계획경제의 전면 붕괴, 유럽의 복지국가적 사회적 시장경제의 현저한 후퇴, 그리고 신자유주의 카운터 진영의 미성장 등 제반 여건을 고려할 때, 반신자유주의의 노선을 정책으로 구체화시킨 대안체제가 보편성을 확보하는 데에는 아직도 상당 기간을 요한다고 보아야 한다.

를 만들어냈다. 이로써 노동은 생산성 향상을 통해 자본의 관용에 화답했고, 적극적 분배정책으로 대중의 구매력이 높아지면서 '대량생산-대량소비'의 호순환체제가 작동할 수 있었다.

그러나 황금시대라 불리운 전후(戰後)의 안정된 자본주의 체제는 1차 석유위기가 발발하면서 일대 반격을 받기에 이르렀다. 내심 케인스주의에 입각한 국가의 시장 개입에 강한 불만을 갖고 있던 거대자본을 위시한 보수 주류진영은 새롭게 두통거리로 등장한 스태그플레이션을 빌미로 국가개입을 부정하고 시장의 완전한 자유를 요구하기 시작했다. 즉 스태그플레이션으로 경기침체(stagnation)와 인플레(inflation)라는 질병이 복합적으로 발생하고 있는 것이 그간 국가에 의한 시장 개입 때문임을 역설하기 시작한 것이다. 당시 영국의 유력한 경제학자였던 조안 로빈슨(Joan Robinson)이 '경제학의 제2의 위기'라고 선언했듯이, 당시의 주류였던 케인스 경제학으로는 스태그플레이션 현상을 설명할 수 없었다. 왜냐하면 경기침체는 물가하락을 수반해야 정상이고, 인플레는 경기과열에 의해 야기된다고 보는 것이 당시 경제학의 정설이었기 때문이다. 이러한 혼란을 틈타 신자유주의는 위기에 처한 경제학계를 빠른 속도로 잠식해 들어가기 시작했다.

놀랍게도 신자유주의의 원조인 오스트리아 출신의 프리드리히 하이에크(Friedrich A. Hayek)[3]는 석유 위기가 발발한 다음 해인 1974년 노벨경제학상을 수상했고, 1950년대부터 미국 시카고 대학을 중심으로 신자유주의 경제학을 키워온 밀턴 프리드만(Milton Friedman)은 1976년에 같은 상을 수상했다. 케인스주의에 대한 대응개념으로서 일명 통화주의라고 지칭된 신자유주의는 이로써 학계의 주류로 빠르게 뿌리를 내리게 되었고 오늘날까지도 세계경제학계의 패자로 군림하고 있다.[4]

이처럼 학계에서 활동무대를 넓히기 시작한 신자유주의는 1979년 영국의 대처

---

3) 프리드리히 하이에크는 『예종의 길(*The Road to Serfdom*)』의 저자로 우리들에게 잘 알려져 있다. 그는 1944년에 출판된 이 책을 통해 국가독점의 전체주의 경제를 강하게 질타하면서 자유시장 경제의 우월성을 강조했다.

4) 우리나라가 오늘날 신자유주의에 크게 예속되어 있는 것은 1970년대 중반 이후 미국에서 유학한 학자와 고급관료들이 현재 한국의 주도적인 엘리트 층으로 자리잡고 있기 때문일지도 모른다. 미국의 유명 경제학술지인 ≪*Journal of Economic Literature*≫의 조사결과에 따르면 1987년부터 1995년까지의 기간 중 미국에서 경제학 박사학위를 받은 사람 가운데 한국계가 약 10%를 차지했다고 한다. 이는 한국의 인구가 세계인구의 약 0.75%임을 감안할 때, 놀라운 수치가 아닐 수 없다.

정권, 1981년 미국의 레이건 정권의 출범과 함께 구체적인 정책 집단으로 등장한다. 신자유주의를 집권 프로그램으로 최초로 수용한 영국의 대처 수상은 집권 이후 탄광 노조와 전면 승부를 벌여 노동계를 초토화했고, 자연독점의 특성을 갖는 공익산업·국영기업의 민영화를 단행하여, 거대자본에게 이윤 확대의 기회를 제공했다. 1981년에 집권한 미국의 레이건 대통령은 개인소득세와 법인소득세를 크게 낮춰 자본활동의 인센티브를 높여주었고, 금융서비스를 위시한 다양한 산업 분야에 걸쳐 규제완화를 단행했다. 이로써 '작지만 강한 정부'라는 기치를 드높이면서 거대자본은 영국과 미국에서 무제한적인 자유를 구가할 수 있게 되었다. 오늘날 신자유주의를 가리켜 앵글로색슨형 자본주의라고 부르는 것은 다름 아니라 대처 정권과 레이건 정권이 이를 경제정책노선으로 채택했기 때문이다.

신자유주의의 맹렬한 위세는 이것으로 끝나지 않았다. 1980년대 초에 발발한 중남미 외채 위기를 계기로 신자유주의는 대외 확산을 개시했다. 1970년대 말 미국의 고금리 정책으로 인해 외채이자 부담에 허덕이던 중남미 여러 나라들은 마침내 1982년 멕시코를 시발로 속속 국가부도사태에 빠져들었고, 이로써 미국은 워싱턴에 본부를 두고 자신의 통제를 받고 있는 국제통화기금(IMF)과 세계은행을 전면에 내세워 중남미 위기국에 대한 개입을 본격화한다. 즉 미국은 이들 양대 국제금융기구가 급전을 제공하는 대가로 위기 당사국들에게 미국식 경제개혁을 요구한다. 다시 말해 중남미 외채위기를 계기로 무역 및 자본 시장의 무차별 개방을 요구하는 '워싱턴 컨센서스(Washington Consensus)'[5)]가 제3세계를 대상으로 본격적으로 작동하기 시작한다.

이렇게 태동한 워싱턴 컨센서스는 이후 '글로벌 스탠다드'라는 이름으로 외양을 바꾸게 된다. 이러한 은밀한 공작이 이루어진 것은 다름 아니라 1986년에 출범한 우루과이 라운드(Uruguay Round)에서였다. 그 배경에 대한 좀더 상세한 설명이 필요하다. 1980년대 중반은 미국 경제가 매우 어려웠던 시기였다. 무역수지 적자와 재정수지 적자라는 쌍둥이 적자가 날로 비대해짐에 따라 미국 경제는 잔뜩 움츠려 있었다. 특히 제조업 분야에서 미국은 쇠퇴일로를 걷고 있었고, 일본과 아시아의

---

5) 워싱턴 컨센서스란 신자유주의적 경제정책이 하나의 글로벌한 규범으로 등장했다는 것을 의미한다. 이 말을 최초로 사용한 세계은행의 존 윌리암슨(John Williamson)은 여기에 열 가지 정도의 정책규범이 담겨 있다고 보고 있다. 예를 들면, 금융자유화, 무역자유화, 외국인투자자유화, 민영화, 규제완화, 재정 및 통화 긴축 등 IMF가 1997년 외환금융위기를 계기로 우리나라에 적용한 일련의 정책들과 대동소이하다.

신흥공업국은 미국시장을 빠르게 잠식하고 있었다. 이로 인해 가전, 철강, 조선, 자동차 등 미국의 전통적 굴뚝산업은 미래의 전망을 상실할 지경이었다. 게다가 일본은 무역흑자로 벌어들인 달러로 미국 맨허튼에서 랜드마크 빌딩을 사들이고, 헐리우드의 영화사, 음반회사를 넘보고 있었다. 미국으로선 무언가 돌파구를 찾지 않으면 안되는 상황이었다.

미국의 정책 엘리트들로선 무언가 획기적인 국가경쟁력 회생 방안을 모색하지 않을 수 없었다. 이러한 급박한 사정에서 미국이 국가경쟁력 회생을 위한 전략적 돌파구로서 고안한 것이 바로 우루과이 라운드였다. 우루과이 라운드는 크게 세 가지 분야를 요체로 했다. 농산물시장 개방, 지적소유권 보호 그리고 금융 서비스 산업의 개방이 바로 그것이다. 제조업에서 자신감을 상실한 미국으로선 이 세 분야의 개방이 국익을 지킬 수 있는 대안이었다. 주지하듯이 미국은 세계 최대의 농산물 생산국이자 수출국이기에 농산물 시장의 개방을 요구한 것이고, 실리콘밸리로 대표되는 소프트웨어 산업에서 역시 세계 최강이기에 지적소유권의 보장을 주장한 것이다. 또한 세계통화인 달러의 발권국이자 금융강국으로서 세계 각국의 금융시장의 개방과 자유화를 촉구한 것이다.

결국 우루과이 라운드는 미국의 의도대로 1994년에 최종 타결되었고, 이를 근거로 미국은 전후(戰後) 국제무역질서를 관리해온 '관세 및 무역에 관한 일반협정(GATT)'을 종결시키고, 1995년에 '세계무역기구(WTO)'를 창설하게 된다. 어쩌면 세계무역기구의 창설은 미국의 국익을 위한 신자유주의적 세계화의 완성을 의미한 것인지도 모른다.

WTO 창설을 주도한 주류 측은 이로써 새로운 무역 규범이 마련되고 공정한 분쟁 해결 메커니즘이 구축됨으로써 경제 강국의 일방적이고 독선적인 행위가 근절될 수 있다는 매우 낙관적인 전망을 제시했지만, 그렇다고 제3세계의 우려를 불식할 수는 없었다. 제3세계가 대거 위치한 남반부의 국가들은 WTO의 창설로 인해 남반부의 개발 전망이 더욱 어둡게 되었다는 분명한 인식과 두려움을 가지고 있었다. 물론 북반부 선진국들간의, 특히 미국과 유럽 간의 무역분쟁을 완화해야 한다는 것이 WTO의 창설의 한 배경이 되었다는 점을 전적으로 부정할 수는 없다. 그러나 제3세계의 약진을 경제적으로 봉쇄하고 발전 속도를 조정하는 것이 서방의 공통된 최대의 관심사였다는 사실이 이로 인해 희석되어서는 안 된다.

그러나 WTO의 창설로 가히 정점에 달한 신자유주의적 세계화의 질주는 곧이어 뜻하지 않은 복병을 만나게 된다. 1997년 동아시아 여러 나라를 글로벌 자본의 횡포에 굴복시킨 외환금융위기가 바로 그것이다. 우리나라에서는 동아시아 국가들의 해묵은 내부적 모순이 위기를 초래했다고 굳게 믿었지만, 오히려 위기의 근본 원인은 외부에 있었다. 선진국을 중심으로 거대하게 축적되어온 금융자본의 단기적 파행성과 미국의 국익을 위해 추진된 무차별 금융자본시장의 자유화가 위기 발발의 주된 이유였다. 이러한 외부조건론의 관점은 이후 빠르게 공감을 얻었고, 세계화로 인한 구체적 희생자 집단을 중심으로 반세계화 진영의 결속을 재촉하는 계기가 되었다. 한 마디로 동아시아 외환위기는 시대적 분기점을 형성했다. 위기로 인해 대량도산, 대량실업이라는 많은 희생과 고통을 겪었지만, 세계화의 모순과 그림자를 전세계 시민사회에 알렸다는 점에서 동아시아 외환위기는 시대의 전환점을 형성했고, 또한 역사적 의미를 부여받았다.

3. 전후 세계체제 50년의 구도

1995년 WTO가 출범하기 전에도 서방에 의한 제3세계 견제는 끊임없이 이루어져왔다. 이같은 부국과 빈국 간의 대립 구도는 전후 기간 내내 주요한 국제기구를 둘러싼 서방과 제3세계 간의 갈등관계를 통해 명확히 이해할 수 있다. 전후 동서 냉전의 분위기가 가열되던 1950년대에서 1960년대에 걸쳐 수많은 신생국들이 태어났고, 이들 신생 제3세계 국가들에게는 공통의 관심사가 존재했다. 신속하게 경제발전을 이루어야 한다는 것과 글로벌한 차원에서 부의 재분배를 실현해야 한다는 것이었다.

당시 제3세계의 연대에 크게 기여한 사람은 아르헨티나 출신의 경제학자인 라울 프레비쉬(Raul Prebisch)[6]였다. 프레비쉬는 교역 조건의 등식을 통해 북반부의 공산품을 구입하기 위해 남반부는 더 많은 원자재와 농산품을 팔아야만 한다는 모순의 구조를 밝혀냈다. 뿐만 아니라 북반부 메이커들은 대체재를 개발함으로써 남반

6) 라울 프레비쉬는 아르헨티나 출신의 경제학자로서 북반부의 선진 공업국과 남반부의 저개발국 간에 가로놓여 있는 교역상의 구조적 모순에 천착해서, 1950년대 말부터 국제경제질서의 개편을 강력히 주창했던 인물이다. 그는 이론가로서 큰 기여를 했을 뿐만 아니라, 유엔무역개발회의(UNCTAD)의 창설을 주도했고, 직접 초대 사무총장직을 맡아 유엔을 교두보로 남반부 국가들에게 국제적 활동공간을 마련하는 데 큰 공헌을 했다.

부의 1차산품에 대한 수요를 줄여가고 있고, 북반부의 소비자들은 엥겔의 법칙에 따라 소득의 더 적은 부분을 1차산품에 투입하므로 남반부가 1차산품을 주력으로 하는 교역구조를 통해 개발의 전망을 갖기는 더욱 어려워진다는 사실을 간파했다. 프레비쉬가 포착한 이 같은 남북 상호간의 구조적 모순은 전후의 새로운 착취체제로서 인식되었고, 그 결과 1960년대와 1970년대에 걸쳐 제3세계 국가들간에 다양한 동맹체를 결성하는 이론적 근거가 되었다. 비동맹운동, 77그룹, 유엔무역개발회의, 석유수출국기구(OPEC, Organization of Petroleum Exporting Countries), 신국제경제질서(NIEO, New International Economic Order) 등이 대표적인 예이다.

이렇게 남반부 국가들이 제기한 식민청산의 의제에 대해 북반부 국가들은 당시의 특수한 사정 때문에 강경하게 대응하기 어려웠다. 소련을 위시한 공산권의 세력 확대를 봉쇄해야 한다는 정치적 긴급성으로 인해 미국을 위시한 서방진영은 개도국들의 요구를 묵살하기 어려웠다. 특히 미국은 자유시장 원리를 근거로 자국기업이 남반부 시장에 자유롭게 접근할 수 있기를 내심 원했지만, 그렇다고 해서 제3세계의 개도국들이 자국 사정으로 인해 보호무역주의를 채택하거나 외국인투자를 통제하는 방식으로 국가가 경제 운영에 깊게 개입하는 것에 대해 거부권을 행사할 수 없었다.

그렇다고 서방이 제3세계의 요구에 일방적으로 밀린 것은 아니었다. 제3세계의 개도국들이 자신들의 입장을 관철하기 위해 '1국 1표제'의 UN기구에 의존하는 경향이 농후해지자, 미국을 위시한 서방국가들은 '1달러 1표제'의 '브레턴우즈 기구(Bretton Woods Institutions)'[7]의 위상을 크게 강화하기 시작했다. 이로써 1944년에 창설된 브레턴우즈 기구는 당초의 설립 목적을 벗어나 점차 남북문제에 매달리기 시작했다.

당초 IMF와 세계은행의 설립 목적은 남북문제와는 무관한 것이었다. IMF는 달러 중심의 고정환율체제를 지키기 위해 창설한 것이었고, 세계은행은 서유럽 국가들에게 전후 부흥자금을 제공하는 것이 주목적이었다. 그러나 1970년대 초 고정환율체제가 변동환율체제로 바뀌면서 조직의 정체성을 상실한 IMF는 국제수지 불안에 빠진 제3세계 국가들에 개입해서 경제안정책을 제시하고 감독하는 일에서 새로

7) 브레턴우즈 기구란 미국이 전후의 패권체제를 구축하기 위해 설립된 세계은행과 IMF를 가리킨다. 브레턴우즈는 미국 동부 뉴햄프셔 주의 작은 휴양지의 지명으로서 1944년 이곳에서 양대 국제기구를 설립하기 위한 협정이 맺어졌다.

운 역할을 모색했고, 세계은행도 이에 발맞추어 개발도상국지향 개발원조를 제공하는 기관으로 성격을 전환했다.

그러나, 1973년 1차 오일쇼크가 터지면서 남반부 국가들은 일시적이긴 했지만 자금 마련에 숨통이 트였다. 즉 오일달러 덕분에 짧은 기간이긴 했지만 남반부 국가들은 브레턴우즈 기구의 압력에서 벗어날 수 있었다. 그 사정은 다음과 같았다. 오일쇼크로 인해 서방 선진국들이 장기불황에 빠져들면서 국제금융시장은 거대한 오일달러를 환류하는 데 큰 어려움을 겪게 되었다. 산유국에 집중된 달러는 런던의 유로달러 시장으로 몰려들었지만, 서방측의 자금 수요가 워낙 부진했으므로 이의 환류가 어려웠다. 이에 서방은행들이 돌파구로서 찾아낸 것이 제3세계에 대한 자금 대출이었다. 이로써 남반부 국가들은 유례없이 국제민간자본시장을 통한 자금조달이 가능해졌고, 이로써 IMF와 세계은행을 통해 제3세계를 관리하겠다던 미국의 전략은 한때 수포로 돌아가는 듯했다.

하지만 남반부의 안도는 잠시였다. 1970년대 말에 2차 오일쇼크가 발발하면서 미국의 기득권층은 남반부를 적극적으로 포위해야 한다는 입장을 취하기 시작했다. 이와 관련해서 미국의 보수우파 진영에서 표적으로 지목한 것은 유엔 기구였다. 그들은 남반부 국가들의 파워가 신국제경제질서(NIEO)[8]를 천명할 정도로 강해진 것은 유엔이 이들에게 의사표명의 통로를 제공했기 때문이라고 인식했다. 급기야 1981년에 집권한 레이건 행정부는 두 가지 과제를 명확히 했다. 하나는 공산권을 격퇴하는 것이었고, 다른 하나는 유엔 기구의 약화를 통해 제3세계를 길들이는 것이었다.

미국에게 패권적 지위를 만회할 수 있는 절호의 기회가 찾아왔다. 다름 아니라 1982년에 터진 제3세계 외채위기였다. 1970년대 후반 국제금융시장으로부터 개도국으로 막대하게 흘러간 자금이 지불정지 상태에 들어간 것이다. 이로 인해 서방의 민간 금융기관들은 심각한 부실채권 문제에 시달리게 되었고, 외채위기 당사국으로부터 조속한 상환을 받아내기 위해서는 대표성 있는 공적 국제기구가 중개자로 나설 필요가 있었다. 이를 계기로 남반부 길들이기의 첨병으로서 세계은행과

8) 1973년 1차 석유위기를 계기로 자원문제가 크게 각광을 받게 되자, 개도국들은 종전까지 선진국이 세계경제운영에 있어서 금과옥조로 삼아온 자유·무차별·호혜원칙에 반기를 들었고, IMF-GATT체제에 근거한 국제경제체제 전반에 걸친 새로운 질서 확립, 즉 신국제경제질서(NIEO, New International Economic Order)를 본격적으로 주장하고 나섰다. 이것은 1974년 유엔자원특별총회 이래의 일이었다.

IMF의 위상이 더욱 높아졌다. 그리고 구조조정(SAP, Structural Adjustment Program)이라는 말이 양 기구의 새로운 대출 조건으로 등장했다. 경제 전반에 걸친 포괄적 구조조정과 특정 산업 분야에 대한 선택적 구조조정이 모두 강요되었다. 1980년대 중반 세계은행과 IMF가 부과하는 구조조정 프로그램은 외채위기에 시달리고 있던 제3세계 전체에 대해 예외없이 적용되었고, 이들 나라들은 폭넓은 시장자유화를 단행하지 않을 수 없었다. 마침내 1980년대 말에 이르면 약 70여 개의 제3세계 국가들이 IMF와 세계은행의 관리체제에 들어가게 되었다.

1980년대 서방이 주도한 남반부 길들이기의 총공세로부터 동아시아 국가들은 비교적 무사할 수 있었다. 동아시아 국가들도 국가 주도로 경제 운영을 해왔다는 점에서는 여타 남반부 국가들과 다를 것이 없었고 워싱턴 컨센서스에 입각한 개혁 대상이었다. 다만 이들 동아시아 국가들은 여타의 남쪽 국가들과는 달리, 국가의 힘이 충분히 강력해서 모든 국력을 경제 개발이라는 하나의 목표에 집중시킬 수 있었고, 수출을 통해 미국을 위시한 서방 시장에서 시장 지위를 확대한다는 전략적 의지가 매우 강했다. 이러한 매우 공격적인 중상주의 정책은 동아시아 국가들에게 달러 벌이를 가능하게 함으로써 1980년대 초 중남미 국가들과 함께 외채위기에 빠져들지 않을 수 있는 보루를 제공했다.

그럼에도 불구하고, 미국은 마침내 동아시아 국가들까지도 워싱턴 컨센서스로 다스릴 수 있는 절호의 기회를 맞이했다. 1980년대 말 냉전체제가 붕괴하면서 미국으로선 더 이상 공산권을 봉쇄할 목적으로 이들 나라에게 전략적인 배려를 제공해야 할 이유가 없게 되었다. 이때 미국이 채용한 전략은 공격적 일방주의였다. 미국은 사실상의 무역전쟁을 불사하기로 맘먹었고, 상당한 성과를 거두었다. 이 때에도 물론 IMF와 세계은행이 미국을 도와 큰 역할을 했다.

양 기구는 마침 진행중이던 우루과이라운드 협상과 궤를 같이 하면서 동아시아 국가들에게 자본 자유화, 금융산업 자유화를 빠르게 진척시켰다. 이를 계기로 1990년대 초부터 외국자본이 빠른 속도로 동아시아 지역으로 유입되기 시작했다. 그러나 대량의 자본유입은 반드시 대량의 자본유출을 전제로 하는 것이었다. 결국 1997년 1,000억 달러가 한꺼번에 동아시아 지역으로부터 빠져나갔고, 이로 인해 태국, 말레이시아, 인도네시아, 필리핀, 한국 등 동아시아 여러 나라들이 외환위기에 빠져들었다.

동아시아 외환위기는 이 지역에 대해 미국이 가지고 있던 오랜 숙제를 한꺼번에 해결할 수 있는 기회를 제공했고, 미국은 이 기회를 최대한 살렸다. 초국적 투기자본의 광포한 움직임과 무분별한 자본시장의 개방이 위기의 원인이었다는 자성론이 없지 않았지만, 미국은 이를 묵살했고, 동아시아에 만연한 국가 주도의 경제발전 모델이 위기의 근본 원인이라고 주장했다. 결국 시장개혁의 기치하에 보호주의의 종식과 국가 개입의 청산은 IMF 구조조정 프로그램의 핵심 사안이 되었고, 태국·인도네시아·한국 등 IMF 구제금융을 제공받은 나라들에게 획일적으로 적용되었다.

4. 신자유주의의 한국 상륙

그러면 한국의 경우는 어떤가? 과연 1997년 한국의 외환위기는 세계화나 신자유주의의 공세와 무관한 것인가? 그렇지 않다. 돌이켜보면 한국경제를 파탄낸 것이 바로 세계화와 신자유주의이고, IMF 관리체제를 통해 대전환의 수술을 집도하고 있는 것도 세계화와 신자유주의이다. 예부터 고질적인 사대주의 때문인지 한국은 강자의 이데올로기인 세계화와 신자유주의를 교조적으로 추종한 결과 위기를 맞았고, 더욱 안타깝게는 위기 수습까지도 이에 의존했다. 신자유주의의 종주국인 미국은 자국에 위기상황이 발생하면 정부가 수시로 시장에 개입함으로써 신자유주의의 본질을 스스로 왜곡하고 있지만,[9] 한국은 마치 이를 주문처럼 외우며 맹종했다.

한국의 외환금융위기는 한마디로 신자유주의의 내외공세로 인해 발생했다. 그리고 안으로부터의 신자유주의 공세는 1980년대 중반부터 시작되었다. 당시의 사정은 다음과 같았다. 1980년대 초부터 대일 무역역조 문제로 고민하던 미국은 1985년 9월 일본을 상대로 전격적으로 플라자 합의(Plaza Accord)를 체결하고 엔화의 강제절상을 추진한다. 이로써 1달러 230엔 하던 엔-달러 환율이 1달러 150엔으로 급절상되었다. 당시 세계 여론은 양대국간에 정책협조가 이루어졌다고 호평을

9) 미국이 자유시장경제의 원리를 철저히 준수하고 있지 못하다는 증거는 수없이 많다. 일례로 미국의 연방준비은행은 1998년 8월 자국의 헤지펀드인 LTCM이 파산 일보 직전에 이르자, 유력 은행들에게 압력을 넣어 LTCM에 긴급 구제금융을 제공할 것을 요구하기도 했다. IMF 위기 당시 한국의 유력 기업과 유력 금융기관에 대해 파산조치를 촉구했던 것과는 극히 대조적이다.

했지만, 사실 플라자 합의는 미국에 의한 가히 폭력적인 조치였고, 일본은 이로 인해 심한 경기불황의 몸살을 앓게 되었다.[10)]

그런데 당시 일본의 어려움은 한국의 행운을 의미했다. 해외시장에서 일본제품과 업종별로 경쟁을 벌이고 있던 한국제품은 손쉽게 가격경쟁력을 확보했고, 이것이 반사이익이 되어 한국은 유사 이래 최초로 1986~1988년까지 3년 연속으로 경상무역수지 흑자를 달성했다. 마침 1988년 서울 올림픽을 앞두고 있었기에 한국의 분위기는 실로 기고만장했다. 게다가 1987년의 민주화 운동으로 군사독재가 종식되었는데, 이 과정에서 군부통치와 국가 주도의 개발주의가 불가분한 쌍생아로 취급받으면서 국가 주도 경제의 정치적 정당성이 급격히 약화되었다.

드디어 우리도 중진국 대열에 들어섰으니 그간의 촌스러운 외환집중관리체제, 수출주도의 경제성장 전략을 과감하게 탈피하자는 주장이 개진되었고 또한 그대로 받아들여졌다. 이른바 '한국판 넌센스 경제학'이 대두한 것이다. 이러한 분위기가 이어지면서 한국인은 줄지어 해외관광에 나섰고, 전문직 종사자나 소자본가들도 과거 개발주의 시대에 반국가적 행위로 규정했던 사치성 소비에 대한 욕구를 표출하기 시작했다. 재벌들은 해외투자에 열을 올리기 시작했고, 심지어 몇몇 재벌사들은 임원회의를 해외에서 소집하면서 세계경영을 다짐했다. 그리고 정부에 대해서는 국제화시대에 뒤떨어진 3류 집단이라고 비난하면서 규제완화를 촉구했다.[11)]

당시 사회적 분위기는 정치적 민주화의 연장선에서 경제적 자유화를 단행해야 마땅하다는 것이었다. 1987년 민주 대항쟁을 통해 최소한의 절차적 정치민주화는 이미 달성되었으므로, 이제 경제를 바꿔야 한다는 분위기였다. 이러한 사정은 정부로부터 운신의 폭을 확대하고자 했던 재벌의 이해와 일치했고, 결국 정부의 위상

---

10) 사실 플라자 합의에 따른 강제엔화절상 조치는 미국이 주창하는 시장원리와 정면배치하는 것이다. 일본은 플라자 합의 이후 심한 불황을 겪었는데, 당시 "마른 행주도 다시 짜서 쓴다"는 말이 일본의 재계에서 유행하기도 했다. 이처럼 플라자 합의는 일본에 대한 미국의 폭거였으며, 일본이 군사력을 갖고 있다면 과연 이를 순순히 받아들였을까 하는 의문이 제기된다.

11) 당시 재벌들은 오너의 소유권을 크게 강조했다. 경제자유화는 사유재산제도를 근거로 하는 것이므로, 이의 신성불가침성을 존중하는 방향으로 경제를 개혁해야 한다고 주장했다. 여기에는 "내 재산으로 내가 원하는 사업을 하도록 내버려달라"는 뜻이 담겨 있었다. 그러나 돌이켜보면 한국의 재벌은 오랜 기간 독재정권의 비호하에서 국민적 자원의 관리를 위임받아왔다는 점에서 과연 산하 기업을 전적으로 사적 소유물이라고 주장할 수 있는가에 의문이 제기되었어야 했다.

은 크게 약화되었다. 경제기획원 폐지론이 등장했고, 정부는 관료집단의 이익을 추구할 뿐 사회적 이익을 추구하지 않는다는 비난이 쏟아졌다. 이에 정부는 별다른 검토도 없이 은행과 종금사의 신설을 대거 허용했고, 축적된 노하우가 전무한 신설 금융기관들에게 해외투자의 길을 활짝 열어주었다.12) 이것도 부족하다 싶었는지 OECD에 가입하라는 선진국들의 요구를 그대로 수용했고, 나아가서는 OECD가 주문한 가이드라인에 맞추어 수출전선에 결정적으로 중요한 환율관리를 포기했다.

한편 미국같이 덩치 큰 나라에서조차 자동차 메이커가 불과 세 개뿐인데도 한국은 어떤 근거로 그랬는지 네번째 자동차사를 신설하는 무모함을 과시했다. 재벌의 탐욕과 지역이기주의가 결합해서 저질러진 비극의 씨앗이었다. 자동차의 기존 3사인 현대, 기아, 대우는 삼성의 자동차산업 진출에 진입장벽을 쌓겠다고 서둘러 시설을 대거 확충했으니 한국호의 파산은 이것만으로도 예정된 것이었다.13) 재벌들의 문어발식 다각화는 이 정도로 끝나지 않았다. 정권 초창기 재벌을 길들이겠다고 서슬이 시퍼랬던 김영삼 정권은 과거 어떤 정권보다 재벌에 우호적이었다. 선진국이 되기 위해서는 모든 것을 시장에 맡겨야 한다는 신자유주의의 비호 아래 재벌들은 의료, 장례, 테마파크 등 비전략 분야에까지 앞뒤 가리지 않고 장사판을 벌였다.14)

결국 재벌의 과잉중복투자는 날로 팽창했고, 금융기관의 잠재적 부실은 심화되었다.15) 그리고 1990년대 중반 이후에는 엔화 가치가 하락하면서 한국의 경상수지

---

12) 당시 신설된 은행과 종금사들의 다수는 홍콩에 지사를 설치하고, 미국계, 일본계 금융기관으로부터 상대적으로 낮은 금리의 달러를 빌려 태국, 말레이시아 등 아시아 신흥개도국에 대출 투자, 부동산 투자를 감행하기도 했다.

13) 기아자동차가 현대에 인수되고, 대우자동차가 GM에 매각되게 된 것은 부산을 배려한 정치적 논리에 의해 무리하게 추진된 삼성의 자동차 산업 진출과 결코 무관할 수 없다. 당시 기존의 자동차 3사(현대, 대우, 기아)는 새로운 참입자의 출현을 막기 위해 진입장벽을 쌓고자 막대하게 시설확장 투자를 감행했고, 이것이 부실의 중대한 빌미를 제공했다.

14) 재벌의 복합경영은 나름대로 장점을 갖는다. 그렇다고 재벌이 돈되는 업종이라면 어디에나 진출해야 하는 것은 아니다. 재벌은 국민적 지원에 의해 성립한 것이므로, 국가의 기술력의 강화에 기여하는 방향에서 신규사업의 가능성을 모색해야지, 전시적 소비를 조장하는 분야에 진출하는 것은 옳지 못하다.

15) IMF 위기사태 이후 재벌기업에 내려진 구조조정 조치를 보면 재벌이 한국경제 부실화에 얼마나 큰 책임이 있는가가 명확히 드러난다. 구체적으로 5대 계열의 20개사와 6~64대 계열의 32개사가 기업퇴출 판정을 받았고, 대우(12개사), 새한, 쌍용, 고합, 동아건설, 아남산업 등 18개 재벌이 기업개선작업(workout)에 들어갔고, 기아, 한보, 삼미, 한라, 진로,

적자는 급속히 커지기 시작했다. 노동권의 집단 이기주의도 질세라 분출하면서 1990년대 초반 한국의 실질임금 상승은 경쟁국을 크게 앞지르면서 수출경쟁력을 빠르게 잠식했다. 이처럼 위기의 징후가 속속 드러났지만 정부의 태도는 어처구니 없이 태연하기만 했다. 정부는 모든 것을 시장에 맡겨야 한다는 신자유주의의 교리를 주문처럼 외워댔다.

밖으로부터의 신자유주의 공세도 만만치 않았다. 특히 제조업 분야에 자신감을 상실한 미국은 1980년대 말부터 우루과이 라운드를 통해 금융·자본 시장 개방을 압박해왔다. "한국 증시에 대한 외국인 투자비율의 상한을 높여라," "외환거래를 원칙 자유화하라," "보험업 등 금융산업에 외자진출을 허용하라," "금융기관의 외자도입규제를 철회하라"는 등 지극히 구체적이고 세부적인 요구들이 등장했다. 금융 인프라가 취약한 나라일 경우 급속한 자본자유화가 큰 폐해를 낳을 수 있음에도 불구하고 돈 장사에 혈안이 되어 있던 미국을 위시한 선진국들은 막무가내였다.

그 결과 한국에는 외국 자본이 쏟아져 들어왔고 국내 기업과 금융기관들은 해외 현지에 나가서도 막대한 달러를 빌어 무모한 투자를 감행했다. 달러를 끌어다 쓸수록 내외금리차만큼 이득을 보게 된다는 외자의 꼬임에 그대로 넘어갔고, 마침 태국과 말레이시아에는 환율이 달러에 고정되어 있으니 위험 부담 없이 큰 돈을 벌 수 있다는 속임수에 부화뇌동했다. 밀물같이 들어온 자본은 언젠가 썰물같이 퇴각하면서 이윤을 실현하게 마련인데도 그간 국제금융의 속성에 어두웠던 한국은 마치 자신이 잘나서 돈 꿔줄 상대가 줄을 잇는 것으로 착각하고 말았다.

이것만이 아니었다. 미국은 이념 세뇌의 방식으로 신자유주의를 우리의 뇌리에 주입시켰다. 한국의 고급관료, 행세깨나 하는 한국의 경제학자는 거의 예외없이 미국 유학파이기에 미국의 의도는 쉽게 먹혀들었다. 선진국이 되려면 정치적으로는 민주주의를 해야 하고 경제적으로는 시장경제를 해야 한다는 주문, 성공하는 자본주의란 예외없이 경쟁원리를 잘 살린 덕분이므로 주저말고 규제를 완화하고 시장을 열어야 한다는 주문은 그대로 현실로 받아들여졌다. 결국 정부의 간섭을 받지 않고 마음껏 사업을 키우자는 재벌의 탐욕[16]과 한국을 상대로 돈 장사판을 한껏

대농 등 15개 계열은 법정관리 및 화의처분을 받았다.

16) 사실 IMF 사태 이후에 추진된 신자유주의 경제 개혁으로 인해 상당수의 재벌이 해체되었다. 이런 관점에서 볼 때, 재벌도 신자유주의의 희생자라고 이야기할 수 있을지도 모른다. 그러나 살아남은 재벌들의 행태를 보면 가히 외국기업이라고 할 수 있을 정도로 이제 국민경제적 관점을 상실했다. 가장 신자유주의적 관점에 충실한 재벌만이 살아남았고, 이

벌여보자는 서방자본의 기도에다가 미국의 이데올로기를 맹종하는 한국 지식사회의 사대주의가 한 통속이 되어 연출한 것이 바로 외환금융위기인 셈이다.

5. 세계화의 그림자

전후 남북 대결의 구도에서 패권국가 미국은 운신이 마냥 자유롭지 못했다. 전후 반세기를 지배해온 국제질서인 동서간의 냉전구도가 미국을 제약했기 때문이다. 당시 공산권의 확장을 봉쇄해야 한다는 것은 미국에겐 절체절명의 과제였고, 이로 인해 미국이 의도한 글로벌 자유시장 경제체제의 구축은 어느 정도 제약을 받았다.

그러나 1990년대에 들어오면서 국제질서는 가히 혁명적으로 전환되었다. 1989년 베를린 장벽이 무너지면서 촉발된 공산권의 붕괴는 국제질서를 기존의 냉전체제로부터 세계화체제 혹은 지구화체제로 개편했다. 많은 학자와 전문가들은 세계화를 가리켜 상품과 자본의 자유이동을 매개로 기업활동이 전 지구적으로 가능해졌다는 일종의 '새로운 현상'인 것으로 이해하고 있지만, 사실은 그렇지 않다. 세계화는 전후의 냉전질서를 교체한 '새로운 패권적 국제질서'로서 이해되어야 한다.

국제질서로서의 세계화체제는 전후의 냉전체제와 여러 각도에서 비교될 수 있다. 냉전체제의 가장 큰 특징이 분열이었다면, 세계화체제의 가장 큰 특징은 통합이다. 죽의 장막과 철의 장막이 가로놓였던 냉전체제와는 달리, 세계화체제에서는 인터넷과 월드 와이드 웹(www) 등 정보기술의 발전과 함께 각 나라들과 기업들이 상호 의존의 강도와 폭과 깊이를 더해가고 있다. 이로써 각국의 시장은 통합되고 있고, 국민국가의 독자성과 정체성이 위협받고 있다.

이와 함께 시장통합의 경제이념으로 등장한 것이 바로 신자유주의이다. 이 새로운 경제이념은 정보기술과 함께 시장의 글로벌한 통합을 추동하고 있는데, 시장의 힘에 맡겨 각국 경제를 개방하고, 이로서 교역과 경쟁이 활발해질수록, 각국 경제가 더욱 효율화되고 경제적 성과도 높아진다는 유토피아를 제시하고 있다. 미국이 주도하는 신자유주의는 구체적인 정책대안으로 시장개방, 규제완화, 그리고 민영

들 재벌은 더욱 신자유주의적인 개혁을 요구하기에 이르렀다.

화를 내걸었고 급속도로 지구촌을 관철하게 되었다. 현재 지구상에는 주요 국가들이 속속 자유시장경제를 채택함으로써 외국인 직접투자가 1975년의 230억 달러 수준에서 1997년에는 7,000억 달러로 급상승했는데 이는 신자유주의의 물결과 결코 무관한 것이 아니다.

또한 세계화체제는 세계 각국을 동질화하고 있다. 역사적으로 동질화는 지역적인 차원에서는 간간이 발생했지만, 전 지구적 차원에서 발생한 적은 한 번도 없었다. 일찍이 로마의 영향력은 서유럽과 지중해 지역에 국한되었고, 이슬람의 생존권은 중앙아시아, 북아프리카와 중동 그리고 유럽의 일부에 국한되었다. 그리고 냉전체제하에서 러시아의 영향력은 동유럽과 유라시아 지역을 넘지 못했다. 그러나 오늘날의 세계화체제하에선 전 지구적인 동질화가 진행하고 있고, 이는 외견상 글로벌 스탠다드라는 형태를 띠고 있지만, 사실은 빅맥과 맥도널 더글러스와 미키 마우스와 마이크로소프트가 세계의 경제규범을 만들고, 문화적 차별성을 말살하고 있다.

이처럼 세계화는 새로운 국제질서이고, 이를 추동하는 동력은 다름 아닌 정보화와 초국적자본의 무한질주이고, 이를 관철하는 수단은 글로벌 스탠다드이다. 새로운 국제질서로서의 세계화는 빠른 속도로 자리를 잡고 있고, 다국적기업과 초국적자본은 IT 기술혁명의 무한한 잠재력을 근거로 세계화의 당위성과 불가역성을 강변하고 있지만, 그렇다고 세계화가 초래하고 있는 어두운 그림자를 무마하기에는 역부족이다.

무엇보다 극단적인 빈부격차의 문제가 날로 심화되고 있다. 선후진국간의 소득격차는 제1차세계대전 이전의 엄혹한 상황을 크게 압도하고 있고, 거의 모든 나라에서 승자독식의 구도가 고착화되고 있다. 또한 자본의 자유이동은 절대 보장하지만 노동의 자유이동은 결코 허용할 수 없다는 세계화의 숨은 속성은 자본의 협상력을 극대화함으로써 대중의 생존권을 크게 위협하고 있다.

이로써 세계화의 이익은 공유되고 있지 못하고, 양극화의 문제는 전혀 해결의 전망을 갖지 못하고 있다. 놀랍게도 전세계 국가 중 80여 개국에서 인당소득이 10년 전보다 밑으로 떨어졌다. 특히 1990년 이후 약 40여 개국은 매년 3% 이상의 인당 소득증가를 지속하고 있지만, 사하라 사막 이남의 아프리카 지역, 동유럽, 그리고 독립국가연합에 속하는 약 50여 개국에서는 인당 소득이 감소하고 있다.

또한 수많은 사람들이 고용기회를 잃고 있다. 국제노동시장은 높은 임금을 받는 관리자, 과학자, 연예인 등의 고숙련 전문가 집단에게는 글로벌 통합의 이점을 제공하지만, 비숙련 노동자의 시장은 여전히 나라별 장벽에 의해 강력히 규제되고 있다.

세계 인구의 20%를 점하는 부유한 나라와 최하위 20% 인구를 차지하는 가난한 나라들 간의 소득격차는 1997년 74대 1을 기록했다. 이는 1960년의 30대 1, 1990년의 60대 1보다 크게 악화된 것이다. 세계화의 파고가 높게 일었던 19세기 말, 20세기 초에도 유사한 현상이 발생했지만 그 정도는 오늘날처럼 심각한 것은 아니었다. 1820년경 부국과 빈국 간의 소득격차는 약 3대 1 수준이었는데, 1870년에는 7대 1로, 그리고 1913년에는 11대 1로 크게 벌어졌다.

1990년대 말 현재 세계인구의 20%를 점하는 최상위의 부유한 나라들에겐 막대한 부와 경제력이 집중되고 있다. 최상위권 20%와 최하위권 20%를 비교하면 다음과 같다. 세계 GDP 비중은 86% 대 1%, 세계 수출 점유율은 82% 대 1%, 해외직접투자 유치율은 68% 대 1%, 유선통신망 보유비율은 74% 대 1.5%이다.

나라별로도 소득불균형 문제가 더욱 심화되고 있다. 중국에서는 수출 주도의 연안지역과 내륙지방 간의 격차가 크게 벌어지고 있다. 연안지역의 빈곤지수는 20% 미만인데 비해 내륙지방에선 50% 이상을 기록하고 있다. 동유럽과 독립국가연합에서는 소득불균형을 나타내는 지니계수가 최대의 증가폭을 기록하고 있다. 소득불균형의 문제는 단지 저개발국, 개도국의 문제가 아니다. 선진국 클럽인 OECD 회원국, 특히 스웨덴, 영국, 미국 등지에서도 지니계수가 큰 폭의 증가를 보이고 있다.

일찍이 주류 측 사람들은 세계화로 인해 이러한 격차가 오히려 줄어들고, 경제발전의 정도가 일정 수준 수렴할 것이라고 주장했다. 그러나 지난 10년간 소득과 자원과 부는 소수에게 더욱 집중되는 경향을 보이고 있다. 첫째, 세계 인구의 19%가 속한 OECD 국가들은 상품과 서비스의 교역에서는 71%, 해외직접투자에서는 58%, 인터넷 사용자수에서는 91%를 점하고 있다. 둘째, 세계 최대의 갑부 200명은 1995년부터 1998년까지의 4년간 재산을 두 배 이상 늘려, 총보유재산이 1조 달러를 넘게 되었다. 특히 최상위 3인이 보유한 재산은 최하위 저개발국 6억 인구가 창출한 국민총생산보다도 크다고 한다. 셋째, 기업인수합병(M&A)의 높은 파고로 인해 초대형기업들에게로 힘이 집중되면서 유효한 시장경쟁이 가능할 것인가에 대한 우려를 낳고 있다. 한 예로 1998년 세계 10대 살충제업체는 총 310억 달러에 달하는 세계시장에서 85%를 점유했으며, 세계 10대 정보통신업체는 총 2,620억 달러에 달하는 세계시장에서 86%를 차지했다. 넷째, 1993년 선진 10개국은 전세계 연구개발(R&D) 지출의 84%를 차지했으며, 이들은 지난 20년 동안 미국 신규특허의 95%를 장악했다. 더욱이 오늘날 개도국이 도입하고 있는 특허의 80% 이상은 선진국권이 보유한 것이라고 한다.

이처럼 세계화로 인해 더욱 심화되고 있는 빈부격차의 문제는 단지 불평등과 경제정의의 문제가 아니다. 역사적으로 빈부격차의 심화는 많은 재앙을 초래했다. 특히 빈부격차 문제가 유효수요의 부족현상으로 이어지면서 자본주의는 경기의 극단적인 침체와 주기적인 공황의 발생이라는 문제에 직면하게 된다. 19세기 중반 이후부터 가속화된 영국 주도의 글로벌 자유시장 경제체제가 빈부격차를 심화함으로써 대공황과 제1·2차세계대전의 발발이라는 인류적 재앙을 초래했다는 사실에 재차 유념해야 한다.

더욱이 빈부격차로 인해 빚어진 유효수요의 부족현상은 산업자본의 증식을 제약하면서 잉여자본의 투기적 금융자본화를 초래한다. 그 결과 초국적금융자본은 시장의 독재자로 등장했고, 임의로 흠집을 잡아내 신뢰의 게임[17]을 벌이면서 지구촌 곳곳에서 자기충족적 외환금융위기를 속발·빈발시키고 있다. 오늘날 외환시장에서는 매일 1조 5,000억 달러가 거래되고 있고, 거대한 금융자본이 광포하게 이동함에 따라 1980년 이후 지난 20년간 지구촌에선 무려 150여 차례의 외환위기가 발생했다.

그리고 한 나라에서 터진 외환위기는 가히 충격적인 파괴력을 발휘하고 있다. 일례로 1997년 7월 태국에서 발생한 바트화의 폭락사태는 동아시아 전역을 강타했고, 이로 인해 1,300만 명이 일자리를 잃었다. 그리고 한 나라의 위기는 경제적으로 그다지 상관관계가 높지 않은 나라들에게까지 감염시키면서 한 지역의 위기를 글로벌 위기로 확대시킨다. 태국의 바트화 위기는 지역적으로 떨어진 한국, 러시아, 브라질을 속속 파국으로 몰아넣었고, 심지어는 월가(街)의 유동성 불안까지도 고조시켰다. 동아시아에서 발발한 외환금융위기로 인해 1998～2000년 기간에 세계 총산출이 무려 2조 달러나 축소된 것으로 추정됐다.

---

17) 신뢰의 게임(game of confidence)이란 말은 폴 크루그만(Paul Krugman)이 처음 사용했는데, 금융자본이 특정한 나라의 내부적 결함, 혹은 문제점을 지목해서 계속 시비를 걸면서 급기야 위기상황으로 몰고 가는 현상을 말한다.

또한 세계화는 조건의 불평등을 논외로 한다. 덩치가 큰 다국적기업과 덩치가 작은 토종기업 사이에 가로놓인 엄청난 조건의 차이는 철저히 무시된다. 경쟁의 논리만이 중요할 뿐, 출발선상에서의 조건의 차이는 일체 고려의 대상이 아니다. WTO가 다자간 협상의 원칙으로 채용하고 있는 '일률적 경쟁(level playing field)'의 개념이 바로 그것이다. 바로 이 때문에 세계화는 강자의 이익을 반영한 것이고, 약자로 하여금 강자가 될 수 있는 가능성을 봉쇄하는 것이다.

그렇다고 선진국이 기본원칙을 제대로 준수하는 것도 아니다. 특히 개도국에게 비교우위가 있는 섬유·의류에 대해서는 여전히 쿼터제 관행을 고수하고 있고, 자국 농산품에 대한 막대한 보조금 지급으로 개도국산 농산품의 시장접근을 봉쇄하고 있다. 이로써 개도국은 기존 1차산품의 국제가격 하락으로 교역조건이 계속 악화되어왔음에도 불구하고 수출품목의 다변화가 사실상 불가능한 형편이다.

따라서 조건의 불평등을 논외로 하는 세계화의 공세가 지속된다면 그 경제적·사회적 귀결은 명확하다. 초국적자본의 위세로 인해 국적자본은 초토화되고, 주변부 각국은 전략적 자유를 상실함으로써 종국적으로 개발의 전망을 포기하는 상황에 처하고 말 것이다. 더구나 대중의 정치적 의사를 대변해야 할 국가기능은 이미 미국의 패권주의와 결합한 초국적자본 앞에 무력화되었기에 사회적 통합의 붕괴는 불가피할 수밖에 없다.

이로써 세계화는 국익과 상충되게 마련이다. 국경을 넘어 종횡무진하는 초국적자본에겐 국가란 장애물에 지나지 않으며, 중요한 것은 투자자의 이익일 뿐이다. 자본은 속성상 대단히 단기적인 것이고, 자본에게 있어서는 장기적 비전이란 있을 수 없다. 이처럼 단기적인 탐욕과 군집적인 생리에 의해 움직이는 자본에게 한 나라의 운명과 민생의 안정을 내맡기는 것은 대단히 위험하다.[18)]

---

18) 독자들에겐 세계화의 주도 세력이 미국인지 초국적자본인지가 불분명할 수 있다. 특히 미국은 정치안보의 주체이고 초국적자본은 민간경제의 주체이므로 더욱 혼란스럽다. 그러나 세계화체제에선 양자간의 이해가 절묘하게 일치할 수 있다. 본격적인 투자에 앞서 미국식으로 체제를 개편해야 한다는 민간자본의 이해와 더 이상 시혜를 베풀 수는 없지만 패권의 지위를 유지하고자 하는 미국의 국익은 절묘하게 합치될 수 있기 때문이다.

<참고문헌>

이찬근. 2001, 『창틀에 갇힌 작은 용』, 물푸레.

Bello, Waldon. 2001, *The Future in the Balance*, FoodFirst Books.

George, Susan. 1999, *A Short History of Neo-liberalism*, Presentation in Bangkok.

Stiglitz, Joseph. 2002, *Globalization and Its Discontents,* W.W.Norton & Company.

세계화 시대의 사회문제

김영화(경북대학교 교수)

1. 세계화의 과정

인간의 삶은 단지 생물학적인 욕구충족만이 아니라 다양한 사회적 욕구를 지닌다. 산업사회의 급속한 변화에 따라 인간의 이런 욕구충족을 위한 방식이나 자연을 이용하는 방식은 인간의 이기적 본능에 기초하여 인간에게 유리한 방향으로 전개되어왔다. 그 과정에서 보다 많은 이익을 얻으려는 인간의 노력이 자본주의를 고도로 발전시켜왔다. 현대 사회는 자본주의가 과학의 발달과 결합되면서 인간에게 상당한 물질적 풍요와 안녕을 가져다 주었지만 고도의 자본축적이 이루어질수록 자원배분의 불평등뿐만 아니라 빈곤의 문제는 여전히 재생산되고 있다. 또한 이윤극대화를 추구하는 자본주의의 논리는 더 많은 이윤을 추구하기 위해 규제가 없는 자유로운 경쟁이 가능한 시장의 기능을 극대화시키려 한다. 이런 경쟁은 이제 개별 국가의 국내시장의 경계를 넘어 자유로운 수입과 수출을 통해 드넓은 전 세계의 시장을 향해 전개되고 있다.

하나의 지구 공간 내에도 어떤 지역은 자본과 자원이 풍부하여 잘 사는 데 비해 어떤 지역은 그렇지 못해 살아가는 데 많은 어려움을 겪기도 한다. 그런데 이 자본과 자원을 이용하는 데 유리한 위치를 점하고 있는 선진 나라들은 정치·경제·군사력에서도 우월한 위치에 있을 뿐만 아니라 세계질서에서 권력의 핵심국가로 자리잡고 있다.

이런 배경으로 인해 소수의 선진국가들은 다수의 저개발국가에 기업을 옮겨놓고 그 나라의 국민들을 낮은 임금으로 고용하여 저렴하게 상품을 생산한 뒤 이 상품을 자국으로 가져가거나 다시 저개발 국가들에게 비싼 값에 되팔고 있다. 여기서 발생하는 이익은 선진국의 이윤이 된다. 또는 선진국가에서는 운영할 수 없는 유해산업이나 노동집약적 산업의 생산설비를 저개발국가에 옮겨놓고 기업을 운영함으로써 그 나라의 환경을 파괴하기도 한다. 이 결과 소수의 선진국가와 다수의 저개발국가 간에는 경제적인 종속관계가 발생하게 되고, 세계무역기구와 같은 국제조직에 의해 이런 종속관계를 합법화시키면서 전세계가 선진국 중심으로 하나의 경제권으로 통합되어가는 세계화 현상이 추진되어왔다.

그러나 다수 국가들의 빈곤문제, 그에 따른 환경파괴, 무역마찰 등의 현상은 바로 불평등한 세계화의 결과이다. 오늘날 세계화의 경쟁에서 살아남기 위한 각 나라들의 노력은 거대도시화의 문제, 인구폭증, 저개발 국가의 빈곤문제, 기아, 농촌의 황폐화, 국토의 지역간 불균형 발전, 지나친 산업화로 인한 환경 파괴와 오염, 자원의 남벌 등과 같은 현상을 빚어내고 있다. 이런 문제는 세계의 자본주의 경제질서가 선진국에 의해 주도되는 불평등한 국가간의 정치·경제적 권력을 배경으로 하고 있기 때문이다.

이런 세계화의 과정에서 전 지구는 선진국가와 후진국가로 양분되고 있는데, 미국이나 일본, 오스트레일리아, 유럽 일부 국가 등의 '상층계급' 국가와, 지구의 3분의 2인 남반구, 즉 아프리카, 라틴아메리카, 아시아 등의 저개발국가라고 불리는 제3세계의 '하층계급' 국가로 분할되고 있다. 이들 양극단 사이에는 양쪽 사회의 특성을 모두 지닌 한국, 대만, 멕시코와 같은 몇몇 신흥산업국가들이 '중간계급'을 형성하고는 있지만 여전히 선진산업국가에서 누리고 있는 풍요나 권력과는 거리가 멀다.

이들 소수의 선진국가들은 자유로운 수출과 수입, 기업활동의 자유를 위해 관세 등 무역장벽이 되는 각종 규제를 철폐할 것 등을 강제하는 국제기구를 두었는데, 특히 우루과이 라운드(UR) 협상이나 세계무역기구(WTO)체제, 그리고 이를 뒷받침해주고 있는 국제연합(UN), 관세무역일반협정(GATT), 국제통화기금(IMF)과 같은 세계적 조직들이 있다. 이 조직들에 의해 하나로 통합된 세계시장이 만들어질 수 있었고, 이 세계시장을 통해 규제를 받지 않고 자유롭게 이동하는 선진국 기업과 자본은 세계화를 주도해나갔다. 이들 선진국가는 미국, 영국, 독일, 프랑스, 일본, 이태리 등이다. 반면에 저개발국가들은 경제발전에 소요되는 자본을 유치하기 위해서는 선진국가에게 순종할 수밖에 없게 되었다. 예를 들어, 저임금 노동자가 많은 저개발국가의 노동자들이 임금인상을 요구하거나 체불된 임금을 지급하라고 노동쟁의를 하게되면, 다국적 자본은 즉각 그 지역의 생산설비나 하청계약을 철수하여 다른 저임금지역의 국가로 이전해가버린다. 다시 말해서 동남아시아, 멕시코, 중국과 같이 인구가 많아서 저렴하고 풍부한 유휴노동자가 많은 국가가 있다는 사실만으로도 선진국 자본의 국제적 이동과 횡포를 더욱 용이하게 만들어 주는 셈이 된다. 결과적으로 세계경제가 선진국의 자본에 지배되는 이런 세계화 현상은 국제적으로 매우 커다란 불평등을 야기하고 있다.

2. 세계화의 영향

1) 신자유주의화

각 국가들이 개방된 세계시장에서 경쟁하여 보다 높은 무역수익(이윤)과 자본축적(경제발전)을 이룩하려는 노력은 자국 기업이나 정부가 경쟁력을 갖출 것을 요구한다.

그러므로 각 국가들은 경제 부문과 기업을 지원하는 데에 많은 재정을 투자해야 하므로 정부지출의 가장 큰 부분을 차지하는 사회복지지출을 삭감하지 않을 수 없다. 특히 1970년대 후반부터 자유시장 경제를 주장하는 프리드만(Milton Friedman)의 경제학이 새롭게 영향력을 얻게 되면서 영국의 대처주의나 미국의 레이건주의가 등장하였다. 대처주의나 레이건주의는 영국, 미국, 일본, 서유럽의 국가들에서 정부의 재정지출 부담을 줄이기 위해서는 빈곤자를 지원하는 복지를 축소시키고 그 대신 기업을 지원하여 시장경쟁력을 향상시키는 것을 강조하는 경향이다. 이런 경향이 세계적으로 확대되면서 저개발국가들에게도 규제철폐를 통한 시장개방과 자유경쟁을 강조하는 신자유주의로 나타나게 되었다.

즉 복지는 경제성장의 방해물이며, 사회복지지출은 경제를 침해하는 요인이 되므로 경제정책이 우선시되고 사회복지정책은 경제정책에 종속되어야 한다는 주장이 강력하게 제기되었다. 이러한 주장들은 정부가 나서서 빈곤문제와 부정부패를 해결하기보다는 빈곤자들이 더 이상 정부의 공적부조가 아니라 스스로 노동을 하고 자립을 하여 시장에서 돈을 주고 필요한 생필품을 사서 쓸 수 있도록 만들어야 한다고 강조하였다. 이 신자유주의의 특성을 설명하면 다음과 같다.

(1) 경제중심주의

국가의 경쟁력을 최우선으로 추구하여 경제성장을 최고의 목표로 삼고, 노동자의 복지보다는 기업들의 자율성을 최대한 보장하여 기업의 생산성 향상과 자유경쟁을 촉진시키려 한다. 이를 위해서 국가가 기업에게 개입하는 것을 되도록이면 방지하고 기업간, 노동자간의 자유경쟁을 장려한다. 또한 국외적으로는 수입과 수출의 자유를 위해 자본의 자유로운 이동이 가능하도록 만들고, 국내적으로는 노동동기를 약화시키는 낭비적인 복지지출을 경제부문으로 재투자하거나 시장의 모든 규제를 철폐하여야 한다고 강조한다. 그 결과 효율성과 시장경쟁력만이 중요한 국가적 이념이 되었으므로 비효율적이고 낭비적으로 판단되는 것은 철저하게 배격되었다. 그 결과 영국을 중심으로 일부 유럽 국가들은 사회적 기반시설이나 국민을 위한 공익기업들이 이윤을 추구하는 민간기업으로 넘어가거나(민영화), 사회복지 지출의 삭감, 근로자보다는 기업장려정책의 확대 등이 추진되었다.

(2) 근로자 복지의 약화

기업의 경영목적은 이윤 극대화를 추구하는 것이므로 최저의 생산비용을 투입하여 최대의 이윤을 도모하고자 한다. 이 과정에서 생산비용의 가장 큰 부분이 되는 노동비용(근로자의 임금)을 줄이기 위하여 정규고용이나 종신고용 대신 임시직, 파트타임, 계약제 고용, 연봉제 도입 등의 형태로 고용하게 되는데, 이를 노동유연화라고 한다. 이는 근로자에 대한 기업의 책임을 최소화하고 기업의 자율성과 의사결정권을 강화할 수 있는 장치가 되었다. 기업이 근로자의 우위에서 필요할 때 수시로 고용하고, 비용이 과다할 때는 언제든지 해고할 수 있으며, 임금을 자유로이 변화시킬 수 있도록 기업의 자율성을 최대한 확보해주는 수단이 되었다. 이로 인해 근로자들은 저임금에 처하게 되고 부당해고, 강제퇴직 등의 노동불안정에 놓이게 되었다.

(3) 노동을 조건으로 사회보장 제공

정부가 책임지는 국가복지의 재정 자원은 주로 근로하는 중간계급 이상의 계층과 고소득자들이 낸 세금으로 충당된다. 그런데 정부가 개입하여 이 재정 자원을 근로하지 않는 노인, 아동, 빈곤자 등의 하층계급인 저소득자에게 재분배정책을 통해 공공부조로 할당하는 것은[1] 오히려 국민간에 형평성이 결여되고 성실히 일하는 사람들의 노동 동기를 약화시킨다고 비판하였다. 그러므로 신자유주의의 입장에 있는 사람들은 이들 사회적 약자들에게도 정부가 국가복지를 제공할 때 노동하는 것을 조건으로 급여를 제공하게 만들어야 한다고 주장하였다. 또한 개인의 소득수준에 따라 보험료를 매기고, 자신의 소득으로 구매할 수 있도록 다양한 민간복지를 발달시키고, 노동자와 고용주와의 계약에 의한 직업복지가 선호되어야 한다고 본다.

그러므로 정부가 제공하는 공공부조의 급여 수준을 축소시키고, 급여 대상자를 선정함에서도 자격요건을 엄격히 하여 진실로 급여를 제공받아야 할 빈곤자들만을 선별하여 대상자로 하였다. 또한 사회보험의 기여금(보험료)을 높이거나 보험급여를 삭감하며, 필요한 경우 사회보험을 일부 민영화시켜 민간보험을 장려하였다. 요약해보면, 개인들은 노동을 하여야 한다는 것과, 개인의 자립이나 자활을 통해 스스로 복지욕구를 해결할 것을 강조하는 것이다. 이 때문에 일자리를 구하지 못하는 미숙련 노동자, 여성과 노인, 장애인, 소수 인종에게는 엄청난 사회적 차별과 빈곤문제를 유발시키는 원인이 되었다.

(4) 문화독점의 심화

신자유주의는 자본의 자유를 최대한 허용하면서 국민의 자유는 가능한 억제시키려 한다. 그러므로 돈이 있는 자, 혹은 구매능력이 있는 자에게는 살기 좋은 사회이지만 그렇지 못한 다수의 일반 서민들은 살기 힘든 사회가 되고 있다. 특히 상업적 가치만이 중요한 기업문화 속에서, 일반 국민들의 정서는 침해받고 있다. 즉 사회의 문화까지도 자본주의의 상업적 가치에 의해 지배당하게 되고 인간의 정서적 삶을 상업적 기준에서 강요하거나 문화를 산업의 측면에서 다루려는 경향이다. 그것은 상품구매만이 인간의 삶에 가장 중요한 행위인 것처럼 만들고, 소비주의만이 가장 중요한 문화적 가치인양 만드는 현상이다. 소비하는 사람, 소비의 능

---

1) 이를 '하나의 국민(One nation)' 정책이라고 한다. 사회적 연대감을 형성하여 국민간 단합을 도모하려는 노력으로, 제2차세계대전 직후 분열된 사회를 통합하려는 초기 유럽 복지국가들의 주된 정책목표였다. 이를 사회주의자들은 '계급동맹' 혹은 '계급타협'이라 한다.

력을 갖춘 사람만이 유능한 것으로, 멋과 아름다움을 고급상품을 소비하는 사람에게만 있는 것으로 미화시킨다. 이러한 자본주의적 상업성이 규정하는 수준에서 소비할 수 없는 금전적으로 무능력한 개인들은 욕구좌절과 절망에 처하게 만든다. 이런 절망은 현실로부터 벗어나려는 성적 음란에 집착하는 대중문화, 여성 신체의 성상품화, 약물남용, 복고주의나 엽기의 유행, 자살 사이트의 등장 등에 의해 위안받으려는 문화현상을 초래하기도 한다.

2) 국가기능의 약화

통합된 세계시장에서는 각 개별국가들이 아무리 주권국가라 하더라도 국가의 자율성을 제약받지 않을 수가 없다. 이것은 선진자본을 외채로 도입하여 국내경제를 발전시켜야 하는 저개발국가일수록 더욱 그러하다. 자국내 산업기반이 취약함에도 불구하고 외국 기업들의 상품과 자본이 국내시장을 잠식하여도 세계화된 시장질서 아래에서는 더 이상 자국기업을 보호하기 위한 정부조치가 불가능하다. 오히려 국가는 불가피한 세계경제의 힘 아래에서 경쟁과 효율성을 추구하는 시장질서에 편승하기 위한 자발적인 노력을 기울여왔고, 그 대안은 신자유주의적인 조치들이었다. 각 국가들의 신자유주의적 노선은 세계화를 지향하려는 노력이었고 시장의 기능을 강화하기 위하여 정부는 각종 규제정책이나 개입을 축소하는 방향으로 나아갔다. 뿐만 아니라 세계시장을 지배하는 다국적 자본의 요구에 순응하도록 국내정책들을 변경시켜나갔으므로 개별 국가들은 독립적이고 자유재량적인 정책을 추진할 수가 없어서 상대적으로 정부기능은 약화되었다.

(1) 민주주의의 위협

다국적자본들과 세계기구들은 개별 국가들의 국민들이 민주주의적 방식으로 합의한 정책들을 종종 실행할 수 없도록 만들기도 한다. 국제간 급속한 무역상품의 이동과 다국적금융자본의 등장은 국가간 경계를 초월하여 이동되고 있어서 개별 국가는 이들을 통제할 수가 없으므로 진정한 의미에서 국가권력이 행사되기 어렵다. 이것은 세계 금융자본들의 투기성과 세계시장의 역기능이 원인임을 반증하는 것이지만 금융부문이 개별 국가의 틀 안에 있지 않기 때문에 국가가 시장에 저항할 수 없는 것이 현실이다. 특히 UN, EU, IMF 등도 민주적 선거를 통하여 선출된 정부 위에 존재하면서 세계시장 질서에 도움이 되는 방향으로 정부활동을 전개할 것을 요구하므로 개별 국가의 정부나 국민의 의사를 초월하는 경우가 많다. 그래서 이들은 때로 비국가행위자들(non-state actors)이라고 불린다. 이 경우 정보력이나 경제력이 취약한 후진국은 불리한 위치에 놓이게 된다.

(2) 사회복지의 축소

각 국가들은 세계화된 시장에서의 경쟁력과 효율성을 제고시키기 위하여 더 이상 완전고용, 복지제도의 확충, 분배적 평등의 실현과 같은 다양한 국가적 개입을 해나갈 수가 없다. 결국 세계시장질서에 적응하기 위해서는 효율성과 경쟁력을 갖추어야 하므로 개별 국가의 정부 스스로가 사회적 지출을 줄이게 되었던 것이다.

특히 1970년대 시작된 세계경제의 침체는 점차 자국의 정치·경제적 상황의 변화에 맞는 방식으로 정부재정의 부담을 줄이려는 노력으로 나타났다. 일차적으로 사회복지 지출을 줄이기 위해 사회복지 영역들을 민영화시키거나, 실업정책보다는 노동시장의 유연화 방식을 지원하며, 사회복지 프로그램의 수혜범위와 대상을 축소하는 것 등으로 나타났다.

그래서 국가 부문의 행정력을 축소시키고, 기업들의 입장에서 투자에 유리한 상황을 만들어 가는 데 관심을 가졌다. 국가가 주도하는 정책보다는 시장이 주도하는 조건을 형성하는 데 주력하고 경제정책을 우선시함으로써 결과적으로 정부의 사회복지 기능이 축소되었으며, 이로 인하여 빈곤율의 증가, 실업의 장기화, 가구소득의 불균형이 초래되었다.

3) 성불평등의 심화

세계화에 의해 강요되는 각국의 긴축정책은 선진국과 후진국을 가리지 않고 가장 먼저 여성을 그 영향권 안에 놓는다. 세계화에 적응하려는 긴축정책과 경제개혁 프로그램은 대부분의 국가에서 여성들의 임금, 고용, 보건, 교육, 복지서비스 등의 수준과 종류를 감축시키고, 여성들의 생산과 소비행위, 자기 노동력을 활용하는 방식, 빈곤을 극복하기 위해 택할 수 있는 선택권에 이르기까지 여성들의 일상적 삶의 거의 모든 측면에 영향을 미친다.

(1) 여성의 노동 소외

대표적인 예로서, 프랑스, 독일, 네덜란드, 이탈리아 등은 가족 내의 주소득자 이외의 가족구성원이 노동시장에 진입하는 것을 억제시키는 정책을 마련하였다. 노인의 조기퇴직을 장려하고, 맞벌이 부부인 기혼여성이 일자리를 갖게 될 경우 중과세를 매기는 동시에, 공적 사회 서비스와 아동보육 서비스를 5% 이하로 대폭 축소시켜 여성으로 하여금 사회진출보다는 가족 내에서 머물도록 만들었다.[2]

또한 미국, 영국, 뉴질랜드, 캐나다, 오스트레일리아 등에서도 여성의 노동은 부족한 자원의 간격을 메워주는 임시직, 파트타임과 같은 저임금노동에 참여하는 비율이 매우 높다. 고학력과 능력 있는 중상류층 이상 소수의 전문직 여성을 제외하면 대다수 여성들의 노동참여 형태가 불안정 고용상태이다. 여성이 가족을 돌보는 노동에 종사하는 시간이 많을수록 무보수로 여성노동을 활용할 수 있어서 사회적으로 자본축적에 많은 도움이 되기 때문에 봉사와 희생의 미덕이 여성에게는 중요한 덕목이라는 이데올로기를 일상경험을 통해 강화시키고 있다.[3]

결과적으로 주부양자인 남성노동자들은 노동시장에서 높은 임금과 상당한 사회적 지위와 권리, 강력한 고용보장이 제공되고 그에 따른 각종 사회보험의 혜택이 제공되는 반면에 여성과 노인은 외부노동력으로 구분되어 남성부양자나 복지급부에 의존하는 가족 내 소득이전을 중시하고 있다. 대다수의 여성은 가정 내에서 남성부양자의 소득에 의존하여 가족을 돌보는 노동에 종사하게 되고, 경제력이 없는 여성일수록 노후가 되거나 주부양자인 남편의 사망, 혹은 이혼을 하게 되면 빈곤자로 전락하여 '빈곤의 여성화'가 초래된다.

더구나 저개발국가들의 여성들은 더 비참하다. 중앙아시아 여성들은 국가소유 기업들이 민간 부문에 매각됨으로써 대량실업의 대상이 되었다. 여성환경개발기구(WEDO)가 최근 발간한 보고서에 따르면, 아르메니아, 러시아, 불가리아, 크로아티아 등의 여성실업률은 평균 70%이며 우크라이나에서는 80%를 상회한다. 한국만 보더라도 1998년에 IMF의 구조조정 프로그램에 따라 여성노동자들을 대거 고용하고 있던 5만 3,000개의 중소기업이 사라졌고 대기업의 구조조정 대상 1순위였으므로 여성들이 심각한 실업에 처하였다. 국제자유노동자조합연맹(ICFTU)에서 나

---

2) Gosta Esping-Andersen, *Welfare States in Transition: national adaptations in global economies,* United Nations Research Institution for Social Development & Sage Publication, 1996, pp.18-20.

3) Ibid. pp.15-18.

▸ 중국의 여성노동자들

중국에서도 개방정책 이후 들어온 다국적 기업들에 의한 여성노동자들에 대한 착취가 심각하다. 나이키와 아디다스와 같은 현지공장들은 17~25세 사이의 여성노동자들만을 선호하며 이들에 대한 심각한 착취를 행하고 있다. 이들은 대부분 잔업 때문에 하루 14시간 이상을 일해야 하며, 일주일 내내 일을 하고 휴일은 한 달에 겨우 한 번 정도 주는 경우가 많다. 중국법에 의하면 한달에 36시간 이상의 잔업을 금지하며, 주말 노동시에는 수당을 지급할 것과, 잔업에 대해 평일은 월급의 150%를, 주말엔 200%를 지급하도록 규정하고 있다. 그러나 실제 이런 대접을 받는 노동자는 거의 없다. 주말근무시에도 이들이 받는 수당은 그날의 저녁근무에 한해서이다. 일요일에 오전 8시~오후 9시까지 일을 해도 수당은 오후 6시~오후 9시까지만 지급된다. 작업량이 많을 때는 여성노동자들은 오전 8시부터 다음날 새벽 3시까지 무려 19시간씩을 근무하기도 한다. 그리고 잦은 이직을 막기 위해 임금을 6개월치나 묶어두고 있는 경우도 허다하다.

(자료: 정주연, 「세계화는 반여성적이다」, ≪투자협정 자유무역협정 반대주간 토론회 II 자료집≫, 국제연대정책정보센터.)

온 통계에 따르면, 1998년 태국에서 금융위기 동안 일자리를 잃은 200만 명 가운데 80%가 여성이었다. 여성노동자 퇴출은 노동시장 유연화로 인하여 여성노동이 파트타임과 불안정 고용, 그리고 가정에서 일하는 하청노동으로 변화한 것이 원인이다. 불안정 고용된 여성들은 장시간 노동과 저임금을 강요받을 뿐만 아니라, 규제가 부재하고 생활공간과 노동공간의 분리가 없어지면서 건강의 위협까지 직면하고 있다.

(2) 성매매의 증가

유엔 보고서 초안에 의하면, 세계화가 촉진되면서 노동유연화와 성별분업 등의 현대적 노동관행이 여성노동의 가치를 더욱 평가절하시키고, 여성노동력을 부차적인 노동으로 간주하여 저임금화를 강화시키고 있다고 보고한다. 이것은 성산업으로의 여성유입 현상과 무관하지 않다. 옛 소비에트 공화국 여성들의 약 50만 명이 인신매매에 의해 서유럽의 성(性)산업에 유입되었고, 미국으로 유입된 4~5만 명 정도의 여성과 아동 중 60%가 동남아시아 출신이며, 매달 200여 명의 네팔 여성들이 인도의 도시에 인신매매로 팔려가고 있는 실정이다. 1990년에 들어서 미얀마, 라오스, 캄보디아의 여성들은 태국으로 유입되기 시작하였는데, 태국 치앙마이에서 성매매에 종사하는 여성 중 50%가 미얀마 정글 출신의 가난한 여성들이다. 유엔인구기금(UNPF)은 전세계 400만 명에 달하는 여성과 소녀들이 강제 결혼이나

▸ 미국, 인신매매보고서 국가별 등급분류 명단 발표, 한국 3등급

미국 국무부는 12일 의회가 제정한 '인신매매희생자 및 폭력예방법'에 따라 전세계 82개국을 대상으로 한 인신매매 및 거래실태조사 보고서를 발표했다. 미 국무부가 발표한 '인신매매보고서'에 의하면, 미국 법규에 제시된 최소한의 인신매매 근절 규정을 거의 완벽하게 준수하고 있는 나라를 1등급 국가군으로, 완전하게 준수하지는 못하고 있지만 이의 실천을 위해 납득할만한 노력을 기울이고 있는 나라를 2등급 국가군에, 그리고 준수하지도 않고 그렇다고 이를 위해 충분한 노력도 하지 않고 있는 나라를 3등급 국가군으로 분류하고 있다. 발표된 보고서의 국가별 등급과, 한국의 상황을 언급한 부분의 전문 일부는 다음과 같다.

△1등급(인신매매근절 법규준수 국가) = 대만, 홍콩, 스위스, 오스트리아, 벨기에, 캐나다, 독일, 콜롬비아, 이탈리아, 네덜란드, 스페인, 영국 등 12개국.

△2등급(인신매매근절 법규준수 노력 국가) = 미국, 중국, 일본, 프랑스, 스웨덴, 인도, 방글라데시, 필리핀, 태국, 베트남, 멕시코, 브라질 등 47개국.

△3등급(인신매매근절 법규준수 미흡 국가) = 한국, 러시아, 그리스, 인도네시아, 말레이시아, 이스라엘, 파키스탄, 수단, 콩고, 터키, 유고, 루마니아, 레바논, 사우디 아라비아 등 23개국 포함.

한국은 인신매매의 원천이자 통과국이다. 젊은 한국 여성은 주로 성적 착취를 목적으로 미국과 서유럽국가 및 일본으로 매매되고 있다. 또한 중국 여성 등 많은 나라에서 온 외국 여성들이 한국을 통해 미국과 전세계의 많은 다른 지역으로 거래되고 있다. 주된 통과방법은 항공편 이용 이외에 한국 영해 내 해로에서 선박을 통해 이뤄지고 있다. 한국은 전반적으로 지역 내 인권 및 민주주의의 지도국이지만 악화되고 있는 이 인신매매문제를 근절하기 위해 정부는 거의 아무것도 하지 않았을 뿐만 아니라 인신매매를 구체적으로 단속하는 법률도 없다. 정부는 인신매매의 희생자들을 지원하지 않는 것은 물론 인신매매 희생자 지원에 관여하는 비정부기구(NGO)도 지지해주지 않는다.

(자료: ≪한겨레≫, 2001년 7월 13일자에서 편집)

이와 관련, 우리 정부는 미 국무부가 평가한 국내 인신매매 상황 자료의 근거를 객관적으로 면밀히 검토한 뒤, 13일 이남수 외교통상부 대변인 명의의 항의성명을 통해 "보고서가 사전 면밀한 확인절차도 거치지 않은 채 한국을 부정적으로 서술한 데 대해 유감을 표하고, 한국이 인신매매 철폐를 위한 최소한의 기준을 대부분 충족하고 있다고 보며, 따라서 미국이 한국의 상황이 정확히 반영되도록 보고서를 조속히 수정할 것"을 촉구한 바 있다. 그러나 미 법무부는 지난 1999년 이래 인신매매 사건 16건을 적발했으며 이들 사건은 플로리다를 비롯한 남부와 동부 해안 일부 및 캘리포니아에 집중된 것으로, 특히 사모아 공장은 한국인이 200명에 가까운 베트남과 중국 출신 노동자를 2년간 혹사시키다 지난 4월 기소되었다고 소개했다. 이와 함께, 에번스 J.R. 리비어 주한미대사 대리는 19일 "한국 정부가 미 국무부 인신매매보고서에서 지적된 잘못된 점을 '수정'하기 위해 조치를 취하고, 미국과도 협의할 의향이 있음을 최근 미국측에 알려왔다"고 밝혔다. 이 보도는 지난 13일 외교통상부 대변인 명의의 성명에서 유감의 뜻과 보고서의 조속한 수정을 촉구했다는 정부의 입장과는 사뭇 다른 것이어서 향후 다소의 논란이 예상된다.

(자료: ≪한겨레≫, 2001년 7월 19일자에서 편집)

매춘, 노예로 팔린다고 추산한다. 유럽에서와 마찬가지로 한국에도 이미 많은 수의 러시아와 필리핀 여성들이 중개인들에 속아 연예비자로 들어와 성산업에 종사하고 있다.

3. 세계화에 대한 옹호론과 반대론

세계화를 한마디로 정의하기란 불가능할 뿐만 아니라, 극단적으로 최악의 상황이라고 해석하기도 어렵다. 세계화에 관한 견해는 일반적으로 옹호론자들의 주장과 반대론자들의 주장으로 대별되어 논쟁되고 있다.

1) 옹호론

옹호론자들은 세계화란 자본주의 경제질서에서는 불가피한 것이며, 현시대의 질서인 세계화 속에서 이미 우리가 존재하며 살고 있다고 말한다. 그러므로 세계화는 세계질서의 역사적 발전과정으로서 이미 우리 가까이에 와 있는 것이므로 거부할 수 없다고 본다. 또한 단순히 경제영역뿐만 아니라 통신, 정보, 교육, 관광, 문화 부문까지도 포함하여 전세계가 단일 생활권역으로 변모해 있는 것으로 보아야 한다고 주장한다. 그러므로 정부, 기업, 지역, 개인은 물론, 세계적으로도 수용될 수 있는 보편적이고 합리적인 행위기준을 마련하여 세계시장에서 경쟁할 수 있는 체제로 나아가야 한다고 본다. 첨단 정보통신기술의 발달, 소련과 동구권의 붕괴, WTO 체제의 출범 등으로 전세계가 하나의 세계자본주의체제로 통합되어 가고 있으며, 정치·사회·문화적으로도 밀접한 관계 속에 있다. 이러한 질서는 이제 개별 국가의 선택범위를 넘어서는 것이다. 그러므로 세계화를 거부하기보다는 현실의 체제로 인정하여야 하며 단지 주체성을 잃고 끌려다니는 세계화, 특정 국가 특정집단을 위한 세계화가 아니라 개별 국가들의 국익을 위해 자발적인 자유주의화와 시장경제질서로의 편입이 이루어져야 한다고 보는 견해이다. 통화주의적 관점에 있는 많은 경제학자들과 신자유주의자들이 이 입장에 속한다.

2) 반대론

세계화 추세를 염려하고 반대하는 견해도 만만치 않다. 세계화는 미국 등을 중심으로 한 다국적 자본이 세계적인 규모에서 저개발국 경제를 지배하기 위한 국제적인 전략이라고 보는 견해이다. 산업화된 선진국가들과 저개발국가들 사이의 엄청난 부와 권력의 격차가 있음을 강조하면서 그동안 누적된 세계적인 불평등의 원인이 세계화 과정에 있다고 반박한다. 이들 반대론의 입장에는 종속이론가들과 세계체제론자들, 비정부조직기구(NGO) 등이 있다.

먼저, 종속이론가들에 따르면, 세계는 불균등하게 발전하여 주요 핵심 산업국가들(미국, 유럽과 일본)이 중심부를 형성하는 지배적인 역할을 하고, 이들 국가들의 주변부에서 저개발국가들이 위성국가를 형성하게 된다. 일차산업의 상품작물을 판매하거나 제조업에 종사하는 저개발국가들의 경제는 중심부국가들의 기술과 자본에 의존할 수밖에 없다. 시간이 지나면서 중심부 국가들이 고도의 기술과 자본이 집중 될수록 주변부 국가들은 중심부의 위성국으로서의 기능이 강화되어 중심-주변부 간의 종속성이 심화된다고 주장한다.

또한 세계체제론자인 임마뉴엘 왈러스타인(Immanuel Wallerstein) 역시 세계화의 부정적인 측면에 초점을 두고 있다. 그에 의하면, 세계는 16세기부터 자본주의 경제의 세계적 확장에 의해 경제적, 정치적으로 연결된 핵심부-반주변부-주변부의 체제로 발달되어왔다고 본다. 즉 북서유럽 국가들과 미국, 일본이 핵심국가를 이루고, 이 핵심부와 여러 형태로 종속적인 무역관계로 연결되어 있는 스페인 등의 남부 유럽이 반주변부를, 핵심국가들의 식민지배나 대기업의 진출을 통해 뒤늦게 세계경제로 편입된 대부분의 아시아와 아프리카 국가들이 주변부 혹은 외부 지역을 이루고 있다고 설명한다. 핵심국가들이 세계체제를 지배하기 때문에 세계무역과 시장질서를 자기들에게 유리하도록 조직하여 저개발국가들의 노동과 자원을 착취하는 지위에 있다는 것이다. 그로 인해 저개발국가들은 더욱 피폐해지고 핵심부와의 무역거래가 이루어질수록 그 빈곤은 심화된다는 것이다.

그리고 북미 라틴아메리카, 동남아시아, 동유럽의 비정부조직기구(NGO)들도 신자유주의와 세계화를 반대하는 시민운동을 국제적으로 연대하여 전개하고 있다. 이들은 세계화가 국제적 노동분업을 가속화하여 저개발국가 노동자들이 다국적 기업과 자본에 의해 저임금과 인권유린 등을 강요받고 있다고 본다. 또한 저개발국가에 이전되어 있는 다국적 기업들은 저개발국가들의 천연자원을 값싸게 남용하여 고갈시키고 무분별한 벌목으로 자연림을 훼손하며 개발을 위해 환경을 훼손하고 있다고 주장한다. 오존층 파괴로 인한 지구온난화, 생태계의 파괴, 방사능 등 유해물질의 유출 등은 모두 선진국의 개발논리 때문이며, 선진국들이 해결하지 못한 자국의 문제를 저개발국가에게로 전가시켜 놓았다고 비판한다. 이런 이유로 이들 비정부조직들은 환경, 인종, 성, 계급 등과 관련하여 신자유주의화와 세계화를 반대하는 시민운동을 선진국의 다국적 자본에 대항하는 범국제적 연대운동으로 전개시키고 있다.

4. 세계화의 불평등한 측면

1) 저개발국의 빈곤 심화

자본주의적 생산양식이 계속적으로 존재·발전하기 위해서는 그 자체의 지속성과 확장을 위한 사회적 환경을 만들어내야만 하는데, 그것은 노동과 자본의 생산성 향상이다. 그러므로 다국적 자본과 기업은 더 많은 자본축적과 이윤창출을 위하여 생산비용을 낮추려고 국내뿐만 아니라 전 지구적으로도 노동비용(임금)이 저렴한 지역을 찾아 이동한다. 이로 인하여 지역별 노동분업 현상이 나타나서 저개발국일수록 저렴한 유휴노동력을 활용하는 노동집약적 산업이 배열된다. 이런 배열은 주변부국가의 경제를 중심부국가에 의존하게 만들고, 중심부는 입지조건을 자국에게 유리하도록 만들기 위하여 저개발국가에게 정치·사회·외교적 압력을 행사하게 된다. 즉 선진국에는 고부가산업인 정보, 첨단과학기술 등의 3·4차 산업이 집중배치되고, 저개발국가에는 단순노동 중심의 1·2차 산업이 배치된다. 이는 새로운 국가간 노동분업화 현상이자 저개발국의 종속성이 강화되는 현상이다. 이 과정에서 국제적으로 지역간 불균등 발전이 초래되므로 세계화는 본질적으로 불균형 과정을 내포하고 있다.

현재 선진국 산업기반의 상당부분은 값싼 노동력이 풍부한 개도국으로 이전되어 있는 것이 특징이다. 1960~1970년대에는 값싼 노동력이 풍부한 동남아시아에서 주로 '노동집약적 산업' 단계에 있던 홍콩, 싱가포르, 타이완, 한국 등의 국가에 이전되어 있었고, 1970~1980년대를 거치면서 동아시아, 중국, 브라질, 멕시코, 동유럽 등에 이전되어 있었다. 그 결과 제3세계와 동유럽의 임금 수준은 OECD 국가들의 70분의 1도 채 안 되며, 국민총소득의 69% 정도가 그 나라의 상위계층 20%에 집중되어 있다. 게다가 1993년 현재, 세계인구의 약 15%가 살고 있는 선진국이 세계총소득의 80%를 차지하는 데 비해 세계인구의 56%인 30억 인구가 살고 있는 저개발국가군(인도와 중국 포함)은 세계총소득의 5%를 겨우 차지할 뿐이다.[4] 이런 현상이 진행될수록 이들 국가에서는 내국시장을 대상으로 하는 산업이 상대적으로 악화되어[5] 국내 중소기업과 농업기반이 와해되고 대량실업의 발생과 노동임금 하락이 나타난다. 그럴수록 풍부한 저임금 노동력이 전세계에 다량으로 존재하게 된다.

이것은 현재 세계시장 체제가 부유한 나라와 가난한 나라 간에 존재하는 임금의 이중구조를 토대로 불평등한 국제노동분업과 무역관행을 이루고 있음을 보여준다. 즉 해외 저임금지대에서 생산된 잉여가치를 비생산자인 선진국들이 이윤으로 가져가는 것이다.

2) 외채 누적

세계의 많은 개발도상국가들 사이의 경쟁[6]은 외자를 도입하여 기업을 육성하고 생산된 상품을 세계시장에 수출하더라도 수익이 감소되어 궁극적으로 국내 경기침체와 외채상환을 어렵게 만든다. 외자도입으로 경제개발에 착수한 대부분의 저개발국가들은 특히, 1980년대 중반부터 수익보다 외채상환에 사용되는 비용이 더 높아서 외채가 누적되어왔다. 다음의 <표 1>은 세계은행이 추산한 개발도상국가들의 외채 규모이다.

단기외채를 포함하여 각 개발도상국들의 총외채규모가 1994년에 1조 9,000억

---

4) Michel Chossudovsky, 이대훈 역, 『빈곤의 세계화』, 당대, 1998, p.45.

5) 예를 들어, 한국이 중화학공업과 전자수출산업 전략을 추구한 경제개발을 거치면서 국민들의 기본적인 생계유지를 위한 농어업, 필수·소비재 산업 등은 상대적으로 악화되어왔다.

6) 한국은 중국과 대만, 홍콩, 말레이시아 등의 경제적 추격을 받고 있으며 가격경쟁력이나 품질경쟁력의 측면에서 불리한 경험을 하고 있다. 게다가 국내 동업종 기업간의 과다한 수출경쟁은 세계시장에서 덤핑, 무차별적인 상품가격 인하를 부추기고 있어서 기업들은 비용절감을 위해 임금상승을 억제시키고 있다.

▸ **저개발국에 대한 부유한 국가의 착취**

빈곤한 국가들을 둘러보면 도처에서 희생자의 모습이 입증되고 있다. 아이들은 병약하고 깡말라 있고 그들의 부모는 고단하고 희망이 없어 보인다. 대부분의 도시에는 안정된 직장을 찾지 못한 젊은 실업자들이 넘쳐난다. 이들의 빈곤과 박탈은 풍요로운 선진 산업국가들의 그림자이다. 오늘날 전세계의 자본과 부는 소수의 선진국 수중에 있다. 선진국가들이 빈곤국가를 이용하는 방법은 첫째, 노동력을 착취하는 것이다. 부유한 국가들을 위한 소비재 상품을 생산하는 기업들을 이전시킨 다국적 기업들은 빈곤국가의 노동자들을 하루 1달러도 안 되는 저임금에, 위험하고 고된 노동에 종사시킨다. 부유한 국가의 노동자들은 결코 감내하지 못할 노동조건으로 인하여 매년 십만 명의 노동자들이 산업재해로 죽어가고 있다. 둘째, 천연자원을 착취한다. 울창한 숲과 풍부한 지하수, 천연광물 등이 부유한 선진국가의 원자재로 남벌되고 있다. 선진산업국가의 이런 경제적 독점은 이들 자원의 실제가치에는 비교할 수도 없는 헐값을 강요하게 된다. 셋째, 빈곤국가는 부유한 국가의 지시에 따라 정치 및 경제 정책을 수행할 수밖에 없다. 은밀한 뇌물, 밀거래, 군사적 압력을 동원하여 선진국가가 빈곤국가를 착취하는 세계질서에 도전하지 못하도록 만든다. 게다가 최근에는 저개발국가가 밀집해 있는 남반구 지역들을 유독물질과 유해산업 폐기물 매립지로 활용하는 새로운 착취방식을 취하고 있다.

(자료: James William Coleman, *Social Problems 7th*, NewYork:Longman, 1999, p.549, p.564)

에서 1996년에는 평균 2조 달러를 상회한다. 1970년 대비 32배나 증가한 수치이다. 외채와 관련하여 국제적으로 통화흐름에 막대한 영향력을 행사하는 국제금융세력은 대표적으로 IMF와 세계은행이 있다. 개발도상국들이 외채와 이자를 상환하는 데 어려움을 갖고 있거나 외환위기의 어려움에 직면하게 되면 IMF의 개입이 이루어지게 된다. 외환위기는 유럽대륙의 경제위기에서 출발하여, 아프리카의 소말리아와 르완다를 거쳐, 라틴아메리카의 브라질, 멕시코, 페루를 강타하고, 아시아의 인도, 베트남, 한국, 그리고 러시아, 유고슬라비아, 보스니아까지 순환되었다. 이 과정에서 많은 국가들이 산업기반과 시장질서를 IMF의 요구대로 구조조정하지 않을 수 없었다. 세계화된 자본에 의해 많은 저개발국가들의 경제기반이 붕괴될 상황에 직면한 것이다.

IMF는 외채의 원금상환은 연기하되 이자지불은 강제하고, 국가부도위기에 처한 채무국가가 일시적으로 채무불이행에서 벗어날 수 있도록 새로운 차관을 제공한다. 그러나 채무국이 제공받은 이 신규자금은 기존의 외채에서 체납된 이자를 상환하는 데 우선적으로 사용하도록 강제하기 때문에 이런 IMF지원은 투자로 전환되지 못하고 그대로 해외로 유출된다. 그러므로 채무국의 실물경제를 회복시키

〈표 1〉 개발도상국들의 외채 규모

(단위: 10억 달러)

년도	총외채	장기외채	단기외채	IMF 신용대출
1980	658	481	164	12
1981	672	498	159	14
1982	745	557	168	20
1983	807	633	140	33
1984	843	675	132	36
1985	990	809	141	40
1986	1,218	996	179	43
1987	1,369	1,128	198	43
1988	1,375	127	213	35
1989	1,427	1,151	244	32
1990	1,539	1,226	278	35
1991	1,627	1,286	303	38
1992	1,696	1,328	329	38
1993	1,812	1,424	349	39
1994	1,945	1,538	366	41

자료: Michel Chossudovsky, 이대훈 역, 『빈곤의 세계화』, 당대, 1998, 50쪽.

는 데에는 도움을 주지 못하고 대부분 다국적 자본의 수익으로 전환되는 셈이다. 또한 채무국으로 하여금 독자적인 경제정책을 시행하지 못하도록 규제하면서 외채상환의 목적만을 강조하는 감독 활동을 하게 되므로 IMF의 긴급지원차관은 '허구 자금'이며 채무국의 외채는 더욱 늘어나게 되어 선진국의 이익에 봉사하는 자본수출국으로서의 역할을 하게 된다. 그러나 기존 외채를 상환하기 위한 신규차관이 제공되지 않으면 채무국의 연체 외채액은 늘어나고 국제사회의 신인도가 하락되어 무역 및 신용거래에서 블랙리스트에 오르게 되므로 각국은 IMF의 지원을 받아들이지 않을 수 없다. 모든 채무국가들에게 IMF는 차관조건과 해당국가의 '정책변경'을 강제하는 권한을 갖고 있어서 국민의 동의와는 무관하게 국민경제의 중요한 정책결정자가 되어 구조조정, 기업퇴출, 노동시장의 유연화, 최저임금제 폐지, 사회복지계획의 축소, 물가연동제 폐지, 민영화, 금융제도의 규제철폐 등의 압력을 가한다. 이런 압력은 공공 부문의 긴축조치로 나타나고, 국민의 세금을 외채상환용으로 돌리는 등 IMF의 공공지출보고제를 엄격히 따라야 하므로 국가의 자율성과 정부투자가 위축된다. IMF와 세계은행의 통제 아래 구조조정 프로그램은 막강한 금융 및 정치 세력의 이익에 부합되도록 추진되어 각국 경제의 세계화를 촉진시키

▸ **베트남과 IMF의 개혁프로그램**

1975년 베트남이 통일되고 미국이 폴포트 세력을 암암리에 지원하면서 불붙기 시작한 캄보디아 내전과 중국의 베트남 북부 국경 침략은 베트남 정부가 민간경제를 재건하는 데에 어려움을 가중시켰다. 국제환경의 변화와 사회주의권의 붕괴는 베트남 국민경제에 일대 혼란을 가져왔다. 1986년 브레턴우즈 체제의 지도아래 개혁(도이모이)노선이 도입되면서 베트남 전쟁의 잔인한 파괴 위에 또 다른 사회경제적 파탄의 역사가 시작되었다. 식료품값의 폭등, 지방의 기근, 도시노동자와 공무원의 대량해고, 사회복지정책의 증발, 베트남 화폐제도의 붕괴, 인플레이션과 국내물가의 달러화가 가속화되었다. 보건소와 병원은 문을 닫았고, 기근으로 인한 기아인구가 전체인구의 4분의 1이 되었으며, 25만 명 이상의 어린이들이 학교를 그만두었다. 자유시장이라는 무기는 베트남 경제의 생산능력을 총체적으로 와해시켰으며, 노동자 50만 명과 공무원 13만 6,000명이 해고되었다.

관세장벽의 철폐로 엄청난 양의 수입소비재가 국내 생산자들을 몰락시켰으며, 지방정부에 대한 예산지원이 동결되어 외국자본에게 국유림을 마음대로 벌목하도록 허용하는 대가로 예산부족을 메우려 하였다. IMF의 지원 없이는 통화공급을 늘릴 수도 화폐를 발행할 수도 없었다. 국가재정은 붕괴되고 공공지출의 구체적인 내역과 우선순위의 결정권까지 IMF의 권한이 되었고, 교육부문에서도 교육예산이 축소되고 교사의 임금동결, 교육의 상업화가 이루어져 취학률이 급감되었다. 중학생의 경우 1986~1987년 동안에는 취학률이 92%였으나 1989~1990년 동안에는 72%로 저하되었고, 초등학생 한 명에게 들어가는 교육비는 일년에 한 가정의 가계에서 차지하는 비중이 상당히 높은 수준이 되었다. 보건의료의 사용자부담제도의 도입과 비용현실화와 약품의 자유시장 판매가 허용되면서 농촌보건소와 지방병원의 몰락을 가져왔다. 이러한 보건의료 서비스의 붕괴로 인해 말라리아, 결핵, 설사 등의 전염병이 발생하고 있다.

(자료: Michel Chossudovky, 이대훈 역, 『빈곤의 세계화』, 당대, 165-194쪽)

고 시장원리를 내세워 그 국가를 다국적 자본의 축적에 유리한 질서로 편입시키는 일종의 '시장식민지'를 구축하고 있다. 자본주의 시장경제의 재구축으로 새로운 경제적 재건이 시작될 것이라고 서구 선진국들은 보고하지만, 기업은 퇴출되거나 문을 닫아야 하고 노동자는 대량해고되어야 하며, 재정부족으로 사회복지는 위축되고 금융과 물가는 불안정해지고 있다.

3) 저개발국의 환경파괴

세계화의 결과로 나타난 전 지구적 폐해는 환경파괴이다. 2002년 1월 월드워치 연구소가 발표한 '지구환경보고서 2002'에 따르면 온실가스의 주범인 이산화탄소의 배출은 10년 동안 9% 증가했으며 특히 화석연료 최대 소비국가인 미국에서는

▸ **요하네스버그 지구정상환경회의 선언문 요지**

환경문제에 대한 전 지구적 대책마련을 위해 지난달 26일부터 열흘간 남아프리카공화국 요하네스버그에서 열린 지구정상회의(WSSD)가 4일 폐막하면서 '지속가능한 개발을 위한 요하네스버그 선언'을 채택했다.

지구정상회의는 빈곤퇴치와 환경보호 등 1992년 리우 정상회의에서 제기된 6개 분야 세부 목표 이행계획에 합의했지만 구체적인 실천방안을 도출하는 데 실패, 한계를 드러냈다. 다음은 선언문 요지이다.

"정상회의에 모인 세계 각국 대표들은 지구의 지속가능한 개발을 위해 헌신할 것을 재다짐한다. 선진국과 개도국 간 빈부격차는 지구의 안보를 해치는 위협으로 작용하고 있고, 지구의 환경 또한 ▷생물 다양성 손실▷삼림파괴▷기후변화의 악영향 등으로 계속 악화되고 있다. 세계화의 혜택과 비용은 불공평하게 배분되어서 개도국은 특히 어려움을 겪고 있다. 이에 우리는 인류가 위기에 직면해 있음을 분명히 인식하고 똘똘 뭉쳐 확고한 노력을 펼침으로써 빈곤퇴치와 인간개발을 위한 가시적이고 구체적인 계획을 수립하기로 했다.

특히 인간 존엄성의 불가침성에 초점을 두고 ▷깨끗한 식수▷위생▷에너지▷의료▷식량안보▷생물 다양성 보존 등의 목표를 위해 협력하기로 결의했다. 또한 여성의 권리향상·해방·성차별 해소에 매진하고 공적개발원조(ODA)규모를 늘리는 데 노력하기로 합의했다.

우리는 이 같은 목표 달성을 위해 더욱 효과적이고 민주적인 국제다자기구가 필요하다는 데 공감하며 유엔 헌장과 국제법에 대한 헌신을 재확인하고, 유엔의 지도적 역할을 지지한다. 앞으로 우리는 이 같은 목표들을 추진하는 과정에서 정기적으로 진전상황을 살피는 데 게으르지 않을 것이다."

(자료: 중앙일보, 강찬호 기자, 2002년 9월 5일자)

18%가 증가했다. 1999년 지구의 평균기온은 15.6°로 온도측정이 시작된 19세기 이후 최고였다. 지구의 허파와도 같은 삼림은 남한 면적의 10배가 넘는 9,400만ha가 사라졌고 환경악화에 따른 서식지 파괴로 생물종 다양성도 크게 감소했다. 물 부족문제는 특히 심각해 1997년 유엔 보고에 따르면 전세계 3분의 1이 필요한 만큼의 물을 공급받지 못하고 있으며 2050년에는 3분의 2로 늘어날 것으로 분석되었다.

최근 전세계적으로 발생하고 있는 홍수와 가뭄 등 자연재해와, 지구온난화의 문제는 더욱 심각하다. 그러나 세계경제와 자본의 절반을 차지하는 미국이 최대 이산화탄소 배출국임에도 불구하고, 이산화탄소 배출 규제에 미국이 반대하고 있다. 특히 에너지 분야에서 유럽연합(EU)이 대체에너지 사용비율을 2010년까지 15%대로 늘리자고 제안한 데 대해 미국과 사우디아라비아 등이 반대하고 있고, 물과 관련해서는 개도국이 2015년까지 안전한 음용수를 얻지 못하는 인구를 절반으로 줄이자는 입장인 데 반해 선진국들의 태도는 미온적이다.

이처럼 각종 이슈에 관한 선진국-개도국 간의 이해관계가 충돌되고 있고, 선진국 산업의 생산기지로 희생되어온 저개발국가를 지원하기 위한 세계기금 형성과 관련된 재원 조달 가능성 등도 그 전망이 밝지 못하다. 특히 각국 정부가 국익을 이유로 합의 이행을 꺼릴 경우 이를 강제할 만한 국제기구가 없으며 유엔결의를 통해 제재를 가할 수도 없으므로 지구촌 미래 환경의 전망은 여전히 어둡다는 것이 전문가들의 견해다.

4) 미국 중심의 세계화와 저개발국가들의 저항

선진국 중심의 세계화에 따른 반감은 반미국 감정을 유발시키고 있고, 빈곤국가의 빈곤층을 지원하는 데에 미온적인 선진국가들에 대한 테러 가능성이 위험으로 남아 있다. 선진국가들이 자국중심의 개발전략으로 개발도상국가들에게 입힌 피해보상의 차원에서 논의되고 있는 빈곤층 퇴치를 위한 공적개발원조(ODA) 증액, 세계연대기금(World Solidarity Fund) 조성 등의 문제가 핵심 쟁점으로 부각되고 있다. 개도국들은 하루 1달러 이하의 생계비로 생활하는 전세계 12억 명의 빈곤층을 2015년까지 절반으로 줄이는 등 빈곤 퇴치를 위한 세계연대기금을 조성하고, 개도국 지원을 위한 선진국의 ODA의 경우 2010년까지 당초 리우 회의에서 약속한대로 GNP의 0.7%로 증액할 것을 주장하고 있다. 그러나 선진국들은 오히려 ODA를 삭감해야 한다고 주장하고 있으며 세계연대기금보다는 강제성 없는 자발적 빈곤퇴치기금을 추진해야 하며 기금을 새로 설립한다해도 목표연도를 두는 것은 적절치 않다는 논리를 펴고 있다. 따라서 선진국은 개도국이나 빈국들에 대해 테러척결, 민주화 등의 선이행을 요구하고, 개도국은 선지원을 바라는 갈등 양상이 재연되고 있다.

5. 한국의 세계화 경험

한국의 세계화는 김영삼 정부가 주창하였던 '세계화'에서 본격적으로 나타나기 시작하였는데, 국내 경제기반이 경쟁력을 갖추지 못한 상황에서 금융과 무역 부문의 조기개방이 이루어졌고 외환위기로 연결되었다. 한국경제 내부에 만연되어 있던 대기업의 문어발식 과잉투자와 부실경영의 적자를 해소하기 위해 기업들은 김영삼 정부의 세계화정책으로 이루어진 시장개방에 힘입어 해외의 단기투기성 자금을 적극적으로 유치하여 활용하였다. 그러나 다국적 자본에 의해 주도되는 세계시장의 자본이동의 자유화·투기성, 보호무역의 철폐는 경쟁력과 정보력을 갖추지 못한 한국 기업들에게는 위협적이었다. 기업이 외자를 상환하기 위해 다시 외자를 도입하여야 하고 국내 계열기업끼리 상호 보증 방식으로 자금을 조달해야 하는 악순환을 만들었던 것이다. 이런 현상은 오랫동안 정경유착의 비호하에 묵인되어왔고 그 결과 외채 누적이 가중되어 기업의 채산성은 매우 저조하였다. 외채의 누적과 이로 인한 대기업들의 부도는 한국 경제를 위기에 빠트렸고 정부는 구제금융을 제공하는 IMF의 요구에 따라 금융시장의 완전개방과 규제철폐 조치를 취해야 했다.

정부의 정책은 경쟁력 향상과 효율성 추구라는 경제가치들을 우선시하고 있어서 재분배와 불평등의 문제를 소홀히 다루어왔다. 특히 구조조정 과정이 노동시장의 유연화를 전제로 하고 있어서 많은 노동자들이 실직과 빈곤의 문제에 직면하게 되었고, 빈곤은 다시 가족해체와 노숙자 문제, 편부모 가정의 증가를 가져왔다. 보건사회연구원의 조사에 따르면 도시가구 중 상위 20%의 소득점유율이 1997년 37%에서 1999년에는 40%로 높아졌는 데 반해 하위 20%의 소득점유율은 8.3%에서 7.3%로 떨어졌다.[7] 동 연구원의 다른 조사에 따르면 1999년 인구의 1.6%가 전체 총소비의 4분의 1을 차지했고, 인구의 8.7%가 소비의 절반 이상을 점유한 것으로 나타났다. "인구 100명 중 8~9명이 먹고 마시고 입는 데 쓰는 액수가 나머지 91~92명이 한해 동안 쓰는 전체 금액의 절반에 달했다는 결론이다."[8] 사회적 자본의 점유율이 하층이 20%를, 상층이 80%를 차지하는 20:80의 사회를 넘어 10:90의 사회에 도래한 것이다. 대체로 한국정부의 위기해결과정과 그 영향은 다음과 같았다.

첫째, 상품시장 및 금융시장의 개방과 규제철폐이다. 특히 농수산물과 축산물의 수입규제철폐로 인해 한국의 농어업과 축산기반이 와해되고 있다. 중국과 대만, 필리핀, 미국, 오스트레일리아 등지에서 대량 반입되는 소비재 공산품과 농축산물은

7) ≪동아일보≫, 2001년 3월 8일자.
8) ≪중앙일보≫, 2001년 4월 9일자.

한국의 중소기업들을 몰락시키고 농어축산민들을 곤경에 빠뜨렸다. 수입에 반대하는 농어민들과 축산농가들은 대규모 농민운동을 전개하거나 도시빈곤자로 유입되고 있으며, 자살하는 사례가 늘고 있다.

둘째, 정리해고, 조기퇴직, 임금동결, 시간제·계약직 고용의 확대, 연봉제 확대 등 노동의 유연화 조치이다. 이에 따라 외환위기 이전 한국의 실업률이 대략 4% 수준이었던 데 비하여 외환위기 직후인 1998년 2월 현재에는 7.2%를 육박하다가 2000년 2월 현재 5.3%[9]로 감소되었고 최근 다시 호전되고 있다. 절대빈곤층이 1997년 9%에서 1998년 23%로 급격히 증가하였고 최상위계층 10%의 월평균소득은 오히려 7.9% 증가한 것에 비하여 최하위계층 20%의 소득은 17.2%로[10] 감소하여 빈부격차가 더욱 심화되는 양상을 보이고 있다.

셋째, 부실기업 및 금융기관 퇴출, 방만한 기업 구조조정, 재벌해체 등을 강행함으로써 재벌기업 및 금융시장의 구조조정을 추진하였다. 그러나 해고 근로자의 처우와 관련된 재고용 대책이나 직업훈련 프로그램의 미비로 노동자들의 저항에 직면하였고, 이 과정에서 노동측의 입장보다는 기업측의 입장을 더 많이 수용하거나, 민간부문의 구조조정을 우선적으로 추진하면서도 공공 부문이나 공기업과 정치권의 구조조정에는 소극적이었다.

넷째, 의료보험의 행정체계 통합, 국민연금 기금통합, 공공부조의 개혁과 자활 강조, 생산적 복지와 같은 사회복지체계의 개혁 등이다. 초기의 사회복지개혁은 상당히 고무적으로 각계의 전문적 여론과 시민단체의 참여를 수용하였으나, 특히 국민기초생활보장제도 시행에서 나타나는 다수 빈곤층의 탈락, 국민연금 민영화 논의, 의료보험재정의 파탄, 사전준비가 미비했던 의약분업 등과 관련하여 국민계층 간의 분열과 갈등을 빚고 있다. 특히 의약분업과 관련하여 국민 내부적 분열양상은 정부의 정책적 한계를 보여주었고, 보다 근본적인 대안제시나 국민적 합의는 이끌어내지 못하고 있다. 이런 갈등들은 정치권에서 해결될 문제만은 아니며 모든 국민의 참여와 관심이 요구되는 것이다.

일부 학자들의 관점에 의하면, 1980년대부터 한국의 경제구조는 대량생산을 기본으로 하는 경제구조였다고 볼 수 있지만 구조적으로 몇 가지 불균형과 갈등이 내재되어 있었다고 말한다. 노동자들의 저임금으로 인해 대량생산에 부합하는 대

---

9) 통계청, ≪고용동향≫, 2000년 2월.
10) 통계청, ≪가계수지조사≫, 1999년.

량소비가 이루어지지 못함으로써 생산과잉이었다는 점과, 제도화된 단체교섭이 정착되지 못하고 대부분의 규칙과 절차가 자본측에 의해 일방적으로 결정되고 강제되었다는 점, 그리고 국가의 사회보장정책이 극히 미비하여 경제위기 상황에서 빈곤문제를 해결해내지 못하고 있다는 점이다.[11] 현재 한국의 외환위기의 파장은 정부-국민 간의 협력적 관계를 전제로 먼저 내부의 구조적 한계점을 극복하려는 노력이 전제되어야 하며, 그 절차가 보다 민주적이고 타협적으로 추진되어야 한다.

6. 세계의 평등과 복지의 실현가능성

자본의 세계화에 대항하려는 노력들이 점점 개별 국가 수준을 넘어 국제적으로 전개되기 시작하면서 서로간의 경험을 교류하고, 공동의 요구를 내걸며, 각국 정부 차원뿐만 아니라 각국 국민들의 연대투쟁이 활발하게 전개되고 있다. 그 중의 한 논의가 세계화된 수준에서의 복지를 제공하여야 한다는 주장이다.

세계의 평등과 복지의 실현은 각국의 상호 주권을 존중하고 자유와 독립, 기회균등, 국제적 우애를 전제함으로써 가능하다. 그러나 각국이 현재 추진하고 있는 정책이나 국제적 관계는 매우 미흡하다. 오히려 국가간의 불평등을 경제적으로 활용함으로써 선진국들이 이익을 누리려고 하는 측면을 지니고 있기도 하다. 그 예가 선진국과 개발도상국 사이의 갈등인 '남북문제'와 국제적 노동분업을 통한 저개발국가에 집중된 저임금노동지대의 형성이다. 이런 선진국과 후진국 간의 갈등은 경제적으로 상호 의존되어 있는 세계경제권에서 정치적 지배의 양상으로까지 나타나고 있다.

그러므로 세계적인 경쟁을 규제할 수 있도록 무역관계의 기준들을 재정비하여야 한다. 세계화된 자본의 투기성을 규제하고, 선진국과 후진국 간의 평등한 근로기준을 체결할 수 있는 국제적인 감독기구가 마련되어야 한다.[12] 더 이상 저개발국가의 노동자들이 선진국의 다국적 기업에게 부당한 노동착취에 시달리는 일이 없도록 하여야 한다.

---

11) 남기곤, 「1990년대 노동시장 및 노사관계의 변화양상」, 『한국경제의 위기와 개혁과제』, 풀빛, 1997, 315쪽.

12) Bob Deacon, et, al. *Global Social Policy*, Sage Publications, 1997, pp.202-205.

더 나아가 세계화된 사회재분배를 위해 노력하여야 한다. 세계화된 자본주의 질서의 혜택을 받고 있는 부유한 선진국과 달리 경제적 정체상태에 있는 저개발국의 경제적 격차와 이에 수반되는 여러 문제들을 세계 공동의 책임으로 해결하여야 한다. 소로스(Soros)는[13] 국제적 수준의 신용보증기금을 설립하여 후진국가들의 경제를 지원하거나 빈곤국가의 외채문제를 해결할 수 있는 방법을 모색하는 형태로 나아가야 한다고 역설한다. 기든스(Giddens)도 세계화의 움직임을 감독할 수 있는 초국가적 기구(유럽연합이나 아시아연합과 같은)에게 권한을 위임해야 한다고 말한다.

최근 유럽연합 등의 초국적 기구가 세계복지를 추진하려는 움직임을 보이고 있는데, 이는 유럽경제의 단일통화인 유로화와 세계복지기금의 형성을 통해 미국 달러의 자본 공세에 대응하려는 노력으로서 주목할 만하다. 물론 각 국가간의 경제·정치적 배경이 다름으로 인하여 다소간의 어려움은 겪고 있지만 시장의 세계화만이 아니라 그 시장으로 인해 초래되는 시장결함의 희생을 감수해야만 하는 국가들도 있음을 고려할 때 이를 극복하기 위한 복지의 세계화도 함께 추진되어야 한다.

동시에 각국의 국민적 노력들도 자국의 범위를 넘어서서 국제적 연대로 발전하고 있다. 가장 많은 주목을 받았던 1999년 11월의 '시애틀 투쟁'과, 다자간투자협정(MAI) 및 IMF·세계은행 반대운동, 외채탕감운동 등 다양한 국제연대운동이 전개되었다. 이는 각국의 시민들이 더 이상 세계화를 '불가피한 과정'으로 받아들이고 있지 않다는 점을 반증하며, 보다 나은 미래를 위해 자본주의의 폐해를 극복하려는 열망을 반영하는 것이기도 하다.

결론적으로, 허만 댈리(Herman Daly)는 "지금부터 10년은 시장경쟁을 가중시키는 수출주도적 성장전략이 아닌, '자본의 재국가화'와 '국가와 지역경제의 발전을 위해 자본이 사용되는 지역사회'"에 관한 논의가 적극적으로 이루어져야 함을 강조한다. 랑과 힌스(Lang & Hines)는 증가된 세계무역의 해악스러운 결과에 대항하고 환경을 보호하기 위해서라도 세계무역을 조절하는 기제가 있어야 한다고 강조한다.[14] 지구의 생태학적 관심과 경제의 지속가능성을 위하여, 빈곤국가의 기아와 불평등을 극복하기 위한 반성으로 세계복지에 대한 논의가 더욱 활발해지고 있다.

---

13) 경제학자인 소로스는 대주주이자 투자가로서 금융재벌이다. 그가 국제적 수준의 신용기금을 만들자고 주장하는 이유도 아무런 규제를 받지 않고 주식투자를 통해 재벌이 될 수 있는 시장경제의 모순을 너무나 잘 알고 있기 때문이다. 이는 자본주의가 만들어낸 또 하나의 아이러니이다.

14) Bob Deacon, et al., op. cit., 1997, p.205.

제3장 갈등사회와 평화의 문화

평화교육의 목표와 방법 • 강순원

관용과 비폭력의 평화교육 • 고병헌

양성평등과 정의실현의 교육 • 베티 리어든

평화교육의 목표와 방법

강순원(한신대학교 교수)

오랫동안 학교는 보편적 지식을 체계적으로 전수하는 중립적인 교육의 장으로 사회에서 수용되어왔다. 하지만 더 이상 갈등의 무풍지대로서의 학교 개념은 존재하지 않으며 이미 학교는 사회적 문제를 그대로 반영하여 재현하는 갈등의 문제집단으로 부상하였다. 미국의 발드리지(Baldridge) 교수는 1970년대 학교갈등을 학교법인, 교수(교사)단, 학생, 학부모 등의 이해가 상호 충돌하는 갈등모형으로 발전시켜서 결국 학교행정의 가장 긴급한 요소가 이러한 이해갈등 당사자들의 요구를 조정, 중재하여 학교를 함께 더불어 살아가는 공동체로 발전시키는 것이라고 진단한 바 있다. 최근 우리나라 학교현장의 갈등 상을 목도하면서 미국의 갈등모형이 이미 우리 사회에 깊이 각인되었음을 알 수 있다. 따라서 이러한 학교갈등 해결 노력이 평화교육의 이름으로 이루어질 수 있다면 학교에서의 평화교육 방향은 자연스럽게 갈등해결을 위한 평화교육으로 자리잡을 수 있을 것이다.

1. 평화란

오늘날 평화는 폭력과 전쟁을 반대하는 가장 적극적인 대항 주제로 부상하고 있다. 미국·이라크 전쟁 이후, 평화는 전쟁을 반대하는 가장 인간주의적인 반전 개념이기도 하고, 다른 한편 악의 근절을 위해, 즉 평화로운 국제질서를 수립하기 위해 전쟁을 통해 악의 응징이 불가피하다는 또 하나의 평화논리가 대립하고 있기도 하다. 즉 갈등에 대한 해결을 대화와 협상 또한 UN과 같은 국제적 기구에 의한 중재 등 비폭력적 방법에 의한 갈등해결을 지향하는 '샬롬으로서의 평화'냐, 아니면 악의 세력에 대한 응징으로서 전쟁과 같은 절대적 힘의 행사에 의해 평화를 구현한다는 '팍스로서의 평화'냐가 대립하고 있다. 평화를 위한 극심한 대립과 반목, 이로 인한 폭력적 상응이 불확실성의 사회를 사는 오늘의 우리 모습이다.

사실 9·11 테러 이후 평화는 우리 사회에서 아주 친숙한 주제로 자리잡았다. 하지만 미국 중심의 전략적 사고 속에는 문제의 근원에 대한 이해와 재발 방지를 위한 '모두를 위한 평화'보다 강대국의 자존심을 건드렸다는 의미에서의 힘에 의한 응징으로서 테러와의 전쟁이 한층 더 설득력을 얻고 있다. 그 결과 9·11 테러에 의한 희생자 못지 않게 많은 사람들이 테러와의 전쟁으로 희생되었고 이전보다 기독교권과 이슬람권의 갈등은 심화되었다. 이렇듯 힘에 의한 굴복, 응징과 보복, 각종 폭력이 난무하는 국제적, 국내적 현실 속에서 평화의 문제는 더 이상 정치군사적 주제만이 아니라 실존적 삶의 차원에서 새롭게 다루어야 하는 일상적인 비폭력의 주제이다.

대체로 평화가 무엇이냐고 질문하면 아시아권에서는 조화(harmony)로서의 평화를 말하고, 서구 민주주의적 관점에서는 질서(order)로서의 평화를 말하며, 평화운동가의 입장에서는 정의(justice)로서의 평화를 말한다. 평화에 대해 갈퉁(Galtung)은 개인적 폭력이나 전쟁의 부재 같은 소극적 차원의 평화가 아니라 사회적 갈등의 근원인 구조적 폭력(structural violence)의 해소를 통한 정의의 실현이라는 적극적 의미로 평화를 분류하였다가 1990년대 이후에는 구조적 폭력을 장기화시키는 더욱 중요한 문제로 문화적 폭력(cultural violence)을 평화를 저해하는 또 다른 요소로 추가하고 있다.

이렇듯 평화를 전쟁의 부재라는 소극적 의미에서만 해석하는 것이 아니고 구조적 폭력과 문화적 폭력의 제거를 통한 정의사회의 실현으로 정의함에 따라 평화교육은 평화를 평화적으로 이루는 가장 강력한 도구(peace by peaceful means)가 된다. 따라서 평화를 이루기 위한 우리의 노력은 우리 모두가 공동으로 도달해야 하는 역사적 과제로서의 인식전환과 더불어 평화문화 조성이라는 과제를 설정하게 만들고 이러한 맥락에서 평화를 위협하는 전쟁을 비롯한 갈등이나 분쟁을 비폭력적 방법으로 해결할 수 있는 능력을 신장시키기 위한 평화교육의 중요성을 일깨워준다. 평화에 대한 이러한 인식의 전환은 전세계적으로 확산되어 이제 평화교육은

〈표 1〉 폭력의 유형

폭력의 유형	정의	예
직접적, 신체적, 개인적 차원	어떤 사람이 타인을 신체적으로 가해하는 경우. 언어적·정신적 폭력이 해당	강간, 살인
구조적, 간접적 폭력	사회구조에 의해 발생하는 근원적 폭력. 남-북, 동-서, 계급 등의 폭력	빈곤, 착취, 기아
문화적 폭력	문화의 요소, 예를 들어 종교, 이데올로기, 언어, 예술, 과학 등 직접적·구조적 폭력을 정당화하는 측면. 성차별주의(가부장주의)로 인한 가정 내 폭력 등	인종주의

평화연구나 평화운동의 영역에서 일차적으로 중시되고 강조되는 평화만들기의 핵심 축이다.

2. 평화교육

이제 평화는 도달 불가능한 유토피아가 아니라 문제가 많은 우리의 현실 속에서 가능한 대안을 찾는 진리 추구 과정으로 이해하여야 한다. 그런 까닭에 자유, 평등, 정의, 민주주의 등과 같은 가치 실현과 더불어 함께 다양한 삶을 공존시키는 노력이 제일 중시되어야 할 것이다. 이러한 평화적 가치가 일상적 삶으로 연계될 수 있도록 비판적 평화식자교육에 기초하여 연대적 노력을 할 수 있도록 하는 것이 평화교육이다. 그런 의미에서 평화교육은 평화문화 증진을 위해 평화교육적 방법으로 평화적 지식을 가르치는 대안적 교육을 의미한다. 무엇을, 왜, 어떻게 가르칠 것인가는 평화교육에서 중요한 탐구 주제이고 앞으로 주목해야 할 교육과제이다.

2000년 들어 국제사회에서는 비폭력과 평화문화 확산을 위한 평화교육이 각종 선언으로 구체화되었다. 1999년 헤이그 만국평화회담 100년을 기념하는 헤이그 어필(Hague appeal)에서는 50개의 평화 관련 의제 중 제일로 각국이 평화교육을 의무적으로 시행할 것을 권고하였고 이를 위한 전세계적 네트워크를 제안하였다. 유네스코도 평화와 비폭력문화 건설을 위한 10년(International Decade for the culture of peace and nonviolence) 제안에 따라 비폭력적 평화문화를 증진하기 위한 평화교육은 각 회원국이 따라야 할 주요 과제로 부가되었다.

1995년 제28차 유네스코 총회에서는 각국의 교육부장관들이 모여 '평화, 인권, 민주주의 교육에 관한 선언(Declaration on Education for Peace, Human Rights and Democracy)'을 채택하고 바로 이를 구체화하기 위한 통합실천요강을 발표하였다. 여기서 밝힌 교육의 목표는 다음과 같다.

> 6. 평화, 인권, 민주주의 교육의 궁극적인 목표는 평화의 문화가 나타날 수 있도록 보편적인 가치의식과 행동양식을 모든 개인에게 개발시키는 것이다. 보편적으로 인식할 만한 가치는 심지어 서로 다른 사회, 문화 상황에서도 확인할 수 있다.
> 7. 교육은 자유를 존중하는 능력과 도전에 응할 기술을 개발해야 한다. 이것은 시민에게 어렵고 불확실한 상황에 대처할 수 있도록 하고, 자율성과 책임감을 갖추게 하는 것을 의미한다. 개인적 책임감에 대한 인식은 시민참여에 대한 가치인식과 문제해결을 위해, 또 공정하고 평화로우며 민주적인 사회를 위해 다른 사람과 함께 일하는 것에 대한 인식과 연계해야 한다.
> 8. 교육은 개인, 성, 민족, 문화다양성에 존재하는 가치를 인식하고 수용하며, 다른 사람과 의사를 교류하고, 공유하며, 협력할 수 있는 능력을 개발해야 한다. 다원주의사회와 다문화적인 세계시민은 그들 상황과 문제에 대한 해석이 그들 개인생활과 사회역사, 문화전통에 뿌리를 두고 있음을 인정할 수 있어야 한다. 다시 말해, 어느 개인이나 집단도 어떤 문제에 유일한 대답을 할 수 없으며, 모든 문제에는 해답이 둘 이상 있을 수 있다. 그러므로 사람은 공통된 의견을 찾기 위해 서로를 이해하고, 존중하며, 동등한 자격으로 협상해야 한다. 교육은 개인의 정체성을 확실하게 해주고, 개인과 민족 사이에 평화, 우정, 연대를 강화하는 생각과 대안을 한 데 모으도록 장려해야 한다.
> 9. 교육은 비폭력적으로 분쟁을 해결할 능력을 개발해야 한다. 그래서 학생들 마음에 내적 평화의 발전을 촉진해 관용, 동정심, 공유, 배려의 자질을 더 확고히 형성할 수 있도록 해야 한다.
> 10. 교육은 시민에게 현재 상황을 분석할 능력뿐만 아니라 바람직한 미래의 전망에 관한 자기 판단과 행동에 바탕을 두고, 정보를 선택할 수 있는 능력을 길러줘야 한다.
> 11. 교육은 시민이 문화유산을 존중하고, 환경을 보호하며, 지속가능한 발전을 가능하게 할 생산방식과 소비양식을 채택하도록 가르쳐야 한다. 개인과 집단 가치간 그리고 당면한 기본적 요구와 장기적인 이익 사이에도 조화가 필요하다.
> 12. 교육은 안정되고 장기적인 발전의 관점으로 국가 및 국제 차원의 연대감과 평등의식을 배양해야 한다.

평화, 민주주의, 다문화주의, 갈등해결, 비판적 미래전망 정보선택능력 배양, 지속가능한 발전, 그리고 국제연대 등을 목적으로 하는 유네스코 '평화, 인권, 민주주의 교육 선언'은 모든 국가의 교육부장관이 참여하여 논의해서 선언으로 채택하였음에도 불구하고 한국에서의 실행 여부는 10여 년이 지난 오늘까지도 불확실하다. 결국 한국은 이러한 국제사회의 변화를 따르지 못하였을 뿐만 아니라 회원국으로서의 교육적 의무를 다하지 않았다. 다행히 지난 10여 년간 다양한 형태의 교육적 대안이 모색되면서 일부 교사들과 유네스코가 평화교육에 관심을 기울인바 이제 논의는 할 수 있는 수준에 와 있다. 학교에서의 평화교육의 핵심은 교과를 통한 것이든, 특별활동을 통한 것이든, 재량수업에 의한 것이든, 범교과 주제이든 모두가 더불어 함께 살아가는 정의로운 비폭력문화 조성에 기여할 수 있는 것이어야 한다. 이것은 기존의 폭력적 학교문화를 비폭력적 공존문화로 바꾸어놓을 수 있는 단초를 제공해줄 것이다.

오늘날 학교에서의 평화교육은 세계적 수준에서의 폭력인 각 지역 분쟁뿐만 아니라 국내에서 그리고 학교현장에서 자행되는 크고 작은 폭력의 본질을 정치·역사적으로 인식하도록 도우며 더불어 이에 대한 평화체제 구현을 위한 평화 감수성을 키울 수 있도록 교육과정화할 수 있어야 한다. 특히 갈등을 평화적인 방법으로 해소할 수 있는 능력을 신장해주기 위한 평화교육은 힘에 의한 분쟁해결이 주도하는 국제질서를 정의롭게 정치시키기 위해 필요한 교육적 전제이다. 이는 비단 학교교육에서뿐만 아니라 미디어를 비롯한 사회교육과 특히 현실정치에 대한 책임을 지는 성인교육에 이르기까지 전 영역에서 평화교육이 확산될 수 있어야 한다.

3. 갈등해결을 위한 평화교육

평화교육을 학교교육과 연관시켜 생각해볼 때, 학교를 다양한 갈등과 타협이 공존하는 사회의 축소판으로 인식하게 되면 학교갈등에 대한 비폭력적 해결은 중요한 평화교육 주제로 대두하게 된다. 실제로 우리나라에서뿐만 아니라 민주주의가 발전했다고 하는 서구에서조차 학교폭력은 그 도를 넘어 수많은 사상자를 낳고 있다. 한 예로서 10명 이상이 죽은 총기에 의한 학교폭력을 살펴보면 그 원인이 결국 사회적 갈등과 배제에서 비롯되었음을 알 수 있다. 이렇듯 사회적 기원을 갖고 있는 갈등이 자연스럽게 해소되지 않은 채 내적으로 심화되면 그것의 폭력적 분출은 남에 대한 상해 행위로 귀결되어 우리 사회의 안전과 평화를 해치게 만든다. 그런 까닭에 어려서부터 폭력을 미연에 방지하고 갈등해결의 비폭력적 방법을 자연스

〈표 2〉 학내 총기폭력 사건의 예

연도	국가	사상자 수	가해자
1995	영국	학생 16명, 교사 1명	해고된 학교 직원
1999	미국	학생 12명, 교사 1명	극우파 학생 2명
2002	독일	학생 3명, 교사 12명	공인 퇴학생 3명

럽게 체득하는 학교에서의 갈등해결교육은 매우 시급하다.

우리나라에서도 학교폭력은 그 도가 매우 심하여 해마다 그 수가 증가하고 있다. 특히 학생들 사이의 집단폭력 및 사회적 약자에 대한 집중적 가해 및 따돌림 등은 학교가 더 이상 학생들을 위한 안전지대가 되지 못하고 있음을 보여준다. 사회적 분단 및 사회적 경쟁의 심화, 그리고 민주주의 과정의 결여 등의 역사적 뿌리가 학교에 투영된 학교갈등을 비폭력적·평화적 방법으로 해소할 수 있는 길인 평화교육의 실행은 빠를수록 좋다. 그리고 그 방법은 주지했다시피 교과나 재량활동 등 다양한 형태로 폭넓게 시도될 수 있다.

평화연구에서 갈등해결 혹은 갈등관리는 이제 중요한 주제가 되었다. 전쟁이란 국가간 혹은 대립적 세력간의 갈등을 비폭력적으로 해소하지 못한 가장 극한적인 예이다. 따라서 개인적 수준에서, 지역사회적 수준에서, 국가적 수준에서, 혹은 국제적 수준에서 갈등을 비폭력적 방법으로 해결하기 위한 다양한 평화적 노력들이 많이 진행되는 것을 볼 수 있다. 때론 중재로, 때론 협상으로, 때론 국제사법재판으로, 때론 간단한 징계로서 폭력의 충돌을 예방하려는 것이다. 무엇보다도 일상적 삶에서의 잦은 갈등—가정이나 학교—을 비폭력적 방법으로 해소할 수 있도록 도와주는 과제는 오늘날 학교 평화교육에서 제일 관심을 갖는 영역이다. 즉 학교문화를 폭력적인 데에서 비폭력적 방향으로 교체하는 것, 이를 위한 갈등해결 평화교육은 대부분의 나라에서 실행하고 있는 일상적인 평화교육 활동이다.

학교에서의 갈등의 유형에 대한 탐구는 참여관찰을 통해서만 알 수 있다. 갈등이 사회적 차이에 대한 불관용에서 유래하거나 혹은 사회적 폭력의 내재화에 의해 유래한 것이라면 이는 자칫 폭력화되기 쉽다. 이해의 갈등, 가치의 대립, 기회의 희소에 따른 차별의 문제 등에 의해 갈등이 외재화될 경우 이것은 단지 참고 인내하는 것으로 끝날 수는 없다. 갈등의 두 당사자 중 한 쪽은 지고 다른 한 쪽이 일방적으로 승리하던 기존의 승자와 패자적 관점이 아니라 참여적 갈등해결절차에 따라 상호 이해를 거쳐 양자가 다 승복할 수 있는, 서로가 다 억울하지 않을 수 있는 상생적 갈등해결교육이 요청된다. 따라서 갈등해결을 위한 상호 이해, 이를 위한 구체적 방법 및 대안적 가치와 태도 등을 평화교육 프로그램을 통해 확산시킨다면 폭력화된 학교갈등의 문제해결 가능성은 그만큼 커진다. 이의 결과 사회에서의 평화도 상당히 진작될 수 있다. 이런 변화를 함께 읽고 우리의 학교가 폭력으로부터 안전하고 평화적 심성을 계발하는 장이 될 수 있도록 학교에서의 갈등해결 평화교육에 대한 지원을 하고, 자체 능력을 배양할 수 있도록 다양한 방법이 강구되어야 할 것이다.

교과를 통해 지식의 영역에서 평화를 가르치면, 예를 들어, 북한 이해라든가 아니면 사회적 약자의 문제 그리고 이라크 전쟁 등이 비교적 쉽게 수용된다. 하지만 그들과 더불어 살아가는 조건을 구비하기 위한 자기 변화를 말할 때 문제는 쉽지 않다. 이런 까닭에 인권교육이 평화를 구현하기 위한 자연스런 전제가 된다. 사회적 약자의 관점에서의 인권교육은 평화교육에서 핵심이다. 학교 안에서 평화를 위협하는 서로 다른 가치가 충돌할 때 단일한 자에 의한 획일적 평가는 인권교육적 관점에서 보면 절대로 지양되어야 하는 문제이다. 하지만 다양성 존중과 이의 관용은 매일 같이 목도되는 말썽꾸러기들의 충돌에서는 쉬운 접근이 결코 아니라는 점은 충분히 인정한다. 따라서 교사 혼자서 모든 평화교육 영역을 맡으려 하지말고 지역사회 자원을 활용한다던가 아니면 각종 매체를 활용하면 학생들의 흥미를 유도할 수 있을 뿐만 아니라 이를 통해 교사 자신도 변화할 수 있는 좋은 계기가 된다.

4. 평화교육의 방법론

요한 갈퉁은 사람들이 덜 조작되는 사회가 건설될 수 있도록 기여하는 교육이 평화교육이라고 말한다. 즉 자기 규제적이며 남과 더불어 살아갈 수 있는 가치를 지닌 균형 잡힌 사람을 양성하는 것이 평화교육의 목적이고 이것은 일반교육의 목적이기도 하다. 그런 맥락에서 평화교육의 활성화 단계를, ① 분석(Analysis), ② 일반적 목표 설정(Goal Formulation), ③ 비판(Critique), ④ 제안 구성(Proposal-making), ⑤ 행동(Action)의 5가지 내용으로 분류해서 설명하고 있다.

이러한 5가지 세부 내용에 의하면, 분석 단계에서 현재의 불만족한 비평화적 수준에 대한 분석을 위해 평화연구가 평화교육의 일단계에서 매우 중요하다. 두번째로는 도달할 목표로서, 즉 바람직한 평화적 미래형에 대한 구체적 모형을 현실에 맞게 그려보는 것이다. 세번째는 경험적 분석을 능가하는 단계로서 현 상황을 진단하고 미래 모형을 처방하는 데 요구되는 적절한 수치와 대안적 가치가 도출될 수 있도록 간극을 구체적으로 밝히는 단계이다. 네번째는 그렇다면 새로이 구성된 바람직한 평화적 모형을 어떻게, 무엇을, 누가, 언제, 어디서, 왜 추진할 것인가에 대한 프로그램을 짜는 것이다. 이것은 프로그램화된 평화교육의 구체적 내용이 된다. 다섯번째, 평화교육은 단지 교육으로 끝나는 것이 아니고 바람직한 사회로의 변혁이 목적이다. 따라서 평화 행동이 뒤따라야 한다. 그런 면에서 평화교육은 마음씨 고운 평화적 심성교육과는 근본적으로 다르다. 종합적으로 평화연구, 평화교육, 그리고 평화운동은 개인적, 구조적 폭력이 부재한 정의로운 사회를 건설하기 위해 평화적 심성을 갖춘 사람들을 교육함으로써 변혁적 과정을 함께 걸어가는 동시적 목적성을 갖는다고 갈퉁은 말하고 있다.

따라서 평화교육에 대한 갈퉁의 5단계를 중심으로 한국의 평화교육을 설명하고자 할 때, 첫째로 평화적 관점에서 한국 사회가 안고 있는 문제가 무엇인지를 분석하는 것은 매우 중요하다.

1) 분석

우리나라의 평화문제를 고려해볼 때 구조적 문제가 사회문화적 특징으로 귀결되고 그것은 또다시 심리적, 반평화적 속성을 강화시켜 결국 반평화적 구조를 유지·강화하는 악순환의 고리를 형성한다. 역사적 시점에 따라 평화교육의 주 과제가 달라지긴 하지만, 100년 전의 역사적 질곡은 여전히 오늘을 규정하고 있기 때문에 특히 의식과 태도, 가치의 변화를 수반해야 하는 평화교육의 과제는 역사적·시대적 과제와 결합되어 있다. 따라서 구조적 요인에 대한 비판적 안목을 길러주고 평화의식을 심화시켜주며 앞으로 자신의 평화적 삶에 헌신하는 능력을 배양시키는 평화교육은 반평화적 사이클의 고리를 끊는 데 있어서 매우 중요하다.

위에서 볼 수 있듯이 우리나라 평화 부재의 문제는 개인적 수준에서 오가는 폭력의 결과라기보다는 우리 사회의 구조적 모순이 낳은 폭력에서 연유한다. 정치경

〈그림 1〉 한국의 반평화구조 모형

정치·경제적 수준		사회·문화적 수준		대인심리적 수준
(신)식민지적 유제	⇒	종속적 사대문화, 이중적 반일감정 (양가감정, ambivalence)	⇒	쇼비니즘적, 동원적 애국심 배타적 민족주의
민족분단	⇒	반공이데올로기, 이중적 민족애	⇒	대북 적대감과 흑백사고,
군부독재	⇒	군사문화, 강권주의적 동조문화, 위계적 서열문화, 연고주의	⇒	힘에 의한 양육강식 의식 －사회적 도덕률의 실종, 인권유린, 한탕주의, 획일주의
관치·재벌주도형 자본주의	⇒	황금만능의 차별적 사회문화, 빈부격차로 인한 폭력의 사회화	⇒	경쟁적 차별의식, 폭력의 일상화

제적 수준에서의 4차원적 구조적 모순은 각기 사회문화적 수준에서 왜곡된 이념과 문화로 귀결되었고 이것은 다시 시민들의 일상적 삶을 왜곡하는 의식구조를 낳는다. 이러한 왜곡과 굴절의 사이클이 반평화구조를 극복하게 하기보다는 더욱 심화시킨다.

첫째, 구한말 주변국으로부터 받은 잦은 외침과 민족 지도력의 부재로 인해 민족공동체의 존립 자체가 위협을 받곤 했던 역사적 경험은 민족 생존을 위한 저항적 민족주의 형성의 원인으로 작용하였다. 특히 민족의 주권이 유린당하고 한반도 전 민중이 식민지 노예로 전락했던 일제 식민지화의 경험은 한반도의 평화를 근본적으로 불가능하게 했던 사건이었다. 식민지하에서 강제되었던 일본 제국주의적 요소는 우리의 것을 부정하게 만들었다. 이것은 식민지적 절대권력에 대한 경외와 자본주의적 재편에 따른 경제적 유혹을 낳아 사대문화를 강화하였고, 결국 식민지적 문화에 비해 상대적으로 우리의 것은 열등하다는 자민족 비하의식을 내면화하게 만들었다. 특히 식민지하 황민화 교육으로 인해 많이 배운 층에서의 반한, 친일적 색채는 민중의 엘리트 집단에 대한 사회적 불신으로 이어졌고 이것은 해방 후 미국에 대한 새로운 사대로 이어지게 만들었다. 이러한 불신의 토대 위에서 조성된 애국심은 민중의 입장에서는 구국을 위한 자연발생적 감정이고 문화였지만, 민족지도층에서는 자기 기득권의 민족권적 보호와 이의 은폐를 전제하고 있다는 점에서 나만 되고 남은 안 된다는 쇼비니즘(chauvinism)적 민족주의로 유도하게 만든다. 다분히 저항적 일면을 가진 식민지하 민족주의는 민족운동의 제반 분파주의적 해석에 따라 오도되고 특히 해방 후 민족분단의 과정에서 매우 배타적인 감정에 치우치는 자민족 보호주의적 성격의 국가주의와 접목되면서 구체적 힘을 상실해 가는 결과를 가져왔다.

오늘날 일본에 대한 피해자로서의 한국민의 의식은 식민지적 권력에 대한 저항과 불신이 한 면에 있고, 다른 한편으로 일본이 이룩한 부에 대한 절대 동경이 공존하는 양가감정의 면이 강하다고 볼 수 있다. 즉 싫지만 갖고 싶은 이중성, 이것은 우리의 역사의식을 매우 흐리게 만드는 심인적 요인이다. 한·일간의 이러한 역사적 질곡은 단순한 한·일간, 민족간의 갈등을 넘어서서 향후 동북아 평화구현에 있어서 이 지역의 긴장해소를 위한 아킬레스건으로 작용할 것이다. 특히 한·일 양 정부가 한·일 민족간의 역사적 갈등을 일종의 정권유지를 위한 적대감정 이용의 전략으로 사용하는 한 이것은 과거지사가 아닌 현재의 문제가 된다. 따라서 한·일간의 평화구현을 위해선 정부차원에서의 식민지적 과거에 대한 사죄는 물론, 좀더 정의롭고 평화로운 공동 관계를 위해 양국 공동의 구체적 노력이 따라야 할 것이다.

둘째, 식민지화의 종식과 더불어 우리를 새로운 민족모순에 휩싸이게 만든 민족분단이 50여 년이 지난 오늘날까지 해결되지 않은 채 더욱 악화되어가는 분단모순은 한반도를 항상 군비경쟁과 사회적 긴장 속에 몰아넣는 원인을 제공한다. 분단과 함께 우리의 새로운 지배국가로 등장한 미국에 대한 정확한 평가를 할 겨를도 없이 한국전쟁이 발발했고, 누가 잘못했느냐를 따질 겨를도 없이 일단 터진 전쟁에서는 이겨야 했고 그 적은 각기 북한괴뢰도당과 남한괴뢰정부였다. 3년간의 전쟁으로 국토는 초토화되었고 많은 인적·물적·문화적 손실을 입었다. 남한 정부를 배제한 채 미국과 북한당국 사이에 이루어진 휴전협정에 따라 오늘날까지 계속되는 휴전상태는 늘 전쟁의 가능성을 배제하지 않고 있고 이로 인한 미국에의 군사·정치적 종속은 직접적인 식민지적 모순에 이어 새로운 신식민지적 모순을 배가시키고 있다. 미국의 절대적 원조에 의한 남한 정부의 수립과 유지, 발전은 북한의 친소적 사회주의 정부와 대비되어, 남북간 이데올로기적 대립의 성격은 분단사회의 전일적 특징으로 자리잡았다. 남한의 경우 국시적 차원에서 최고의 가치가 승공, 멸공이었고, 그것은 정권의 비정통성과 맞물려 정권의 안보 이데올로기로 작용하게 되면서 북한에 대한 적대적 이미지를 조장하고 편견을 심화시켰다. 이 과정에서 분단 극복을 위한 대화란 빨갱이 정부인 북한과의 내통이고 그것은 곧 국가보안을 위협하는 시국사범이라는 범법적 행위라고 지탄받게 된다. 분단 체제하에선 일차적으로 군사 및 경제적 우위에 입각한 힘의 논리가 대화나 공존 같은 평화적 논리에 늘 앞서 있다.

해방과 분단의 50여 년이 지난 지금, 대부분 청소년들의 의식 속에 일본 못지않게 북한은 가장 싫은 국가 중의 하나가 되었고, 이득이 없는 통일에 대해선 부정적 태도를 취하게 만들었다. 이제 북한은 이웃 국가로서 존중을 받는 최소한의 주변 국가의 위치도 갖지 못하고 있다. 북한의 어린이들이 굶으면, 굶는 어린이를 도와주자는 지구상의 형제애가 발휘되지 않고 반공 이데올로기로 무장된 못된 심성이 발동된다. 그러면서도 전쟁에 대해선 매우 이중적이다. 즉 전쟁은 안 된다. 하지만 전쟁을 예방하기 위해선 군비증강을 해야 하고 그러기 위해선 군부를 자극하면 안 된다. 따라서 국방비 감축은 빨갱이를 돕는 반체제적 언동이라는 논리에 모든 국민이 이데올로기화되어 있다. 한반도의 평화는 군비증강이 보장해준다고 하는 반평화적 전제 위에 모두가 불안하게 서 있는 것이다.

남한은 가장 혐오하는 두 국가, 일본과 북한을 이웃하고 있다. 가장 인접한 두 국가와 항상 긴장 상태에 놓여 있다. 하지만 전쟁의 위험성을 공포로 안고 살아가는 한반도적 정세에서 남북간의 분단모순은 평화와 정의의 원칙 위에서 순리적으로 극복되어야 할 것이다.

셋째, 민족분단과 함께 한반도에 수립된 2개의 배타적 정부는 상이한 이데올로기를 전제로 대립적 사회구성체제를 발전시켰다. 이 과정에서 두 체제는 정치·경제적 경쟁에 버금가는 군사적 경쟁을 하였고 그 구체화된 표현이 한국전쟁이었다. 한국전쟁 이후 양국의 적대감은 더욱 심화되었고 그에 따라 군비확충은 상대방을 제압한다는 명분을 갖고 국민들로부터 정당성을 획득하였다. 특히 정통성을 결여한 남한의 행정부는 분단구조하의 반공의식을 교묘히 조장함으로써 정부에 대한 반감을 북한의 대남 침공에 대한 위기의식으로 전환하는 수법을 사용하곤 하였다. 계속적인 군비확장, 그에 따른 군부세력의 정치적 세력화, 군부출신 대통령의 장기집권 등으로 인해 한국 사회에서 군사문화는 독특한 하위문화가 되어 냉전 이데올로기를 뒷받침하였다. 결국 이런 군사문화는 실질적 힘을 갖고 전 사회를 통제하는 구조를 제공하였는데, 특히 군부의 명령과 복종이라는 군사문화는 민주주의적 기본 원리인 자유와 평등, 인권, 참여의 시민 정신을 불온한 친공산주의 사상으로 호도시켜 버렸다. 결국 긴급조치, 국가보안법 등 군사문화적 통제가 관철될 수 있는 사상법으로 인해 국민들의 언로를 막았고 개인들의 인권은 유린되었으며, 이런 군사문화는 언론 및 교육 등 모든 이데올로기적 생산 부문을 획일화시켰다. 공권력의 정의로움 대신 군부로 상징되는 부정부패와 폭력은 시민의 자유권과 사회권 그리고 정치적 민주화를 위축시켰다.

다양성에 대한 관용과 남에 대한 배려는 하나의 정답만을 요하는 시대정신에 맞지 않았고 오직 권력의 끈을 찾아가는 연고주의가 사회 각계에 판침으로써 부정부패는 한국 사회의 대외적 표징이 되었다. 이런 까닭에 자기 생각을 올바로 말할 수 없고 오직 높은 자리에 있는 윗사람의 눈치만 살피는 동조문화가 기승하고 동조문화에 따라 시장과 유행이 들끓는 님비(NIMBY, not in my back yard)현상이 우리 사회를 지배하게 되었다. 사회적 도덕률은 실종되고 외재화된 힘은 사회 각 부문에 폭력으로 귀결되었고 그러면서 공공 부문에서조차 시민의 인권은 존중받지 못했다. 시끄럽고, 질서도 없으며, 늘 한탕해서 현실을 빠져나가려는 요행의 문화가 지배하는 군부독재의 망령은 우리 사회의 평화를 위협하는 우리가 만든 결과물이었다.

오늘날 더 이상 군부출신의 대통령이 집권하는 불행은 일단 막았지만, 분단으로 인한 냉전적 질서가 지배하는 군사문화는 여전히 이 사회의 요소 요소에 관철되어 있다. 따라서 군부세력을 전문집단화하고 그에 따른 군사문화를 평화로운 민주시민문화로 교체하는 노력이 뒤따를 때, 이 사회의 폭력과 부정부패 그리고 불신이 사라질 것이다.

넷째, 일제 식민지화로 인해 자생적 자본주의화의 길을 걷지 못했던 조선이 해방과 더불어 분단된 채로 또다시 세계적 자본에 종속된 채 자본주의화의 길을 가는 데 있어서 막강한 역할을 했던 정부가 노골적인 재벌 위주의 경제정책을 견지하였다. 귀속자산 불하(拂下)의 과정을 필두로 미국으로부터 원조나 차관을 받아 재분배하는 과정에서 정부가 재벌을 창출하였고 이렇게 형성된 재벌은 정권과 유착된 경영으로 막대한 액수의 정치자금을 헌금한 대가로 일반인은 상상도 할 수 없는 온갖 특혜를 받아 부를 축적하였다. 독재 권력에 의한 관치행정은 소수의 재벌위주의 경제정책으로 이어졌고 이렇게 편법으로 조성된 대기업은 시장을 왜곡하여 건전한 중소업체를 몰락시키고 주변으로 내몰았다. 특허를 따서 조그만한 업체라도 하나 하려면 권력 있는 사람과 연고가 없이는 곤란했다. 아는 사람이 힘 있는 자리에 있을 때 한탕해서 돈을 벌어놓지 않으면 내일 어찌될지도 모른다는 불안감 속에 눈치 보기와 투기 그리고 뇌물 등으로 얼룩진 기업문화가 형성된 것이다. 돈 있는 사람은 온갖 특혜를 누렸고 개발의 과정에서 불어난 브로커들의 농간은 전 사회를 투기의 열풍으로 몰아넣었다. 건전한 중산층은 교과서에나 있는 말이고 근면, 겸손은 남의 나라 이야기였다.

이러한 과정에서 노동자의 권리나 인권은 철저히 부정당했다. 국가의 공권력이 기업의 노조활동을 감시하고 노조 지도자를 위해하였던 사례는 비일비재하다. 수출의 날만 되면 치켜올려준 노동자의 희생으로 급속한 경제성장을 이룩하였음에도 불구하고 전국민의 복지향상은 이루어지지 않았다. 힘 없는 장애인들이나 노인, 여성, 아동들의 권익은 경제논리에 밀려 보장되지 못했다. 오직 돈 있고 힘 있는 자들에게나 대한민국은 천국이었다. 수출만이 살길이다, 내일을 위해 오늘을 참자는 바로 이런 경제논리를 위해 국민들의 민주적 제 권리가 박탈당했으며, 경제가 부흥하면 할수록 빈부간의 격차가 늘어만 갔다. 오늘날 복지정책이 뒤따르지 않고 명목임금만 향상된 상황에서, 엄청나게 늘어난 제반 생활비(주거비, 교육비, 문화비 교통비 등)를 중산층의 일반인들조차 감당하기 힘들어 하고 있다.

이미 정부가 재벌을 창출해내던 초기 산업화 단계와는 달리 오늘날의 경제는 지구촌화의 상태에서 국경이 없다. 창의적이고 혁신적인 아이디어와 효율적인 경영전략 없이 강권주의적 정부의 일방적인 지원에 의해서만은 기업이 살아남을 수 없다. 그런 면에서 기업이 자유라는 민주주의의 문을 먼저 열 것이다. 하지만 자유는 평등이라는 공공선을 향한 국가의 적극적 관여 없이는 불평등만 확대할 뿐이다. 또한 더불어 사는 사회의 구성원으로서의 소속감이 없이는 자본주의라는 경쟁사회에서 차별의식만이 심화될 뿐이다. 이런 맥락에서 기업은 자유와 공정한 경쟁에 의한 합리적인 운영으로 그 몫을 다하고 국가가 공공의 선을 수호하는 역할을 하게 하기 위해서는 국민 모두의 인권이 균형적으로 보장받을 수 있는 체제와 마음가짐이 필요하다.

평화교육은 그 사회의 역사적 조건을 반영한다. 역사적 시점에 따라 현단계 평화교육의 주 과제가 달라지긴 하지만, 100년 전의 역사적 질곡은 여전히 오늘을 규정하고 있기 때문에 특히 의식과 태도, 가치의 변화를 수반해야 하는 평화교육의 과제는 역사적·시대적 과제와 결합되어 있다. 따라서 구조적 요인에 대한 비판적 안목을 길러주고 평화의식을 심화시켜주며 앞으로 자신을 평화적 삶에 헌신하는 능력을 배양시키는 평화교육은 반평화적 사이클의 고리를 끊고 새로운 평화공존과 민주주의 비전을 공유하여 이를 준비하는 교육, 그것이 바로 평화교육이다.

2) 일반적 목표 설정

다행히 우리 사회의 발전이 평화에 대한 논의를 전향적으로 만들어주었다. 무엇보다 정치적 민주화는 한반도의 전쟁가능성을 매우 낮추어주었고, 사회 전반적으로 평화나 인권, 환경 등 인간지수를 상당히 향상시켰다. 학교환경도 상당히 바뀌어 7차교육과정으로 대표되는 탄력적인 교육과정 운용으로 인해 학교장이나 교사 재량에 따라 평화교육을 실행할 수 있는 가능성 또한 매우 열려 있다. 단지 평화를 말하면서도 어떤 성격의 평화를 지향하느냐가 새로운 문제제기일 수 있다. 그동안 오랜 정치·사회적 갈등으로 인해 평화라는 용어가 정치적으로 오염되어 있어서 우선 시급한 것은 어떠한 성격의 평화와 평화교육을 지칭하느냐를 분명히 해야 한다는 점이다. 실제로 우리 사회에는 두 개의 평화개념이 대립적으로 존재하나 우리가 나아가야 하는 평화교육 방향은 국제기구가 제시하는 보편적 기준에 한국적 특수성을 적용한 비판적 평화교육이 되어야 할 것이다.

3) 비판

우리나라 평화교육은 암울했던 질곡의 역사적 귀결이긴 하지만, 사회의 반평화적 고리를 단절하고 평화, 인권, 민주주의라는 보편적 평화문화 증진이라는 통합적 목표를 갖는 평화교육이 우리나라에선 분단이라는 한반도적 특수성에 초점이 맞추어진 통일교육으로 특화되는 경향이 있다. 사실 전쟁에 대한 불안과 그로 인한 군사적 도발의 긴장감이 매우 팽팽하게 감도는 지역에 살고 있음에도 불구하고, 평화교육이라는 말을 우리처럼 인색하게 사용하는 국가는 많지 않은 것 같다. 무엇보다 남북 대치 상황에서 전쟁이 자유민주주의를 수호하기 위해 치러야 하는 정의로운 평화적 행위로 묘사되고 있는 실정이다. 여기서 평화교육을 단순히 전쟁에 대한 억지교육이라고 소극적으로 정의한다 하더라도 우리나라에서의 실행 정도는 미미하다.

〈표 3〉 평화교육의 변환적 개념구성

	보수적 평화교육	비판적 평화교육
지향점	자유민주주의	참여민주주의
한반도 평화	분단모형	평화공존
민족주의	애국주의로 미화	민주적 민족주의
문화화	배타적 문화주의	포괄적 문화주의
태도	비정치적 태도	비판적 태도
행동	비폭력적 침묵	비폭력적 행동
환경	개발주의	지속가능한 개발
군축	군비경쟁	절대 군축
안보	군사적 안보	인간 안보
가치	경쟁	나눔
학교구조	권위주의 모형	공동체적 모형
학교규율	통제와 복종	자율 규제
교육과정	교과서/교사 중심	경험/학생 중심
전망	마음 속의 평화	마음과 사회 속의 평화

평화의 한 개념을 전쟁 부재, 즉 전쟁이 없는 평온한 상태라고 본다면, 한국 현대사에서 중요한 의미를 갖는 두 전쟁, 식민지하 일제에 의해 자행된 제2차세계대전과 해방 후 동족간에 빚어진 한국전쟁이 전쟁 억지를 위한 평화교육의 한 내용을 구성해야 할 것이다. 그러나 식민지하 전쟁에 대한 우리의 경험은 특정 전쟁에 대한 일회적 감정의 폭발보다는 식민지 전기간에 자행되었던 혹독한 민족적 박해에 따른 저항적 반일감정으로 응축되어 남아 있다고 볼 수 있다. 또한 한국전쟁 이후 심화된 분단구조하에서 전쟁 억지나 혹은 반대를 말하기보다는 승공통일을 이룰 수 있는 길이 있다면 전쟁도 불사한다는 분위기가 지배하고 있다. 이런 시대적 분위기하에서 한반도 평화인 멸공통일을 이루기 위해선 군사력으로 이를 달성해야 했고 그러기 위해선 군비확대가 필수적이며 군부세력의 정치세력화가 불가피하다고 온 사회가 이데올로기화되었다. 이 과정에서 시민들은 민주적 시민의 제 권리가 유보되는 것도 인내해야 했고 또한 전쟁은 피해야 하는 것이라기보다는 애국심을 갖춘 이 나라 국민이라면 기꺼이 목숨을 바쳐 이 나라를 공산화의 구렁에서 지켜야 하는 정의로운 목표물이라고 믿게 되었다. 따라서 한반도에 엄청난 재난을 몰고 왔던 제2차세계대전이나 한국전쟁 후에도 인간다운 삶, 전쟁 없는 삶을 목표로 한 반전, 혹은 군축을 위한 평화교육은 존재할 수 없었다.

무엇보다 분단사회의 모순을 정치적으로 이용하려는 세력들이 모든 국민의 자발적 참여에 기초한 민주주의의 올바른 실현을 불가능하게 만드는 까닭에, 전쟁에 대한 경각심을 심어주는 수준의 평화교육에 대한 접근과 논의는 허용하지만, 보다 적극적으로 군축을 위한 평화교육이나 북한 체제를 있는 그대로 인정하는 적극적 대북교육은 비판적 정치교육으로 오해되고 그것은 자칫 국가안보를 저해한다는 또 하나의 정치적 사건으로 비화될 소지가 매우 높았다. 북한을 적대화하는 각종 정치적, 사회적 사안들, 극우적 반공 이데올로기로 정치적 위기를 모면하려는 정치적 세력의 책동, 매스컴의 보수성, 학교교육의 정치적 도구화 등으로 인해 남북 대치하에서 민족갈등을 해소하려는 비판적인 평화교육은 논의의 여지가 매우 좁았다. 특히 통일에 대한 평화교육적 관점을 갖고 북한 주민에 대한 포용과 더불어 분단적 아픔을 남과 북이 함께 치유해나가려는 자세의 교정을 위한 구체적인 교육 프로그램에 대한 논의와 실천은 매우 제한되었다.

그런 상황이 계속되다가 1989년 냉전의 상징인 베를린 장벽의 붕괴를 전후하여 통일교육에 대한 논의가 일기 시작했다. 특히 노태우 정권이 통일안으로 '한민족 공동체론'을 제기하면서 반공교육에서 통일안보교육으로 그리고 통일교육으로, 그 안에 내포된 의미가 점차 바뀌었고 그에 따라 평화교육적 관점에서 남북한의 통합을 위한 교육적 과제를 제기하는 논의들이 나오기 시작했다. 이와 같이 그동안 북한을 일방적으로 적대시하던 입장에서 한반도 평화를 위한, 통일을 위한 대화 당사자로 인식하기 시작하고 그러한 과정을 밟는 평화교육적 과정을 말하기 시작했다. 즉 남북분단의 원인에 대한 객관적 인식과 그 후의 달라진 삶, 그리고 이를 이해하고 수용하기 위한 평화교육적 방법론 등이 제시된 셈이다.

그럼에도 통일교육 중심의 학교 평화교육은 이전의 틀을 벗어나지 못한 채 폐쇄적이고 경쟁적인 획일적 제도화의 교육에 머물러 있지만, YMCA, YWCA, 또 하나의 문화 등, 일반 시민단체에서 주관하는 사회교육 프로그램을 통해 더불어 살아가는 자세, 즉 통일을 준비하는 평화교육에 대한 논의와 더불어 실천들이 이루어졌다. 각종 통일 캠프 및 인권 캠프 그리고 공동체 놀이가 통일지향적 심성을 개발하고 증진시키는 평화교육적 방법론으로 활용되었다. 이 후 통일이 분단된 한반도에서 서로 다른 사람들이 함께 이해하며 더불어 살아가기 위한 평화교육적 과제로 인식되기 시작한 것이다. 이상에서 볼 수 있듯이 현재 진행되거나 논의되고 있는 한국의 평화교육의 핵심 주제는 남북한 통일교육에 관한 것이다. 이것은 우리의 특수성으로 신중하게 발전시켜야 할 주제일 것이다.

1980년대 이후 보편적 주제로서 평화교육에 대한 소개와 우리의 맥락에서 발전된 평화교육의 개념적 논의가 서서히 일기 시작하였다. 기존의 평화교육이 마음의 평화, 즉 욕심을 버리고 남과 다투지 않는 좋은 품성교육을 기르자라는 의미로 도덕교육의 범주에서 일부 다루어졌으나, 1980년대 서구의 비판적 평화교육론이 일부 소개되면서 논의에 활기를 띠었다. 무엇보다 독일의 비판적 평화교육론이 획일적인 학교교육의 문제와 우리 사회의 폭력화된 구조를 비판적으로 인식하고 이를 평화적으로 해결할 능력을 신장시켜야 할 필요성에서 제기되었다. 하지만 대학 교수들 중심의 평화교육 논의는 학교교육현장에서의 구체적 실천과는 유리되어 있다. 대부분의 논의들이 평화교육에 대한 일반적 서술이지 그것이 우리나라의 구체적 현실에서 어떻게 접목되어 실천될 수 있는지 그리고 평화교육의 실행단위가 어떻게 구축될 수 있는지 등과 같은 구체적 실천 안을 발전시키고 있지 못하였다.결국 논의는 있었으나 실천이 못미치는 평화교육론이라고 비판할 수 있다. 그런 한계를 받아들일 때 실천적 활동으로 학교 단위로 이루어지고 있는 유엔 기구의 평화교육 프로그램은 매우 주목된다. 실제로 유엔 기구가 주관하는 우리나라의 평화교육은 통일교육 중심적 평화교육의 지평을 세계교육 혹은 국제이해교육의 틀로 확장시켜 보편적 개념으로 승화시켜주었다. 그런 점에서 특히 유네스코의 국제이해교육과 유니세프의 지구촌 클럽은 양적으로나 질적으로 일단 주목할 만하다.

하지만 우리나라의 학교교육이 입시 위주의 경쟁 교육의 풍토에 놓여 있고 학교에서 교사의 자율성의 폭이 크지 않기 때문에 국제이해교육이 자리잡을 여지가 많지는 않다. 특히 협동학교의 대부분이 국공립학교인 상황 속에서 정기적인 국공립학교의 잦은 교원인사이동으로 말미암아 계획만 해놓고 시행도 못 하는 경우가 태반이고 또한 학교장의 의지에 따라 교육활동의 강도가 좌우되기도 하기 때문에 학교 단위로 국제이해교육에 대한 장기적인 전망을 갖기 어렵다. 더욱이 정치적 의미로 해석될 여지가 있는 평화와 인권교육은 학교에서 시도하기가 쉽지 않다.

학교교육과 직·간접으로 연관된 평화교육 이외, 시민단체나 종교단체에서 실시하는 평화교육은 체계적인 교사훈련을 거쳐 어린이, 청소년들을 대상으로 세계에 대한 이해에서부터, 한반도의 문제에 대한 사회과학적 이해, 남과 더불어 사는 삶, 특히 북한 주민과 어우러져 살아가는 삶, 이웃과 환경에 대한 자세를 고치는 것까지 비교적 장기적으로 교육 프로그램을 개발해서 실천하고 있다. 이러한 평생학습적 평화교육에 대한 논의는 학교교육이 제도화된 틀로 인해 많은 제한이 있고 또 한 평화교육의 주제가 학교와 지역사회로 확대되어야 한다는 추세를 고려할 때 앞으로 적극적으로 고려해보아야 하는 영역일 것이다. 사실 갈등사회에서 평화를 사회적으로 실현하기 위해서는 기존의 학교교육 위주의 교육프로그램에서 과감히 탈피하여 교육현장, 평화 관련 연구기관 및 실천적인 시민운동단체가 연대하고 협동해야 한다. 그런 면에서 학교에서의 평화교육은 학교 밖에서의 평화교육과 상호 보완적이어야 한다. 무엇보다도 평화의식을 증진시키는 의미에서 평화교육은 평화운동과 긴밀히 연관되어져야 한다. 또한 사회적 갈등을 공동선을 기축으로 해소하기 위해서는 평화교육 관련단체들을 네트워크화할 필요가 있다. 단체들의 활동을 분류하고 자료화하여 교육적 자료로 활용하고 사회적 반향이 클 수 있도록 프로그램화한다면, 한국의 평화교육은 우리나라의 사회적 갈등을 분석하고 해결하기 위한 하나의 길이 될 수 있다. 따라서 학교교육 중심의 획일적인 교육방법론에서 탈피하여 방법론을 다원화하는 방향을 모색하여야 한다. 그런 의미에서 평화교육방법론은 자신과 이웃 그리고 세계에 대한 개인의 감수성 훈련에서부터 크게는 정치적 의식화 프로그램에 이르기까지 구체적 사안에 대한 구체적 문제해결의 방향이 가능한 방법으로 열려 있어야 한다.

우리나라 평화교육은 이러한 구조적 모순과 사회제도로 인해 야기된 왜곡된 의식을 평화의식으로 변화시키기 위한 총체적 교육과정을 일컫는다. 그러나 우리나라의 정치사회적 상황이 빚어낸 문제가 평화를 위협하는 가장 근원적인 것이기 때문에 그동안의 평화교육은 다분히 정치적 수준에서 불의를 눈감고 서로 인내하며 참자는 의미에서의 도덕교육적 성격이 강했다. 그런 까닭에 한편의 평화교육은 평화적 심성의 개발과 앙양에 초점을 맞춘 소극적인 윤리 및 인성교육을 의미했고 다른 한편으로 평화교육은 민주화운동이나 통일운동과 같은 매우 큰 정치적 시민운동과 연계된 일종의 정치교육으로 이원화되어 있었다. 결과적으로 평화교육은 양쪽에서 다 배척받는, 그 의미가 모호하고 때론 이중적인 성격을 띠고 있었기 때문에 개념적 혼란을 일으킬 수밖에 없는 것이다. 따라서 평화교육을 평화문제에 대한 비판적 인식, 평화적 심성 개발, 그리고 비폭력적(평화적) 갈등해소 방법 및 기술의 제고라는 면에서 통합적으로 이해하면, 이것은 분명 한국민뿐만 아니라 전 세계인들이 함께 나아가야 할 대안적 교육의 방향이 될 것이다.

한 예로 남북적대감을 해소하기 위한 통일교육은 기존 평화교육의 맥락에서 비판적으로 이해되고 논의되었다기보다는 남한정부의 정치적 프로그램만을 일방적으로 주입시키는 무비판적 교육이었다. 통일교육이 정부의 독점적 영역으로 논의와 자료를 제한하고 있기 때문에 통일운동과 통일교육은 별도의 장에서 독립적으로 이루어진다. 따라서 민주주의적 원리에 입각한 평화교육으로서 통일교육이 되기 위해서는 무엇보다 자료를 공개하고 모든 사람이 자유롭게 참여하여 생각을 서로 나눔으로써 적대적 이미지를 지우고 더불어 살아갈 수 있는 태도를 형성하게 하는 것이 요구된다. 무엇보다도 통일교육은 평화교육의 틀 안에서 남과 북의 이질화뿐만 아니라 남한 정부와 민간단체 사이의 갈등과 반목을 해소하고 이해와 관용의 정신으로 접근하여야 한다. 따라서 우리나라의 평화교육을 논하기 위해서는 새로운 가치에서 교육을 바라보고 그것에 대한 낙관적 전망을 가져야 한다. 즉 평화적 관점에서의 교육이란 통일교육을 넘어서서 그것이 함의하는 바를 공통으로 합의해내어야 한다.

4) 제안

한국의 평화교육의 모형을 개발하는 데에서 제일 중요한 것은 평화교육의 범주를 어떻게 설정하느냐 하는 것이다. 보편적 가치뿐만 아니라 우리나라의 특수한 갈등을 해소할 수 있는 평화교육의 범주설정이 필요하다. 무엇보다 우리나라의 구조적 폭력에 대한 비판적 인식을 위한 인지적 영역에서의 주제어를 선정하고, 평화적 심성을 개발하기 위한 정의적 목표 행동으로서의 평화적 가치에 대한 대안적 선정 그리고 갈등의 비폭력적 해소 방안 및 지적, 정의적 목표 도달을 위한 기법 등, 평화에 관한 무엇을, 어떻게, 왜 다룰 것인가가 평화교육의 범주로 포함되어야 한다.

위에 제시된 새로운 평화교육 모형에서는 다양한 형태의 개별 프로그램들이 평화교육의 이름으로 네트워크를 구축하면서 상호 보완될 때 개인의 변화와 구조적 개혁이 동시적으로 일어날 수 있음을 암시한다. 예를 들어, 식민주의나 제국주의에 대한 학습은 토론이나 비판적 사고를 통해 이루어져야 하며 이것은 궁극적으로 공동체 의식이나 미래에 대한 긍정적 전망을 갖도록 만든다. 인권은 협동이나 대화를 비롯한 모든 평화교육기법을 활용하여 궁극적으로 자기존중, 타인존중 자율의 가치를 내면화할 수 있도록 돕는다. 이렇듯 모든 주제어나 가치, 태도가 평화교육

〈표 4〉 평화교육의 제 범주

지식의 영역	기술의 영역	자세, 가치, 태도의 영역
식민주의/제국주의	협동/놀이/노작	자기존중
분단/통일	대화	타인존중
전쟁/군축	토론	상호 이해
핵	비판적 사고	양보
환경	창의적 활동	자율
갈등	중재	비폭력
계급	타협	공동체 의식
인종	명상	생태학적 관심
인권		미래에 대한 전망
정의		진리에 대한 헌신
민주주의		상생(相生)
성		
관용		

적 기법을 통해 제대로 전수되고 바람직하게 형성될 때 평화교육은 사회에 기여하는 인간을 양성하여 평화문화를 신장할 수 있다. 하지만 제일 중요한 것은 평화교육에서는 일체의 평화지향적 정치적 행동도 평화교육을 통한 인간의 자발성에 의해 촉발되어야 한다.

그런 면에서 평화교육에서는 사회 안의 개인을 평화적 식자화하는 프로그램을 구체화하여야 한다. 평화적 식자화란 파울로 프레이르의 정치적 식자화에서 연유한 개념으로 평화에 대한 개념을 공유하며 평화적 가치를 중심으로 삶의 조건을 구성할 수 있도록 만드는 총체적인 갈등해결교육 프로그램을 말한다. 따라서 평화교육은 삶의 전 과정을 통해 사회적 조건을 정의롭게 만듦과 동시에 비폭력적 평화문화를 조성할 수 있는 능력을 계속적으로 갖추게 만든다. 그럼으로써 한국을 둘러싼 내적 갈등, 남북 간의 갈등, 전 지구적 갈등이 비폭력적 노력에 의해 해소될 수 있도록 국내외적 노력을 하여야 할 것이다.

학교는 그런 점에서 평화교육을 가장 효과적으로 실천할 수 있는 교육의 장이다. 특히 현행 학교교육의 환경이 이전에 비해 매우 탄력적인 방향으로 개선되었기 때문에 평화교육을 실천할 수 있는 여지는 상당히 확장되었다. 이를 위한 학교 내외적 노력을 기울일 때 관과 민이 함께하고, 학교와 지역사회가 상부상조하며, 교사와 학부모가 협력하는 이른바 교육공동체가 올바로 세워질 수 있다.

5) 실천행동

9·11 테러 이후 한국의 평화교육은 통일교육 중심의 한반도적 특수성을 벗어나 좀더 보편적인 세계교육의 주제에 접근하고 있다. 2000년에 이미 'American Friendship Service' 극동지부가 평화를 만드는 여성회를 비롯한 각종 시민단체 활동가를 대상으로 갈등해결교육 연수를 실시한 바 있고, 이에 대한 후속 프로그램으로 평화를 만드는 여성회는 평화교육의 주제를 평화적인 일상적 삶으로 설정하여 각종 교사연수 및 학생 캠프 그리고 폭력 장난감 버리기 등의 운동을 전개하였다. 평화교육연구회는 통일교육 중심의 평화교육적 논의를 극복하기 위하여 지속적인 국제교류활동을 전개하면서 실험적으로 나눔의 집과 공동으로 평화와 화해를 위한 청소년 인권교육을 주말프로그램으로 추진하여왔다. 유네스코 한국위원회 역시 전 지구적 보편성의 주제를 평화와 인권교육에 결부시켜 인권교육 및 갈등해결을 위한 교사연수를 실시하였다.

무엇보다도 2002년 미장갑차에 의한 두 여중생 사망 사건은 자연스럽게 한반도 평화를 일상적 삶의 안보문제로 확대시켜주었다. 이것은 미국·이라크 전쟁을 겪으면서 반전평화운동으로 승화되었다. 이 과정에서 수많은 교사들이 실제 수업에서 활용할 수 있는 매뉴얼을 개발하고 동시에 학생들과 더불어 촛불시위에 참석하여 역사적 실체로서 자신을 느껴보고 행동에 참여하게 하는 비판적인 평화교육이 자연스럽게 이루어졌다. 따라서 학교 평화교육은 학교 울타리 안에서 이루어지는 심성교육이 아니다. 비판적으로 사고하고, 사회적 약자에 대한 배려와 더불어 상호 인권을 존중할 수 있는 태도를 기르며, 궁극적으로 정의사회를 구현함에 있어 비폭력적 평화운동을 확산하는 데 참여함으로써 정치적 식자가 되도록 돕는 적극적 교육이다. 갈퉁이 주지했다시피 평화교육은 평화연구나 평화운동과 연계선상에 있는 종합적 활동이다.

5. 맺음말

평화교육은 모두를 평화적 식자화하는 종합적인 평생학습활동이다. 그런 의미에서 학교교육에서뿐만 아니라 지역사회, 미디어, 각종 매체 등에서 평화의 주제를 다루고 이를 중심으로 한 새로운 문화운동으로 나아갈 수 있어야 한다. 따라서 평화교육은 기존의 교과중심, 교사중심, 교실활동중심에서 벗어날 수 있어야 한다. 다행히 학교 교육과정은 7차교육과정 이후 상당한 교과자율성을 교사에게 부여하고 있다. 교사는 교사재량에 따라 자신의 담당교과나 아니면 창의적 재량활동을 통해 평화학습을 실시할 수 있다. 그런 점에서 평화교육을 실천하기 위한 학교교육의 장르는 상당히 확대되었고 앞으로 평화교육의 활동 여부는 교사자발성에 달려 있다고 해도 과언이 아니다. 그런 점에서 평화교육의 실행 여부는 결국 외부의 탄압이 아닌 교육 내부의 활동성에 달려 있는 것이므로 이를 촉진하기 위한 다양한 지원 활동이 이루어져야 할 것이다.

<참고문헌>

강순원. 2000, 『평화·인권·교육』, 한울.

정용민. 2001, 「평화교육적 접근에 의한 통일교육 연구」, 한신대학교 교육대학원 석사학위 청구논문.

정현백 외. 2002, 『통일교육과 평화교육의 만남』, 통일부 통일교육원.

Harris & Morrison. 2003, *Peace Education*, London: McFarland & Company, Inc., Publication.

Horcey, L.R. & Harris I.M.(eds.) 1999, *Peacebuilding for Adolescents*, New York: ACSS.

Muthien, B. 1988, *Introduction to Peace Studies*, Cape Town: Quaker Peace Center.

관용과 비폭력의 평화교육

고병헌(성공회대학교 교수)

1. 평화교육의 필요조건으로서의 관용

평화교육은 '관용(寬容, tolerance)'하려는 의지와 능력을 기르는 데에 집중적인 노력을 기울이는 것에서 그 해결의 실마리를 찾을 수 있을 것이다. 왜냐하면 세상의 다양한 갈등과 분쟁 중에서 많은 것들이 결국 '우리는 나와 다른 것(사람)과 함께 살아야 한다'는 진리를 깨닫고 그 깨달음을 우리 각자의 삶에 녹여낼 수 있을 때 비로소 그 해결을 기대할 수 있는데, 이때 '함께 사는 관계 맺기'를 가능하게 하는 태도와 마음가짐이 바로 '관용'이기 때문이다. 그런데 일반 사람들은 물론, 평화운동에 관여하고 있는 사람들 중에서도 관용에 대해서 의외로 부정적인 이미지를 가지고 있는 사람이 많은 듯하다. 이는 우리처럼 정신적으로, 이념적으로, 신체적으로 억압받은 경험이 깊고 큰 사회에서 흔히 목격하게 되는 매우 '자연스러운' 현상인데, 그 이유는 영어로 'tolerance'와 'toleration' 두 단어의 차이를 구별함으로써 설명될 수 있다. 옥스퍼드 사전에 'tolerate'는 ① to permit without protest or interference, ② to bear(pain etc.), to be able to take(a medicine) or undergo (radiation, etc.) without harm, toleration으로 설명되어 있는데, ①은 tolerance를, 그리고 ②는 toleration을 뜻한다(Evers, 1995: 5). 사전적 정의에 따르면, 'tolerance'는 '방해하지 않고 받아들이다'를, 그리고 'toleration'은 '(고통이나 곤란 등을) 견디다'를 의미하는데, 대개 관용이 'toleration'의 의미로 해석될 때 부정적 이미지를 만들어낸다. 왜 그런 것일까?

관용이 문제가 되는 것은 갈등이 발생했거나, 그럴 수 있는 가능성이 있을 때이다. 갈등이 생겨날 가능성이 전혀 없는 상황에서는 관용은 그리 큰 관심거리가 아니다. 관용을 하든 말든 별 문제가 되질 않기 때문이다. 관용이 문제가 되는 것은 크게 다음 두 가지 상황에서이다.

첫째, 갈등 당사자들이 서로가 절대적으로 옳다고 확신할 때이다(Margiotta-Broglio, 1994). 이러한 상황에서는 흔히 경제적으로 혹은 정치적으로 힘이 있는 집단의 신념이 그렇지 못한 집단에게 강요되는데, 이런 상태에서 사회적 약자가 선택하는 '관용'이라는 생존수단은 신념에 의한 것이라기보다는 '상대방의 것을 할 수 없이 묵인, 용인, 수용'할 수밖에 없는 처지를 '위안'하고 미화하는 말로 비칠 수 있다. 우리나라는 해방 이후 지금까지 강대국의 입김에 크게 영향을 받고 있으며, 국내적으로도 오랜 기간 군사독재를 겪었던 소위 '약자'의 입장이었기 때문에, 관용은 기득권층에게는 현상유지를 위한 효과적인 담론으로 기능한 반면, 사회를 개혁하고자 하는 사람들에게는 불의(不義)한 상황을 고착시키는 이데올로기적, 심리적 기제로 경험되었다. 그리고 바로 이러한 정치적, 사회적, 심리적 맥락 속에서는 갈등 관계 당사자들이 대립적 관계를 포기하지 않는 한, 관용은 갈등을 해결하는 데 실질적인 수단이 되질 못한다. 세계 도처에서 벌어지고 있는 종교적, 민족적, 경제적, 군사적 분쟁에서 '관용의 정신'이 실질적인 힘을 발휘하지 못하는 것도 사실은 우리의 경우와 크게 다르지 않은 이유 때문이라고 말할 수 있다.

둘째, 편견(偏見)이 작용하는 상황이다. 편견은 '나'를 '높이기'보다는 '상대방'을 '낮춤'으로 해서 덜 '비(非)도덕적'인 느낌이 들고, 가정교육이나 사회풍토, 대중매체 등을 통해서 형성된다는 점에서 '전체적'이며, 다른 많은 종류의 갈등 원인이 된다는 점에서 '근본적'이다. 이는 다른 민족과 인종에 대한 편견, 성차별적 편견, 장애인에 대한 편견, 특히 우리나라의 지역 편견 등이 그토록 심각하게 편견의 직접적 당사자뿐만 아니라 우리 모두의 삶에 부정적 영향을 끼치고 있는데도 막상 그러한 편견을 갖고 있는 사람들은 별 죄책감 없이 살아가는 것을 보면 알 수 있다.

관용이 무력(無力)해지는 이 두 가지 상황 중에서 관용이 그만큼 더 절실해지는 것은 두번째 경우이다. 사실 첫번째 경우는 불관용(不寬容)의 상태가 매우 적나라하게 노출되고, 또 갈등 당사자 모두에게 가시적이고 즉각적인 불편과 해를 끼치기 때문에 굳이 '관용의 마음'을 심지 않아도 갈등 당사자들은 더 큰 문제를 피하기 위해서 각자 나름대로 갈등을 해결하기 위한 노력을 할 가능성이 있다. 그러나 편견은 많은 경우에 '비가시(非可視)적'이기 때문에, 다른 많은 갈등을 일으키는 근본 원인이 될 수 있음에도 불구하고 주 경계 대상에서 쉽게 제외되는 경우가 많다. 편견은 정치·경제적인 것보다는 정신적, 문화적인 개념이기 때문에 어느 한 영역에서의 편견의 피해자가 다른 영역에서는 가해자가 될 수 있다. 또 지역감정에서처럼 어느 한 영역 안에서도 서로가 서로에 대해 '피해자'이면서 동시에 '가해자'일 수 있다. 따라서 편견에 관한 한, 관련 당사자 서로가 서로에 대해서 '관용'적일 필요가 있으며, 이때의 '관용'은 차별이 없고 평화적인 공존(Margiotta- Broglis, 1994), 좀더 적극적으로는 '더불어 사는 삶'을 의미하게 된다. 나아가 한반도의 통일이나 세계평화를 실현하기 위해서도 관용은 매우 효과적인 수단이 될 수 있다. 경쟁이나 갈등 관계에 있는 '강자'와 '약자' 어느 한쪽의 일방적 승리만으로는, 그리고 그동안 부와 풍요를 독점하여 왔던 쪽의 '회개'에만 의존해서는 통일도 세계평화도 가능하지가 않다. 기존의 세계질서에서 혜택을 누려왔던 쪽이나 고통받아 왔던 쪽 모두 인식을 전환해야만이 통일도, 세계평화도 가능하게 되는데, 바로 이 가능성을 열어주는 것이 '관용의 정신'이다. 관용은 그저 강자에 대한 굴복이나 '차이(差異)'의 맹목적인 수용이 아니다. '차이'가 '풍요(豊饒)'를 가능하게 한다는 신념에 기초해서 서로의 존재와 의미를 새로이 인식할 수 있을 때 다양한 사상, 이념, 체제, 종교, 민족, 인종, 성, 문화, 신념 등의 공존이 가능할 수 있다. 그리고 이렇듯 관용의 '대상(對象)'이 되는 쪽에도 인식의 전환을 요구한다는 점에서 '공존(共存)하기 위한 관용'은 평화로운 세상 만들기를 위한 필요조건이라고 할 수 있다.

> 관용은 인권을 구현하고 평화를 이루는 데 있어 없어서는 안될 필수요소이다. 가장 단순하고 기본적인 형태의 관용은 개성과 정체성을 존중받고자 하는 다른 사람들의 권리를 허용하는 것이다. 현재의 국제인권규범들을 잉태했던 현대의 정치·사회적 가치들은 사회질서를 유지하기 위한 토대로서의 관용을 주장함으로써 비로소 그 모습을 구체화시킬 수 있었던 것이다. …… 집단들 사이의 갈등의 대부분이 정치, 사회, 경제적인 문제들을 결정짓는 자신들의 권리를 지나치게 주장하는 불관용에 의해 심화된다는 사실이 명백해졌다. 세계선언에서도 지적된 것처럼, 폭력은 불관용의 결과로 나올 수 있고, 민주주의의 기운을 억압하는 결과물이 될 수도 있다. 민주주의의 중요한 기능은 정치적인 변화를 촉진시키고 정치적인 차이점들을 폭력 없이 조정해나가는 것이다. 그래서 민주주의가 평화, 인권, 관용과 필수적으로 맞물리게 되는 것이다.(유네스코 한국위원회 역, 1995: 6)

관용은 '목적'이 아니라 '수단'이다. "집단들 사이의 갈등의 대부분이 정치, 사회, 경제적인 문제들을 결정짓는 자신들의 권리를 지나치게 주장하는 불관용에 의해서 심화되며…… 폭력은 불관용의 결과로 나올 수 있기" 때문에 폭력과 억압이 없는 평화로운 공동체 건설을 위해서 '관용'이 필요한 것이다.

'위기(危機)'는 '위기'인 동시에 '기회(機會)'도 되는 것이다. 한편으로는 인종적, 민족적, 종교적, 이념적, 지역적 편견, 혹은 집단간의 과거의 좋지 못했던 경험으로 인한 앙금 때문에, 그리고 또 한편으로는 세계화, 배타적 애국주의, 군사적 패권주의, 혹은 배타적인 신앙 때문에 세계 곳곳에서 전쟁과 테러, 폭력이 끊이질 않고 있다. 또한 우리 생활의 구석구석에까지 영향을 미치고 있는 생태적 위기는 인류의 지속적인 생존가능성을 뿌리에서부터 위협하고 있다. 그러나 인류가 '공멸(共滅)'의 위기를 느끼고 있을 때가 바로 '공존'을 모색해야 하는 시점이 될 수 있으며, '평화로운 지구공동체', '대동(大同) 사회'를 만들어가는 출발점이 될 수 있다. 오늘날 우리가 경험하는 온갖 종류의 불관용, 갈등, 폭력에 의한 위기, 그리고 생태학적 위기는 우리에게 "모든 인류와 우주는 통일성과 상호 의존의 원리를 간직하고 있음"과 "이 통일성과 상호 의존에 대한 직관이 관용이라는 말 속에 내재하고"(유네스코 한국위원회 역, 1995: 20) 있음을 일깨워준다. 따라서 앞으로의 평화운동, 평화교육은 우리 아이들에게, 그리고 우리 자신에게 '나'와 '다른' 지역, 문화, 종교, 이념을 가지고 살아온 사람들과 '공존'하고 '더불어 살기' 위해서 관용적인 삶의 태도를 갖도록 교육하는 것에서 출발해야 한다.

> 대립하는 것처럼 보이는 요소가 서로 상대의 존재를 가능하게 한다는 인식이 갈수록 다양화, 다원화하는 세계와 어울려간다. 국제 역학에서 또한 어느 나라도 일방적으로 다른 나라에 영향을 주지는 못한다. 공생과 상생은 인류에게 있어서 이상이 아니라 현실적인 수단이 된 것이다. 적의와 대립을 대화와 이해로 바꾸어나가는 것이다. 문명충돌이 아닌 대화의 세기에 지구 문명은 그 다양성을 두려워하지 않고 찬양한다. 너와 나의 차이를 인정하면서 하나임을 인식한다.(김용운, 2001: 263)

2. 평화교육의 철학적 기반으로서의 비폭력주의

실로 관용은 갈등이 폭력적으로 해소되는 것을 막을 수 있는 '안전장치'이며, 공존을 위한 '필요조건'인 것이다. 하지만 현실정치에서 이 '안전장치'가 자기 기능을 제대로 하기 위해서 '충분조건'이 만족되어야 하는데, 비폭력주의, 혹은 비폭력사상이 바로 그 '충분조건'이다. 왜냐하면 폭력을 이미 내면화한 현대인(혹은 국가)은 폭력의 본질적 속성과 폭력이 우리의 사고와 삶에 미치는 영향, 그리고 그 극복 방안에 대해서 객관적이고 합리적으로 판단할 수 있는 능력을 거의 상실한 상태이기 때문이다. "혁명의 역사적이고 정치적인 논리에 본래적으로 내재하는 음험한 딜레마와 모순"을 폭로한 것으로 유명한 메를로-퐁티(M. Merleau-Ponty)조차도 한때 그의 책 『휴머니즘과 테러』에서 "우리 인간은 육체적 존재이기 때문에 어쩔 수 없이 폭력적일 수밖에 없으며, 우리는 서로 다른 형태의 폭력들 사이에서 다만 폭력을 선택할 수밖에 없고, 모든 정권은 공통적으로 폭력에 근거하기 때문에 <삶과 토론 그리고 정치적 선택은 항상 폭력에 기반하여> 이루어질 수밖에 없으며, 따라서 폭력적인 자에 대한 폭력 사용의 자제를 주장하는 것은 곧 폭력과의 공범행위"라고 하면서 폭력을 옹호할 정도로(정화열, 1999: 82), 내면화된 폭력은 자신에 대한 어떠한 저항도 무력화할 수 있는 힘을 갖고 있다. 그리고 바로 이러한 이유 때문에, '폭력의 내면화'가 상당한 정도로 진행된 사회에서의 평화운동은 어떤 갈등이나 분쟁이 폭력적 방식으로 해결되려고 할 때, 그 '수단'의 '부당성(不當性)'을 호소함으로써 폭력이 실제로 발생하는 것을 막으려 할 뿐, '관용'과 같은 대안적 평화운동 실천 수단의 '적합성'을 '계몽'하고 '교육'함으로써 폭력이 깊이 내면화된 정부나 군중의 선택에 영향을 미치기에는 역부족인 경우가 대부분이다.

> …… 그런데 요즘 놀라운 것은 대학생들 중에 파병을 지지하는 학생들이 꽤 많다는 것입니다. 내가 죽는 한이 있어도 남들을 억울하게 희생시키는 게 잘못이라는 생각은 특히 젊은 사람들이라면 당연히 갖고 살아야 되잖아요. 그런데 대학생들 중에 국익이니 현실적인 실리를 들먹이는 학생들이 적지 않아요. 국제적 현실은 도덕과 윤리로 움직이는 게 아니라 철저하게 현실주의적인 이익에 따라서 움직인다고 제법 그럴듯하게 어른스러운 소리를 하면서 말이에요.(김종철, 제71호: 4)

그래서 평화운동, 혹은 평화교육은 대안적인 실천 방식의 모색에 앞서 먼저 개인과 사회에 뿌리깊게 자리하고 있는, '폭력지향성'이라고 하는 '보이지 않는 손'을 제거할 필요가 있다. 왜냐하면 "폭력이란 어떤 사람의 목을 치는 행위 속에 있는 게 아니라, 그 행위의 동기(動機) 속에 있는 것"(Gandhi, 2001: 179)이기 때문에, '행위의 동기'를 '선(善)'하게 변화시키는 것이야말로 폭력을 근절하기 위한 근본적 방법일 수 있기 때문이다. 하지만 사람들은 한 사람의 행위의 동기를 선하게 변화시키는 것이 '정당한 폭력'이라는 수단보다 더 큰 힘을 가질 수 있는지, 그리고 기존 평화운동의 '한계와 오류' 모두를 극복하여, 물리적 폭력은 물론, 구조적 폭력과 문화적 폭력까지도 그 뿌리를 뽑아낼 수 있는 '사회변혁력(社會變革力)'이 있는지에 대해 회의할는지 모르겠다. 『바가바드기타(BHAGAVADGITA)』(Gandhi, 2001: 206)의 가르침에 따르면, "비폭력은, 그것 앞에서 모든 폭력이 사라지고 말 정도로 강력한 힘을 지닌다. 비폭력의 영향 아래서는 난폭한 들짐승도 제 본성을 잊는다. 착한 사람 하나가 세상을 바꿔놓을 수 있다." 도법(2001: 167-172)도 이렇게 답하고 있다.

> 한국의 불교 수행자들 대부분이 잘못 알고 있는바, 부처님이 현실문제를 회피하거나 적당히 거리를 두고 산 것으로 알고 있습니다. 그러나 부처님은 현실의 문제를 회피한 적이 한번도 없습니다. 언제나 역사의 현장에 두발을 딛고서 문제가 있으면 정면으로 맞닥뜨렸습니다. 다만 한 가지 분명한 것은 어떤 상황에서도 자비심에 입각한 비폭력 평화주의의 방법으로 일관하였다는 것입니다. …… 부처님이 국가나 민족, 교단보다 더 중요하게 여긴 가치는 연기와 무아의 진리에 입각한 비폭력, 평화의 정신입니다. 부처님은 법의 길만이 인간의 길이고, 법의 길만이 문제 해결의 길이고, 법의 길만이 희망의 길이라는 분명한 원칙을 갖고 살았습니다. …… 서산스님과 사명스님은 도인이고 대단한 분이지만, 칼을 들고 전쟁에 참여한 것에 대해서는 진지하게 생각해보아야 될 여지가 많습니다. 부처님은 분명 비구는 칼을 들고 싸워서는 안 된다고 하였습니다. 신라 시대 원광 법사의 화랑오계도 법의 길보다는 국가와 민족을 우선 가치로 삼았다는 점에서 문제가 있다고 생각합니다. 마하트마 간디는 부처님과 똑같은 말을 하였습니다. '진리의 정신을 실천하는 유일한 방법인 비폭력 평화 정신이 지켜지지 않는다면 나는 차라리 인도의 독립을 포기하겠다'고 말입니다. 반드시 비폭력 평화의 방법으로 독립을 이루어야 한다면서, 그러지 않는다면 차라리 인도의 독립을 포기하겠다니, 참으로 대단합니다. 인도의 저력과 인도의 위대함이 바로 여기에 있습니다. …… 왜 그래야 할까요? 만일 인도가 폭력을 통해 독립을 얻어냈다면, 삶의 질적인 향상이 이루어질 수가 없습니다. 삶을 질적으로 변화시키고 향상시킬 수가 없기 때문에 언제나 악순환이 되풀이됩니다. 인도 사람들은 인도 사람들대로 영국 사람들에 대한 증오, 분노, 원한, 복수심이 계속 격화되고, 또 영국 사람들은 인도 사람들을 상대로 분노, 증오, 원한, 복수심을 키워서 계속 악화되어갈 수밖에 없습니다. 우리 모두를 더 야만적으로, 더 폭력적으로 만들어버립니다. 그와 반대로, 인내와 포용으로 비폭력 무저항의 방법을 실천하면 분노, 원한, 증오, 복수를 철저하게 배제하게 되고 그 대신에 인간적인 애정과 신뢰의 방법으로 문제를 다루게 되기 때문에, 우리의 영혼이 정화되고 삶의 내용이 질적으로 변화되고 향상됩니다. 그리고 그런 과정을 통해 역사는 한 단계 성숙하게 됩니다. 바로 이 점을 마음에 깊이 새겨야 합니다. 우리의 노력이 모순과 고통을 재생산하는 노력인지, 모순과 혼란과 고통을 근절시키고 우리의 삶의 질을 변화시키고 향상시키는 노력인지에 따라서 가치의 척도가 달라집니다.

이 인용문에서 비폭력주의가 평화운동과 평화교육을 사회변혁운동으로 끌어올릴 수 있는 힘이 될 수 있다는 도법의 확신을 읽을 수 있다. 그런데 도법의 이

'설법'이 진정 현실정치에서 실효성을 가지려면, 비폭력주의에 입각한 실천을 통해서 실제로 '우리의 삶의 내용이 질적으로 변화되고 향상'되고, '그런 과정을 통해 역사는 한 단계 성숙'할 수 있어야 하는데, 세계 평화운동의 역사는 이것이 현실적으로 가능함을 증명하고 있다. 역사적으로 비폭력 평화운동은 갈등상황이 심각하면 할수록 어떠한 '폭력적 수단'보다도 강한 힘을 발휘하여 평화를 위한 투쟁을 승리로 이끈 경우가 많다. 간디가 이끈 인도의 독립과 마틴 루터 킹의 흑인 인권 투쟁, 그리고 귀족의 안락한 삶과 특권을 거부하고 농노와 함께하려고 했던 톨스토이의 '절대평화주의(pacifism)'적 삶 등이 바로 그 실례들이다. 틱낫한은 비폭력 평화운동이 전쟁의 양상이 훨씬 더 폭력적이고 야만적이 된 현대에서도 여전히 그 힘을 잃지 않고 있음을 다음과 같이(≪한겨레≫, 2003년 8월 8일자) 답하고 있다.

> 질문: 스님은 불교 가르침에 따라 평생 비폭력 평화운동을 펼치고 있다. 그러나 인도인들은 불교를 버렸고, 베트남인들은 무장저항으로 미국을 물리쳤다는 자부심이 있다. 이라크는 미국과 국제원자력기구의 핵사찰에 응했지만 결국 침략을 당했고, 북한은 핵무기 개발을 통한 저항 말고는 길이 없다고 한다. 이런 현실에서 어떻게 비폭력을 설득할 텐가?
>
> 대답: 인도는 간디의 비폭력운동으로 독립을 얻었다. 미국이 베트남에서 후퇴한 것은 무기가 없기 때문이 아니었다. 세계 평화운동가들의 거센 반전운동에 따른 반전 여론을 미국이 더는 거부할 수 없었기 때문이다. 이라크의 미군 15만은 이제 보복의 위협 속에 있고, 병사의 부모들은 자식에 대한 우려로 고통받고 있다. 폭력으로 문제를 해결할 수 없다는 것을 다시 한번 보여주고 있는 것이다.

물론 그렇다고 해서 다른 모든 평화운동 방식은 다 소용없고 오로지 '비폭력주의', '비폭력 평화사상'만이 만병통치약이라는 말을 하려는 것이 아니다. 다만 이라크 전쟁이 이라크 국민을 위한 것이라는 것과 같은 황당하기 이를 데 없는 '억지'가 더 이상 국제사회에서 반복되지 않게 함으로써 평화라는 말이 더 이상 유린당하지 않게 하기 위해서 할 수 있는 모든 노력을 다해야 한다는 것이며, 비폭력 평화사상은 이러한 우리의 노력이 큰 결실을 거두게 하는 정신적 토양, 철학적 기반이라는 사실에 새롭게 주목하자는 것이다. 하지만 여기서 특히 주의할 점은 평화운동은 평화운동 자체만으로는 그 목적을 실현하기 어렵다는 사실이다. 평화운동이 지금까지와는 달리 관용과 비폭력주의라고 하는 '대안적 가치'에 기초해야 하는 것이 운동의 목적을 실현하기 위한 필요조건이라고 한다면, 그러한 '대안적 가치'가 우리 각자의 일상생활에서 실질적으로 작용하게 만드는 것은 평화운동 성공을 위한 충분조건인 것이다. 그리고 바로 이 충분조건을 만들어내는 것이 평화교육이다. 즉 평화교육의 성공은 평화운동 성공의 충분조건인 것이다.

사실 동서고금을 막론하고 인간의 태도와 품성을 변화시켜서 바람직한 행동을 끌어내고자 했던 교육실천 치고 의도했던 효과가 있었던 경우가 별로 없다. 인간의 가치, 태도, 품성의 변화, 그리고 그를 통한 행동의 변화를 지향하는 많은 교육실천들, 그 중에서도 특히 도덕교육이나 윤리교육은 '알면 행할 것이다'라고 하는, 결코 검증되지 않은 '교육적 가정'에 근거하고 있다. 그런데 앞서 지적하였듯이, '무엇에 대해서 안다'는 것이 결코 근본적인 행동변화를 이끌어내지는 못하는 것이 문제인데, 기존의 많은 평화운동 실천들이 '비판적 사회 읽기'에 치중한 나머지 '앎'을 '삶'에 연결시키지 못하는 문제를 낳아왔다. 전쟁이 개인은 물론 당사국 모두에게, 그리고 나아가 인류 전체에게 얼마나 치명적인 해악을 끼쳐왔는가를 너무나도 잘 '알면서' 지금 이 순간에도 전쟁은 끊이질 않고 있다. 그것이 분명 군인보다는 무고한 어린이와 부녀자들의 생명을 훨씬 더 많이 앗아갈 것이라는 것을 '알면서'도 군사강대국들은 할 수만 있다면 더욱 가공할 무기를 만들어 팔려고 안간힘을 쓰고 있다. 그것이 돌이킬 수 없을 정도로 환경을 훼손할 것이라는 것을 잘 '알면서'도 산을 깎아 만든 골프장은 늘어만 간다. 오존층이 치명적으로 파괴되고 있음을 잘 '알면서'도 여전히 '나 홀로 자가용'은 줄어들지 않고, 빈발하는 이상기온이 지구 곳곳에 엄청난 재해를 낳고 있는 것을 잘 '알면서'도 환경보존정책은 여전히 개발논리에 밀리고 있다. 우리 민족이 바로 그 똑같은 방식으로 당했었다는 것을 잘 '알면서'도 우리는 지금 똑같은 방식으로 이주노동자를 차별하고 학대하고 있다. 상황이 이런데, 여기서 평화교육이 평화운동의 목적 실현을 위한 충분조건을 창출한다 함은 바로 이 '앎'과 '삶'의 끊어진 고리를 연결한다는 뜻이다. 그러면 '앎'과 '삶'을 연결시키는, 관념성을 탈피한 평화교육은 어떻게 가능할 수 있을까?

3. 평화로운 세상을 꿈꾸게 하는 평화교육

평화를 위한 교육은 무엇보다도 그 교육내용이 철저하게 학생의 실제 생활과 밀접하게 연관되도록 구성·진행하여야 한다. 그래서 학생 스스로가 이 세상을 좀더 평화로운 곳으로 만들기 위해서 '나는 지금 무엇을 해야 하는가'를 피부로 자각할 수 있어야 한다. <그림 1>은 언뜻 보아서는 '나'와 전혀 관계 없어 보이는 사회문제, 혹은 비평화 요소를 자신의 삶과 관련된 문제로 느낄 수 있게 하는 방법을 시각적으로 정리한 것이다.

<그림 1>의 특징은 계획을 짤 때 흔히 하는 것처럼 '현재에서 시작해서 미래로' 나아가는 방식과는 정반대로, 개인이 꿈꾸는 미래, 인류가 나아가야 할 미래를 먼저 그려보고, 그 '꿈'을 실현하기 위해서 지금 '내'가, 그리고 우리 '사회'가 '무엇을 해야 하는가'를 찾아내는, '미래에서 현재로' 단계적으로 내려오는 방식이다. 언뜻 보아 별 차이가 없어 보이지만, 전자의 방식은 미래의 '내용'도, 그 미래에 이르는 길의 선택도 온전히 그 미래를 설계한 사람(실천가)에게 달려 있다. 그러나 후자의 경우에는 '나의 꿈'은 처음부터 '우리의 꿈' 속에 녹아 있기 때문에, 지향하는 미래가 이미 공동체적이다. 그리고 '내가 지금 무엇을 해야 하는가'는 실천가의 주관적 판단에 의해서가 아니라, 현실에 대한 올바른 인식과 비판적 사고를 통해서 '해야 할 일'을 정확히 인식하고 성실히 수행하는 것, 달리 말하면 개인이 역사적으로 주어지는 과업을 성실히 수행하는 과정에서 알게 된다는 점이 근본적인 차이다.

흔히 미래에 대한 계획을 짤 때면 현재 여건이나 능력, 관심, 이해관계 정도 등을 고려해서 무엇을 할 것인지를 '선택'한다. 또한 애초 계획대로 잘 되지 않으면, 목표달성의 시기를 늦추거나, 다양한 '선택 가능한 미래상' 중에서 좀더 실현가능하다고 '판단'되는 것으로 대치하게 된다. 그러나 '신자유주의'의 파상적 공세 앞에 절대적 빈곤이 확산되고 삶 자체(인간적인 삶은 고사하고)가 위태로워진 지금, 인류의 오랜 이상으로서의 '평화로운 세상'은 하다 안 되면 그 수준에서 가능하다고 판단되는 그 어떤 '다른' 것으로 대체할 수 있는 것도, 또 조건이 갖추어질 때까지 그 실현을 무한정 늦출 수 있는 그런 것도 아니다. 공장에서 수립하는 '생산목표'처럼 하다 안되면 목표를 낮추어 수정하면 되는 것이 아니라, 그 실현이 늦어지면 늦어지는 만큼 우리 중에 누군가가, 혹은 우리 모두가 그에 따른 고통을 어떤 식으로든 필연적으로 받을 수밖에 없기에 결코 그 실현을 한시도 늦춰서는 안 되는, 그런 '목표'인 것이다. 그래서 '평화로운 세상 건설'을 '목표'로 하였을 경우에는 무엇보다도 '평화로운 세상을 꿈꿀 수 있는 능력'과 그 '꿈을 이루어보겠다는 의지와 성실한 실천', 그리고 그 실현과정에서 함께 해야 할 '이웃, 혹은 같은 공동체

〈그림 1〉 우리의 미래, 나의 실천

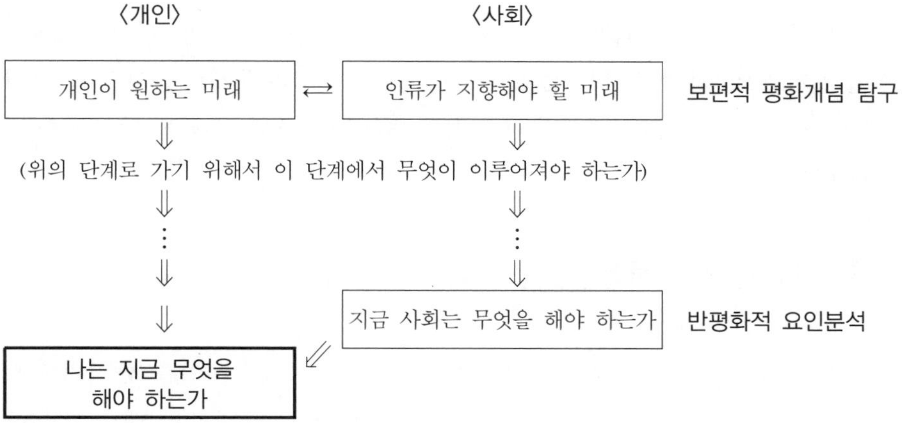

구성원들에 대한 애정과 신뢰'가 중요해진다. 그래서 목표달성을 위해서는 전자에서는 일사불란한 지도력이 중요하지만 후자에서는 구성원 모두가 목적지를 향해 함께 밀어주고 끌어주며 노력하는 것이 중요하다.

'미래에서 현재로'의 방식의 가장 큰 장점은 '지금 내가 무엇을 해야 하는가'를 분명하게 말해준다는 것이다. 이 방법은 무엇보다도 먼저 '나의 꿈'이 녹아 있는 '우리가 함께 지향해야 할 미래'를 구체적으로 그려보는 것으로 시작해서, '우리의 미래'가 실현되기 위해서 바로 그 전 단계에서 반드시 이루어져야 할, 혹은 만족되어야 할 일들이 무엇인가를 생각해보는 식으로 진행된다. 이렇게 최종적 단계로서의 '미래'에서 출발하여 '현재'로 내려오면서 각 단계별로 반드시 이루어져야 할 일들이 무엇인가를 찾아내고, 그렇게 하면서 마침내는 '현재'에 다다라 '지금 내가 무엇을 해야 하는가'를 자각하는 것이다. 이때 '지금 내가 해야 하는 일'은 '지금 할 수 있으면 좋고 안 해도 할 수 없는' 그런 것이 아니라, 그것이 만족되지 않고는 다음 단계로 넘어갈 수 없는, 그런 것이다. <그림 1>에서는 편의상 개인과 사회를 나누었지만, 앞서 지적한대로, '사회가 지향해야 할 미래'를 고려하지 않는 '개인이 바라는 미래'는 이기적인 삶이 되기 십상이고, 개인의 욕구가 반영되지 않은 '미래'는 전체주의적일 수 있다. 따라서 '평화로운 미래'는 처음부터 '개인적 가치'와 '사회적 가치'가 하나로 조화롭게 녹아 있는 '미래'이어야 하는 것이다. 또한 '현재' 단계에서 '사회가 지금 무엇을 해야 하는가'는 결국 그 사회 구성원 개개인의 참여와 실천을 통해서만이 가능하다는 것을 전제로 할 때, 이는 궁극적으로는 '지금 내가 무엇을 해야 하는가'로 귀착된다고 하겠다. 이렇듯 먼 '미래'가 지금 현재의 구체적인 '실천 과제'로 다가오고, '미래'와 '현재'가 유의미하게 연결되는 것을 매개로 '나'와 별 관계가 없었던 '사회'문제가 '나'의 문제로 느껴질 때, 우리는 비로소 '평화'와 같은 '추상적'인 가치를 위한 '구체적'인 실천을 할 준비가 되었다고 하겠다.

4. 평화를 실천하는 삶의 교육

평화교육은 한편으로는 마음만 먹으면 언제든지 쉽게 할 수 있을 것 같기도 하지만, 막상 구체적인 작업으로 들어가다 보면 혼란스럽고 마음먹은 대로 쉽게 풀어나갈 수 없는 때가 많다. 이때 사람들은 흔히 '평화'나 '평화교육'의 개념이 잘 정립되어 있지 않기 때문이라고 생각하기 쉽지만, 평화의 개념이 다양하게 이해될 수 있다는 사실은 평화의 본질을 이해하는 데 전혀 장애가 되질 않는다. 오히려 평화나 평화교육은 그것이 필요하게 된 맥락에서 이해되고 정의되어야 한다는 점을 일깨워 준다. 한마디로 정의 내려진 특정한 평화의 개념에 '배타적'으로 의존하는 평화교육은 그 자체가 이미 반평화적인 것이 될 수 있다. 다양한 평화관, 혹은 다양한 평화교육관이 존재한다는 것이 문제가 아니라, 자신의 것만을 절대화하여 남의 것을 인정하지 않으려는, '다름'을 수용하는 데 있어서의 경직된 태도가 오히려 문제라고 볼 수 있는 것이다. 따라서 평화교육이 생각만큼 쉽지 않은 좀더 근본적인 이유를 다른 곳에서 찾아야 하는데, 아마도 폭력적이고 반인권적인 학교와 사회환경에서 관용과 비폭력이라는 가치와 태도를 형성시켜야 하는 '역설의 교육현장'이 바로 그 한 원인일 수 있겠다. 사실 평화교육의 교육내용은 학생이 현실에서 직접적으로 경험할 수 있는 것이어야 하는데, 학생을 등급 매기는 데 대부분의 시간을 소비하고 전체 학생의 3분의 2를 '능력부족'이라고 판정할 수밖에 없는 학교구조가 학생이 자신의 삶을 비판적으로 '읽고 쓸' 수 있게 허용할 리가 만무하다. 우리 교육의 핵심적인 문제가 되어버린 학원폭력도 우리 사회의 분위기와 결코 무관할 수 없다. 한마디로, 사회는 물론 학교에서조차도 '폭력적인 관계 맺기' 말고는 보여준 것이 없다.

우리의 학원폭력은 단지 총기를 사용하고 있지 않을 뿐이지 빈도나 피해 정도는 이미 우려의 수준을 넘어섰다. 학원폭력에 대해서, 미국은 학교에 금속탐지기를 설치하고 지역 경찰을 학교에 배치하고, 교복을 강제로 입게 하고, 마약거래나 폭력과 같은 비행을 가혹하게 처벌할 수 있는 법을 제정하는 방식으로 대응하고 있다. 지금은 흐지부지되었지만 우리도 한때는 담당 검사를 배치하거나 지역 경찰과 연계하여 방범을 강화하는 방식의 대응책을 발표한 적이 있었다. 그러나 이러한 대응 방식은 근본적인 한계가 있다. 왜냐하면 이런 식의 대응은 '학교에서 왜 폭력이 발생하는가' 하는 가장 기초적인 질문을 생략하고 있기 때문이다. 흔히 이러한 강경한 물리적 대응 방식을 지지하는 교장이나 교사, 학부모들은 비행 충동을 단호하게 진압함으로써 학교를 정상적으로 운영할 수 있게 되고, 결과적으로 모든 학생이 이익을 보게 된다고 생각하는 경향이 있는데, 계속되는 유사한 사건들은 이러한 생각이 얼마나 무책임하고 현실성 없는 것인가를 단적으로 증명하고 있다. 이러한 사고방식의 문제는 학교폭력은 대체로 나쁜 학생들이 저지르는 것이라는 편견에 가려서 '나쁜 학교', '나쁜 사회'가 더 큰 문제일 수 있다는 가능성은 별로 고려하지 않는다는 점이다. 그런데 현실은 어떤가? 소위 비행청소년이라고 하는 아이들의 행동유형이라는 것을 보면 보통 성인들의 일상적인 생활 내용과 꼭 닮았다. 사회는 폭력과 인권침해의 온상이 되어가고 있고, 부모는 아이들에게 '총'이나 '칼'같은 무기류 장난감을 사주면서 '싸우지 말고 사이좋게 놀라'고 한다. 남에게 양보하고 착하게 살면 결국 자기만 손해본다는 사실은 굳이 남이 가르쳐주지 않아도 우리의 일상적인 경험을 통해서 쉽게 알 수 있는 것이다.

그러면 이처럼 반평화적이고 폭력적인 학교와 사회분위기에서 우리 아이들에게 어떻게 평화를 경험시켜줄 것인가? 축적된 경험이나 참고할 자료가 별로 없는 상황에서, 이 문제는 근본적으로 평화교육을 실천하려는 교사나 부모의 평화실현에 대한 강건한 의지와 개척자적 실천으로 타개할 수밖에 없다. 그러기에 실천과정에서 필연적으로 겪을 수밖에 없는 어느 정도의 '시행착오'의 가능성이 '실천' 그 자체를 가로막지 못하게 하는 것이 중요하다. 우리는 '실천'과 '이론'의 관계에 대해서 이중적인 사고를 한다. 관념적으로는, '실천'이 올바른 '이론'을 낳고, 그 '이론'이 다시 더 나은 '실천'을 가능하게 만든다는 사실을 안다. 그러나 현실에 있어서는, 일단 많이 '해봐야' '어떻게' 하면 될지를 알게 되는 데도 '어떻게' 해야 하는지(달리 말하면, 이론)를 모른다고 해서 무언가 하는 것(실천)을 자신 없어 한다. 하지만 평화교육이 효과를 낼 수 있는 학교와 사회분위기, 그리고 그 상황에 적합한 평화교육방법론은 오히려 평화교육을 실제로 실천하는 과정에서 비로소 창출될 수 있는 것이다.

평화교육은 학생들의 일상적인 삶과 접목되어야 그 효과를 기대할 수 있다는 사실을 이미 지적한 바 있다. 그런데 우리의 아이들이 가정에서, 교실에서, 사회에서 겪는 반평화적, 반인권적 경험은 그 종류와 내용이 각양각색이다. 나이에 따라, 사는 지역에 따라, 가정 형편에 따라, 성에 따라 개개인이 겪는 갈등이 서로 다르다. 심지어 같은 종류의 경험에 대해서도 같은 형제·자매가 느끼는 감정이 서로 다를 정도이니, 이러한 상황에서 평화교육 '전문가'의 일목요연한 지시나 '처방'이 과연 얼마나 실효성을 거둘 수 있을지 의문이 든다. 평화교육에서는 '전문가'가 따로 없다. 평화교육에서는 가르치는 사람 모두가 그대로 '전문가'이어야 한다. 평화교육은 학문적 관심의 대상일 수 없으며, 가르치는 사람이나 배우는 사람의 삶이 실려야 하는, 그런 교육인 것이다. 그리고 개인적, 사회적 삶의 내용은 나 이외의 그 어느 누구도 대신해서 결정할 수 없는 것이기에, 미래의 나의 삶, 우리의 삶을 결정할 수 있는 최고 '전문가'는 바로 우리 자신일 수밖에 없는 것이다. 자신의 현재와 미래의 삶을 스스로 주관할 수 있는 능력이 없는 사람은 결코 평화로운 세상을 창조할 능력도 자격도 없다.

다만 예기치 못한 시행착오가 학생들에게 돌이킬 수 없는 피해를 주는 것을 막기 위해서, 사전 준비가 철저해야 하는데, 이는 소위 '전문가'의 의견에 따라서가 아니라, 실천할 교사나 학부모가 교육목표 설정과 교안을 짜는 처음단계에서부터 모든 과정을 주도하고, 이론가나 전문가들은 그러한 교육과정에 비판적으로 참여하는 방식으로 평화교육을 함께 만들어가야 한다. 결국 평화교육의 성패는 초기단계일수록 그 교육을 진행하는 사람의 자질에 달려 있다고 말할 수 있는데, 이는 참으로 중요한 문제이다. 왜냐하면 평화교육을 담당할 사람이 기존의 것과는 다른 대안적 가치에 기초하여 미래에 대한 희망적인 전망을 제시할 수 있는 능력을 결여했을 때는 평화교육은 결코 사회변혁적 힘을 갖지 못함은 물론, 평화운동의 목적 실현을 위한 충분조건으로서의 역할도 기대할 수 없다. 사실, 간디나 소로우, 톨스토이, 마틴 루터 킹, 함석헌 등의 비폭력주의적 삶이 평화를 위한 교육을 하고자 하는 이들에게 시사적인 이유가 바로 여기에 있다.

평화운동 안에는 분노와 좌절과 오해가 많이 있습니다. 많은 평화운동가들은 아주 격렬한 항의의 편지를 쓸 수 있지만 그러나 그들은 아직 사랑의 편지를 쓰지 못합니다. 우리는 미국의 대통령이나 국회가 쓰레기통에 버리는 대신 읽고 싶은 생각이 나는 편지를 쓸 수 있도록 배울 필요가 있다고 여깁니다. 당신의 말, 당신의 이해, 당신이 사용하는 언어가 사람들을 외면시켜서는 안됩니다. 대통령도 우리와 같은 인간입니다.

평화운동이 평화의 길을 보여주면서 사랑의 언어 안에서 얘기할 수 있을까요? 나는 이 것이 평화운동가들이 평화롭게 될 수 있는가에 달렸다고 생각합니다. 왜냐하면 평화로움이 없이는 우리는 평화를 위해서 아무 것도 할 수가 없습니다. 우리가 웃을 수 없으면 우리는 다른 사람들을 웃게 할 수가 없습니다. 우리가 평화롭지 않으면 우리는 평화운동에 공헌할 수 없습니다(틱낫한, 1992: 139).

<참고문헌>

간디 해설. 2001, 『바가바드기타』, 당대.

김용운. 2001, 『카오스와 불교』, 사이언스북스.

김종철. 2003, 『왜 자치, 자율의 삶이 필요한가』, 녹색평론(71).

노암 촘스키. 2000, 『실패한 교육과 거짓말』, 아침이슬.

달라이 라마. 2000, 『삶의 네 가지 진리』, 숲.

도법. 2001, 『내가 본 부처』, 당대.

알로이스 프린츠. 2000, 『한나 아렌트』, 여성신문사.

유네스코. 유네스코 한국위원회 역. 1995, 『관용: 평화의 시작』, 유네스코 한국위원회.

이반 일리치. 2002, 『평화의 근원적 의미를 생각한다』, 녹색평론(62).

정화열. 1999, 『몸의 정치』, 민음사.

존 롤스. 2000, 『만민법』, 이끌리오.

틱낫한. 1992, 『평화로움』, 장경각.

Margiotta-Broglie. 1994, "Law and Tolerance," *Democracy and Tolerance(ed. by The Korean National Commission for UNESCO)*, Proceedings of the International Conference. Seoul.

Evers, Kathinka. 1994, "On the Nature of Tolerance," *Democracy and Tolerance(ed. by The Korean National Commission for UNESCO),* Proceedings of the International Conference. Seoul.

Hicks, David(ed.). 1988, *Education for Peace: Issues, Principles, and Practice in the Classroom*, London and New York: Routledge.

양성평등과 정의실현의 교육

베티 리어든(미국 콜럼비아 대학교 평화교육센터 교수)
옮긴이: 이윤진·곽숙희(아시아·태평양 국제이해교육원 교육정보실)

1. 양성평등적 정의와 평화

양성평등적 정의를 실현하려는 교육을 실시하지 않고는 평화를 위한 교육을 할 수 없다. 무장 갈등이나 군국주의는 여성과 남성 모두의 인간다움을 퇴화시키며 성에 대한 고정관념을 강화한다. 보스니아나 르완다에서 여성에 대해 저질러진 범죄들은—'위안부 여성'의 성노예화 문제와 같은—성폭력과 전쟁은 불가분의 관계임을 논쟁의 여지없이 명백히 보여주었다. 마찬가지로, 성의 불평등은 본질적으로 정의롭지 못한 세계경제체제의 가장 심각한 결과물 중 하나로 드러났다. 직접적이며 구조적인 형태의 폭력은 모두 명백하게 성차별적인 차원을 가지고 있다. 전쟁의 체제와 자본의 세계화에 대한 대안을 구상하는 것은 평화의 문화를 창조하기 위한 주요한 수단으로서, 이를 달성하는 것이 바로 평화교육의 주요한 사회적 목표인 것이다. 전쟁의 체제와 자본의 세계화는 물론 모든 지구적 문제를 극복하기 위해서는 남녀간의 동등한 파트너십이 구축되어야 한다. 그러므로 남녀평등을 위한 교육은 인권이나 사회적 정의 실현의 교육만큼 평화의 문화를 창조하기 위한 교육의 핵심요소가 되는 것이다.

인권과 사회정의의 가치를 알려주는 주요한 철학적 원리는 평등과 인간의 존엄성이며, 무엇보다도 특히 여성과 남성의 평등하고 독특한 인간으로서의 존엄성을 포함한다. 유엔 헌장과 세계 인권 선언에 명시되어 있는 이 근본적인 도덕기준은 양성평등과 양성평등적 정의를 위한 교육의 규범적인 기준을 제공한다.

양성평등과 양성평등적 정의를 실현하기 위해서 평화교육은 전쟁, 경제체제 및 사회 제도가 여성과 남성에게 미치는 각기 다른 영향을 충분히 고려하도록 요구한다. 이러한 차이점을 이해하는 것은 오늘날 우리가 직면한 사회문제들을 해결하기 위해 보다 효과적인 공공정책과 프로그램을 제시하고 실행하기 위한 필수불가결한 요소이다. 유엔의 양성평등 실현 정책은 이 목적에 부합하기 위한 것으로, 평화의 문화를 구상하고 발전하는 데 양성평등적 관점이 본질적임을 인지한 것이다.

사회적 의미로서 성(gender)은 우리 생활의 모든 부분에 고루 영향을 미치는 것으로, 사회·경제·정치·문화적 문제에서 가장 중요한 요소 중 하나라고 할 수 있다. 또한 성 문제는 우리가 주요한 지구적 문제를 어떠한 관점에서 바라보고, 이 문제들에 대해 어떻게, 그리고 무엇을 우리가 배우는가에 심대한 영향을 미친다. 또 문제를 해결하기 위한 (중대하면서도 대개는 인식되지 않는)정책의 성격과 결과에 무의식적으로 거대한 영향을 미친다. 이와 같은 중요성에도 불구하고 성 문제는 인간사회의 결정적인 요소로서 또한 개념으로서 일반적으로 잘 이해되고 있지 못하다. 성개념과 성역할에 영향을 미치는 가부장제는 여성은 물론 남성에 대해서도 이들의 잠재적 가능성에 인위적인 한계를 설정해놓음으로써 여성뿐만 아니라 대부분의 남성에게도 불리하게 작용한다는 것을 사람들은 잘 인식하지 못한다. 정책결정과정에서 성차별적 요소들이 통상 고려되지 않아서 이는 결국 남성과 여성 모두에게 불평등을 초래하게 되었다. 평화의 문화를 정착시키는 데 규범적 개념과 사회적 가치로서 성차이를 통합적으로 고려하는 것은 매우 중요하다. 물론 평화교육은 폭력의 문제를 해결하고 평화를 위한 조건을 형성하는 데 하나의 변수로서 성 문제에 대한 분별력을 함양해야 한다. 즉 교사들은 성 문제의 중대함을 인지하고 이를 알려주는 차원에서 교육할 준비가 되어 있어야 한다.

2. 평화교육과 양성평등적 교육

유엔이 주창하는 성 주류화(gender mainstreaming)는, 모든 유엔의 정책과 사업 수립에서 양성평등주의적인 관점의 결여에 대해 유엔이 일찍이 적절히 대응하지 못하면서 나타난 불평등과 문제점들을 해결하기 위한 정책이다. 유엔 정책은 회원국들 입장의 반영이다. 따라서 대부분의 회원국들에, 또 이들의 교육체계에 불평등과 문제들이 유사하게 존재하는 것으로 나타난다. 그러므로 양성평등주의의 채택이야말로 대부분의 사회에서 인간의 존엄성과 사회적 평등을 향상시킬 수 있는 정책이라고 할 수 있다. 정책 형성 과정에 양성평등주의적 결과들이 지속적이고 공통적인 요소가 되도록 하려면, 정책 입안자뿐만 아니라 일반 시민들도 성차별적 요소들을 이해할 수 있도록 교육받아야 하며, 성차별적 요소가 많은 측면에서 우리들 개인의 생활은 물론 사회적 삶에 얼마나 지대한 영향을 미치는지, 또한 정치적 혹은 경제적, 환경이 인권기준을 세우는 데 어떻게 작용하는지 이해할 수 있도록 교육받아야 한다.

교육에서의 양성평등주의의 채택은 공공정책 형성 과정처럼 이를 어떻게 사회의 주류로 해야 할 것인가에 대한 개념적인 구상과, 이를 어떻게 실천할 것인가에 대한 구상을 포함한다. 만일 성평등이 교육의 주류가 되도록 하려면, 교육자들은 보다 학습적 차원을 고려해야만 한다. 학습은 무엇보다도 능력의 개발, 기술개발, 지식의 습득, 가치관의 배양과 사회 속의 자신의 위치 등 인간 내부의 변화와 관련된 것이다. 학습은 지극히 역동적이고 지속적인 과정으로 개개인의 일생뿐만 아니라 인류와 국가의 역사 속에서도 지속되는 과정이다. 인간이 속한 환경의 개선은 이러한 학습의 결과물이다. 따라서 교육자들이 양성평등적 정의를 분리되고 특정된 학습 목표로서가 아니라 종합적인 평화교육의 본질적인 요소로서 추구하도록 권장되어야 한다.

사회적 성차는 역동적이면서 변화될 수 있는 개념이다. 성역할과 정의(定義)는 여성이나 남성이 된다는 의미가 무엇인지 사회적으로 구축되고 문화적으로 조건지워진 개념일 뿐이다. 전쟁의 체제와 폭력의 문화는 전쟁의 제도적 요소 이상이듯이, 사회적인 성차 역시 남녀간의 생물학적 성차 또는 이들이 수행하는 가족이나 사회적 역할 그 이상을 의미한다.

흔히 여성적, 남성적이라고 구분 짓는 차이들은 문화와 그 사회에 의해서 부여된 가치관으로 결정된다. 남성성과 여성성의 개념은 사회적으로 타당하다고 받아들여지는 남성과 여성의 역할과 행동양식이 바뀌듯이 문화와 사회마다 달라진다. 동성애자, 양성애자, 성전환자들을 향한 사회적 통념도 마찬가지로 어느 사회에 속해 있는가에 따라 다르게 나타나지만 이들의 인간적 존엄성, 평등과 관점 등은 양성평등적 정의의 범위 안에 포함되어야 할 것이다.

일부 사회에서는 장기간이 지났음에도 불구하고 성역할을 여전히 본성적인 것으로 보거나 불변의 진리처럼 변화하지 않는 것으로 여긴다. 또 다른 사회에서는 사회·경제적 변화의 속도가 빨라 성역할이 더 유동적이고 자유로워진 경우도 있다. 그럼에도 불구하고 전세계에 걸쳐서 성차는 여성과 남성 모두의 선택 폭과 가능성을 저하시키는 요소로 지속되고 있다.

평화교육은 만인에게 인간의 가능성을 완전하게 열어주는 데 그 목적이 있다. 이 목적을 달성하기 위해 평화교육은 사회적 정의와 인간평등에 걸림돌이 되는 요소들을 분석한다. 성역할이 남성과 여성에게 어떠한 영향을 미치고 남성과 여성이 사회적 조건, 공공정책 및 전 지구적 이슈들에 의해 어떻게 서로 다른 영향을 받는가는 진정한 사회정의와 평등의 실현하고자 하는 모든 종류의 학습에 근본적으로 제기되는 문제이다. 결론적으로, 양성평등적 관점은 교육의 모든 요소에 포함되어야 할 것이며, 평화교육에 통합되어야 한다.

3. 양성평등적 정의의 실천

성차이 및 성차를 조건 지우는 요소들을 이해하는 것은 보다 긍정적인 인간관계를 형성하는 역량을 기르는 데 도움이 될 수 있다. 이러한 역량은 인권, 사회 정의, 양성평등적 정의, 그리고 모두를 공정하게 대우하는 정의의 영역으로 사람들을 포용하는 윤리적 용인을 성취하려는 데 필수적이다. 자민족중심주의, 인종차별주의, 외국인 기피증, 성차별주의, 그리고 타인을 배제하고 모욕하는 모든 형태의 양식은 대개의 경우 윤리적 배제로 치달을 수밖에 없다. 윤리적 배제는 정의와 평등한 대우의 범주 밖에 일부 사람들을 밀어두는 것, 그들을 향한 멸시를 관용하고, 심지어 허용하는 것을 일컫는다. 전세계적인 평화의 문화란 지구상의 모든 사람들이 여성에 대한 모든 형태의 차별을 제거하는 국제 규약에 표방된 양성평등적 기준을 포함해서, 인권의 기준에 함의되어 있는 사회적 정의의 보편적인 범주를 포함한다. 평화의 문화실현을 위한 역량은 어떤 형태의 윤리적 배제행위도 적극적으로 배척하면서 윤리적 실천의 자세를 배양하는 것을 바탕으로 한다. 대부분의 사회에서 성차별주의는 가장 흔하게 아주 교묘한 형태의 윤리적 배제로 학교에서뿐만 아니라 법적인 차원에서도 대면해야 할 문제이다. 과거부터 성차별은 민족주의, 인종차별주의 및 종교적 편견만큼이나 윤리적 배제의 큰 부분을 차지하였다.

양성평등적 정의를 포함하여 정의의 영역을 넓혀나가는 것은 모든 교육과정에 편입되어야 할 학습목표이며 의식적으로 학습분위기, 교수방식, 학생들간의 관계는 물론 사제간 관계에 확대되어야 한다.

양성평등적 의식과 감각은 지구촌 시민에게 요구되는 역량의 범주에 결정적인 요소이기 때문에 평화문화교육의 학습목표 중 하나가 되어야 한다. 성평등적 관계는 각각의 다른 개성을 지닌 타인과 관계를 형성하는 데 있어서 하나의 틀로서 간주될 수 있다. 만약 유년시절부터 아동들이 소년 소녀 모두 동일한 가치의 존재로 인지되고 대우받는 것을 경험한다면 개개인별 차이가 인간의 불평등을 수반하지 않는다는 것을 자연스럽게 깨닫게 될 것이다. 이와 같은 함축적인 의미들은 모든 형태의 수업에 통합되어야 한다.

더 나아가서 양성평등주의는 평화의 문화를 정착시키는 데 장애물로 자리잡은 수많은 전 지구적 이슈나 인류의 문제에 대해 보다 명확하고 보다 포괄적인 관점을 가질 수 있도록 하는 일종의 렌즈이다. 그러므로, 양성평등적 의식과 양성평등적 감수성은 긍정적이며 상호간 활력적인 관계 형성에 필수적이며, 남성과 여성의 실제적인 삶의 문제에 어떻게 작용하고 있는지 초점을 맞추면서 전 지구적 문제들에 대한 더 깊은 이해를 함양하는 데 기여한다. 교사들이 교실에서 양성평등적 관계를 교육할 수 있다면, 학생들은 인간 다양성의 가치를 개발하는 가운데 인간의 평등실현에 이바지할 지구촌 시민으로 성장하는 데 기여하는 셈이 될 것이다.

성평등 의식은 소년과 소녀, 남성과 여성 간 차이를 존중하는 역량으로서, 생물학적인 차이와 문화, 사회 및 기타 경험이 바탕이 된 차이점을 식별할 수 있는 역량을 의미한다. 특히 이러한 차이점들이 언제, 어떻게 차별이나 윤리적 배제의 토대가 될 수 있는가를 인지할 수 있는 역량을 일컫는다. 교사의 교실에서의 성평등적 의식이 바로 학생들의 역량을 발전시키는 데 크게 기여할 수 있다.

양성평등적 감수성은 성평등의 의식뿐만 아니라 소년, 소녀, 남성, 여성의 성차별과 소외로부터 비롯되는 부정적 결과물에 대해 건설적으로 대응할 수 있는 역량을 의미한다. 이것은 양성평등적 감수성이 교실, 학교, 사회 내에서의 종합적인 윤리적 실천과 양성평등적 정의를 위해 일하고, 모든 차별적인 조건을 극복하며, 차별을 방지할 사회적, 교육학적 기술임을 의미한다.

4. 평화교육에서 양성평등적 감수성

참여와 과정 중심의 평화교육의 교수법 범위 내에서 양성평등적 관점에서 평화의 문화를 교수하는 방식은 여러 가지이다. 이 중 일부 교수법은 다음과 같이 설명되는데, 이들은 초·중학교 교실은 물론 교사 교육과정에도 적용될 수 있다. 각각의 교수법은 종합적인 윤리적 실천을 위한 양성평등적 감수성 개발을 위한 교육에 통합될 수 있다.

'반성적이며 근거가 있는 토론'은 평화교육 교수법의 중심이 된다. 토론은 합당하며 본질적인 지식과 분명한 출처에서 얻은 정보를 바탕으로 하여야 한다. 적정하고 본질적인 교육내용은 평화교육의 기본이다. 학습과정에서 참여는 학습자들이 적정한 교육내용을 습득하고 통합하게 할 수 있는 가장 효과적인 방법 중 하나이다. 정보를 교환하는 담론은 효과적인 학습방법이고 수단으로서 이를 통해서 민주적인 공동체가 자신들의 삶을 계획하고, 미래를 설계하게 된다. 또한 이를 통해서 평화, 정의, 여성의 이슈들이 다루어질 수 있다. 물론 이는 양성평등적 감수성하에서 언급되어야 한다.

교육자들은 토론의 방식, 관점 및 학습방법에서 성차가 나타난다는 것을 알고 있다. 이와 같은 차이점들은 평화교육이 교실의 토론에 통합하고자 다양한 관점을 끌어모을 수 있다는 점에서 존중되고, 그 가치가 인정되어야 한다. 이것은 양성평등적 감수성과 의식을 인지하는 것으로, 특히 남녀합반의 수업에서 남녀간의 평등 실현을 위해서 지도되어야 할 덕목이다. 남녀학생의 평등한 참여를 보장하는 것이 양성평등적 정의를 실현하고자 하는 교사들의 일차적인 지표가 된다.

'내가 더 선호하는 미래를 구상하는 것'은 바람직한 미래를 상상하는 연습 이상이다. 그것은 학습자들이 스스로 가능성을 식별하고 이를 기술할 수 있기를 의도한 교수법의 하나이다. 가능성이란 아직은 가공되지 않은 원료와 같은 것으로서 이로부터 내가 더 선호하는 미래가 설계되고, 평화를 이룩하며 희망이 고무될 수 있다. 희망의 부재는 곧 평화의 문화를 위해 일하려는 시민들의 동기부여가 사라지는 것과 동일하다. 미래의 평화를 계획하고, 평화를 지속시키며 정의를 보장하기 위한 제도적 모델의 구성, 또 이들을 실현하기 위한 실행 전략을 구상하는 것은 학습자에게 문제해결, 이슈의 분석, 책임 있는 시민생활의 가장 핵심적인 기술을 습득할 수 있는 경험을 제공하게 된다.

이와 같은 과정은 양성평등적 의식을 키워나갈 수 있는 방법이 될 수도 있다. 평화의 미래를 건설하고 지속가능하게 할 제도와 정책의 요구는 기존의 관련 제도나 정책이 어떻게 그룹에 영향을 미칠지, 특히 남성과 여성에 의해서 서로 다르게 경험될지를 고려해야 한다. 전망가능한 결과들의 형평성과 공정성에 대한 평가는 윤리적 용인의 원칙에 따라 이루어져야 한다.

'다른 관점에 서보는 것'은 학생들이 다양한 시각에서 특정 상황이나 논쟁점을 볼 수 있게 함으로써 타인의 가치관과 관점에 대해 이해할 수 있도록 해준다. 이를 통해서 공감대의 형성은 물론, 타인을 배려하는 능력을 키울 수 있고, 복합적이며, 대안적인 가능성을 식별할 수 있는 수단을 제공한다. 그러므로 '다른 관점에 서보는 것'은 하나의 교육방법인 동시에 문제해결과 갈등해결에 적용될 수 있는 기술인 것이다. 다른 정치적 성향, 경제적 배경, 문화 또는 성별의 관점이나 입장에서 특정 상황 혹은 사건을 관찰하고 평가하는 것은 문제에 대한 이해도를 한층 높일 수 있으며 무엇이 갈등의 중심이었는지를 명확하게 한다. 이는 또한 양성평등적인 감수성과 문화적 감수성의 역량을 키우고 우리의 교실에서 혹은 사회에서 타문화의 이해와 양성평등의 가치를 실현하기 위해서 연마될 기술이다.

학생들은 남녀 모두 교실에서 다루어지는 어떠한 논쟁점이든(초등학교 고학년과 중학교 단계에서 나타날 수 있는 갈등을 포함하여) 다른 성의 관점을 수용하는 것을 배워야 한다. 학생들이 점차 더욱 다양한 관점을 수용할 수 있는 단계를 거치게 된다면, 교사들은 양성평등적 관점에서 문화·정치적 차원을 부가적으로 설명하여, 사회적 의미의 성차의 개념과 성역할이 문화와 정치적 이데올로기에 의해 어떻게 제약받고 있는지를 알도록 해야 한다.

'반성적으로 청취하고 참여적으로 경청하기'를 통해서 타인에 대한 배려심을 길러주는 기본적인 조건을 만들고 논의가 명확하고 개방적이고 건설적일 수 있도록 한다. 더불어 이러한 반성적 청취능력은 어떤 의견의 교환이든 상대방에 대한 주의력을 향상시킨다. 청취자는 다른 사람이 무엇을 말하든 이를 단순히 어휘뿐만이 아니라 인간대면의 의사소통에 관련되는 모든 요소인 어조와 몸짓 등을 통해 타인이 발언하는 내용의 진정한 의미를 이해하려고 노력하게 된다. 참여적 청취는 들은 바를 반복하는 것 이상으로, 본인의 의견을 기존의 의견에 덧붙여서 모든 사람들의 학습내용을 공동의 학습과정에 통합시키면서 지식을 공유하는 것이다. 대답하거나 반박하기 전 상대방의 견해를 이해하고 보다 명확히 하는 것, 공동의 이해를 넓히고 공동의 지식을 키우는 것에 초점이 맞추어진다면, 모든 의견교류가 더 생산적이 될 수 있으며 상호 유대관계는 더 강화될 수 있다. 이러한 협력의 과정을 통해서 배움의 공동체, 즉 남녀의 연대와 협력을 키워나갈 수 있는 공동체를 형성할 수 있다.

청취하고 경청하는 능력은 윤리적 실천으로서 학생들이 긍정적이며, 공감을 형성하고 상호 연대를 강화하는 관계를 형성하는 데 도움을 준다. 이러한 기술은 흔히 일어나는 남녀간 의견차이로 인해 발생하는 파괴적인 오해에 의해서 양성평등적 정의를 실현하는 데 대한 저해요소들을 넘어서고, 건설적인 담화를 진행하게 하는 가장 기본적이면서도 필수적인 기술이다. 동등한 인격체간의 진정한 파트너십은 상호간 이해와 건설적이면서 명확한 의사소통을 기반으로 형성될 수 있는 것이다. 교수법을 포함한 모든 의사소통 과정에 양성평등적 관점을 적용시키는 것은 평화의 문화를 위한 교육에 크게 긍정적으로 공헌하게 될 것이다.

우리는 평화의 문화를 이룩하기 위한 정치에 양성평등적 관점과 남녀평등의식을 긴급히 적용시킬 필요가 있다. 진정한 평화는 인류 전체 가족의 잠재력과 능력의 절반인 남성만을 가지고는 이룩할 수 없다. 정의가 부재한 평화는 존재할 수 없다. 정의를 실현하는 것, 특히 양성평등적 정의 실현은 이를 실천하려는 의지가 있는 시민들이 없이는 가능하지 않다.

제4장 인권존중과 향상

인권사상의 발전과 실천과제

이삼열(유네스코 아시아·태평양 국제이해교육원장)

1. 인권사상의 유래와 근거

인권을 논할 때 가장 먼저 부닥치는 문제는 인권은 누가 준 권리이며, 어디에 근거하는가라는 것이다. 이것은 인권을 가르칠 때뿐만 아니라, 인권을 주장하고 인권을 찾기 위해 투쟁하려고 할 때도 스스로 묻게 되는 질문이다. 도대체 인권이란 무엇이길래 그렇게 애써 지켜야 하는 것이며, 누가 주었길래 모든 사람은 날 때부터 그 권리를 타고났다고 주장할 수 있는 것일까?

더구나 인권개념이 과거처럼 자유권, 평등권 같이 추상적이며 보편적인 권리를 말했을 때는 태생적이며 천부적인 권리로 인정하기가 쉬웠으나, 요즘처럼 인권개념이 발달해서 환경권, 행복권, 자아실현권으로 나가다보면 이런 권리를 도대체 누가 주었으며, 누가 보장한단 말인가라는 질문이 나오지 않을 수 없다. 이런 것은 사람이 누려야 할 권리라기보다는 오히려 누리기 위해서 노력해야 할 의무이며 책임이 아닌가라는 생각도 든다.

그러면 인권이라는 개념 속에 포함되고 있는 여러 가지 권리들은 어떻게 해서 의무나 책임이 아니라 권리라는 영역에 들어오게 되었는가를 묻지 않을 수 없게 된다. 사람은 누구나 인권의 내용을 향유하고 싶어하며, 권리로 보장받기를 원한다. 그러나 이러한 권리가 지켜지거나 보장되지 않을 때는 어디에 호소하거나 요구할 데가 있어야 권리로서 주장할 수 있는 것이지, 그렇지 않으면 단순한 요구이거나 희망사항에 그치게 된다.

그래서 이 장에서는 인권이란 것이 어떻게 권리일 수 있는가, 어떤 과정을 거쳐서 권리로 인식될 수 있는가, 도대체 오늘날 우리가 인권이라고 인정하는 내용들은 어떤 근거 위에서 모든 사람에게 타당한 보편적 권리로 개념화되었는가를 살펴서 인권에 대한 문제의식과 교육방법을 심화시켜보고자 한다.

인간의 존엄과 사람의 존귀함에 대한 생각은 우선 종교적 믿음에서 왔다. 고대로 올라갈수록 사람의 권리, 인간으로 대접받아야 할 타고난 권리에 대한 주장은 여러 종교들의 신앙의 체계 안에서 근거를 갖게 된다. 사람을 함부로 죽이거나, 때리거나 생명을 다치게 할 수 없는 것은 사람의 목숨이 하늘에 달려있기 때문이라는 것이다. 인명재천(人命在天)이라고 했다. 하늘을 높이 섬겨야 한다고 믿은 고대 동양인들은 바로 사람의 권리의 근거가 하늘에 있다고 믿었다. 그 권리는 무엇보다도 살 권리, 즉 태어날 때부터 살아야 할 권리를 사람에게서가 아니라 하늘에서부터 부여받았다고 믿어왔다. 우리나라 동학사상과 천도교가 인내천(人乃天)을 주장하며 사람이 곧 하늘이라고, 어린 아이든 여성이든 모든 사람을 하늘처럼 섬기라고 주장했던 것도 이러한 믿음에서였다고 볼 수 있다.

서양의 기독교에서는 이 하늘의 사상을 보다 인격을 갖춘 하나님(God)으로 믿어왔고, 인격신인 하나님께서 천지만물을 창조하시고 또한 사람을 창조하셨다고 믿었다. 그런데 사람이 특히 존귀하고 다른 생물이나 동물보다 구별되는 특별한 권리를 갖게 되는 것은 사람만이 하나님의 형상대로(imago dei) 창조되었기 때문이라는 것이다.[1] 이것은 인간을 신과 동격으로 놓는 사고방식이었다. 인간과 신은 무한히 다른데도, 본질적으로는 큰 차별을 두지 않고 하나님의 형상, 혹은 모습, 근본적 형태를 갖고 태어났다고 믿어왔다. 이러한 믿음으로 사람의 권리는 하나님에게서 왔다고 분명히 주장할 수가 있다.

이것이 천부인권설의 근거였다. 이러한 믿음, 곧 인간이 하나님의 형상을 닮고 태어났기 때문에, 모든 사람은 다 똑같은 존귀함과 권리를 누려야한다는 것이 평등권의 유래였으며 자유권의 근거였다. 즉 자기 자신의 판단에 맡겨야 한다는 것이며 인간은 스스로 자기 운명을 결정할 자율성(autonomy)을 갖는데, 이를 다른 사람이 규제하거나 간섭할 수 없기 때문에 인간은 자유권을 갖는다고 했다.

그러면 왜 인간은 지상에서 사는 동안 하나님께로부터 받은 존엄과 권리를 제

---

1) Axel Herrmann, "Idee der Menschenrechte," in *Informationen zur politischen Bildung*, hrsg. von Bundeszentrale für politische Bildung., Bonn 1998, S.5.

대로 누리지 못하는 것인가? 초기 기독교는 스토아 학파의 영향 속에서 인간의 범죄와 타락이, 즉 신의 명령에 대한 거역 때문에 사람이 타고난 권리를 제대로 누릴 수 없다고 믿었다.[2] 인간의 불평등과 인권의 탄압이 불가피한 것으로 인식되었다. 그러나 예수 그리스도의 구원의 행위로, 믿음 안에서 이 세상에서의 불평등과 부자유가 어느 정도 회복될 수 있다고 보았다. 그래서 중세의 기독교는 철저히 하나님의 나라와 지상의 나라, 선의 세계와 악의 세계라는 이원론을 믿었으며, 악이 지배하는 지상의 나라에서는 인권이 지켜지거나 보장될 수 없으므로 가난이나 질병, 고통은 어느 정도 불가피하다고 보았다. 어떻게 보면 사람의 권리를 당위적인 것으로 인정하면서, 현실적으로는 권리의 침해를 불가피한 것으로 받아들여야 하는 것으로 인식한 것이다. 인간의 존엄과 권리는 하늘나라에 가서나, 혹은 지상천국을 이루어야 누릴 수 있는 것으로 믿어왔다. 단지 하늘나라를 땅에 실현하려는 기독교왕국에서만, 사람의 권리와 존엄이 지켜질 수 있다고 믿은 것이다.

그러나 중세의 기독교가 기독교왕국을 부르짖으며 교황의 권리와 이에 종속된 국가의 왕권을 높이고, 사람의 권리, 모든 백성의 기본적 인권을 억압하는 것이 드러나면서 인권에 대한 새로운 발상이 생기게 된다. 15세기부터 인문주의(Humanism) 등이 발전하면서 인간의 존엄의 근거를, 신이나 교회가 부여한 것이라기보다, 인간이 자연적으로 타고난 이성의 능력에다 두려는 시도가 나타났다. 고대 희랍의 철학자 플라톤이나 아리스토텔레스가 주장한 인간의 위대함은 '그 이성적 존재임에 있다'고 한 데서 자연법적인 근거를 찾으려고 했다.[3] 중세의 교회와 신의 권위가 무너진 뒤 근세 합리주의 철학이 영향력을 넓혀가게 되자, 인권사상의 근거와 토대도 자연법이나 이성의 법칙 같은 데서 찾게 된다.

특히 인류역사상 인권의 의식화와 실천에 커다란 진보를 가져온, 영국의 청교도 혁명이나, 프랑스 시민혁명에는 합리주의와 계몽주의 철학에 기반을 둔 인권사상이 커다란 역할을 하였다.[4] 신앙의 자유, 양심의 자유, 의사표현과 언론출판의 자

2) 위의 책.

3) 물론 플라톤이나 아리스토텔레스가 이성적 존재인 인간이라 했을 때 남자만을 뜻했고 여성은 포함되지 않았다.

4) 특히 칸트(Immanuel Kant)의 『계몽이란 무엇인가?』, 로크(John Locke)의 『정부에 관한 두 논문』, 루소(Jean Jacques Rousseau)의 『사회계약설』 등이 이성에 기반을 둔 인권사상 발전에 크게 기여했다.

유는 인간의 본성상 자연법적으로 타고난 권리이기 때문에 국가의 권력이 감히 침범할 수 없다는 사상이 인권의 근거로서 정당성을 얻게 되었다. 이러한 토대 위에서 국가가 침범할 수 없는 사람의 권리로, 신체의 자유권, 거주이전의 자유권, 투표와 결사의 자유권, 참정권, 수익권으로 점차 확대되어나갔다.

그러나 과연 오늘날에도 인권운동을 하면서 인권의 근거가 자연법이나 이성에 있으니, 사람의 권리를 존중하고 지켜야 한다고 주장할 수 있을까? 그러기에는 자연법이나 이성의 법칙이 너무도 다양하게 해석이 되어서 실효성을 기대하기가 어렵게 되었다. 더구나 오늘날처럼 모든 진리는 과학적으로 검증되고 객관적으로 인식되어야 하는 시대에는 철학적·이성적 법칙이라고만 해서는, 보편타당성을 얻기가 힘들게 되었다. 그 이성의 법칙도 누가 파악한 것이냐에 따라 다르기 때문이다. 루소가 파악한 자연법과, 칸트가 파악한 이성의 법칙과, 홉스나 로크가 주장하는 자연법이 서로 다르게 나타나기 때문이다.

더구나 오늘날 전세계에 유행하는 포스트모더니즘은 이성과 합리성의 권위를 부정하고 그의 해체를 선포하며, 다원주의와 상대주의를 옹호해가고 있다.[5)] 자연법이나 이성의 법칙이라고 믿었던 많은 가치나 규범들이 시대가 바뀌면서 달라지고 부정되는 모습을 보면서 사람의 권리인식이 이렇게 불신을 당하는 이성에 근거해서는 별 효력이 없게 된다는 것이 드러난다.

그러면 이렇게 종교적인 신앙도, 철학적인 이성도, 자연법사상도 인권의 보편적 근거가 되기에 불확실하며 허약해진 현대에 와서 우리는 인권의 근거를 어디에서 찾아야 하는가? 인권은 하나님에게서 왔다든가, 하늘이 준 권리라든가, 태생적으로 자연이 허락해준 권리라든가, 혹은 인간의 본성 속에 타고난 이성에 근거하는 것이 아니라면 도대체 사람의 권리는 어디에서 온 것인가?

오늘날 인권의 근거와 유래를 찾는 사람들은 더 이상 철학적, 종교적, 혹은 윤리적 근거를 묻는 것이 아니라, 법적인 근거 내지는 도덕적 규범의 근거가 될만한 토대를 찾게 된다. 그런데 거의 모든 사람들이 인권하면 1948년의 유엔인권선언을 들먹이고 있고, 1966년의 인권협약과 이후에 나온 인권헌장들을 근거로 들기 때문에 어떤 학자는 농담삼아 "인권은 하나님이 주신 것이 아니라 유엔총회가 주었다"고 했다.[6)] 사실 사람의 권리는 법적인 보장을 받아야 권리로서의 자격을 갖

---

5) 이성의 해체를 주장하는 포스트 모던 철학자들, 자끄데리다, 요타르 등.
6) Johan Galtung, "Die Zukunft der Menschenrechte," Frankfurt, 2000, S.9.

지, 도덕적인 요구나 주장만으로서는 권리라고 하기가 힘들다. 그리고 그 권리의 내용은 모든 사람들이 지키고 따라야 하므로 합법성을 가져야 하는데, 국제적으로 통용될 수 있는 합법성은 유엔총회 같은 데서 합의과정을 거치는 길밖에는 획득되기 어렵다.

결국 인권의 규범적·법적 근거는 이를 규범이나 법으로 받아들이기로 합의한 사람들의 결의에서 찾을 수밖에 없다는 것이다. 이것은 인권의 구체적 내용으로 들어가 보면 더욱 분명해진다. 사람이 태어나면 살아야 하니까 '살 권리(生存權)'가 있다고 한다. 인간은 자율성을 가져야 하니까 스스로 결정할 권리(自決權)를 갖는다고 한다. 남과 똑같은 대접을 받아야 하고 차별을 당하지 않아야 하니까 평등권(平等權)이 있어야 한다.

그러나 살기 위해서는 깨끗한 물을 마셔야 하는데, 깨끗한 물을 마실 권리를 인권으로 상정하는 경우, 이것은 누가 인정해주고 보장해줘야 하는 것인가? 깨끗한 물이 없는 곳에서, 먹고 살 식량이 없는 곳에서 이 권리는 누가 책임져야 하는가? 이 권리를 말할 때는 책임도 따라야 하지 않을까? 권리만 있고 의무와 책임이 따르지 않는 인권이 무슨 의미가 있겠는가? 한 사회에서 깨끗한 물을 마실 권리를 법적으로 인정하려면, 어느 정도로 깨끗한 물을 공급할 수 있는지 검토되고 이를 보장할 책임과 의무를 구성원들이 모두 지도록 합의가 이루어져야만 권리로서의 타당성을 갖게 될 것이다.

남녀평등권은 오늘날 당연히 인정되는 것이지만, 여성들이 가사노동에 종사해도 남성과 똑같은 임금을 받아야 한다고 주장할 때, 이것은 과연 누가 보장해줄 수 있는 권리인가? 아마도 지금은 어렵지만 인권의 내용이 사회적 여건과 책임의 정도가 높아지면 달라질 수도 있다. 여성들의 가사노동도 남성의 직장노동과 마찬가지로 임금을 받는 것이 평등권의 내용으로 규정될 수 있는 날이 올지도 모른다. 지금은 모든 사람은 초등학교까지의 교육을 받을 권리가 있다고 많은 나라의 법률들이 규정하고있지만, 언젠가는 대학 교육까지 받는 것을 기본인권으로 규정할 날이 오지 않는다고 할 수 없다. 그렇다면 인권의 내용은 그 사회의 여건과 구성원들의 합의에 의해 달라질 수 있는 것이다.

세상의 모든 민족과 종족 혹은 문화나 종교의 공동체가 스스로 결정할 자결권을 갖는다면, 그것을 인권으로 규정할 경우 많은 혼란과 무질서, 폭력, 전쟁이 생길 것이다. 그곳 주민들의 투표로만 모든 것이 결정되는 자결권이라면, 인도네시아의 섬 6,000개에는 수백 개의 독립국가가 생길 수 있다. 동티모르의 독립처럼, 유고슬라비아나 소련의 해체에서 보듯이 민족·인종 자결권이 인정된다면 미래의 세계지도는 엄청나게 변하게 될 것이다.

사람의 권리라고 하지만 생존권, 평등권, 자결권 같은 권리들의 내용을 규정하려면, 결국 이를 인정해주면서 책임을 질 수 있는 구성원들의 합의가 있어야 한다. 인권은 결국 모든 사람에게 똑같이 부여된다고 인정되는 권리를 말한다. 그래서 인권은 특권과는 다르다. 노동자들의 최저임금을 높이려는 운동을 인권운동이라 하지만, 국회의원이 세비를 높이려는 운동을 인권운동이라 하지 않는다. 누가 보아도 타당한 인간의 보편적 요구를 그 사회가 인간의 권리로 합의하고 인정해주었을 때 인권이 된다. 따라서 인권의 개념은 인간의 기본적 요구에 대해 인류가 보편적으로 인식하고 합의하는 과정을 통해 만들어지는 것이라고 할 수 있다.

인권의 근거와 개념의 도출과정을 이렇게 사회적 합의과정과 의사소통 속에서 찾으려는 시도는 유르겐 하버마스(Jürgen Habermas)나 요한 갈퉁(Johann Galtung)과 같은 학자들에 의해 주장되고 있다.[7] 오늘날 인권문제를 논하면서 유엔의 인권선언과 협약이 중요한 근거와 규범이 되는 것은 바로, 유엔을 통해 보편적인 인식과 합의과정이 이루어졌다고 보기 때문이다. 유엔인권협약은 시민권(B규약), 사회권(A규약) 모두 140여 개국 이상이 비준했기 때문에 그만큼 법적 타당성과 의무가 높아진 것이다.

2. 사회 발전과 인권 개념의 확대

인권의 개념과 내용은 시대와 상황에 따라 다르게 발전해왔다. 즉 인권을 규정하는 내용이 고정되어 있지 않고, 인간의 보편적 요구의 발전과 이를 수용하고 정당한 것으로 인정해주는 사회적 여건의 변화에 따라 발전해왔음을 볼 수 있다.

오늘날엔 지극히 당연한 신체의 자유만 해도 중세 때까지는 특정한 계층이나 신분의 사람들에게만 허락된 권리였다. 노예나 서민들은 누릴 수 없는 권리였다.

7) 갈퉁은 인권의 근거로 유엔총회의 결의와 같은 법적 정당성(de jure)과 인간의 근본 욕구를 만족시키려는 사실적인 규범(de facto)을 들고 있다. 여기에 대해 하버마스는 의사소통적 합리성에 근거를 둔 인권의 보편타당성을 주장한다.

자연법사상, 인권사상이 발전하고 시민사회가 나타나면서부터 신체적인 자유가 모든 인간들의 기본권으로 인정되고 보장되기 시작했다. 그러나 아직까지도 인도의 달릿(Dalit) 같은 신분 계층의 사람들은 이 자유를 누리지 못한다. 옛날 우리나라의 백정들이나 일본의 부락민들처럼 달릿촌에만 거주할 수 있고, 귀족이나 평시민들이 사는 곳에 나타나면 그들을 돌맹이로 때려 죽이거나 해도 아무런 처벌을 받지 않았다. 이런 달릿족이 인도에 아직 2억 5,000만이나 있다는 것은 신체의 자유나 인간의 평등권이 보편적인 권리로 인정되는 세계가 아직도 얼마나 요원한가를 말해주고 있다.

인권개념의 발전사에서 초기부터 중요한 골간이 되어온 것이 신앙의 자유, 양심의 자유였다. 이것은 종교와 정치가 일체였던 국가교회의 시대에는 정치적 자유와 밀접히 연관되었다. 국가의 왕이나 국민 대부분이 믿는 종교나 종파를 자기 신앙과 양심에 따라 믿지 않을 수 있는 자유는 오랫동안 보장되지 못했다. 국교가 아닌 다른 종교를 믿을 수 있는 자유뿐만 아니라, 다른 종교를 전파할 수 있는 자유, 특정 종교를 믿는 신자를 다른 종교를 믿도록 개종시킬 수 있는 자유, 종교를 비판하거나 반대할 수 있는 자유, 심지어는 이단(sekt)이라고 생각되는 종파를 전파할 자유 등 신앙과 종교의 자유권은 점차 확대되어왔다. 그러나 아직도 회교국가나 기타 종교를 국교로 가진 나라에서 타종교를 믿을 수 있는 자유가 극도로 제한된 나라들이 많다. 아무리 민주국가라 하더라도 신앙의 자유를 보장하는 수준은 인권의식과 사회발전의 정도에 따라 다른 모습을 보인다.

민주주의 발달사에서 선거권이나 참정권 같은 인권의 쟁취는 핵심적 근간을 이루었다. 그러나 오늘날엔 국민의 기본권으로 보편화된 선거권이지만 이것은 하루아침에 얻어진 것이 아니며 장구한 세월 동안 정치와 역사가 발전하면서 획득된 권리이다. 프랑스 혁명 이후에 처음으로 실시된 국민의 투표권은 국민 모두에게 주어진 것이 아니었고, 일정한 재산을 가지고 세금을 내는 시민계층의 남성 어른들에게만 부여된 권리였다. 심지어 19세기 독일에서는 한때 세 가지 계급의 투표권이라는 차등선거제도가 있었다.[8] 즉 재산과 교육 정도 및 신분 여하에 따라 한 사람에게 투표권 3장을 투표하게 하는 계층과, 2장만 하는 계층, 1장만 투표하는 계층으로 나누는 차등선거제였다. 1850년대 영국의 차티스트 운동이 일어나고, 독

8) 1850~1860년대 독일 민주화와 인권운동의 목표는 이 3계급 차별선거권(Dreiklassen Wahlrecht)의 폐기였다.

일과 프랑스에서 노동운동이 크게 일어나기까지 노동자와 농민계층에겐 선거권과 참정권이 없었다. 사회주의운동의 최초 목표는 노동자들에게도 일반선거권을 얻게 하는 일이었다. 여성들이 투표할 수 있게 된 것은 대부분 20세기에 들어와서이며, 스위스 같은 나라에서도 여성의 투표권은 제2차세계대전 후 1948년에야 실시될 수 있었다. 아직까지도 차별선거의 여러 가지 행태가 여러 나라에 남아 있는 것을 볼 수 있다.

이처럼 인권개념의 발전역사를 보면 인권은 어느날 하루아침에 뚝 떨어진 것이 아니라, 역사의 발전과 함께 점차로 그 내용이 확대·심화된 것이라고 하겠다. 인권은 누가 준 것이며, 어디에서 왔는가라는 물음을 이러한 관점에서 본다면, 역사의 발전에서 온 것이라 할 수 있다. 물론 사회적 합의가 중요하지만, 이 합의과정이 역사의 발전에 따라 변천하는 것이라면, 인권의 개념이 형성되는 원천은 사회적 합의와 함께 역사의 발전에 있다고 해야 할 것이다.

사람의 권리가 이러한 역사의 발전과 함께 성장·확대되었다는 사실은 지난 백 년 동안의 역사의 발전과정을 살펴보아도 잘 알 수 있다. 사람이라고 하지만 서양의 백인사회에서 흑인이나 원주민들은 사람이 아니었다. 미국에 노예로 잡혀온 흑인들은 동물과 같은 잔혹한 취급을 받았다. 백여 년 전까지 미국의 버지니아(Virginia) 법정에선 "노예는 물건이다"라는 판결이 나왔다. 링컨이 흑인해방을 선포했어도 학대와 차별은 여전해서 1960년대 민권법(Civil Rights)이 통과되기까지, 흑인들은 백인들의 식당이나 화장실에 들어가면 얻어맞고 경찰에 잡혀가는 신세였다. 오스트레일리아의 원주민(aborigine)들은 19세기까지는 사람이 아닌 동물로 취급되었고, 그 뒤에 겨우 '어린이'처럼 취급되다가, 완전히 인간의 지위로 격상된 것은 얼마 되지 않는다.[9]

인류의 역사는 동서양을 막론하고 오랫동안 어린이들에게는 미성년이라고 해서 사람의 권리를 부여하지 않았다. 부모들의 소유물처럼 여겼고, 학대와 고역, 중노동에 시달리는 어린이가 수없이 많았다. 아직도 후진국들에선 매맞고 팔려가며, 굶어죽는 어린이들이 부지기수이다. 가난한 부모들이 열 살 전후의 딸들을 매춘소굴에 팔아넘기는 예들이 동남아시아에도 널려 있다. 어린이들에게도 사람의 권리를 인정해주어야 한다는 선언이 1958년 '유엔아동권리선언(Declaration of the Rights of

9) 유네스코 한국위원회 편역, 「아시아의 인권 교육: 호주, 인도, 홍콩편」, 『인권총서』 ⑤, 1999.

Children)'이었고 1989년에 '아동의 권리에 관한 협약(convention)'이 발효됨으로써 아동의 신체적 자유권, 보호권, 교육발전권 등을 주장할 수 있게 되었다.[10] 어린이는 설사 교육목적에서라도, 때리거나 고통을 주어서는 안 된다고 하지만, 아직까지 문명이 발전된 서구에서도 매일 수백만의 어린이가 부모나 형제들에게 얻어맞고 있다고 한다.

아직도 사회의 구석구석을 들여다보면 보편적으로 인정되고 있는 사람의 권리를 인정받거나 누리지 못하는 사람의 종류가 많이 있다. 차츰 흑인들과 원주민들이 사람의 권리를 찾아가고 있고, 어린이와 여성들이 여러 가지 권리들을 찾아가는 과정에 있다. 인권의 사각지대에 있던, 장애인, 피난민, 외국인노동자, 정치적 망명자, 동성애자, 정신박약자들, 그리고 감옥에 있는 죄수들에게까지 차츰 사람의 기본적 권리와 인격적 존엄성을 회복해주려는 의식과 노력이 자라고 있다. 언젠가는 이들에게도 사람의 권리가 보장되는 날이 올 수 있겠지만, 그러기까지는 인간의 역사와 사회구조가 많이 진보하고 발전해야 한다.

그러나 인권의 사각지대가 조명을 받아 인권의 혜택이 돌아간다고 해도, 여러 가지 권리들이 한꺼번에 부여되는 법이 없다. 가령 일본에 있는 한국인 동포들은 제2차세계대전 전에 강제로 일본에 징용된 자들이었지만, 오랫동안 시민으로서도, 영주권자로서도 법적 지위를 부여받지 못했다. 겨우 재일조선인으로 등록하고 거주할 수 있었지만, 자녀교육, 취업 등에서 심한 차별을 받았다. 우수한 성적으로 대학을 졸업했어도 일본의 공직은 말할 것 없고, 일반 기업체에서도 채용이 되지 못했다. 히다치 회사의 입사시험에 합격한 박종석 군이 재일조선인으로 밝혀지자 탈락되어, 이에 항거하는 인권운동가들의 시위가 일본에서 거세게 일어났던 것은 1970년대의 유명한 사건이었다. 이제는 형식적으로 취업에 제한이 없는 것처럼 되었지만, 실질적으로는 제한과 차별이 엄연히 존재하고 있다.

전 세계적으로 이주노동자들의 수가 급증하고 있는데도 아직 외국인노동자들의 인권과 기본권을 보장하고 있는 나라는 별로 없다. 그 나라의 국민이 아니니까 체류권이나 직업선택권, 자녀교육권을 보장할 필요가 없다고 생각할지 모르나, 그 나라에 와서 5년, 10년간 일하고 세금을 내는 경우, 그들은 노동자로서만 존재하는

10) 아동의 권리에 관한 협약과 함께, 아동의 무력분쟁이나 전쟁참여를 금지시키는 의정서와 어린이 매춘과 포르노를 금지하는 의정서가 채택되었다. 정인섭 편역, 『국제 인권 조약집』, 유네스코 한국위원회, 2000, 219-275쪽.

것이 아니고 인간으로서의 기본적인 인권을 누리게 해야 한다는 것이 차츰 인정되어가고 있다. 선진국에서는 10년 이상 일하고 산 외국인노동자들에게 영주권이나 시민권을 부여하며 선거권까지 부여하고 있는 추세다.[11)]

사회구조와 역사가 발전함에 따라 사람의 권리에 대한 인식이 바뀌고, 인권을 적용시키는 대상과 범위가 자연히 넓어지게 된다. 과거에는 감히 생각하기 어려웠지만, 오늘날엔 당연한 것으로 인식되는 경우들이 많다. 장애인들의 권리는 처음에는 생계유지가 문제였다. 그래서 기초생활보장권의 획득에 열을 올렸다. 그러나 차츰 생계비 보조만으로 장애인들의 인권이 유지되지 못한다고 인식되었다. 사람으로써 살아가기 위해 그들의 신체적 조건에 맞는 일자리를 부여해야 하고, 거기에 적합한 교육을 받을 기회와 여건을 마련해야 했다. 그리고 불편한 몸을 이끌고 거리에 다닐 수 있는 권리, 높은 건물을 계단을 걷지 않고 올라갈 수 있는 권리, 지하철이나 버스에 오르내릴 수 있는 권리로 확대되었다.

결국 사람의 권리는, 사람이 살아가기 위해서 필요한 것으로 인정되는 요구들 가운데, 이러한 것은 기본적인 권리로서 인정해야겠다고 사회구성원 모두가 합의했을 때, 그리고 그런 합의를 실천할 만큼 사회구조와 역사가 발전했을 때 생겨날 수 있는 것이다. 사람의 권리는 역사발전에서 유래하며 확대되어왔다고 할 수 있다.

3. 인권발전을 위한 실천운동

그러면 사람의 권리를 부여하고 확대시키는 역사의 발전은 어떻게 일어나게 되는가? 또한 모든 역사는 전부 좀더 나은 역사로 발전하게 되어 있고, 동시에 사람의 권리를 확대하며 질을 높이는 역사인가라는 의문이 생긴다. 이것은 깊은 역사철학적 논쟁거리이지만, 인권이 발전되어온 역사를 돌이켜볼 때, 사람의 권리는 이를 의식하고 쟁취하려는 사람들의 노력과 실천운동이 있을 때에만 지켜지고 확대되었음을 알게 된다.

신앙의 자유 같은 인권의 초보적 단계마저도 그냥 생긴 것은 아니며, 엄청난

11) 유엔은 1990년대 '이주노동자와 그 가족의 권리보호에 관한 협약(International Convention on the Protection of the Rights of All Migrant Workers and Members of Their Families)」을 채택했지만 한국은 아직 여기에 가입하지 않고 있다.

희생과 대가를 치르고서야 획득되었다. 서양사에서 역사발전의 큰 획을 그은 종교개혁이나 청교도혁명 등이 모두 신앙의 자유를 얻기 위한 투쟁의 역사였다는 것이 이를 잘 증명해주고 있다. 종교개혁이 일어난 후 가톨릭 국가에서 개신교를 믿을 수 있는 신앙의 자유를 얻기 위한 투쟁은 마침내 30년전쟁(1618~1648)으로 이어지기도 했다. 프랑스의 가톨릭 교회의 지배에서 신앙의 자유를 찾으려는 위그노들의 피어린 투쟁, 영국의 국교에서 자유를 쟁취한 퓨리탄들의 결사적 항전 등 서양근세사에서만도 신앙의 자유는 엄청난 혁명과 전쟁을 치르고서야 확보될 수 있었다.

사람의 권리는 애초부터 누가 가져다준 것이 아니며 모진 투쟁과 운동을 통해서 쟁취된 것이다. 자연히 사람의 권리를 제약하고 억압하는 권력자들에 대한 저항과 대결이 필수적으로 요구되었다. 신앙의 자유를 쟁취하기 위한 저항운동과 전쟁은 바로 이를 허용하지 않고 억압한 교황이나 국가교회의 세력과의 대결이었다. 신체의 자유나 언론출판의 자유를 얻기 위한 인권운동은 이를 억압하는 국가권력과의 대결, 투쟁을 전제해야만 했다. 영국의 대헌장(Magna Charta, 1215)이 인권운동사에 중요한 금자탑이 되는 것은, 절대왕권으로부터 개인의 자유권을 쟁취하는 데 크게 기여했기 때문이다. 법적 판결에 의하지 않고는 개인이 체포되거나, 추방되거나 재산을 빼앗기지 않는다는 조항이 대헌장에 들어가리만큼 왕권은 양보를 해야만 했다.[12)]

우리는 오늘날 인권 운동이나 사상에서 개인의 자유권 확보가 더 중요하냐, 사회경제권이 더 우선적이냐는 논쟁을 하고 있지만, 권력자들에게서 인권을 쟁취해온 운동의 역사에서 보면, 국가권력의 억압과 침해로부터 개인의 자유를 보호하고 지키려는 인권운동이 우선적으로 전개되었음을 알 수 있다. 그것은 사람이 인권의 존엄과 가치를 누리며, 사람답게 살기 위해서는 무엇보다 자율성(autonomy)이 필요한데, 이 자율성의 침해나 구속은 대부분 국가권력에 의해 행해지고 있었기 때문이다. 스스로 판단해서 신앙과 종교를 선택할 자유, 자기가 옳다고 생각하고 양심적으로 판단한 것을 그대로 지킬 수 있는 자유, 자기의 생각과 의견을 발표할 수 있는 자유, 이것이 가장 먼저 요구된 신앙과 양심의 자유, 사상의 자유, 의사표현의 자유였다.

---

12) 왕의 명령이면 삼족(三族)을 멸할 수 있었던 우리나라 이조 봉건시대를 생각해보면 인권의식의 낙후성을 짐작할 수 있다.

이러한 신앙과 사상 같은 정신적 자율성과 함께 필요한 것이 신체의 자유며 자율성이었다. 정신은 자율성을 누리는데, 육체는 타율적으로 움직인다면 말이 안 된다. 내 몸은 내가 주인이어야 하며, 내가 살고 싶은 곳으로 옮겨가 살고, 하고 싶은 일을 하며, 강제로 끌려다니는 일은 없어야 한다. 함부로 구속되거나 체포되지 않고, 행동의 제한이나 감시를 받지 않을 자유, 이것도 대부분 국가권력에 의해 침해되었던 권리였다.

국가권력으로부터 개인의 자유권을 쟁취하는 인권운동은, 국가의 통치권이라는 것이 개인들의 권리를 지키기 위해서 위탁해준 권리이며, 이는 보편의지의 구현에 근거해서만 정당성을 가질 수 있다는 사회계약설 등에 의해 힘을 얻게 된다. 그러나 이 자유권이 법률적으로 보장을 받게 되기까지는, 인권사상가들과 실천운동가들이 많은 탄압과 고통을 당하며, 정치·사회적인 변혁을 일으켜야 가능했다. 영국의 권리청원(1628)에서 권리장전(1689), 미국의 버지니아 권리헌장(Virginia Bill of Rights, 1776)과 독립선언, 프랑스의 인권선언과 시민혁명(1789)에 이르는 역사적 사건들은 바로 시민의 자유권, 평등권과 같은 인권을 쟁취하기 위한, 줄기찬 시민운동과 정치혁명과정의 소산이었다. 여기에서 희생된 많은 사람들의 헌신적 노력과 행동을 보면, 인권은 바로 이들에 의해 쟁취된 것이나 다름없다.

프랑스 혁명의 성공과 시민계층의 승리로 인해 인권의 기본요건인 자유권이 보편적으로 인정되고 획득되었다. 물론 이것은 시민혁명이 성공한 나라에 국한되었고, 왕권이나 절대군주의 지배를 청산하지 못한 유럽의 다른 나라에선 소망사항이었을 뿐이다. 아직도 시민혁명의 불길이 유럽 여러 나라에 옮겨 번지는 19세기 중엽에, 인권운동은 모든 계층의 평등한 참여의 권리라는 평등권 쟁취를 향해 제2단계의 운동으로 넘어간다. 즉 프랑스 혁명으로 쟁취된 자유권은 일단 제3계급인 시민계급(Bourgeois)에 국한되었기 때문에 이 계급에 속하지 못한 제4계급, 즉 농민, 노동자, 서민들이 시민과 동일한 권리를 요구하며 격렬한 대중운동을 전개하였다.

모든 인간은 평등하다고 하였지만, 실제로는 프랑스 혁명이 성공한 이후에도 시민계층에 속하지 못한 사람들에게는 선거권도, 참정권도 허락되지 않았다. 가난한 농민들과 노동자들은 배우지 못하고 재산도 없었기 때문에 당연히 선거권이나 피선거권을 누리지 못했다. 1830년대부터 유럽 각처에서 맹렬하게 일어난 노동자 교육운동, 노동조합운동, 농민운동, 시민민주화운동들은 바로 모든 국민들이, 계급이나 신분 성의 차별 없이 같은 자유권과 참정권을 얻게 하려는 인권운동이었다. 인권운동은 항상 상대적으로 차별과 소외를 당하는 사람들이, 그렇지 않은 사람들과 동등한 권리를 요구하며 쟁취하려는 운동이다. 자유권이 시민계층의 집요한 투쟁과 혁명적 노력에 의해 쟁취되었듯이, 평등권과 참여의 권리도 소외된 계층들의 피나는 노력과 불굴의 투쟁에 의해서 쟁취된다.

오늘날 지극히 당연한 것으로 인식되고 있는 남녀평등권도 하루아침에, 거저 떨어진 소득은 아니었다.[13] 동서양을 막론하고 여성은 남성보다 열등하다는 관념과, 따라서 남성에게 복종하며 보호를 받아야 한다는 가부장적 제도가 가정, 사회, 국가에 확고하게 자리하고 있었다. 그래서 여성은 교육을 받지 못했고, 사회적 활동을 하지 못했으며, 노동을 해도 정당한 대우를 받지 못했다. 여성들이 이러한 제도와 대접을 감수하며 순종하기만 했다면 오늘날의 여성의 지위도 수백 년 전 봉건시대나 다름없이 굴종을 면할 수 없었을 것이다. 그러나 일찍부터 여성운동가와 계몽사상가들이 있어서 여성평등권을 부르짖고 나섰으며, 이들은 사회적인 학대와 무시, 혹은 형벌을 두려워하지 않고 투쟁을 계속했다.

프랑스 혁명 당시 '여성도 인간이다'라는 여성인권선언을 한 올림프 드 구즈(Olymp de Gooze) 여사는 결국 사형을 당해야 했고, 여성도 같은 시민이니까 투표할 권리를 달라고 길거리에 나가서 데모하고 단식하던 여성투표권운동가들(suffragette)은 경찰에 곤봉으로 매맞고 짓밟히고 감옥에 가는 수난을 수없이 당했다. 오늘날 전세계 각지에서 여성노동자들이 남성노동자의 임금의 절반도 못 받던 데서, 비슷한 임금을 받게 되기까지 노동운동, 여권운동을 하면서 당한 고난과 핍박, 굴욕과 희생은 그 역사를 들쳐보지 않은 사람들은 잘 모른다. 아직도 성차별이나 성희롱, 성폭력에서 벗어나지 못한 여성들이 많고, 취업, 고용, 승진에서 평등을 누리지 못하는 여성들이 대부분이기 때문에, 여성의 평등권을 쟁취하려는 여성운동은 앞으로도 더욱 세차게 일어나야 할 것이다.

특히 우리나라의 심각한 인권문제 중 하나는 남아선호사상 때문에 여성태아를 낙태시키는 경우가 일년에도 수십만 건이 있다는 사실이다. 이것은 여성태아의 생존권, 즉 여성의 생명권을 짓밟는 최악의 인권유린인 것이다. 남녀차별을 근본적으

13) 여성의 평등권을 규정한 유엔의 규범은, 1979년에 채택된 '여성에 대한 모든 형태의 차별철폐에 관한 협약(Convention on the Elimination of All forms of Discrimination against Women)'이 있고, 1953년에 채택된 '여성의 정치적 권리에 관한 협약(Convention on the Political Rights of Women)'이 있다.

로 체결하려면 가족제도 속에 있는 가부장제, 즉 호주제나 상속제 자체가 변혁되어야 한다는 주장이 여권운동 쪽에서 강하게 일어나고 있다. 이런 문제들도 항상 당하는 사람들 쪽에서 권익운동, 평등운동에 나서야만 조금씩 개선되는 것이 역사의 철칙이었다.

인권운동이 자유권과 평등권을 쟁취하는 단계를 어느 정도 넘어서면, 제3단계인 수익권을 요구하는 단계로 발전하게 된다. 사실 개인의 자유나 평등한 참여의 권리는 결국 인간의 삶을 인간답게, 보람되고 풍요하게 누리기 위해 필요한 권리였다. 그래서 인권운동은 차츰 인간의 삶을 위한 경제·사회·문화적 혜택과 보장을 국가나 사회공동체로부터 요구하게 된다. 건강과 안전을 보장받을 권리, 교육을 받을 권리, 직업과 노동에 관한 권리, 사회적 약자들이 생존의 보장을 받을 권리 등으로 인권운동은 확장되게 된다.[14] 결국 인권은 권력으로부터 간섭과 침해를 받지 않는 소극적 권리에서, 권력에 평등하게 참여하는 권리를 거쳐서, 권력으로부터 혜택과 이익을 얻게 되는 적극적인 권리로 발전하게 된다. 사람의 권리는 곧 사람의 보편적 요구를 사회가 합의한 것이기 때문에, 이 요구가 소극적인 데서 적극적인 데로 나아가는 것은 지극히 당연한 일이다.

서구의 인권운동사에서 보면, 사회·경제적 혜택을 요구하는 인권운동은, 정치적 민주화가 어느 정도 이루어진 19세기 후반부터 일어나게 된다. 언론·출판·결사·정치활동의 자유가 획득되고, 계층간 차별이 없는 평등권과 참여권이 보장된다면, 다음으로는 이 권리를 가지고, 모든 사람들의 삶에 필요한 경제·사회적 요건들을 요구하게 되는 것이 자연스런 순서이다. 그래서 정치적 민주화는, 사회경제적 민주화의 요구를 수반하게 되어 있다. 사회주의 운동이 오랫동안 집요하게 요구한 부의 공정한 분배나, 사회적 약자들에 대한 사회보장의 요구는 이런 관점에서 혜택과 수익을 요구하는 인권운동이었다고 할 수 있다.[15]

이미 프랑스 인권선언에는 이 수익권에 해당하는 개념이 있었다. 자유(Liberte´), 평등(Eqalite´), 박애(Fraternite´) 가운데, 박애가 바로 그것이었다. 자유와 평등이 보장되어도, 건강이 좋지 못한 사람이나 노인, 장애인은 경쟁에 밀리게 됨으로써 생존

---

14) 기본적인 경제·사회적 권리는 1966년에 UN이 채택한 일명 A규약(International Convention on Economic, Social and Cultural Rights)에 규정되어 있다.

15) Huber 교수는 자유권을 방어의 권리(Abwehrrechte), 참정권은 참여의 권리(Mitwirkungsrechte), 수익권 요구의 권리(Anspruchsrechte)라고 표현했다. Wolfgang Huber, *Menschenrechte*, Heidelberg, 1976.

권을 보장받기가 어렵다. 결국 인권사상가들이 생각한 방안은 박애의 정신으로 서로 돌봄으로써 문제를 해결하자는 것이었다. 그러나 그 시대에는 아직 사회적 연대가 책임져야 한다는 생각에는 이르지 못했다. 사랑의 정신으로 가족처럼 돌보는 데 기대할 수밖에 없었다. 그러나 현실적으로는 사랑과 친절은 도덕적인 요청일 뿐이지 법적으로 강요할 수가 없었다. 그래서 1793년 프랑스 공화국의 헌법에는 기본권 속에 자유, 평등, 안정, 소유 네 가지를 규정해 박애를 안정과 소유로 대체시켰다. 나중에 독일에서는 오랜 노동운동의 결과로 '공동체의 부와 혜택에 참여할 수 있는 권리', 즉 참여권(Teilhabe)의 개념이 나오게 된다. 사회적 공동책임을 의미하는 연대성(Solidarität)의 개념으로도 발전되었다.[16]

가난한 사람들이나 병든 사람, 노인, 고아와 같은 사회적인 약자들이 사회로부터 보살핌을 받을 수 있는 권리를 인권조항에 넣게 되기까지는 오랜 세월이 더 걸리며, 많은 사회운동들이 일어나 이를 요구하며 설득시키는 과정이 필요하게 된다. 특히 19세기 후반부터 유럽 전역에서 격렬하게 일어난 노동조합운동과 국제적 노동자연대운동은 노동자들의 사회보장과 복지를 실현시키는 데 크게 기여하였다. 1880년대에 이르면 노동자와 농민, 서민들을 위한 사회보장법이 생기며, 질병보험, 실업보험, 퇴직 후 연금제도가 도입된다. 이로써 약자들의 사회적 보살핌의 요구는 사회보장권, 복지권, 수익권, 참여권으로 인권의 내용이 된다. 오늘날 유엔이 공인하는 인권협약 가운데 사회·경제·문화적인 권리(A규약) 안에 규정되는 내용들이 거의 다 이러한 사회운동과정을 거쳐서 보태어진 것들이다.

결론적으로 보면 오늘날까지 인권개념의 발전에는 각기 그에 해당하는 사회운동이 있었다는 것이다. 사람의 권리가 확장되기 위해서는 노동운동, 여성운동, 장애인운동, 외국노동자운동, 어린이인권운동, 소수민족운동, 원주민운동 등 인권운동이 전제되어야 함을, 역사는 보여주고 있다.

4. 세계화와 인권문제의 새로운 차원들

1989년 베를린 장벽이 무너지고 동서냉전체제가 종식되면서 세계화의 시대가

16) Ibid.

강도 높게 펼쳐지며, 인권문제는 새로운 도전과 국면을 맞게 된다. 냉전시대 40여 년 동안 인권문제는 개인의 자유권을 우선시하는 자유주의 진영과, 사회·경제적 권리를 중심으로 보는 사회주의 진영의 이데올로기적 대립과 갈등으로 점철되어 왔다. 그래서 언론, 출판, 신앙, 양심의 자유를 중심으로 인권을 논하면 사회주의쪽에서 자본주의적, 부르주아적 가치관이라고 비난했고, 노동권, 주택권, 사회보장권을 주장하면 자유진영에서 공산주의나 집단주의의 이데올로기라고 비난했다. 인권은 분명히 양쪽을 포괄하는 전체적(holistic)인 것인데도 편을 갈라 반 쪽의 인권만 강조하는 것이 냉전시대, 분단시대의 문제였다. 그러나 이제 냉전체제가 무너지고 세계는 하나의 시장경제체제와 민주화 과정으로 변모하면서 많은 새로운 문제들을 양산하게 됐고, 인권문제는 새로운 차원의 문제들로부터 도전을 받게 됐다.[17]

동서갈등의 블록권이 해체되면서, 많은 독재국가와 전체주의 국가들이 무너지게 되고, 새로이 일어나는 민주화의 열기들이 온갖 정치·경제·사회 체제들을 혁명적으로 바꾸어나갔다. 민주주의(democracy)라는 것이 하나의 보편적 가치로서 강력히 부각되면서, 인권의 신장은 반드시 민주주의 체제를 필수로 동반해야 한다는 이론이 힘을 얻게 된다. 즉 인권은 곧 민주주의라는 등식이 성립된 것이다. 민주주의 없이는 인권의 기본적 내용들이 보장될 수 없다는 역사적 경험을 통해서, 인권의 개념을 민주주의에의 권리(right to democracy)라고 표현하게까지 된다. 민주주의만이 인간의 기본 권리를 가장 자유롭게 행사할 수 있는 정치제도라는 것을 1993년에 열린 '비엔나 세계인권대회'가 특히 강조하게 된다.[18] 대회선언문에서는 자유와 인권의 존중이 민주주의와 사회발전과 밀접히 연관되어 있으며 상호 의존적이며, 서로 강화시켜주는 관계라고 주장했다. 인권을 보장하려면 민주주의가 확립되어야 하기 때문에 민주주의가 곧 보편적 가치요 목표가 되어야 한다고 주장되기도 했다.[19] 민주주의는 시민의 기본권(basic right of citizenship)이 되어야 한다는 것이다(the emerging right to democratic governance).

세계화의 파도가 경제 자유화 쪽으로 거세게 몰아치자, 인간의 존엄과 인권의 문제가 다른 한편에서 사회·경제적인 권리와 연계되어야 한다는 주장이 높아지게 되었다. 인간의 존엄과 권리는 그 기본적 욕구(basic needs)를 충족시키는 데 있는데,

17) Janusz Symonides, 『Human Rights : New Dimensions and Challenges』, UNESCO, 1998.
18) 1993년 8월 비엔나 인권대회서의 갈리(Boutros Ghali) 사무총장의 개회연설문 참조.
19) 1997년 12월 16일 카이로에서 열린 국제의원연맹(IPU)이 채택한 연설문, 'Universal Declaration on Democracy'.

그것은 이제 단순히 먹고 입고 자는 의식주 생활을 넘어, 교육을 받고 사람다운 대접을 받는 사회와 환경에서 살 수 있는 권리까지 확대되어야 한다고 주장했다. 특히 1990년대에 와서 심각해진 환경파괴와 극도의 빈부격차는 세계의 최대 관심사가 되었으며, 전세계의 주목을 끈 1992년 리우데자네이루(Rio de Janeiro)의 유엔환경개발회의와, 1995년 코펜하겐(Copenhagen)에서의 사회발전세계정상회의는 인권의 문제를 환경과 사회발전과 밀접히 연관해서 파악해야 한다는 새로운 틀(framework)을 만들어냈다.

공기와 물의 오염, 오존층의 파괴로 인간의 생명이 파괴된다면, 인간의 존엄과 권리라는 것은 너무나 무의미한 것이 된다. 따라서 사람다운 삶은 깨끗한 물을 마시고, 맑은 공기를 호흡하며, 건강한 식품을 먹을 수 있는 권리를 보유해야 하며, 이것은 쾌적한 환경에 대한 권리(right to environment)로서 보장되어야 한다는 것이다. 또한 하루에 1달러 이하의 수입으로 육체적 생존이 어려운 13억의 세계인구와 교육을 받지 못한 문맹인, 그리고 수많은 실업자와 소외계층의 인간들에게 최소한의 경제적 혜택을 누리게 하는 사회발전이 인간의 기본적 욕구와 권리인 생존권을 누리는 데 기본이 된다. 여기서 사회발전이 인권의 내용이 되어야 한다는 주장이(right to social development) 나오게 되었다.[20] 비엔나 인권대회나, 코펜하겐 사회발전정상회의에서도, 리우 환경발전회의에서도 모두 발전에의 권리는 인권의 기본적 요소라고 선언되었다.

유엔인권위원회는 1993년에 특별 작업반을 조직해서 발전권(right to development)의 내용과 장애가 무엇인지를 규명하고 실천방안을 마련하는 임무를 부여했다. 그러나 1995년까지 여러 문서들을 만들어냈지만 충분히 체계화된 전략을 짜지 못했다가 1996년에 국제전문가위원회가 작업해서 발전에의 권리의 개념과 실천전략을 만들어내는 데 성공했다.[21] 유엔의 결의문에 따른 내용을 보면, 발전권이란 기존의 인권선언이나 협약의 연장선에서 자결권(right of self-determination)이나 평등권, 수익권을 확대하여 얻은 개념으로 볼 수 있다. 즉 자결권을 확대해서 스스로 정치적 위상이나 사회·경제·문화적 발전을 추구할 수 있는 권리가 발전권이라는 것이다. 그리고 모든 사회·경제 발전의 주체는 사람(human person)이어야 하고, 따

20) 발전에의 권리(right to development)가 처음 등장한 것은 1986년 12월 4일 유엔총회 결의문(resolution 41/128)에서였다.

21) 1996년 유엔인권위원회가 채택하고 총회가 각국 정부에게 발전권을 실현하는 데 장애가 되는 요소를 제거하도록 온갖 노력을 해달라는 권고문을 결의했다.

라서 사람이 발전에 주인으로서 참여하여 혜택을 입게 하는 것이 발전권의 핵심내용이 되어야 한다는 것이다.[22)]

냉전체제 후 1990년대의 세계화의 흐름은 인권문제의식을 또 다른 차원에서 확장시키는 결과를 가져왔는데, 그것이 곧 '평화에의 권리(right to peace)'이다. 동서 냉전체제가 붕괴된 후 평화의 시대가 올 것으로 기대했으나 사실은 1990년대에 와서 냉전시대보다 더 많은 전쟁과 폭력적 갈등(violent conflict)이 일어났다. 걸프전쟁을 비롯하여 보스니아, 체첸, 소말리아, 르완다, 코소보, 카쉬미르 등 인종, 문화, 종교의 갈등과 대립이 격화되면서, 세계 각지에서 피흘리는 전투들이 벌어지게 되었다. 혹자는 이를 문명충돌론으로 설명하기도 했지만, 서로 다른 이익집단간의 갈등과 대립, 몰이해로 인한 폭력과 전쟁은 많은 사람들의 인명과 재산을 파괴시키고 생존을 불가능하게 하는 요인으로 인식되었으며, 곧 인권의 박탈로 해석되게 되었다. 즉 평화가 유지되지 않고서는 인간의 생명과 안전이 위협을 당하며 결국 인간의 존엄과 삶의 권리가 빼앗기게 된다는 것이다. 이것은 미소 강대국의 세력하에서 소극적인 안보와 평화를 유지해오던 냉전시대에는 자각하지 못하던 일이었다.

특히 이러한 문제의식을 가지고 평화의 권리를 주장하게 된 국제기구가 유네스코였다. 유네스코는 1989년 야무스쿠로 국제평화대회 이후, 평화는 인간의 마음속에서부터 지켜져야 한다는 교훈을 '평화의 문화(culture of peace)'를 건설해야 한다는 프로그램으로 발전시켜, 이를 위한 교육운동에 나섰다. 1995년 유네스코 총회는 바로 평화를 위한 교육, 인권교육, 민주주의교육, 국제이해 교육을 전세계 국가와 정부들에게 대대적으로 추진할 것을 권고하는 결의문과 실행계획서를 채택하였다. 그 후 관용(tolerance)과 비폭력(non-violence)에 대한 교육, 문명간의 대화(Dialogue among civilization), 평화의 문화 증진을 위한 실천행동 등 여러 가지 프로그램을 만들어 평화운동을 일으켰다. 이러한 배경과 관점에서 평화는 곧 인권의 내용이 되어야 한다는 주장이 나오게 되었다.[23)] 1997년 6월에는 오슬로의 '노르웨이 인권연구소'에서 전문가들이 모여 '평화를 향한 인권(Human rights to Peace)'선언 초안을 만들었고 이것이 1997년 10월 유네스코 29차 총회에서 채택되었다.

---

22) Upendra Baxi, "The Development of the Right to Development," in Janusz Symonides, 위의 책 100쪽.

23) UNESCO 사무총장은 1997년 1월 '평화를 향한 인권선언(Declaration of Human Rights to Peace)'을 발표했다.

'평화에의 권리'가 논의되면서 문제가 된 것은 이 권리를 어떻게 법률적으로 규정하느냐 하는 것이었다. 평화의 권리는 이미 최초의 유엔인권선언(1948)의 제3조가 규정한 "모든 사람은 개인의 생명(life)과 자유(liberty)와 안전(security)에의 권리를 가진다"라는 생명과 안전의 권리의 발전으로 볼 수 있다. 그러나 이러한 권리는 도덕적으로 요청할 수는 있지만 법률적으로 보장해줄 수는 없기 때문에, 평화에의 권리가 추상적인 규범으로 머물 수밖에 없다는 주장이 나오기도 했다. 그럼에도 불구하고 평화의 권리는, 평화가 내포하는 넓은 의미를 포괄적으로 이해해야 하기 때문에, 신체의 자유나 사상의 자유, 그리고 교육이나 직업에의 권리 및 생존과 안전, 발전에의 권리 등을 통체적으로 파악하는 방식으로 규정된다고 주장되고 있다.[24)]

이와 같이 세계화의 흐름은 인권의 내용을 민주주의, 발전, 환경, 평화에의 권리로 확장하며 구체화해야 하는 상황을 가져왔지만, 또 한편에서 과연 모든 나라의 문화 지역 속에서 보편적인 타당성을 가질 수 있느냐라는 새로운 도전을 불러오기도 했다.

특히 오늘날처럼 자유주의적 시장경제체제가 전세계를 지배하게 되면, 자본이나 기술이 국경을 넘어 자유롭게 이동할 뿐만 아니라, 경영자나 노동자, 소비자, 그리고 지식인, 학생, 공무원들이 전세계의 국경을 자유롭게 넘나들며 거주하고 활동하는 일들이 빈번해진다. 고향과 고국을 떠나 타향, 타국에서 살며 일하는 이주민(immigrants)들의 숫자는 날로 증가하고 있다.

여러 국적과 문화적 배경을 가진 인간들이 함께 사는 곳에서는 항시 여러 가지 문제가 생기며, 인권의 개념과 이해가 서로 충돌하기 때문에 발생하는 문제도 많게 된다. 가령 독일에 이주한 400만 터키인들이 회교적 문화를 배경으로 살아갈 때, 서구인의 자유주의적 가치관과 충돌되어, 학교나 거리, 동네에서 많은 문제가 발생한다. 이때에 독일의 국법에서 규정하는 인권 내용과, 터키인들의 문화의식 속에 있는 인권 내용이 충돌을 일으키고 갈등을 빚는다. 다른 예로 인도네시아의 회교적 국법과, 외지에서 온 선교사들의 종교의 자유에 관한 이해의 충돌, 외국인노동자들에 대한 거주권, 망명권, 사회복지권에 대한 이해의 차이 등은 여러 나라에서 사회·정치적 문제가 된다.

또한 오늘날 인권이나 인권탄압에 대한 개념과 규정이 달라서, 서구 중심의 국

---

24) J. Symonides, "The Long Journey to a Culture of Peace," *Dialogue*, 21, June 1997. pp.8-9.

제연합이 국제기구들과, 특정 국가 사이의 인권에 관한 논쟁이 정치적 문제로 비화하는 경우들이 흔히 있다. 사회주의권의 집단주의적 인권개념과 서구 자본주의 국가들의 개인주의적 인권개념이 부딪치는 경우가 과거에도 많이 있었지만, 오늘날 미국 정부가 중국을 향해 인권 개선을 요구할 때, 중국 정부가 "우리에게는 개인의 자유보다, 공동체의 안보와 집단의 이익이 더욱 중요하며 우선하는 권익이다"고 답했는데, 이것은 오늘날 인권개념에 많은 논쟁거리를 제공해주고 있어 체계적인 연구와 논의가 필요하게 되었다.

특히 지난번 발칸 반도에서 코소보에 있는 다수인종 알바니아계의 인권을 수호하기 위해, 나토가 파병을 하고 공습을 하면서 인도주의적 간섭과 무력의 사용 혹은 전쟁을 감행했을 때, 인권을 지키기 위한 국가주권의 침해, 공동체의 안전 파괴가 어디까지 얼마만큼 허용될 수 있는가라는 심각한 문제를 제기하였다. 앞으로 세계는 이 자유주의적 인권과 공동체주의적 인권의 결합이나 상호 보완 및 문화·종교적 배경이 다른 국가나 민족들의 인권개념이 갈등을 일으킬 때 해결할 수 있는 방법 등에 관해 굉장히 많은 논쟁과 타협, 실험과 연구를 해나가야 할 것 같다.

요한 갈퉁은 최근에 쓴 『인권문제의 미래』(2000)에서 개인문화(I-culture) 중심의 서구와 집단문화(We-culture) 중심의 아시아권의 인권개념이 융합되고 조화되어야 한다고 주장하며, 이를 위해 양측의 시민사회가 새로운 세계시민의 인권운동을 전개해야 한다고 주장했다.[25)]

그러나 여기서 제기되는 중요한 문제는 인권의 개념과 실천 내용이 나라와 문화 지역과 정치상황에 따라 다양하게 적용된다면 어떻게 인권을 보편타당한 인류의 규범으로 볼 수 있겠는가의 딜레마이다. 인권의 보편성과 문화상대주의(cultural relativism)는 오늘날 중대한 철학적 문제가 되었다. 이 문제는 이미 1993년 비엔나 인권대회에서도 제기된 중대한 논쟁거리였다. 여기서 이 문제를 다 소개할 수 없으나, 대체로 여러 나라와 문화상황 속에서 인권의 내용과 규정이 상대적으로 다르게 이해되고 있지만, 인간의 존엄이나 자유, 평등, 삶의 권리, 자결권과 발전권 등의 가치와 규범은 어느곳에서나 보편타당성을 갖는다는 양립론으로 정리되고 있다. 이 권리들이 서구나 중국, 이슬람 문화권에서 서로 다르게 이해되고 실천된다 하더라도, 그 근본 가치와 규범이 부정되는 것이 아니기 때문에 인권의 보편성은 절대적으로 인정되고 존중되어야 한다는 것이다.

---

25) Johan Galtung, *Die Zukunft der Menschenrechte*, Frankfurt, 2000, S.80.

그러나 인권의 개념과 보편성 문제는 앞으로 세계화가 더욱 밀도 있게 추진되면서 더욱 많은 논쟁을 일으킬 것이며, 세계사의 발전과 함께 더욱 구체화되고 발전하게 되리라 본다.

인권의 국제적 보호와 유엔

오낙영(외교통상부 인권사회과 과장)

1. 서론

인권은 '인간이면 누구나 누릴 수 있는 당연한 권리'라고 간단히 정의할 수 있으나, 이러한 추상적 개념정의와 달리 구체적으로 어떠한 내용이 인권의 범주에 포함되는지에 대한 명확한 대답을 찾기는 쉽지 않다. 인권의 개념은 인간의 기본적인 요구에 대해 인류가 보편적으로 인식하고 합의하는 과정을 통해 형성되는 것으로 시대에 따라 변화되어왔기 때문이다.[1)]

인권을 보장하는 것은 궁극적으로 국가의 책임이지만, 오히려 국가가 국민의 인권을 침해하는 경우가 있다. 역사적으로 볼 때 인권사상은 국가와 개인 간의 대결구도에서, 즉 국가의 횡포로부터 개인의 자유와 기본적 권리를 보호하고자 하는 데서부터 출발하였다.[2)] 이러한 개인의 자유와 기본적 권리는 세계인권선언(1949)을 거쳐 유럽인권협약(1950), 시민적·정치적 권리에 관한 국제규약(1966) 등에 규정되어 있고, 국제적인 보호와 보장을 위한 강제이행제도를 마련하는 방향으로 발전되었다.

따라서 인권 개념의 등장과 발전은 국가주권의 절대성에 대한 제한을 전제로

1) 따라서 유엔 차원에서도 인권에 대한 특별한 정의를 내리지 않고 있으며, 각각의 국제인권협약이나 의정서, 선언, 규칙 등 국제인권문서에 언급된 내용을 연역하여 인권개념이 포괄할 수 있는 윤곽을 떠올릴 수 있을 뿐이다.

2) "…… 국가와 개인 간의 대결이 시작되며 자유를 갈구하는 인간의 저항정신은 국가로부터의 해방을 그 투쟁목표로 삼게 된다. 그리하여 이 투쟁의 금자탑으로 나타난 것이 다름 아닌 인권사상이라고 할 것이다." 김찬규, 「인권보장의무의 법적 성질」, ≪국제법평론≫ 제6호, 1996, 4쪽.

하는 것이다. 체계적이고 조직적인 인권침해가 발생하는 경우에는 타국에 대한 어느 정도의 개입이 허용되며, 국제사회가 나서게 된다.3) 인권은 이제 어느 누구도 거스를 수 없는 인류보편적 가치이며, 따라서 세계 모든 나라는 자국의 인권보호 및 증진을 위해 노력하는 것은 물론이고, 다른 나라의 열악한 인권상황을 지적하고 개선을 촉구하고 있다.

2. 국제인권활동의 역사와 형태

1) 국제적인 인권 논의

국제적 차원에서 인권문제가 논의되기 시작한 것은 19세기부터 등장한 반노예운동과 그 결산인 1926년 노예협약의 채택, 1863년 국제적십자사(ICRC)의 설립과 전시 인도적 구호활동, 1919년 국제연맹의 창설, 1919년 국제노동기구(ILO)의 설립 등이라고 할 수 있다.4) 그러나 이러한 움직임에도 불구하고 인권문제는 여전히 국내문제로 간주되었으며, 인권을 보장하기 위한 국제적 노력은 아직 미미하였다고 할 수 있다. 제2차세계대전이 끝나고 본격적으로 전개된 국제인권운동은 유엔의 창설(1945)과 밀접한 관계가 있다. 유엔헌장은 영구적인 세계평화를 위해 기본적 인권이 중요하다는 점을 인정하였다.5) 1946년에는 유엔인권위원회(Commission on Human Rights)가 설립되었으며, 1948년 12월 10일 유엔총회에서는 세계인권선언(Universal Declaration of Human Rights)이 채택되었다.6)

---

3) 인권의 국제적 보호·보장 메커니즘에서 가장 쟁점화되고 있는 부분은 코소보 사태와 관련하여 구유고연방에 대한 NATO 회원국들의 공습에서 나타난 것처럼 인도적 무력개입의 국제법상 정당성 여부이다.

4) 국제연맹의 소수민족 보호와 패전국 식민지 지역 주민들에 대한 보호활동은 중요한 국제인권활동이라고 할 수 있다.

5) 특히 독일 나치 정권의 유태인에 대한 대량학살의 경험으로부터 '심각하고 조직적인 인권침해가 한 국가의 국내문제로만 다루어져서는 안 된다'는 공감대가 형성되었다. 이에 따라 유엔헌장은 "모든 사람의 인권 및 기본적 자유에 대한 존중을 촉진하고 장려함에 있어 국제적 협력 달성"을 창설 목적의 하나로 선언하였다(제1조).

6) 세계인권선언은 찬성 48, 반대 0, 기권 8로 유엔총회를 통과하였으며[유엔총회결의 217A(m)], 전문과 30개 조항으로 구성되어 있다.

세계인권선언은 남녀노소를 불문하고 모든 사람의 인권을 보편적 가치로 인정하였다는 점에서 인권의 역사적 발전에서 금자탑과 같은 문서이다. 그러나 세계인권선언은 법적 구속력이 없는 선언의 형태로 선포되었기 때문에, 이후 국제인권활동의 주안점은 세계인권선언의 법제화에 두어졌다. 그 결과로서 1965년 '모든 형태의 인종차별 철폐에 관한 협약', 1966년 '경제·사회·문화적 권리에 관한 국제규약'과 '시민·정치적 권리에 관한 국제규약'의 채택을 비롯하여 1980년대 중반까지 고문, 여성, 아동 등 주요 인권 분야에 관한 국제협약의 채택이 마무리되었다. 그러나 유엔의 인권보장활동을 위한 법적, 제도적 기반의 확충에도 불구하고, 유엔은 주권 국가간의 국제기구로서의 유엔이 인권문제를 국제적 문제로서 다루는 데는 내재적인 한계를 가질 수밖에 없었으며, 특히 냉전체제하에서 유엔에서의 인권 논의는 정치적 토의로 인식되어 실질적인 진전을 보지 못하였다.

한편, 1970년대 중반 이후 미국 카터 대통령의 인권외교 주창은 인권문제의 중요성을 부각시키는 계기가 되었으며, 또한 인권위원회의 특별보고관 활동이 활성화되고, 국제사면위원회(Amnesty International), 인권지킴이(Human Rights Watch)를 비롯한 전세계 인권 NGO들이 인권 캠페인을 강화함에 따라 인권문제는 1980년대 후반부터 주요 국제현안으로 확고한 자리 메김을 하게 되었다. 또한 냉전체제의 종식에 따라 국제사회에서 인권의 중요성에 대한 인식이 한층 높아지게 되었다. 1993년 유엔이 주관한 비엔나 인권에 관한 세계회의 개최, 유엔인권고등판무관 신설, 유엔체제 내에서의 인권주류화 노력, 양자 또는 다자 차원의 국제외교에서 인권문제가 주요 의제로 포함되는 등 국제무대에서 인권문제의 중요성이 더욱 증대되고 있다.

2) 국제인권활동의 형태

1970년대 이후 미국을 비롯한 유럽 국가들은 인권문제를 점차 양자 외교차원에서 다루기 시작하였는데, 해당국 정부와의 비공개 인권협의[7], 특정 인권문제에 대한 자국 정부입장의 공개적 표명, 해외원조나 무역 특혜조치 부여 또는 중단 등 다양한 형태로 추진되고 있다. 예컨대 미국 국무부는 매년 의회에 세계 각국의 인

7) 유럽 연합(EU)은 지난 2000년부터 북한과 인권대화를 개최하였으나, 북한이 인권개선을 위해 실제로 취한 조치가 미흡하다고 판단, 금년도 인권위원회에 북한 인권에 관한 결의안(E/CN.4/RES/2003/10)을 상정, 통과시킨 바 있다(찬성 28, 반대 10, 기권 14, 불참 1).

권상황에 관한 보고서를 제출하고 있으며,[8] 중국은 미국의 이러한 자국 인권상황 비난에 맞서, 매년 국무원 신문판공실에서 '미국 인권백서'를 발표하고 있다.

다자차원에서의 국제인권활동은 주로 유엔을 중심으로 전개되었다. 매년 3~4월 중 6주간 제네바에서 개최되는 유엔인권위원회에서 특정국의 인권상황에 대한 논의가 이루어질 뿐만 아니라, 결의안 작성 및 표결 과정에서 인권위원국(53)의 인권에 대한 인식과 입장이 표명되고 있다. 유엔총회(제3위원회)에서도 인권위원회의 논의를 기초로 매년 특정국 인권상황이 토의되고 결의가 채택되고 있다. 특정국 인권상황에 관한 인권 결의안을 인권위원회에 상정할지 여부와 결의안 표결에 있어서의 각국의 입장은 해당국과의 전반적인 외교관계에도 영향을 미칠 정도로 인권문제에 대한 국제적 관심과 중요성이 증대되었다.[9]

또 다른 중요한 국제인권활동은 각국 정부가 가입한 6개 주요 국제인권협약의 이행과 관련한 활동이다. 이들 주요 인권협약은 협약당사국의 협약이행을 감시하기 위하여 정기적으로 국가보고서를 제출하도록 의무화하고 있으며, 협약산하위원회가 제출된 보고서를 심의하고 있다. 협약 당사국 정부가 정기적으로 국가보고서를 작성하거나, 협약위원회의 보고서 심의에 참가하는 과정은 주요 인권문제에 대한 각국 정부의 입장을 점검하고 평가하는 기회로 인식되고 있어, 국제활동에서 그 중요성이 높아지고 있는 추세이다.

3. 국제인권기구

1) 국제인권기구 개요

현재 인권문제를 다루고 있는 주요 국제기구 또는 단체는 유엔인권기구, 지역인

---

8) 미 국무부는 1961년 대외원조법(FAA) Section 116(d) 및 502B, 1974년 무역법(Trade Act) Section 504에 의거하여 매년 2월 25일까지 미 의회에 '국별 인권보고서(Country Reports on Human Rights Practices)'를 제출하도록 되어 있다. 금년도 보고서는 총 196개국의 인권상황을 다루고 있다.

9) 미국은 거의 매년 인권위원회에 중국 인권결의안을 상정하고 있으나, 중국은 '불처리동의안'을 통하여 이를 저지해오고 있다. 쿠바는 2000년도 인권위원회에서 쿠바 인권결의가 채택된 직후 동 결의안에 찬성한 아르헨티나에 대한 항의표시로 아르헨티나 주재 자국대사를 소환한 바 있다.

권기구, 비정부간기구(NGO)로 나눌 수 있으며, 유엔인권기구는 유엔헌장에 기초한 유엔산하기구(Charter-based bodies)와 인권협약에 기초한 인권협약기구(treaty-based bodies)로 구분된다.

유엔산하기구 중 인권과 관련 있는 활동을 하고 있는 대표적인 기구로는 총회, 안전보장이사회, 경제사회이사회, 인권위원회, 인권소위원회를 들 수 있다. 또한 여성지위위원회, 국제노동기구(ILO), 유엔교육과학문화기구(UNESCO)도 각각 여성, 노동, 교육 분야에서 인권과 관련 있는 활동을 하고 있다. 인권협약기구(treaty-based bodies)는 6대 핵심 인권협약의 이행을 보장하기 위하여 설립된 각각의 산하위원회를 의미한다.

지역인권기구로는 유럽 인권재판소, 미주인권위원회 및 미주인권재판소 그리고 아프리카 인권위원회 등이 있다. 특히 유럽 인권재판소는 인권협약의 모델로 평가받고 있는 '유럽 인권협약(1950)'에 근거하여 창설된 것인데, 이 협약은 그동안 추가의정서를 통하여 계속 보완, 확대되어왔다. 주로 시민·정치적 권리의 보호를 그 내용으로 하고 있다.

또한 인권의 증진 및 보호에 있어서 비정부간 기구들(NGOs)은 매우 중요한 역할을 해왔다.[10] 무엇보다도 이들은 유엔 창설 이래로 유엔의 인권규범 제정과 각종 인권회의 활동에 적극 참여해왔으며, 각종 인권침해에 대한 진정서 제출, 개별 인권침해국에 대한 캠페인 등을 통하여 국제인권운동의 중요한 부분을 담당하게 되었다.[11]

2) 유엔 산하기구

(1) 유엔총회

유엔총회는 모든 유엔 회원국이 참여하는 국제기구로서 유엔헌장상으로는 모든

---

10) 국제인권활동에서 NGO의 참여를 위한 제도적 기반은 유엔헌장 제71조, 유엔경제사회이사회결의 1996/31(NGO와의 협의 지위), 비엔나 선언(para. 38) 등에서 찾을 수 있다.

11) 이들 인권 NGO들은 각국 정부가 실제로 국제인권법을 지키는지 감시할 뿐만 아니라, 새로운 의제를 제기하고 국제사회의 경각심을 높이는 데 결정적인 역할을 해왔다. 대표적인 국제 인권 NGO로는1961년에 창설된 국제사면위원회(Amnesty International)를 들 수 있는데, 주관심 영역은 '양심수 문제'이지만 고문, 사형, 실종 등 정치·시민적 권리까지 활동영역을 넓혀왔다.

인권문제를 토의할 수 있으나, 실제에서의 그 역할은 제한되어 있다. 인권과 관련된 총회의 주요 역할은 우선 인권과 관련된 각종 국제협약, 선언, 원칙들을 채택하는 것이다. 1948년 세계인권선언으로부터 시작하여 국제인권규약, 그밖의 각종 인권협약과 1998년 인권옹호자선언에 이르기까지, 대부분의 인권 관련 규범은 총회에서 채택됨으로써 확정되어진다. 다만 총회는 유엔인권위원회에서 교섭, 채택된 것을 형식적으로 채택하는 경우가 대부분이다. 총회는 또한 경제사회이사회와 유엔인권위원회에서 토의된 의제 또는 결의 중에서 일정 부분을 다시 토의하거나 채택하는 활동을 하고 있다. 따라서 총회의 인권 관련 역할은 2차적이며, 유엔인권위원회와 중첩되는 것이 대부분이라고 할 수 있다.

(2) 유엔안전보장이사회

비록 유엔헌장상에는 안보리가 인권문제를 다룰 수 있다는 명시적인 조항은 없으나, 인권침해가 국제평화와 안전을 위협하고 침해한 경우에는 안전보장이사회가 필요한 조치를 취해왔다.

안보리는 남아공과 로데지아의 인종차별정책에 대하여 조치를 취한 바 있으며, 1948년 카시미르, 1949년 인도네시아, 1965년 도미니카 공화국에서의 인권침해와 관련된 토의가 안보리에서 있었다. 1991년 안보리는 결의 688호(1991)에 따라 이라크 내의 쿠르드족을 보호하는 조치를 취한 것과 함께, 구유고 및 루완다에서의 집단학살 및 인권침해를 재판하기 위하여 결의를 통해 임시 국제형사재판소를 설립한 것은 안보리가 인권보장을 위하여 취한 구체적이고 실효성 있는 조치라고 할 수 있다.[12)]

(3) 유엔경제사회이사회

경제사회이사회는 헌장 제62조에 따라 모든 사람의 인권과 기본적 자유의 증진을 위하여 권고를 할 수 있으며, 제68조에 따라 인권보호를 위하여 위원회를 설치

12) 이와 관련, 국제형사재판소 설립을 위한 로마 규정(Rome Statute of the International Criminal Court, 1998년 7월 채택)이 2002년 7월 발효됨에 따라 역사상 최초로 상설적인 국제형사재판소가 헤이그에 설치되었다. 우리나라는 2000년 3월에 동 로마규정에 서명하였으며, 2002년 11월에 가입서를 기탁하여 2003년 2월부터 발효(조약 제1619호)되었다.

〈그림 1〉 인권결의안 흐름도

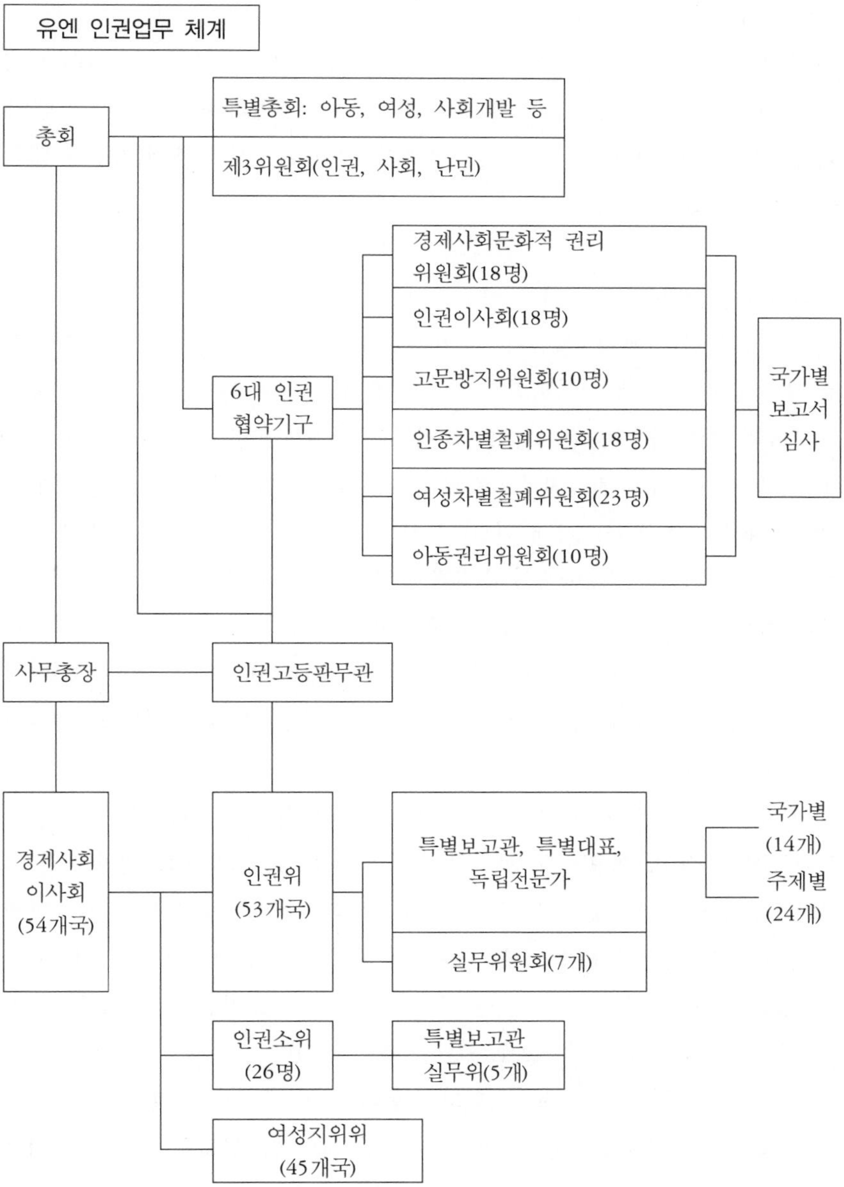

* 인권결의안 흐름도: 유엔인권위원회 → 유엔경제사회이사회 → 유엔총회

할 수 있다. 이에 따라 경제사회이사회는 1946년 인권위원회(Commission on Human Rights)를 설치하였다.

현재 경제사회이사회는 인권위원회가 제출하는 보고서를 대부분 표결없이 채택하고, 인권위원회의 활동 중 결정이 필요한 사항, 즉 인권결의와 관련한 예산 승인, 특별보고관 임명, 인권관련 규범 초안을 총회에 이송하는 것 등에서 결정을 내리는 활동을 하고 있다.

(4) 유엔인권위원회

유엔경제사회이사회에 속하는 기능위원회의 하나인 인권위원회는 1946년 창설 이래로 그 기능과 조직에 있어서의 수많은 변화를 통하여 이제는 명실공히 유엔 내에서 인권문제를 다루는 최고 중요한 기구로 발전하였다.

1947년에 18개국의 인권위원국으로 활동을 시작한 인권위원회는 1992년에 경제사회이사회에서 선출되는 53개 위원국으로 확대되었으며, 그 회의는 매년 3~4월중 6주간의 일정으로 제네바에서 개최되고 있다. 최근 회의에는 3,000명 이상의 정부대표, 국제기구 및 NGO 대표들이 참석하고 있으며, 통상 40명 이상의 각료급 인사들이 참석하여 인권문제에 대하여 특별연설을 하는 대규모 기구로 발전하였다. 또한 긴급한 인권침해 사태가 발생할 경우 위원국 과반수의 찬성으로 긴급회의를 소집할 수 있다.13)

경제사회이사회의 결의(E/38/Rev.1, 1979/36)에 따라 인권위원회는 인권 관련 국제협약과 선언의 작성, 소수민 보호와 각종 차별의 방지, 인권침해문제에 대한 일반적이거나 특별한 조치 채택 및 권고, 기타 인권과 관련된 문제에 대한 일반적 활동을 한다. 그동안 인권위원회의 활동은 계속 확대되어왔으며, 이는 ① 인권관련 국제입법활동, 즉 인권관련 협약, 선언 및 원칙의 채택, ② 인권침해에 대한 대응, ③ 인권 증진을 위한 각종 활동으로 크게 나눌 수 있다.

인권보호와 증진을 위한 인권위원회의 역할과 활동 중 인권에 관한 국제협약, 선언 및 원칙의 초안 작성 등 국제입법활동은 괄목할 만하다. 인권위원회가 1947~1948년간 토의하여 채택한 세계인권선언의 초안은 1948년도 유엔총회에서 채택되어 향후 인권협약의 모체가 되었으며, 1954년에 인권위원회가 마련한 2개

13) 1994년에 르완다, 1999년에 동티모르, 2000년에 팔레스타인 문제를 토의하기 위한 긴급회의가 소집된 바 있다.

의 인권규약 초안은 1966년에 총회에서 채택되어 인권 분야에서 가장 중요한 규범으로 자리잡고 있다. 이후에도 총회에서 채택된 고문방지협약(1984년)과 아동권리협약(1989년) 등은 모두 인권위원회가 그 초안을 만든 것이었다.[14)]

인권위원회는 인권협약 또는 선언을 작성하는 활동 이외에도 이러한 협약과 선언의 이행 현황과 방안 등에 관하여 토의를 하고 있으며, 인권 관련 결의를 채택하고 있다. 2003년도에는 제네바에서 제59차 인권위원회가 개최되어, 총 86개의 결의, 18개의 결정 및 3개의 의장성명이 채택되었다.

인권위원회가 특정 국가 또는 지역의 인권침해문제를 다룰 수 있게 되기까지는 오랜 기간이 필요하였다. 1946년 설립 이후 1966년까지 인권위원회는 특정 인권침해문제에 대해 토의할 권한이 없는 것으로 인식되었으며, 이 기간에 인권위원회에 접수된 수만 건의 인권침해 관련 진정서 목록이 인권위원국에게 전달되기는 하였으나, 동 진정서 내용에 대한 토의는 거의 이루어지지 못하였다.

특정 인권문제에 대하여 인권위가 공개적으로 토의를 할 수 있는 계기는 1967년 경제사회이사회가 결의 1235호를 채택함으로써 마련되었다. '1235절차'는 원래 인종차별과 식민지배에 따른 인권침해를 주요 대상으로 하였으나, 이후 동 절차의 토의 대상은 실제에 있어 모든 국가 및 지역의 인권침해 문제로 점차 확대되었다. 특히 1980년대 이후 1235절차를 근거로 하여 인권위원회가 특정 국가 및 지역의 인권침해 상황에 대한 자유로운 공개토의와 결의안을 채택함으로써 인권위원회의 영향력과 유엔의 인권보장 활동은 크게 강화되었다.

인권위원회가 특정 국가의 인권침해에 대하여 토의하는 또 다른 방법은 '1503절차'라는 비공개 토의절차이다.[15)] 1970년도 경제사회이사회 결의 1503호에 따라 운영되는 이 절차는 개별적 인권침해를 다루기보다는 특정 국가 또는 지역에서 일어나는 지속적 형태의 심각한 인권침해 유형(a consistent pattern of gross and reliably attested violations of human rights)을 다루고 있다.[16)]

---

14) 현재 발효중인 6대 인권협약 중에서 여성지위위원회에서 초안을 작성하여 1979년도 유엔 총회에서 채택된 여성차별철폐협약을 제외하고는 모두 인권위원회가 초안을 작성한 것이다.

15) 최근 인권위원회에서는 매년 4~5개국의 인권침해 문제가 1503절차에 따라 토의되고 있다. 토의 대상이 되는 국가명과 토의 계속 여부 등 객관적인 내용만 공표되며, 인권침해 사례는 인권위원국에만 공람되고 있다.

16) 1235절차와 1503절차 중 어느것이 발동되느냐 하는 것은 일률적으로 말할 수 없으나, 대개의 경우 1503절차는 인권고등판무관실에 접수된 진정서에 의하여 개시되며, 1235절

현재 인권위원회는 발전권, 세계인권상황, 시민적·정치적 권리, 경제적·사회적·문화적 권리, 여성, 아동, 이주노동자, 원주민, 인권운동가 보호 등 20여 개 의제를 다루고 있다. 최근 인권위원회의 활동 중 특기할 사항은 특정 국가의 인권상황을 조사·보고하는 특별보고관과 함께 고문, 강제실종, 불법구금, 불법처형, 빈곤문제 등 주제별 인권문제를 연구, 조사, 보고하는 특별보고관 및 실무그룹(working group)을 한시적으로 임명 또는 구성하는 방법으로 인권위원회의 임무를 수행하는 경우가 많다는 점이다.

(5) 인권소위원회

인권소위원회(Sub-Commission on the Promotion and Protection of Human Rights)는 1947년 인권위원회의 결정에 따라 설립된 인권위원회의 산하기구로서 인권위원회에서 선출되는 임기 4년의 26명의 위원과 동 수의 교체위원으로 구성되어 있으며(지역배분 원칙에 따라 2년마다 전체 위원의 1/2씩 개선), 회의는 매년 7월 말~8월 중순 3주간의 일정으로 제네바에서 열리고 있다. 위원들은 정부의 추천에 따라 선출되나 개인 자격으로 독립적인 활동을 하고 있다. 우리나라 출신으로는 1996년도부터 활동한 박상용 위원과 함명철 교체위원에 이어 2000년도 부터는 박수길 위원과 정진성 교체위원이 인권소위원회에서 활동하고 있다.

인권소위원회는 설립당시에는 차별방지와 소수자보호라는 한정된 임무를 부여받았으나,[17] 그 권한이 점차 확대되어 현재는 거의 모든 인권문제를 연구, 논의하고 있다. 인권소위원회의 과거 주요 활동 중의 하나는 차별문제에 관한 국제규범을 작성하는 것으로, 가장 중요한 실적으로는 모든 형태의 인종차별철폐에 관한 선언(1963년 채택)과 동 협약(1965년 채택)의 초안을 작성한 것이다. 또한 인권소위원회는 유엔총회에서 채택한 각종 인권 관련 선언의 초안을 작성하는 데 크게 기여하였다. 인권소위원회의 가장 중요한 활동은 각종 인권침해를 조사하고 특정 국가의 인권문제에 대한 결의를 채택하는 것이었다. 최근까지 인권소위원회는 1503 절차에 따라 특정국 인권침해 유형을 비공개로 토의하여 인권위원회에 권고하는 활동과 함께 공개적으로 특정국 인권상황을 토의하고 결의를 채택하는 활동을 수

차는 의제토의시 특정국 인권상황에 대한 비난 발언과 결의안 제출로 토의가 이루어진다.

17) 따라서 원래 차별방지와 소수자보호 소위원회(Sub-Commission on Prevention of Discrimination and Protection of Minorities)라는 명칭을 갖고 있었으나, 1999년 이후 현재의 명칭을 가지게 되었다.

행해왔다.[18)]

그러나 1997년부터 인권위원회에서 결의가 채택된 특정 국가의 인권상황에 대해서는 인권소위원회가 별도의 결의를 채택하지 않기로 하였고, 2000년부터 인권소위원회는 공개절차에서 특정 국가에 대한 결의를 채택하지 못하도록 결정되었으며, 1503절차에 따른 특정국 인권상황의 비공개 토의 기능도 없어지게 되었다.[19)] 인권소위원회의 회기도 2000년도 인권위원회의 결정에 따라 종전의 4주에서 3주로 축소되었으며, 이제까지 주요 의제였던 세계인권상황 토의가 인권위원회에서의 토의와 중첩되지 않도록 조정되었다. 그러나 독립성과 전문성을 갖춘 인권소위 위원들의 활동 여하에 따라, 인권소위원회는 인권위원회의 싱크탱크(think-tank)로서, 그리고 NGO와의 대화채널로서 앞으로도 인권보장과 증진을 위해 중요할 역할을 계속해나갈 수 있을 것으로 기대된다.

(6) 유엔인권고등판무관

유엔인권고등판무관(UN High Commissioner for Human Rights)은 유엔 내의 인권관련 활동을 총괄하는 직책으로서, 1993년도 비엔나 세계인권회의의 권고에 따라 같은 해 유엔총회 결의(48/141호)에 의하여 신설되었다.[20)] 드 멜로 제3대 유엔인권고등판무관은 2003년 9월에 취임하였다.[21)]

인권고등판무관의 주요 임무는 유엔 내의 인권활동을 조정, 증진하고, 심각한 인권침해에 대처하며, 인권보호를 위한 예방조치를 시행하고, 인권교육, 자문활동 및 기술협력을 제공하며 인권위원회와 같은 인권관련 기구의 활동을 지원하는 것 등이다.

1999년 동티모르 사태와 2000년 체첸 사태에서 당시 로빈슨(Robinson) 고등판무관이 주도적 역할을 하여 인권위원회에서 관련 결의가 채택되었으며, 브룬디, 르완

---

18) 예컨대 인권소위원회는 1989년에 중국 인권결의를, 1997년 및 1998년에 북한 인권결의를 채택하였다.

19) 이러한 결정의 배경에는 인권소위원회의 활동이 점차 확대됨에 따라 인권위원회와 그 기능이 중첩된다는 비판이 제기되었기 때문이다.

20) 유엔 출범 당시에는 하나의 국(局)에 불과하던 유엔인권국이 유엔인권센터로 발전되었고, 1993년 12월 인권 업무를 전담하는 유엔인권고등판무관실이 설치된 것이다.

21) 초대 인권고등판무관(1994-1997)은 에콰도르 외무장관 출신의 요세 아얄라라소(Jose Ayala-Lasso)가, 제2대 인권고등판무관(1997-2002)은 아일랜드 대통령 출신의 메리 로빈슨(Mary Robinson) 여사가 역임하였다.

다, 구유고 지역에서 이루어진 인권고등판무관실의 인권보장 활동도 높이 평가되고 있다. 또한 대규모 인권문제가 발생할 가능성이 높은 캄보디아, 콜롬비아, 콩고 민주공화국, 이스라엘(가자), 인도네시아 등에 현장사무소를 설치한 것은 인권고등판무관실의 인권침해 예방활동의 새로운 진전이라고 할 수 있다.

(7) 여성지위위원회

여성지위위원회(CSW, Commission on the Status of Women)는 1946년 유엔 경제사회이사회(ECOSOC)에 의해 설립된 산하 기능위원회 중의 하나로서, 경제사회이사회에서 선출되는 임기 4년의 위원국(총 45개국)으로 구성된다. 우리나라는 1986~1993년까지 여성지위위원회에 옵서버로 참가하다가, 1994년 이후에는 계속 위원국으로 활동 중이다.[22] 여성지위위원회는 정치·경제·사회·교육 분야에 있어서 여성의 지위향상에 관련된 사항에 관하여 경제사회이사회에 권고 및 보고서를 제출하며, 특히 여성의 권리 분야에서 경제사회이사회가 관심을 기울여야 할 긴급사항에 대하여 권고한다.

3) 인권협약기구

인권협약기구(treaty-based bodies)는 주요 국제인권협약의 이행을 보장하기 위하여 설립된 산하위원회를 의미한다. 아래 설명하는 6개 인권협약기구 중 5개 기구는 각각의 협약규정에 의해 설립되었으나, 경제·사회·문화적 권리위원회는 유일하게 경제사회이사회(ECOSOC)의 위임에 따라 협약 기구로서 활동하고 있다.

인권협약기구 또는 협약 산하위원회가 국제적인 인권증진에 기여할 수 있는 것은 협약당사국이 협약이행과 관련하여 정기적으로 제출하는 국가보고서를 심의하고, 또한 개인이 제출한 진정서를 심의할 권한을 통하여 인권침해에 대한 국제적인 구제조치를 마련하고 있다는 점이다.

(1) 인권이사회

인권이사회(Human Rights Committee)는 시민·정치적 권리에 관한 국제규약(B규

---

22) 우리나라는 1994년 이후 3번 연속하여 위원국에 진출하였으며, 현 위원국 임기는 2005년에 만료된다.

약) 제28조에 의거하여 1977년에 설립된 기구로서, 당사국이 자국 국민 중에서 추천하여 규약 당사국 회의에서 선출되는 임기 4년의 18명의 위원으로 구성된다. 인권이사회 회의는 보통 연 3회 뉴욕(1회)과 제네바(2회)에서 개최된다.

주요 활동으로는 ① 규약당사국이 제출한 규약 이행상황에 대한 국가보고서(최초 보고서는 규약 발효 후 1년 이내에, 이후에는 통상적으로 5년마다 제출)를 심의하고, 의견(concluding observations)을 채택하는 기능,[23] ② 규약당사국이 다른 규약당사국의 규약위반에 관하여 제출한 진정서(complaints)를 심의하고 그들간의 분쟁을 해결하는 기능, ③ 규약 제1선택의정서에 따라 개인 또는 대리인이 제출한 인권규약 위반에 관한 진정서를 심의하고 규약 위반 여부를 결정하는 기능 등을 수행한다.[24]

(2) 경제·사회·문화적 권리위원회

경제·사회·문화적 권리위원회(Committee on Economic, Social and Cultural Rights)는 경제사회이사회 결의(1985/17)에 의거, 1985년 설립된 위원회로서 규약 당사국이 자국 국민 중에서 추천하여 경제사회이사회에서 선출된 임기 4년의 18명의 위원으로 구성되어 있다. 경제·사회·문화적 권리위원회 회의는 보통 연 1회 제네바에서 개최된다.

주요 임무는 A규약 당사국이 규약의 이행 상황에 관하여 정기적으로 제출하는 보고서(최초 보고서는 규약 발효 다음해 6월 30일까지, 이후에는 5년마다 제출)를 심의하는 것이다.[25]

(3) 인종차별철폐위원회

인종차별철폐위원회(Committee on the Elimination of Racial Discrimination)는 인종차별철폐협약 제8조에 의거하여 1970년에 설립되었으며, 협약 당사국이 추천한 후보 중에서 협약당사국 회의에서 선출되는 임기 4년의 18명의 위원으로 구성되어 있다. 인종차별철폐위원회 회의는 보통 연 2회 제네바에서 개최된다.

주요 활동은 ① 협약의 이행 상황에 관하여 당사국이 정기적으로 제출하는 보고

---

23) 우리나라는 1997년 10월 제2차 보고서를 제출, 1999년 10월 인권이사회에서 심의를 마쳤으며, 제3차 보고서는 2003년 10월 31일까지 제출하도록 되어 있다.
24) 이 중 ②와 ③의 기능은 이에 관한 인권이사회의 권능을 인정한 규약당사국에만 적용된다.
25) 우리나라는 1999년 7월 제2차 보고서를 제출, 2001년 4월 30일~5월 1일간 제네바에서 위원회의 심의를 마쳤으며, 제3차 보고서는 2003년 10월 31일까지 제출하도록 되어 있다.

서(최초 보고서는 협약 발효 후 1년 이내에, 이후에는 2년마다 제출)를 심의하고, ② 협약 제14조에 따라 위원회의 권능을 인정한 당사국에 관해 제출된 개인 및 집단의 진정서를 심의하는 것이다.[26)]

(4) 여성차별철폐위원회

여성차별철폐위원회(CEDAW, Committee on the Elimination of Discrimination against Women)는 여성차별철폐협약 제17조에 따라 1982년에 설립되었으며, 협약 당사국이 추천한 후보 중 협약 당사국회의에서 선출되는 임기 4년의 23명의 위원으로 구성되어 있다.[27)]

주요 활동은 매년 1회 비엔나와 뉴욕에서 교대로 개최되는 회의에서 협약 이행상황에 관하여 당사국이 정기적으로 제출하는 보고서(최초 보고서는 협약 발효 후 1년 이내에, 이후에는 4년마다 제출)를 심의하는 것이다.[28)]

(5) 아동권리위원회

아동권리위원회(Committee on the Rights of the Child)는 아동권리협약 제43조에 따라 1990년에 설립되었으며, 협약 당사국이 추천한 후보 중 협약당사국 회의에서 선출되는 임기 4년의 10명의 위원으로 구성되어 있다.

아동권리위원회는 협약당사국이 정기적으로 제출하는 보고서(최초 보고서는 협약 발효 후 2년 이내에, 이후에는 5년마다 제출)를 심의하는 기능을 가진다.[29)]

(6) 고문방지위원회

고문방지위원회(Committee against Torture)는 고문방지협약 제17조에 따라 1987년에 설립되었으며, 협약 당사국회의에서 협약 당사국이 추천한 후보 중에서 선출되는 임기 4년의 10명의 위원으로 구성되어 있다.

---

26) 우리나라는 2002년 9월 제11차 정기보고서를 제출, 2003년 8월 초에 위원회의 심의를 받을 예정이다.

27) 우리나라 출신으로는 김영정 위원이 1997-2000년간 활동하였으며, 현재는 신혜수 교수가 여성차별 철폐위원으로 활동하고 있다.

28) 우리나라는 1998년 3월 제4차 보고서를 제출, 1998년 7월 위원회의 심의를 마쳤으며, 제5차 보고서는 조만간 제출될 예정이다(당초 제출시한: 2002년 1월 26일).

29) 우리나라는 2000년 5월 제2차 정기보고서를 제출, 2003년 1월 아동권리위원회의 심의를 받았다.

주요 활동은 ① 협약의 이행 상황에 관하여 당사국이 정기적으로 제출하는 보고서(최초 보고서는 협약 발효 후 1년 이내에, 이후에는 4년마다 제출)를 심의하고, ② 다른 나라에 의한 진정서 및 개인·집단에 의한 진정서 제출을 수락한 당사국에 관하여 제출된 진정서를 심의하며, ③ 고문진정서에 대하여 직권으로 조사하는 것 등이다.30)

4. 주요 인권협약

1) 개요

1948년 세계인권선언을 선포한 이래로 유엔의 인권활동은 1980년대 중반까지 인권보장을 위한 각종 협약을 채택하고, 선언, 규칙 및 권고를 작성하는 것에 치중하였다. 다양한 종류의 인권협약의 채택 및 발효는 인권의 국제화에 기여하였을 뿐만 아니라, 협약당사국의 인권보장 의무를 국제법으로 규정하게 된다는 점에서 인권의 보장과 증진을 위한 국제적 노력을 한 차원 높였다고 할 수 있다.

특히 ① 모든 형태의 인종차별 철폐에 관한 협약(1965), ② 경제·사회·문화적 권리에 관한 국제규약(A규약, 1966), ③ 시민·정치적 권리에 관한 국제규약(B규약, 1966), ④ 여성에 관한 모든 형태의 차별철폐에 관한 협약(1979), ⑤ 고문방지협약(1984), ⑥ 아동권리에 관한 협약(1989)의 6개 인권협약이 국제인권협약의 핵심을 이루고 있다.31)

2) 시민·정치적 권리에 관한 국제규약

시민·정치적 권리에 관한 국제규약(ICCPR, International Covenant on Civil and Political Rights: B규약)은 경제·사회·문화적 권리에 관한 국제규약(A규약)과 함께

30) 우리나라는 1996년 2월 최초보고서를 제출, 1996년 11월 고문방지위원회의 심의를 마쳤으며, 제2차 보고서는 조만간 제출될 예정이다(당초 제출시한: 2000년 2월 7일).

31) 이 외에도 내용이 좀더 기본적이고 일반적 호응을 받고 있는 국제인권협약으로는 제노사이드 협약, 난민협약 및 동 의정서, 무국적자 지위에 관한 협약 등이 있다.

1966년 12월 유엔총회에서 채택, 1976년 3월에 발효되었다.[32] B규약은 A규약과 함께 내용의 포괄성과 이에 대한 국제사회의 전폭적인 지지를 통하여 인권의 국제적인 보호에 관한 기준 척도를 제공해왔으며, 채택 이후 그 내용을 더욱 구체화시키는 각론적 성격의 국제인권협약들이 연이어 탄생되었다.

B규약의 채택과 함께 개인이 제출한 진정서를 인권이사회가 심의할 권한을 수락하는 절차(개인통보 또는 청원제도)를 규정한 B규약 제1선택의정서(1991년 7월 발효)가 채택되었으며, 1989년 12월에는 사형제도철폐에 관한 제2선택의정서(1991년 7월 발효)가 채택되었다. B규약은 차별금지, 남녀평등, 권리의 제한, 생명권, 고문금지, 노예매매 및 강제노동 금지, 신체의 자유와 안전, 체포 및 구금, 거주이전의 자유, 법 앞의 평등, 사생활의 보호, 사상·양심·종교의 자유, 표현의 자유, 평화적 집회의 권리, 노동 3권 등 주로 국가권력으로부터 개인의 보호에 관해 규정하고 있다.

특히 제4부는 규약당사국의 의무이행을 확보하기 위한 제도적 장치(실천제도)를 규정하고 있으며, 국가간 통보 및 심리 제도(제41조~제42조)에 관해 규정하고 있다. B규약 당사국은 규약에서 인정되고 있는 권리의 준수를 실현하기 위해 취한 조치와 성취된 진전사항에 관해 5년마다 보고서를 제출하여야 한다.

우리나라는 1990년 4월 B규약에 가입하였으며(1990년 7월 발효), 제14조 제5항(법 앞의 평등)과 제22조(노동 3권)를 유보하였다. 또한 우리나라는 B규약 당사국으로서 1997년 10월 제2차 정기보고서를 제출하여 1999년 10월 인권이사회의 심의를 마쳤으며, 제3차 정기보고서는 2003년 10월까지 제출하도록 되어 있다.

3) 경제·사회·문화적 권리에 관한 국제규약

경제·사회·문화적 권리에 관한 국제규약(ICESCR, International Covenant on Economic, Social and Cultural Rights: A규약)은 1966년 12월 유엔총회에서 채택, 1976년 1월 발효되었다. A규약은 가입과 동시에 당사국에게 즉시 보장 의무가 부과되는

---

32) 이 두 국제규약은 1951년 유엔총회의 요청에 따라 인권위원회가 초안을 작성, 1954년 유엔총회에 제출하였으며, 동 초안에 대한 오랜 심의를 거쳐 1966년에 비로소 채택되었다. 이 두 개의 국제인권규약은 세계인권선언과 함께 국제인권장전(International Bill of Human Rights)이라고 일컬어진다.

B규약과는 달리 규약 당사국에게 점진적 실시를 위한 노력의 의무가 부과된다고 할 수 있으나,[33] 이러한 점진적인 실시를 위한 노력 의무가 당사국의 의무 회피를 위한 근거가 될 수는 없다고 하겠다.

A규약은 근로권, 근로조건, 노동3권, 사회보장, 가정에 대한 보호와 지원, 혼인의 자유, 임산부 및 아동 보호, 의식주를 포함한 적당한 생활수준을 향유할 권리, 신체적, 정신적 건강을 향유할 권리, 교육권, 문화·과학·예술 활동의 권리 등에 관하여 규정하고 있다.

B규약과 마찬가지로 제4부는 규약당사국의 의무이행 확보를 위한 제도적 장치(실천제도)에 관하여 규정하고 있다. A규약 당사국은 규약에서 인정되고 있는 권리의 준수를 실현하기 위해 취한 조치와 성취된 진전사항에 관해 5년마다 보고서를 제출하고, 산하 위원회의 심의를 받아야 한다.

우리나라는 1990년 4월 A규약에 가입하였으며, 1990년 7월 발효(조약 제1006호) 되었다. 우리나라는 A규약 당사국으로서 1999년 6월 제2차 정기보고서를 제출하여, 2001년 5월 위원회의 심의를 마쳤으며, 제3차 정기보고서는 당초 2002년 6월까지 제출하도록 되어 있었으나 제2차 보고서 제출 및 심의가 지연됨에 따라 아직 제출되지 못하고 있다.

4) 인종차별철폐협약

모든 형태의 인종차별철폐에 관한 국제협약(CERD, International Convention on the Elimination of All Forms of Racial Discrimination)은 1965년 12월 뉴욕에서 채택되어, 1969년 1월 발효되었다. 동 협약은 인간에 대한 차별 중에서 성(sex)에 따른 차별을 제외한 모든 종류의 차별철폐를 규정하고 있는 국제협약이다.

인종차별철폐협약(CERD)은 제1～3부로 구성되어 있으며, 제1부는 인종차별의 정의, 차별행위 금지 및 특별보호조치 의무, 인종분리 규탄 의무, 인종적 우월주의에 근거한 차별 및 선동에 관한 처벌 의무, 인종차별에 의한 권리침해의 구제 의무 등에 관해 규정하고 있다. 특히 이 협약 제5조는 차별이 금지되는(평등하게 보장되

---

33) 이와 관련하여 A규약은 "……권리의 완전한 실현을 점진적으로 실현하기 위하여, (중략) 자국의 가용자원이 허용하는 최대한도까지 조치를 취할 것을 약속한다"고 규정(2조 1항)하고 있다.

어야 하는) 권리의 예로서 "운송, 호텔, 음식점, 카페, 공원과 같이 모든 사람들이 사용하는 모든 공공장소 또는 시설에 접근하는 권리"를 예시하고 있다.

아울러 동 협약 제2부(제8~16조)는 협약당사국의 의무이행을 확보하기 위한 제도적 장치(실천제도)에 관해, 제3부(제17~25조)는 협약 가입 등에 관해 규정하고 있다. 협약 당사국은 협약 제9조의 규정에 따라 협약상의 의무이행상황에 대해 2년마다 정기보고서 및 추가보고서(위원회가 요청하는 경우)를 제출, 심의를 받도록 되어 있다. 아울러 협약 제14조는 개인 및 집단으로부터의 통보(진정서) 심의에 관해 규정하고 있다.

우리나라는 1978년 12월 인종차별철폐협약에 가입하였으며, 1979년 1월 발효(조약 제667호)되었다.[34] 또한 우리나라는 협약당사국으로서 1998년 1월 제9차 및 제10차 통합보고서를 제출, 1999년 3월 위원회의 심의를 받은 바 있다. 그리고 당초 제11차 보고서의 제출시한은 2000년 1월이었으나, 우리정부는 2002년 10월에 제11차 보고서를 제출하였으며, 2003년 8월 4일에 제네바에서 제11차 및 제12차 통합보고서로 심의를 받을 예정이다.

얼마 전까지만 해도 우리나라는 단일민족국가로서 특별한 인종차별문제가 존재하지 않는다고 생각하는 사람이 많았으나, 최근 국내 체류 외국인노동자에 대한 차별이나 재일교포들에 대한 차별 등이 사회문제화되면서 점차 관심이 늘어나고 있다.

5) 여성차별철폐협약

여성에 대한 모든 형태의 차별철폐에 관한 협약(CEDAW, Convention on the Elimination of All Forms of Discrimination against Women)은 1979년 12월 유엔총회에서 채택되어, 1981년 9월 발효하였다.[35] 이 협약은 여성의 권리장전이라고 할 수 있는데, 협약 당사국에게 여성의 인권 실현 의무를 부과하고 국가가 취해야 할 조치에 대해서 구체적으로 규정하고 있다. 특히 유엔과 국제노동기구(ILO) 등 국제기

---

34) 현재 협약에 직접 위반된다고 보여지는 국내법은 거의 없으나, 병역법시행령 제136조는 혼혈아와 귀화인을 수형자와 동일하게 취급, 제2국민역에 편입하고 있어 '차별' 논란이 제기될 수 있다.

35) 동 협약은 1967년에 채택된 '여성차별철폐선언'을 기초로 유엔여성지위위원회가 1974년부터 협약의 기초작업에 착수하여 마침내 1979년 제34차 유엔총회에서 채택되었다.

구에서 지금까지 채택한 남녀평등 관련 국제문서의 내용을 진일보하여 집대성하고 있으며, 그동안 논란이 되어왔던 남녀평등, 여성차별 금지, 모성보호와 여성보호의 원리를 명확히 설명하고 있다.

여성차별철폐협약은 전문에는 남녀평등권에 관한 협약의 기본입장이 제시되어 있으며, 제1부에는 여성차별의 정의, 당사국의 여성차별철폐 의무, 여성의 완전한 발전과 향상의 확보, 여성의 매매 및 매춘으로부터의 착취의 금지 등에 관해 규정하고 있다.

또한 제2부에서는 참정권, 국적에 관한 권리 등에 관해, 제3부는 교육, 고용, 보건, 경제·사회적 활동에서의 여성차별철폐 등을, 그리고 제4부는 법 앞의 남녀평등과 민사관계, 혼인과 가족관계에서의 여성차별철폐 등에 관해 규정하고 있다.

아울러 동 협약 제5부(제17~22조)는 협약당사국의 의무이행을 확보하기 위한 제도적 장치(실천제도)에 관해, 제6부(제23~24조)는 부칙으로 협약의 효력, 당사국의 이행의무 등에 관해 규정하고 있다. 협약당사국은 협약상의 의무 이행상황에 관해 4년마다 보고서를 제출하여 위원회의 심의를 받도록 되어 있다.

우리나라는 1984년 12월에 동 여성차별철폐협약에 가입(1985년 1월 발효)하였는데, 가입 당시 국내법과 상충되는 협약조항을 유보하였다.[36] 또한 협약당사국으로서 1998년 3월 제4차 정기보고서를 제출, 1998년 7월 위원회의 심의를 마쳤으며, 제5차 정기보고서는 조만간 제출(당초 제출시한은 2001년 1월)될 예정이다. 우리나라의 호주제도, 동성동본 불혼제도, 혼인시 처 호적의 남편 호적 입적, 혼인 외 출생자녀의 호적 입적시 배우자의 동의 등 일부 국내법 규정들이 협약상의 규정과 상치되고 있는바, 이러한 충돌문제를 해소하기 위한 꾸준한 노력이 필요하다 하겠다.

---

36) 가입 당시 우리나라는 제9조와 제16조 1항 c, d, f, g호를 유보하였다. 제9조는 혼인에 따른 국적변동 및 자녀의 국적에 관한 남녀평등을 규정하고 있는데, 부계혈통중심주의의 현행 국적법과 충돌되어 유보하였다. 제16조 1항은 혼인중 및 혼인 해소시 남녀간 동등한 권리와 책임(c호), 자녀문제에 대한 부모의 동일한 책임과 권리(d호), 아동에 대한 보호, 후견 등에서의 남녀간 동등한 권리와 책임(f호), 가족의 성(姓)에 대한 동등한 책임과 권리(g호)를 규정하고 있는데, 이는 당시 민법 친족편상의 여러 조항이 부(夫) 중심으로 규정되어 있는 점과 충동되었기 때문이다. 그러나 민법개정으로 가족법상의 여성차별 부분이 상당부분 해소되어 1991년 3월 제16조 1항 c호, d호, f호에 대한 유보를 해제하여 현재는 제9조와 제16조 1항 g호만을 유보하고 있다.

6) 고문방지협약

고문 및 그밖의 잔혹한, 비인도적인 또는 굴욕적인 대우나 처벌의 방지에 관한 협약(CAT, Convention against Torture and Other Cruel, Inhuman or Degrading Treatment of Punishment)은 1984년 12월 유엔총회에서 표결 없이 채택되어, 1987년 6월 발효되었다. 이 협약은 채택 당시 각국 정부들이 고문 근절을 위한 실제 노력보다는 원칙적인 비난 수준에 머물러 있던 상황에서, 기존의 국제법문서에 나타난 고문금지 규범[37]을 상세하게 규정하고, 그 이행을 국내적으로 또는 국제적으로 확실히 보장하는 포괄적 장치를 마련하였다는 점에 그 의의가 있다.

고문방지협약은 고문에 대한 정의와 함께 실효·예방적 조치, 고문피해자에 대한 배상권 및 기타 구제 부여, 고문금지 의무면제(derogation) 불허, 강제송환금지(non-refoulement), 보편적 형사관할권 확립 등을 위한 국가의 의무에 대해 규정하고 있다.

아울러 동 협약 제2부는 협약당사국의 의무이행을 확보하기 위한 제도적 장치 또는 실천제도에 관해 규정하고 있는데, 협약당사국은 협약상의 의무이행상황에 관해 4년마다 정기보고서를 제출하여 위원회의 심의를 받도록 되어 있다. 협약은 또한 보고서 제출, 심의제도 이외에도 협약 의무이행 확보 방안의 하나로서, 위원회의 비밀조사권 부여(제20조), 선택적인 국가간 통보(제21조), 개인의 진정서(제22조) 등에 관해 규정하고 있다.

우리나라는 1995년 1월 고문방지협약에 가입(1995년 2월 발효)하였으며, 가입당시 국가간통보제도에 관한 협약 제21조와 개인의 진정서 제출에 관한 협약 제22조는 수락하지 않았다.[38] 또한 협약당사국으로서 1996년 2월 최초 보고서를 제출하여 1996년 11월 위원회의 심의를 마쳤으며, 제2차 정기보고서(당초 제출시한은

---

37) 1948년 세계인권선언 제5조는 "어느 누구도 고문 또는 잔혹하거나 비인간적이거나 모욕적인 처우나 처벌을 받지 않는다"고 선언, 고문방지를 위한 본격적인 국제적 캠페인의 시발점이 되었다. 이후 1949년에는 제네바 인도법협약, 1950년 유럽 인권협약, 1966년 B규약, 1969년 미주인권협약, 1981년 아프리카 인권헌장 등이 고문금지 조항을 두고 있으며, 1985년에는 고문방지 및 처벌을 위한 미주협약이 채택된 바 있다.

38) 그러나 B규약 제7조가 "어느 누구도 고문 또는 잔혹한, 비인도적인 또는 굴욕적인 취급 또는 형벌을 받지 아니한다"고 규정하고 있으며, 우리나라가 국가간 통보 및 심리, 개인 청원권을 규정한 동 규약 제41조와 제1선택의정서를 수락하고 있으므로, 인권이사회를 통한 개인 또는 외국인의 이의제기(진정서 제출)는 가능하다.

2000년 2월)는 조만간 제출될 예정이다.

7) 아동권리협약

아동의 권리에 관한 협약(Convention on the Rights of the Child)은 1989년 11월 유엔총회에서 채택되어 1990년 9월에 발효되었다.[39] 아동은 신체적 혹은 정신적 미성숙 등 특수한 지위와 필요 때문에 일반 국제인권법상의 보장을 넘어 아동에 대한 특수한 권리와 자유에 대한 국제인권법적 보장이 필요하다는 점이 지적되어 왔다. 협약은 이러한 요청에 따라 아동의 보호와 그들의 특수한 권리를 보장하기 위해 제정된 법적 구속력을 갖는 국제문서로서의 의의가 있다.

아동권리협약은 아동의 개념을 '18세 미만'으로 규정(제1조)하고 있으며, 아동의 최선의 이익(제3조), 의견 존중(제12조), 생존과 발달(제6조), 차별금지(제2조) 등 일반원칙을 제시하고 있다.

협약은 또한 아동의 기본적 건강과 복지, 교육, 여가 및 문화적 활동, 가족 환경과 대체적 보호를 받을 권리 등 경제·사회·문화적 권리와 함께 생명권, 신체·정신적 자유권 등 시민·정치적 권리에 대해 규정하고 있으며, 국가의 아동보호의무(제4조)에 대해서도 규정하고 있다.

동 협약 제2부는 협약당사국의 의무이행을 확보하기 위한 제도적 장치 또는 실천제도에 관해 규정하고 있는데, 협약당사국은 협약상의 의무이행상황에 관해 5년마다 정기보고서를 제출하여 아동권리위원회의 심의를 받도록 되어 있다.

우리나라는 1991년 11월 비준서를 기탁하였으며(1991년 12월 발효), 동 협약에 가입하면서 면접교섭권(제9조 3항), 입양절차(제21조 가호), 상소권 보장[제40조 2항 나호(5)]에 관한 3개 조항에 대해 국내법과의 충돌을 이유로 유보하였다. 또한 우리나라는 협약당사국으로서 2000년 5월 제2차 정기보고서를 제출하여 2003년 1월 위원회의 심의를 받았다.

---

39) 아동권리의 국제적 보호의 필요성은 제1차세계대전 전후부터 강조되기 시작하여, 국제연맹 총회는 1924년 9월 '아동권리에 관한 제네바 선언'을 채택하였으며, 유엔총회도 1959년 11월 전문과 10개조로 구성된 '아동권리선언'을 채택한 바 있다. 아동권리협약은 유엔이 1979년을 '세계아동의 해'로 지정한 것을 계기로 추진되었으며, 1989년 11월 유엔총회에서 표결 없이 채택되었다.

5. 국제인권협약의 이행문제

1) 협약당사국의 의무

국제인권협약은 우선 협약당사국들이 협약상의 의무이행을 통하여 인권증진에 기여하게 된다. 이미 설명한 바와 같이 국제인권협약들이 채택하고 있는 협약상의 의무이행 확보 수단으로는 국가보고서제도, 개인통보제도, 국가간 통보제도의 3가지가 있으나, 협약에 따라서는 이들 3가지 제도를 모두 채택하거나[40], 일부만을 채택하고 있기도 하다.

국가보고서제도는 각 협약 당사국이 협약이행에 관해 정기적으로 보고서를 제출하고, 협약 산하위원회가 이를 심의하여 협약이행상황에 대한 평가 및 권고를 함으로써 국제적인 인권증진에 기여하게 된다는 점은 이미 설명하였다. 개인이 제출한 진정서를 협약산하위원회가 심의하는 개인통보(진정서) 제도 또한 각 협약 당사국의 협약상의 의무이행을 확보하는 수단이다. B규약(제1선택의정서), 인종차별철폐협약(제14조), 고문방지협약(22조)이 개인이 제출한 진정서를 협약 산하위원회가 심의할 권한을 수락하는 절차를 규정하고 있다.[41]

2) 국내적 이행 노력

어느 국가가 국제인권협약에 가입하고 있다는 사실만으로 인권의 보호와 보장을 위한 국가적 의무를 다하였다고 할 수는 없다. 마찬가지로 국내법 규정과의 충돌 등을 이유로 이미 채택된 국제인권협약을 외면하거나,[42] 핵심적인 조항에 대한 유보를 남발하는 것은 바람직하지 못하다. 따라서 이미 채택된 국제인권협약의 내용을 국내 입법화하고, 정책과 제도에 반영하며, 협약산하위원회가 국가보고서 심의 결과로서 채택한 최종평가서(concluding observations) 또는 진정서의 심의와 관련

---

40) 고문방지협약이 국가보고서제도, 개인통보(진정서)제도, 국가간 통보제도의 3가지를 모두 채택하고 있는 경우이다.

41) 개인이 협약(또는 선택의정서)상의 개인통보(진정서) 절차를 이용하기 위해서는 먼저 이용가능한 국내절차를 완료하여야 한다.

42) 예컨대 우리나라는 '모든 이주노동자와 그 가족의 권리보호에 관한 국제협약'(1990년 12월 18일)에 아직 가입하지 않고 있다.

하여 내린 결정을 국내적으로 수용하려는 노력이 중요하다 하겠다. 또한 국민들에 대한 인권의식을 높이려는 노력이 선행되어야 하며, 이러한 노력에서 인권단체들의 활동이 강화되어야 한다.

3) 현실적인 문제들

국제인권활동에 있어서 인권증진이라는 대의명분이 각국의 안보·정치·경제적 이해와 충돌하는 경우 인권을 중시하는 것으로 평가 받고 있는 미국, EU, 캐나다, 오스트레일리아 등 대부분의 서방국들에 있어서도 인권문제는 아직도 부수적으로 고려되는 측면이 있다. 이러한 현실적 한계 때문에 일부 인권후진국들은 서방측이 정치적 의도에서 이중 잣대를 갖고 그들의 인권상황을 비난하고 있다는 항변이 어느 정도 설득력을 갖는 이유가 되고 있다.

국제적인 인권증진 노력에 있어서 걸림돌이 되고 있는 또 다른 점은 소위 '인권의 아시아적 가치논쟁' 인데, 1993년 세계인권회의 준비과정에서부터 많은 아시아 국가들은 인권의 보편성을 인정하면서도 문화·종교·지역·정치·역사적 특수성이 고려되어야 한다는 입장을 견지하여 서구 국가들과 대립하였다. 오늘날에도 인권을 서구적인 가치로 보아, 국내문제에 대한 간섭이라고 인식하는 국가들이 적지 않다. 특히 국가발전에 있어서 경제·사회적 권리들이 시민·정치적 권리들보다 중요하며, 서구의 개인주의적인 시민·정치적 자유권에 대한 집착은 보다 공동체적인 전통을 지닌 사회의 응집력을 저해한다고 인식하고 있다.[43]

인권은 당초 시민·정치적 권리를 중심으로 논의되었으나 점차 경제·사회·문화적 권리의 비중이 증대되면서 이제는 양 종류의 권리는 분리될 수 없으며, 상호의존성 및 연관성이 있다는 입장이 점차로 선진국과 개도국 간에 공통으로 자리를 잡아가고 있다. 그러나 많은 개도국들, 특히 아시아 및 아프리카 국가들이 경제·사회·문화적 권리의 실현이 시급하다고 강조하는 경향은 아직도 지속되고 있다.

또 다른 문제점은 국제무대에서 노정되어온 국가간 이해와 입장의 대립 양상이다. 최근 수년간 유엔인권위원회에서는 총 80여 개의 결의를 심의, 채택하는 과정

43) 서방측은 일부 아시아 국가들이 아직도 문화적 상대주의, 인권의 위계성과 분리성에 대한 주장, 국가안보 이데올로기를 내세워 인권침해를 합리화하려고 하거나 국민 개개인에 대한 인권보호 의무를 회피하려 하고 있다는 점을 지적하고 있다.

에서 선·후진국간 첨예한 대결적인 양상이 노정되었으며, 종래 인권문제 전반에 있어서 긴밀히 공조해오던 미국과 EU 간에도 테러에 대한 대응 문제, 고문방지협약 선택의정서 문제 등 일부 사안에 대해서는 대립적 양상을 보였다.[44)]

---

44) 예컨대 테러에 대한 대응조치에서 EU는 기본적 인권보호의 중시를, 미국은 테러리즘 자체의 비인권성을, 이슬람회의기구(OIC) 측은 회교도 및 아랍계에 대한 차별 및 인권침해를 우려하는 입장을 강조하였다.

초등학교에서의 인권교육

강현정(서울 도봉초등학교 교사, 인권교육교사모임회원)

1. 인권의 정의와 인권교육의 필요성

1) 인권이란 무엇인가

세계인권선언 전문에서는 인간은 누구나 타고난 존엄성을 가지며, 인권이란 "모든 사람이 태어나면서부터 가지는 평등하고 양도할 수 없는 권리"라고 말한다. 또 간단히 정의해서 "인간이 인간답게 살아가기 위한 최소한의 권리"라고 말하기도 한다. 이처럼 "인권이란 무엇인가?"라는 질문에 대해 대답하기는 쉬울 수도 있다.

하지만 일상생활에서 우리는 "인간이 누려야 할 최소한의 권리," 즉 "인간이 인간답게 살기 위해 필요한 가장 기본적이고 기초적인 권리"를 잊고 지낼 때가 많다. 예를 들어, 신문에서 외국인노동자에 대한 비인간적인 노동환경, 가혹한 노동 및 임금체불에 관한 기사를 보거나 거리에서 부당하게 불심검문을 당할 때에도 그것이 인권을 심각하게 침해하는 사건이라고는 생각하지 않는다. 이렇듯 대부분의 사람들이 인권을 사전적인 의미로 이해하는 것과 실제생활에서 자신의 눈앞에 일어나고 있는 현실로 느끼는 것에는 커다란 차이가 있다.

학교에서도 마찬가지이다. 많은 교사들이 체벌은 '필요악'이며, 아이들을 올바르게 훈육하기 위한 하나의 방법일 뿐이라고 말한다. 이것은 현재 우리 교사들의 인권 수준을 보여주는 한 예이다.

필리핀의 한 연구소의 인권의식에 관한 연구에 따르면 인간의 인권의식 수준은 네 단계로 나눌 수 있다.

그 첫번째 단계는 "인권침해에 대해 무조건적이고 무비판적인 복종을 하는 단계"이다. 이 단계는 두려움과 복종심으로 모든 인권침해에 대해 무조건적인 수용만을 하는 단계를 말한다. 즉 전혀 인권의식을 가지지 않는 단계이다.

두번째 단계는 "인권에 대해 알고는 있지만 두려움이나 이해 부족, 패배주의 등으로 인권침해를 자신과 밀접한 사건으로 연관시켜 생각하는 의식이 부족한 단계"를 말한다. 이 단계에서는 직접 자신이 인권을 옹호하기 위한 실천을 하기보다는 인권 단체나 그 외 적극적인 인권의식을 가진 사람들에게 의존하려는 경향이 나타난다.

세번째 단계는 "그 사회의 사회적인 합의나 법적 테두리 안에서 인정하는 방식을 동원해서 인권침해의 부당함을 호소하는 단계"이다. 이 단계에 이르러서야 사람들은 스스로 인권침해문제를 해결하기 위해서 실천하기 시작한다.

마지막 네번째 단계는 "실천적인 인권의식을 기초로 스스로 인권침해문제에 적극적이고 능동적인 자세로 대처하고 문제를 해결하고자 노력하는 구체적이고 능동적인 실천의 단계"이다.

이렇게 인권의식을 네 단계로 나누어 볼 때, 우리 사회의 인권의식 수준은 아직 두번째 단계에도 도달하지 못했다고 보여진다. 인권의식이 높지 않은 우리 사회에서 해결되지 않은 인권침해문제들이 산적해 있는 것은 어찌 보면 당연한 일일 것이다. 우리 사회에서 일어나는 많은 인권침해문제는 결국, 우리들 자신의 낙후된 인권의식 속에서 시작되는 것이다.

그러므로 '인권'의 정의는 단순히 '이론적인 이해'의 문제가 아니라 우리 개개인의 '실천적인 의식'의 문제로 보아야 한다.

2) 학교 인권교육의 필요성

많은 교사들이 인권교육을 어렵게 여기거나 꺼리는 데는 크게 다음의 세 가지 이유가 있다.

첫째, 인권교육은 아이들에게 불순하고 급진적인 생각을 심어줄 우려가 있다.

둘째, 인권은 개인의 권리를 강조하므로 인권교육을 받은 아이들은 지나치게 개인중심적이 되어 책임과 공동체의 중요성을 경시하게 될 것이다.

셋째, 인권교육은 필요하지만 인권교육에서 이야기하는 용어가 지나치게 어렵고 생소하기 때문에 초등학교 아이들에게 인권을 가르치는 것은 무리다.

사실 실제 교육현장에서 아이들의 권리를 이야기하고, 그들이 가진 권리를 가르치는 일은 쉬운 일이 아니다. 하지만 많은 교사들이 보여주는 인권교육에 대한 부정적 반응들은 인권교육에 대한 오해에서 비롯된 것이다.

학교현장에서부터 인권교육이 시작되기 위해서는 먼저 교사들이 가진 이러한 오해를 해소해야 한다. 그래서 현장의 교사들이 적극적으로 나서서 인권교육의 중심에 설 수 있도록 해야 할 것이다. 학교 인권교육의 필요성은 다음의 네 가지 측면으로 설명할 수 있다.

첫째, '인권이 무엇인지를 배울 수 있는 권리' 그 자체도 인권이다. 인간이 가진 기본적 권리가 무엇인가 배우는 것, 그리고 그 권리를 위해 무엇을 실천할 것인가를 배우는 것, 이 두 가지 모두 인간이 누려야 할 권리이다. 그래서 "인권교육은 그 자체로 하나의 권리"라는 말이 있다. 1948년의 '세계인권선언(Universal Declaration of Human Rights)'[1]과 1989년 '유엔어린이·청소년권리조약(UN Convention on the Rights of the Child)'에서는 교육의 목표를 인권에 대한 존중을 강화하고 이해와 관용, 평화를 증진하는 데 두어야 하며, 그것에 대한 국가의 책임을 규정하고 있다. 이에 따라 1994년 유엔총회는 1995년 1월부터 2004년에 이르는 유엔인권교육 10개년 계획(UN Decades for Human Rights Education)을 선언하고 국가인권교육위원회(National Committee for Human Rights Education) 설립을 포함한 실천방안을 마련했다. 이는 유엔이 각국 정부로 하여금 인권교육을 주도하고 이를 뒷받침하는 책임을 다할 것을 요청하면서, 아울러 유엔으로 하여금 각국의 인권교육 활동을 촉진하고 장려하는 데 힘을 쏟도록 한 것이다. 그러나 실제로 한국 내에서의 구체적 실천 움직임은 거의 미미한 실정이다.[2] 따라서 국가적 책임하에 초등교육에서

1) "이 선언에 대한 공통의 이해가 이 서약의 이행을 위해 가장 중요하기에, 그리하여 이제 유엔총회는 ……교육과 학업을 통하여 이러한 권리와 자유에 대한 존중을 신장시키기 위해 노력하고……" (세계인권선언 전문 중에서). 아시아 인권 헌장에도 "정부기구, 비정부기구, 교육기관들은 인권의 내용과 인권의 중요성에 대한 정보를 확신하기 위하여 상호 협력해야 한다"라는 말로 인권교육의 중요성을 상기시키고 있다.

2) 1997년 7월 국가 인권교육 실천계획이 확정되어 교직원 노조 등 민간 인권단체들이 전국적인 인권교육 활동에 활발히 나서고 있는 일본과 비교할 때 우리나라의 인권교육 추진현황은 매우 형식적인 수준에 그친다.

부터 체계적인 인권교육을 통해서 올바른 인권의식을 신장시킬 수 있는 계획들을 마련하고, 내실 있는 인권교육을 실시해야 할 것이다.

둘째, 존중 받으며 자란 아이들이 다른 사람도 존중할 수 있다. "이기적인 아이들, 자신만 아는 아이들에게 권리의식을 가르칠 필요가 있는가?"라는 말은 인권을 이야기하는 것이 자신의 권리만을 주장하는 것으로 오해하는 데에서 비롯된다. 많은 선생님들이 아이들에게 인권교육을 하게 되면 "떠드는 것도 내 권리예요" 혹은 "장난치는 것도 내 권리예요"라고 이야기하며 학교의 기본적인 규칙을 어지럽히게 될 것이라고 걱정하고 있다. 그러나 인권교육은 개인의 권리뿐만 아니라 다른 사람의 권리를 존중하고 지키는 것이 얼마나 중요한가를 알게 해주는 교육이다. 요즘 심각한 사회문제로까지 확대되고 있는 '왕따'문제는 우리 교육현장에서 인권교육이 필요함을 역설적으로 증명하고 있다. 사실 왕따를 당하는 아이들은 어떤 이유에서든 다른 또래 집단과 융화되지 못하는 아이들이 대부분이다. 획일적인 교육환경 속에서 또래 집단의 생각이나 문화에 조금이라도 차이를 가지고 있는 아이들은 융화되기 어렵고, 이들을 인정하지 않는 패거리 의식이 왕따 현상을 조장한다. 차이와 다름을 인정하지 않고 획일화만을 가르쳤던 교실에서 왕따 현상은 사실 당연한 결과일 수 있다. 만약 그 전에 우리 아이들에게 다른 사람의 차이를 인정하고 그것을 존중할 수 있게 도와주는 인권교육을 했더라면 이러한 문제는 발생하지 않았을지도 모른다. 그러므로 학교폭력과 집단 따돌림 등 현재 우리 학교현장에서 일어나고 있는 문제들을 해결하기 위한 첫 걸음은 아이들과 교사들이 교실에서 인권교육을 실천하는 것이다. 아이들에게 경쟁과 이기심, 획일화와 집단주의를 가르치는 교실을 만들 것인가? 아니면 자신에 대한 자아 존중감을 길러 서로를 존중하고, 차이와 다름을 인정하는 새로운 공동체 교실을 만들 것인가? 이제 그 선택을 해야 한다.

셋째, 인권의식이 비약적으로 신장되기 위해서는 인권교육이 반드시 필요하다. 2000년 4월에 전국 초등학교 학생 1,000명을 대상으로 실시한 인권의식조사[3]에 따르면 인권이라는 말을 들어본 아이는 56.0%에 지나지 않는 것으로 나타났다. 게다가 그 중에서 9.1%만이 학교에서 인권이란 말을 들었다고 한다. 또한 인권이란 말을 들어 본 56% 중 61.0%가 텔레비전을 통해 인권을 접했다고 응답했다. 이 결과를 보면 우리 아이들의 과반수 정도가 인권이라는 말을 들어본 적이 없으

3) 전교조초등위원회, 어린이 인권의식 실태 조사, 2000.

며 인권에 대한 체계적인 교육 없이 인권을 피상적으로 접하고 있다는 것을 알 수 있다. 그 사회의 인권 수준이 사회 구성원의 인권의식과 밀접한 관계를 가진다고 할 때 소수 활동가와 대학생들, 혹은 관심 있는 몇몇 사람들에게만 이루어졌던 지금까지의 인권교육으로는 우리 사회의 인권의식의 신장을 기대하기 어렵다. 하지만 인권이 한 사회만의 권리가 아니라 초국적인 차원의 권리라고 할 때, 전세계적으로 자행되는 인권침해를 종식시키기 위해서는 인권침해에 대한 좀더 실질적인 대응이 이루어져야 할 뿐만 아니라 인권침해를 허용하게 만드는 사회·제도적 요인들을 혁파하여 인권침해를 사전에 예방하는 한층 근원적인 차원의 인권운동이 이루어져야 한다.

그렇기 때문에 지금까지 비정부기구(NGO)를 중심으로 이루어졌던 인권운동은 초국적인 연대와 적극적인 예방 활동을 중심으로 하는 적극적인 차원의 '시민인권운동'으로 고민되어야 할 것이다[4]. 또한 지금까지 인권의 영역에서 소외되어온 사회적 약자와 소수자들이 스스로 자신의 권리를 주장하고 적극적이고 실질적인 실천을 할 수 있도록 구체적인 인권교육이 이루어져야 한다. 그래서 모든 국민들을 대상으로 하는 인권교육이 적극적으로 시행되어야 하는 것이다. 모든 사회 구성원이 자신의 권리를 이해하고 우리 사회의 인권침해 요소들을 없애기 위해 적극적으로 실천할 수 있는 능력을 기른다면 그리고 더 나아가 지구촌의 인권옹호를 위한 활동을 할 수 있는 의식과 실천방법을 익힌다면 예방적 차원의 시민인권운동과 인권의식이 우리 사회에서도 뿌리내릴 수 있을 것이다.

넷째, 인간을 존중하는 교육은 초등학교 때부터 시작해야 한다. 미국의 여성 평화교육자이며 평화활동가인 베티 리어든(Betty Reardon)의 『인간 존엄 교육』(1995)에 보면 인권교육은 만 5살부터 시작되어야 함을 밝히고 있다. 이는 초등학교 때부터 존중과 관용, 다양성의 인정 등이 아이들에 교육되어야 함을 이야기하는 것이다. 아이들이 자신의 생활공간에서 자아 존중감을 느끼고 다양한 문화와 개개인의 차이에 대해서 인정하고 존중하는 법을 배우는 것은 사실 지식적인 측면에서보다는 공동체 안의 문화적이고 정서적인 측면에서 자연스럽게 익혀지는 것이다. 그렇게 볼 때, 학교와 가정 내에서 자아 존중과 관용을 배울 수 있는 환경의 조성은

---

4) 카루난(1995)의 견해에 따르면 인권운동은 모든 형태의 인권침해에 대응하기 위해서는 '다면적 전략'을 가지고 '초국적 연대' 활동을 해야 한다고 한다. 즉 'NGO'라는 비정부기구의 한계를 극복하기 위해서 시민사회 내에서 '시민인권체계'를 강화해야 한다는 것이다.

인권교육의 가장 중요한 기본 요소 중 하나이다. 따라서 인권교육이 단순히 지식적인 측면에서의 교육이라면 중등교육과정에서 인권교육이 시작되어도 되겠지만, 인권적 생활태도와 감수성을 길러주는 문화적이고 정서적인 측면을 포함하는 교육이 되어야 하므로 초등학교에서부터 시작되어야 할 것이다.

2. 인권교육의 세 가지 방향

인권교육은 간단히 "인권에 관한 교육, 인권을 위한 교육, 인권을 통한 교육"이라고 말할 수 있다. 즉 인권교육은 "인권과 관련된 지식의 습득뿐만 아니라 인권을 옹호하는 행동 능력과 인권옹호의 가치관을 함양하는 것, 그리고 이러한 교육활동이 학습자와 교육자 사이의 인권존중의 과정 속에서 적극적으로 이루어지도록 하기 위한 의도적이고 계획적인 교수·학습 과정"이다. 그러므로 인권교육은 첫째, 아이들에게 인권의 기본적인 개념과 지식을 이해시키고 인권이 소중한 것이며 침해받지 않아야 한다는 것을 알게 하고, 둘째, 인권침해가 없는 세상을 만들기 위해 익혀야 할 가치, 태도를 가르쳐주는 과정이어야 한다. 끝으로 이러한 학습과정은 아이들과 교사, 아이들과 아이들 사이에서 서로의 인권을 존중하는 분위기 속에서 이루어져야 한다. 이 세 가지는 인권교육에서 어느것 하나도 소홀히 다루어질 수 없다.

이 세 가지 측면을 구체적으로 살펴보면 다음과 같다.

1) 인권에 관한 교육: 인권에 대해 이해하고 공감하는 능력 기르기

아이들이 자신의 권리가 무엇이고 어떻게 존중받아야 하는가를 배우는 것은 권리에 대해 순서대로 암기하는 것과는 다르다. 아이들 스스로가 자신들의 권리, 그리고 우리들의 권리의 가치를 깨닫고 옹호할 수 있는 태도를 기르는 것은 구체적이고 계획적인 활동을 통해서만 가능하다.

이를 위해서 교사들은 인권을 교육하기 위해서 아이들이 알아야 할 다양한 권리들을 얼마나 쉽게 자신의 경험 속에서 이해하고 공감하게 할 것인지를 고민해야 한다. 또한 인권교육의 내용인 시민·정치적 권리나 사회·문화적 권리, 개인·집단적 권리가 같은 비중으로 다루어져야 한다. 그리고 그것은 지나간 과거의 권리가 아니라 아이들이 발 딛고 있는 현재를 기준으로 끊임없이 확장되는 권리 영역까지를 포괄할 수 있는 교육이어야 한다. 인권에 관한 교육의 예는 다음과 같다.

① 인권의 의미와 인간의 존엄성에 대한 공감적 이해.
② 인권침해에 대한 구체적 사례를 통한 공감적 이해.
③ 다양한 인권의 영역에 대한 사례와 경험 중심의 이해.
④ 인권옹호를 위한 역사에 대한 이해.
⑤ 인권옹호의 필요성과 인권옹호를 위한 각자의 역할에 대한 이해.
⑥ 국내외의 인권침해문제와 나의 인권침해가 어떤 관계가 있는지에 대한 이해.
⑦ 국내외 인권기구와 NGO의 역할에 대한 이해.

2) 인권을 위한 교육: 인권을 옹호하는 태도와 실천 능력 기르기

인권에 대한 지식과 사고 능력을 가지는 것과 인권을 옹호하는 적극적인 실천 사이에는 큰 간극이 있다. 인권에 대한 지식은 인권을 중심으로 하는 비판적 사고 능력을 향상시킬 수는 있지만 이것만으로 인권옹호를 위한 지속적인 실천의지를 가진 인권적 시민으로 육성시킬 수는 없다.

그러므로 인권교육은 아이들이 자신의 삶 속에서 인권문제를 인식하고 인권옹호를 위한 구체적인 실천방법을 습득하고 아이들 스스로가 인권친화적인 사회 공동체를 만들어나갈 수 있는 능력을 길러주는 실천적인 교육이 되어야 한다.

이를 위해서 인권교육은 먼저 아이들의 생활 영역에서 실천할 수 있는 구체적인 사례로부터 시작되어야 한다. 즉 자신의 감정과 생각을 솔직하고 정확히 표현할 수 있는 능력에서부터 다른 사람의 감정과 의견을 공감하고 이해할 수 있는 능력, 함께 공동의 과제를 수행할 수 있는 능력, 공동체에서의 갈등문제를 비폭력적이고 평화적인 방법으로 해결할 수 있는 능력, 민주적 의사결정을 바탕으로 스스로 자율적인 자치 활동을 해나갈 수 있는 능력, 우리 사회에 다양한 인권기구와 NGO를 활용할 수 있는 능력, 우리 사회에 인권침해문제를 비판적, 주체적으로 판단하고 해결하고자 하는 능력 등으로 확장되어 나아가야 한다.

그리고 교사들은 아이들이 학교현장에서 이러한 태도를 기를 수 있도록 학급의 운영이나 학교 규칙의 제정, 학교 내 비인권적인 요소에 대한 해결과정에서 아이들이 주체적으로 참여할 수 있는 여건과 구조를 만드는 등 아이들의 현실에서부터 시작하는 인권옹호를 위한 실천교육이 될 수 있도록 노력해야 할 것이다.

3) 인권을 통한 교육: 교사와 아이들 간의 인권존중 및 인권적 교육 환경의 구축

인권교육이 교사와 아이들 간의 수직적인 구조를 바탕으로 한 주입식 교육에 의해 이루어진다면 아이들이 인권이란 개념을 단순히 지식적인 측면으로 받아들일 수밖에 없고, 그러한 교육은 인권교육이라고 부를 수 없다.

인권교육에서는 교사와 아이들 상호간 인권존중의 원칙이 기본이 된다. 그러므로 교사들은 학교의 구조와 문화를 민주화시키고 인권적인 환경을 만드는 노력을 게을리 할 수 없고, 성공적인 인권교육을 위해서 교사 스스로의 인권과 표현의 자유가 보장되어야 하는 것도 당연한 일이다.

그러나 지금 우리 사회의 교육제도와 학교 구조에서는 교사와 아이들 모두가 학교의 동등한 주인으로서 존중받지 못하고 있다. 우리나라의 경쟁 중심, 관리자 중심의 교육제도가 변화되고, 학교 운영이 민주화되지 못한 채 시행되는 인권교육은 사실 공염불이 될 수도 있다. 하지만 교사들이 아이들과 함께 생활하는 공간인 교실은 상대적으로 교육환경에서 독립적인 위치를 가지고 있는 것도 사실이다. 그러므로 먼저 교사들이 아이들과 함께 생활하는 교실에서부터 인권적 문화공동체를 형성시키고 인권교육에 대해 고민함으로써 아이들과 자신의 인권문제, 사회적인 인권에 대한 관심으로 확대해나간다면 우리나라의 교육제도 전반에 새로운 변화와 인권의식 신장을 가져올 수 있을 것이다. 더군다나 인권교육이 공동체 구성원들간의 인권적인 소통과 감수성을 증진시키는 과정이라고 생각할 때, 인권을 기반으로 하는 학급 경영, 아이들과 만드는 인권 중심의 교실공동체에 대한 노력은 더 나아가 사회공동체에서 인권의식을 신장시키고 우리 사회의 인권 수준을 신장시키는 데 기여할 수 있을 것이다.

3. 학교현장에서의 인권교육: 초등학교 교육과정을 중심으로

인권교육에 대한 관심은 있지만 학교현장에서 어떤 방식으로 실천할 수 있을 것인지 고민하는 교사들을 위해 이 장에서는 초등학교현장에서 실천할 수 있는 인권교육의 몇 가지 방법들을 간단히 소개하겠다.

1) 교과와의 통합교육으로서의 인권교육

교과교육 전 과정에 인권교육이 통합되어져야 한다는 것은 인권교육을 하는 데 가장 기본적인 전제조건이다. 초등학교에서 인권교육이 이루어질 수 있는 교과를 살펴보면 첫째, 도덕과를 들 수 있다. 도덕과의 가치덕목은 인권교육에서 가르치고자 하는 가치들과 유사성이 많다. 예를 들어, 초등학교 5학년의 도덕과의 가치덕목[5]은 생명존중, 성실, 정직, 자주, 절제, 경애, 효도, 예절, 협동, 애교·애향, 타인배려, 환경보호, 정의, 공동체의식, 국가애, 민족애, 안보의식, 평화통일, 인류애이다. 그 중에서 생명존중, 준법, 타인배려, 환경보호, 정의, 공동체의식과 평화통일, 인류애 등이 인권교육에서 가르치고자 하는 내용과 비슷하며, 이를 토대로 통합적인 재구성을 할 수 있다.

둘째, 사회과를 들 수 있다. 사회과는 인간과 공간, 인간과 시간, 인간과 사회의 세 영역[6]으로 구성되어 인간의 문제를 다루고 있기 때문에 어느 교과보다도 인권교육과의 연관성이 크다. 또한 사회문제는 가치 갈등을 담고 있으므로 교수·학습 방법상에서도 기능적 측면의 인권교육인 문제해결과 의사결정학습이 이루어질 수 있다. 특히 7차 교육과정에서는 6학년 1학기 교과서에 인권에 관한 내용이 소단원으로 구성되어 있기도 하다.

셋째, 앞에서 인권교육과 내용적으로 관계가 깊은 도덕과나 사회과에서의 통합 근거를 살펴보았지만 이들 교과뿐만 아니라 다른 교과와의 통합도 가능하다. 수학이나 과학 등에서 통계자료를 통한 교육, 글쓰기 교육, 음악과 미술 등의 창작활동에서 통합적인 접근들도 가능하다.

그러나 교과교육시간을 활용한 통합적인 실천을 위해서는 교사가 먼저 인권적

---

5) 초등학교 도덕과 5학년 1학기 교사용지도서, 2002.
6) 초등학교 사회과 5학년 1학기 교사용지도서, 2002.

가치를 내면화하고 적극적인 자세로 인권교육을 수업에 접목할 수 있는 안목과 의지를 지녀야 하며 구체적인 정보들이 국가적 차원에서 지원되어야 할 것이다.

2) 재량활동과 특별활동 시간을 활용한 인권교육

(1) 재량활동시간 활용

초등학교의 경우 제7차 교육과정에서는 주당 2시간의 재량활동시간[7]이 마련되어 있다. 서울시교육청에서는 정보통신기술교육(컴퓨터 학습)을 재량활동 1시간으로 운영하고 있기 때문에 나머지 재량활동 1시간을 인권교육에 활용할 수 있다. 이것 역시 교사가 인권교육을 체계적으로 하겠다는 의지와 노력이 요구되며 현재로는 교재조차도 개발되어 있지 않기 때문에 다소 어려움이 있다.

(2) 특별활동시간 활용

7차 교육과정에 따르면 특별활동은 행사, 자치, 계발, 적응, 봉사[8]의 5개 영역으로 나뉜다. 이 중에서 자치활동과 계발활동 영역을 인권교육의 장으로 활용할 수 있다. 자치활동은 학급이나 학교 구성원으로서 공동의 문제해결에 적극적으로 참여하고, 민주적인 의사결정의 과정에 따라 협의하며, 역할을 분담하여 실천하는 자발적이고 자주적인 활동[9]이다. 학급에서 어떤 문제 상황이 벌어졌을 때 이것이 학급공동체의 문제로 제기되고 학급회의를 통해 이를 해결하기 위한 방법을 다 같이 찾아나가는 일련의 과정에서 아이들은 자신과 타인에 대한 존중감과 책임감을 기를 수 있을 것이다. 하지만 실제 학급회의나 전교 어린이회의도 적극적으로 이루어지기보다는 형식에 그치는 경우가 많다. 따라서 자치활동시간을 인권교육에 활

---

7) 재량활동시간은 교과 재량활동과 창의적 재량활동시간으로 나누어진다. 첫째, 교과 재량활동시간에는 교과와 관련된 내용으로 교사가 자율적으로 수업일반이나 보충 또는 심화하여 가르치고 싶은 내용을 가르칠 수 있다. 둘째, 창의적 재량활동 시간은 다양한 범교과 학습과 자기주도적학습에 활용할 수 있다. 범교과학습은 평화교육, 인권교육, 통일교육, 생태교육, 환경교육, 민주시민교육, 정보통신교육, 인성교육, 성교육, 보건교육, 안전교육, 국제이해교육 등을 포함하며 전 교과에 아울러 있는 통합적인 내용을 교사가 자율적으로 운영하는 것이다. 자기주도적 학습은 소집단공동연구, 자유연구, 주제탐구학습 등을 포함한다.

8) 『초등학교교육과정해설』(Ⅲ), 1999, 교육부.

9) 『초등학교교육과정해설』(Ⅲ), 1999, 교육부.

용하기 위해서는 아이들이 스스로 참여할 수 있는 분위기가 조성되어야 하며, 결정 내용이 학급운영 및 학교경영에 반영될 수 있도록 하여 실질적 권리와 책임을 동시에 부여해주어야 할 것이다.

또 하나 계발활동은 흥미, 취미, 적성이 비슷한 학생들로 구성된 집단에 자발적으로 참여하여 자신의 잠재 능력과 창의성을 계발, 신장시켜나가는 자율적인 활동이다. 따라서 초등학교에서의 계발활동은 학생의 개성과 소질을 신장하고, 사회성과 협동심을 기르며, 원만한 인간관계를 형성하는 데 중점을 두게 된다[10]. 이렇게 볼 때, 인류 역사 속에서의 인권의 역사와 사회의 인권문제를 찾아 공부하는 계발활동부서를 만들어 인권교육을 실시할 수도 있다. 실제로 안암초등학교 김한민 교사는 계발활동시간을 활용하여 고학년 학생들이 인권에 대해서 고민해보고 평화로운 세상에 대한 감수성을 키울 수 있도록 '평화누리'반을 운영하고 있다.

3) 학급 운영 전반에서의 인권교육

앞에서 이야기한 것처럼 인권교육이 개개인의 인권의식과 실천의지를 높이는 것과 더불어 공동체에서 인권적 공감대를 형성시키는 방향으로 이루어져야 한다고 할 때 인권교육을 통해 아이들과 가장 밀접한 공간인 학교에서 인권적인 생활태도를 기를 수 있어야 한다.

그렇기 때문에 아이들의 생활장면에서 자연스럽게 인권의식과 실천의지를 기를 수 있도록 구체적인 인권교육을 위한 학급경영방법을 마련하고 생활지도 및 대화법, 분쟁조정법, 아이들의 자치활동에 대한 변화, 인권적인 교실환경 구축, 다양한 학급 프로그램, 인권을 기반으로 한 놀이의 개발 등이 고민되어야 한다.

아직까지 이에 대한 구체적인 교육 프로그램이 마련되지 않은 상황이지만 학급운영 전반에서 인권교육을 실천하려는 고민은 인권교육에서 가장 중요한 부분 중의 하나이다.

---

10) 『초등학교교육과정해설』(Ⅲ), 1999, 교육부.

4. 학교 인권교육 활성화를 위한 프로그램

1) 교사연수 활성화

지난 2002년 부산교육연구소에서 전국 초·중등 교사 1,427명을 대상으로 실시한 '교사의 인권의식 조사 보고서'[11]에 따르면 인권에 관한 인식 정도를 묻는 설문(세계인권선언이나 국제인권협약-A협약, B협약의 내용을 알고 있는가?)에서 ① 모른다 56%, ② 조금 알고 있다 42%, ③ 잘 알고 있다 2%로 답했다.

또한 울산지역 272명의 교사들을 대상으로 실시한 인권교육 실태에 대한 설문조사[12]에서 인권교육에 대한 인식 정도를 묻는 설문('인권교육'에 대하여 어느 정도 알고 있는가?)에서 ① 잘 알고 있다 9.9%, ② 조금 알고 있다 50.4%, ③ 잘 모르겠다 38.6% ④ 전혀 모르겠다 1.1%로 답했다.

설문 결과를 보면, 과반수 이상의 교사들이 인권교육의 가장 기초적인 자료조차도 알지 못하는 상태이고, 특정 지역에 한정되긴 했지만 인권교육에 대한 인식 역시 그다지 높은 편이 아니다. 따라서 학교 인권교육의 활성화를 위해서는 '인권' 및 '인권교육'에 대한 현직교사를 대상으로 한 연수가 필요하며, 교육대학 및 사범대학에서도 '인권' 및 '인권교육'이 실시되어야 할 것이다. 양질의 연수를 통해서 교사들은 인권교육을 할 수 있는 안목을 기를 수 있을 것이다.

2) 인권교육 프로그램 개발·보급

현실적으로 교사 개개인이 교육과정을 분석하고 재구성해서 수업을 하거나 프로그램을 개발한다는 것은 어려운 일이다. 더구나 현재 활용되고 있는 인권교육 프로그램들을 살펴볼 때 국제사면위원회나 인권운동사랑방 등에서 외국 자료를 중심으로 소개한 것이 대부분이고, 성인을 대상으로 하는 것이 많기 때문에 우리나라 현실 및 아동에게 적합한 자료 및 프로그램이 필요하다.

따라서 국가적인 차원에서 각 교과와의 재구성 방법을 안내하고, 우리 실정에 맞는 체계적인 인권교육 프로그램 및 학급 운영을 위한 프로그램을 다양하게 개발·

---

11) 「2002년도 인권상황 실태 조사 연구용역사업 보고서」, 부산교육연구소, 2002, 22쪽.
12) 「인권교육 실태조사를 위한 교사설문조사 보고서」, 울산 인권운동연대, 2002.

보급하여야 할 것이다.

3) 현실 속에서의 인권교육

토르니(Torney, 1980)는 인권교육의 목적을 다음과 같이 말하고 있다. 인권교육은 첫째, 인간의 기본적 권리로서 인권에 대한 보편적인 열망을 학생들에게 인식시키고, 둘째, 인권을 보호하는 국제기구에 대한 기본적 지식을 부여하며, 셋째, 인권이 부정되는 곳에서 이와 관련된 쟁점 혹은 쟁점이 적용되는 사례에 대해 비판적으로 사고할 수 있도록 하며, 넷째, 권리가 짓밟혀진 경험이 있는 사람들에 대해 관심을 갖고 그들의 입장을 내 입장에서 되돌아 생각해보게 하기 위한 것이다.[13] 이렇게 볼 때 현실과 동떨어진 인권교육은 없다고 볼 수 있다. 실제로 학교 현장에서 '인권'의 개념을 심어주는 데 가장 효과적인 자료는 시사성이 있는 뉴스 기사이다. 생명권을 이야기할 때 이라크 전쟁 관련기사나 새만금간척사업에 대한 기사가 유용한 자료가 될 수 있을 것이다.

(1) 인권교육 소모임과 인권교육센터

한국의 인권현실과 연계된 인권교육이 이루어지기 위해서는 먼저 교사들이 현실 속에서 인권문제에 민감하게 반응할 수 있어야 한다. 인권교육을 담당할 교사들이 우리 사회의 인권문제, 나아가 다른 국가에서 벌어지고 있는 인권침해의 사례들을 찾고 문제를 해결할 방법을 모색하고 실천해나가는 한편, 인권교육의 자료나 내용, 방법에 대한 고민을 계속해나가야 한다. 그래서 인권교육에 관심이 있는 교사들이 뜻을 모아 지속적으로 연구해나갈 수 있는 단위로서의 인권교육 소모임이 활성화되어야 하고, 이들간의 정보교환을 도와주는 인권교육센터[14]가 만들어져야 할 것이다.

(2) 시민단체와 연계한 인권교육

한편, 시민사회단체와 연계한 인권교육을 생각해볼 수 있다. 지난 2003년 7월

---

13) 강순원, 『한국인권교육에 관한 종합적 고찰과 방향』에서 토르니(1980)를 재인용함.

14) 인권소모임이 인권교육에 관심을 갖는 교사 내의 자발적인 모임이라고 할 때, 이들 소모임들간의 연결고리가 되고 인권관련단체들의 활동들이 서로 연계되어 이루어질 수 있도록 도와주는 네트워크 기구로 가정함.

서울지역 5개 초등학교 고학년 학생들을 대상으로 가족 내 양성평등의식교육이 있었다. 한국여성단체협의회는 각 초등학교의 협조를 얻어 가사노동가치와 가사분담, 남녀 성역할에 대한 고정관념과 평등가족문화 및 호주제의 문제점에 대한 학교 방문 교육 프로그램을 진행했다. 이와 같은 시민단체와 연계한 인권교육은 아직은 그리 활발하진 않지만 인권교육을 위한 다양한 시도의 하나이다. 여러 인권 관련 단체들에서 다양한 학교 방문 프로그램을 개발하여 인권교육에 참여하고 이에 적극 협조하려는 교육 행정가들의 노력이 계속된다면 더욱 활성화될 수 있을 것이다.

4) 학교 교육환경 개선

앞서 '인권을 통한 교육'에서는 서로의 인권이 존중되는 인권적 교육환경에 대한 이야기를 했었다. 수업시간에 배운 내용이 머릿속 지식에만 머무르지 않고 실천으로 이어지기 위해서는 실제로 보고 느끼는 것이 중요하다. 그렇기 때문에 인권적 환경이 중요한 것이다.

하지만 현장에서 교사는 아이들을 하나의 인격체로 인정하고 존중하는 모습이라기보다 무시, 언어폭력, 체벌을 통한 물리적 폭력 등을 행사하는 권위적인 모습으로 인식되는 경우가 많다. 그렇게 된 까닭은 전통적인 훈육방법으로 체벌이 용인되어온 풍토와 지나치게 많은 학급당 학생 수, 과다한 수업량과 과중한 업무가 교사들이 인권적 학급운영보다는 효율적 학급운영을 하도록 몰아가는 구조적인 현실에 있다. 아이들 역시 과열된 사교육 경쟁과 공교육 불신 풍조 속에서 다른 사람을 배려하지 못하는 자기중심적이고 이기적인 모습으로 비춰지고 있다.

사실 지금의 경쟁 중심, 관리자 중심의 교육제도와 닫혀 있는 학교 구조 속에서는 아이들뿐만 아니라 교사 역시 학교의 주인으로 바로 설 수 없다.

따라서 교사와 교사, 교사와 아이들 그리고 아이들 서로간에 인정하고 존중하는 풍토가 조성되기 위해서는 교육환경부터 인권 중심으로 달라져야 한다. 하지만 한편으로는 인권교육을 통해 교사와 아이들이 함께 생활하는 교실에서부터 인권을 지켜내고 공동체의식을 높여감으로써, 우리 사회의 인권의식을 높이고 나아가 우리나라 교육전반에 새로운 변화를 가져올 수 있을 것이다. 그렇기 때문에 교사들의 적극적인 노력과 함께 구조적인 교육환경 개선이 절실하다고 하겠다.

5) 부모와 연계한 인권교육

가정에서의 교육이 병행되지 않은 인권교육은 교과서에 나열된 지식 수준에서 머물 수밖에 없다. 또한 우리 사회의 전통적인 가정교육이 체벌과 훈육을 통해 아동의 권리를 침해하는 방향으로 이루어져왔다는 것도 큰 문제이다. 한 여론조사에 따르면 부모들 중의 절반 이상은 체벌이 효과적인 교육방법이라고 생각하였다.[15) 대다수의 학부모들은 학교에서의 체벌을 통한 교육방식에 대해서는 비인권적으로 여기며 비판적 자세를 취하나 가정에서의 자신들의 교육방식에 대해서는 그 문제점을 크게 인식하지 못하는 경우가 많다. 아이들을 부모의 소유물처럼 여기는 전통적 가족관 속에서 아이들의 인권은 무시되기 마련이다. 그러므로 비단 아동 인권의 신장뿐만 아니라 인권교육이 실제생활에서 이루어지기 위해서는 아이들이 가진 권리와 부모들의 권리를 비롯하여 아이들을 존중하며 말하는 대화의 기법 등에 대한 구체적인 학부모 인권교육이 필요하다.

인권교육은 학교에서만 이루어질 수 없으며 그래서도 안 된다. 교사, 학부모, 아동의 인권의식이 성장하고, 학교와 가정에서 교사와 아동, 아동과 아동, 아동과 부모가 인권적으로 관계를 맺었을 때 효과적인 인권교육이 가능하다. 인권교육은 학교, 가정, 지역사회를 포함한 사회 전체가 인권적인 교육환경을 만들기 위해 노력하면서 서서히 자리매김해나갈 수 있을 것이다.

15) 한국갤럽이 2003년 1월 23일 실시한 '자녀체벌 국민여론 조사'를 참조함. 전국 20세 이상 1,048명을 대상으로 실시한 전화여론조사 결과, 유치원생부터 고등학생까지 자녀를 둔 성인 중에서 지난 1년간 한 번도 자녀에게 매를 대지 않았다'는 응답은 31%에 그쳤다. 자녀를 때린 부모의 경우에 체벌 빈도는 1년에 1~2회 33%, 한 달에 1~2회 27%, 일주일에 1~2회 9% 등이었다. 즉 부모의 70% 가량은 자녀에게 매를 대고 있으며, 특히 10명 중 1명은 최소한 1주일에 한 번은 체벌을 하고 있는 것으로 나타났다. 또 부모들의 다수가 '체벌은 효과적'(65%)이라고 생각하고 있었다. 연령별로는 체벌이 '효과적'이란 응답이 20대 65%, 30대 66%, 40대 64%, 50대 이상 52% 등 어린 자녀를 둔 저연령층에서 더 높았다

5. 인권교육 활동의 예: 인권교육을 위한 교사모임 활동 중심으로

1) 재량활동시간을 활용한 인권교육 내용

아동의 발달 단계에 따라 교육의 목표와 내용, 방법 또한 달라져야 한다. 이에 따라 인권교육의 내용을 저학년용과 고학년용으로 나누어 구성하였다. 학교교육에서 인권을 처음 접하게 되는 저학년의 경우 인권에 대한 감수성을 기르는 것이 중요하기 때문에 사회적 관용과 자기 표현력 향상을 목표로 한다. 그리고 매월 다른 주제를 정하고 각 차시의 다양한 활동을 통해 주제에 통합적으로 접근하는 방식으로 내용을 구성하였으며, 저학년의 특성과 흥미 등을 고려하여 인권교육 내용을 쉽고 재미있게 접할 수 있도록 노래, 동화, 놀이 등 다양한 방법을 활용하였다.

반면 고학년 인권교육은 세계인권선언문과 아동권리협약의 내용을 토대로 인간으로서 누려야 할 기본권리들을 찾아 각 인권 항목과 한국 인권현실에 대한 이해를 높이고 구체적인 실천으로 이어지도록 하는 것을 목표로 하고, 그에 따라 각 단원은 인권의 주요 개념인 차별, 장애우, 사회보장제도, 생명권, 노동권, 교육 문화, 자유로운 생각과 표현, 법, 사생활, 세계 연대의 필요성 등의 내용으로 구성하였다.

(1) 저학년 인권교육 내용

① 단원 구성 체계(<표 1> 참조)

② 활동 예

▷ 단원명: 소중한 나의 몸

▷ 단원 설정의 근거: 성은 삶과 동떨어진 것이 아니고 단순한 흥미의 대상도 아니며 우리 삶에서 얼마나 중요한 부분을 차지하고 있는지를 인식하고 성에 대한 관심과 변화를 자연스럽게 받아들이고 해결해나갈 수 있도록 하기 위해 이 단원을 설정하였다.

▷ 활동계획(<표 2> 참조)

▷ 학습지도안 예시: 소중한 나의 몸 2차시(<표 3> 참조)

〈표 1〉

월	주제	프로그램(차시별)
3	자기 표현	① 이름 몸으로 표현하기 ② 노래배우기 '얼굴찌푸리지 말아요' ③ 얼굴표정카드 만들기(자연스러운 감정 표현) ④ 잠깐제 알기: 동화 『비오와 앵무새 투치투치』 ⑤ <독서퀴즈> 3-4학년용: 『뚱보면 어때, 난 나야』, 파랑새 어린이 (수업참고자료: 비디오 '어린 예술가')
4	서로 이해 하기	① 마음의 하트(마음에 상처를 받았던 경험을 나누고 해결책 모색) ② 전래동요 부르기 및 놀이하기 ③ 장애체험하기 ④ 친구를 아는 기쁨 ⑤ <독서퀴즈> 3-4학년용: 『왜 나를 미워해』, 보리 / 1-2학년용: 『내게는 소리를 듣지 못하는 여동생이 있습니다』, 히말라야 (수업참고자료: 비디오 '편견')
5	권리 찾기	① 노래 배우기: '바로 그 한사람이' 악보 ② 내가 원하는 것 내게 필요한 것 ③④ 우리 반 인권선언문 만들기 ⑤ 권리와 책임 매칭 게임하기 ⑥ <독서퀴즈> 2-3학년용: 『나쁜 어린이 표』, 웅진닷컴 (수업참고자료: 비디오 '후나스와 리사')
6	평화	① 시 듣고 상상하여 그리기-시 <한 마리 새의 꿈> (베트남 전쟁과 난민문제) ② 노래 배우기 '작은 연못' ③ 나누어줄 수 있는 것 ④ 나눔의 미덕 게임하기: 평화실천쿠폰과 평화실천쿠폰 사용을 위한 가정통신문 ⑤ <독서퀴즈> 3-4학년용: 『평화는 어디에서 오나요』, 웅진닷컴 / 1-2학년용: 『또야 너구리가 기운 바지를 입었어요』, 우리교육 (수업참고자료: 비디오 '왜?')
7	환경	① 고기잡이 게임하기 ② 노래 배우기: '울고 있는 붕어가족' ③ 환경퀴즈대회 ④ <선택차시>: 재생종이 만들기: 여름방학과제로 제시해도 좋음. ⑤ <독서퀴즈> 3-4학년용: 『갯벌』, 우리교육 (수업참고자료: 비디오 '하늘의 제왕')
8/9	자치	① 학급의 자치를 위한 노래가사 바꾸기 ② 목걸이 만들기 게임하기(스스로 하는 일과 시켜서 하는 일의 차이 알기) ③ 스스로 할 수 있는 일 찾아보기 ④ <독서퀴즈> 3-4학년용: 『마당을 나온 암탉』, 사계절 / 1-2학년용: 『하도록 말도록』
10	소중한 나의 몸	① 노래 배우기 '싹트네' ② 소중한 나의 몸 ③ 나는 어떻게 태어났을까? ④ 뱀, 사다리 게임하기(가정과 사회에서의 남녀 성차별을 주제로) ⑤ <독서퀴즈> 3-4학년용: 『엄마는 파업 중』, 푸른 숲 수업참고자료: 비디오 '만화로 보는 성교육'
11	정의	① 정의의 개념 익히기 ② 노래 배우기-'바위처럼' ③ 푸른 잎사귀 속 동물들: 손가락 인형극 ④ '정의와 부정의' 빙고놀이하기 ⑤ <독서퀴즈> 3-4학년용: 『양파의 왕따 일기』, 파랑새 어린이
12/2	세계 이해	① 노래 배우고 게임하기 '앞으로' ② 세계 여러 나라의 전통놀이 하기 ③ 음식의 유래: 피자의 유래 / 자장면의 유래 ④ 우리가 만드는 세상 협동화 그리기 ⑤ <선택차시>: 내 마음의 보석상자 만들기 ⑥ <독서퀴즈> 3-4학년용: 『80일간의 세계일주』 (수업참고자료: 비디오 '우리 친구야')

〈표 2〉

차시	활동 주제	활동 내용	준비물
1	노래 배우고 율동 만들기	ㅇ'싹트네' 노래 배우기	싹트네 악보
2	소중한 나의 몸	ㅇ자신의 몸 자세히 관찰하여 그리기: 과제 ㅇ자신의 몸이 소중한지를 이해하기 ㅇ자신의 몸을 소중히 하는 방법 찾아보기: 역할극	이야기 줄거리 (동화『소중한 나의 몸』)
3	나는 어떻게 태어났을까?	ㅇ우리 부모님은 어떻게 만나서 함께 살게 되었을까?(미리 부모님께 들어오기) ㅇ자신이 태어나서 지금까지 산 이야기책 만들기	부모님 이야기 자료, 자신의 이야기책
4	성차별에 대한 이해	ㅇ성과 관련된 차별 찾아보기(뱀주사위놀이)	게임 학습지

〈표 3〉

<table>
<tr><td colspan="2">이 달의 주제</td><td>소중한 나의 몸</td><td>차시</td><td>2/4</td><td>학년</td><td colspan="2">3~4학년</td></tr>
<tr><td colspan="2">본시 주제</td><td>소중한 나의 몸</td><td>주요 자료</td><td colspan="4">소중한 나의 몸 이야기</td></tr>
<tr><td colspan="2">활동 목표</td><td colspan="6">자신의 몸의 소중함을 알고 이를 실천하는 방법을 찾을 수 있다.</td></tr>
<tr><td>과 정</td><td>활동 형태</td><td colspan="4">활 동 내 용</td><td>시간</td><td>활동자료</td></tr>
<tr><td>도입</td><td>전체 활동</td><td colspan="4">○ 지난 시간 수업 상기하기
—'싹트네' 노래 부르며 율동하기</td><td>5분</td><td rowspan="3">이야기 자료(동화 『소중한 나의 몸』)</td></tr>
<tr><td>전개</td><td></td><td colspan="4">○ 자신의 몸 관찰하면서 느낀 점 발표하기
T: 지난 시간에 자신의 몸을 관찰하고 그림을 그리는 숙제가 있었습니다. 숙제를 하고 난 후의 느낌을 발표해봅시다.
S: 마음이 이상해요, 너무 신기해요, 쑥스러웠어요 등
○ 자신의 몸이 소중함을 이해하기
T: 지금부터 선생님이 들려주는 이야기를 잘 들어봐요.
—이야기를 들려준다.
T: 이 이야기를 듣고 여러분은 어떤 생각을 했나요?
S: 우리 몸이 소중하다는 생각을 했어요. 조금 무서워요. 재미 있어요 등등
T: 왜 우리의 몸이 소중한지 발표해봅시다.
S: 자유롭게 발표한다.</td><td>5분
13분</td></tr>
<tr><td>심화</td><td>

개별 활동

전체 활동</td><td colspan="4">T: (정리)우리는 부모님의 사랑으로부터 생겨난 소중한 생명입니다. 우리 몸이 소중하기 때문에 다른 사람이 마음대로 보거나 만질 수 없고, 함부로 보여줘서도 안 됩니다. 우리는 다른 사람이 건드릴 수 없는 권리를 가지고 있어요.
○ 자신의 몸을 소중히 하는 방법 찾아보기
T: 앞에서 배운 것처럼 몸을 소중히 하려면 어떻게 해야 할까요? 방법을 생각하고 앞에 나와서 행동으로 보여주세요.
S: 1인극 형태로 발표한다.
○ 차시예고
T: 다음 인권 수업시간에는 '나의 출생기 그림책'을 만들거예요. 부모님이 어떻게 만나셨는지, 여러분을 낳으셨을 때 어떤 느낌이셨는지 여쭤보고, 여러분이 지금까지 어떻게 살아왔는지도 정리해오세요.</td><td>15분
2분</td></tr>
<tr><td rowspan="2">유의점</td><td>교사</td><td colspan="6">어떤 질문이라도 나올 수 있으므로 당황하지 말고 차근차근 설명해준다.</td></tr>
<tr><td>학생</td><td colspan="6">성은 단순히 호기심의 대상이 아니라는 생각을 갖고 수업에 임해야 한다.</td></tr>
</table>

(2) 고학년 인권교육 내용

① 단원 구성 체계(<표 4> 참조)

② 활동 예

▷ 단원명: 6. 교육·문화 생활을 누려야 해요

▷ 단원 설정의 근거: 세계인권선언 제26조,[16] 제27조,[17] 아동의 권리에 관한 협약 제28조,[18] 제31조[19]

---

16) 세계인권선언 제26조

1. 모든 사람은 교육을 받을 권리를 가진다. 교육은 최소한 초등기초단계에서는 무상이어야 한다. 초등교육은 의무적이어야 한다. 기술교육과 직업교육은 일반적으로 이용할 수 있어야 하며, 고등교육도 능력에 따라 모든 사람에게 평등하게 개방되어야 한다.
2. 교육은 인격의 완전한 발전과 인권 및 기본적 자유에 대한 존중의 강화를 목표로 하여야 한다. 교육은 모든 국가들과 인종적 또는 종교적 집단간에 있어서 이해, 관용 및 친선을 증진시키고 평화를 유지하기 위한 국제연합의 활동을 촉진시켜야 한다.
3. 부모는 자녀에게 제공되는 교육의 종류를 선택함에 있어서 우선권을 가진다.

17) 세계인권선언 제27조

1. 모든 사람은 공동체의 문화생활에 자유롭게 참여하고 예술을 감상하며, 과학의 진보와 그 혜택을 향유할 권리를 가진다.
2. 모든 사람은 자신이 창조한 모든 과학·문화·예술적 창작물에서 생기는 정신·물질적 이익을 보호받을 권리를 가진다.

18) 아동의 권리에 관한 협약 제28조

1. 당사국은 아동의 교육에 대한 권리를 인정하며, 점진적으로 그리고 기회균등의 기초 위에서 이 권리를 달성하기 위하여 특히 다음 조치를 취하여야 한다.
   (a) 초등교육은 의무이며 모든 사람에게 무료로 제공되어야 한다.
   (b) 일반교육 및 직업교육을 포함한 여러 형태의 중등교육의 발전을 장려하고, 이에 대한 모든 아동의 이용 및 접근이 가능하도록 하며, 무료교육의 도입 및 필요한 경우 재정적 지원을 제공하는 등의 적절한 조치를 취하여야 한다.
   (c) 고등교육의 기회가 모든 사람에게 능력에 입각하여 개방될 수 있도록 모든 적절한 조치를 취하여야 한다.
   (d) 교육 및 직업에 관한 정보와 지도를 모든 아동이 이용하고 접근할 수 있도록 조치하여야 한다.
   (e) 학교에의 정기적 출석과 탈락률 감소를 장려하기 위한 조치를 취하여야 한다.
2. 당사국은 학교 규율이 아동의 인간적 존엄성과 합치하고 이 협약에 부합하도록 운영되는 것을 보장하기 위한 모든 적절한 조치를 취하여야 한다.
3. 당사국은, 특히 전세계의 무지와 문맹의 퇴치에 이바지하고, 과학·기술적 지식과 현대적 교육방법에의 접근을 쉽게 하기 위하여, 교육에 관련되는 사항에 있어서 국제협력을 촉진하고 장려하여야 한다. 이 문제에 있어서 개발도상국의 필요에 대하여 특별한 고려가 베풀어져야 한다.

19) 아동의 권리에 관한 협약 제31조

1. 당사국은 휴식과 여가를 즐기고, 자신의 연령에 적합한 놀이와 오락활동에 참여하며,

▷ 활동계획(<표 5> 참조)

— 1차시 수업내용에서 두 편의 일기 중 한 편은 교육·문화 시설을 이용한 예, 다른 한 편은 이용하지 않았던 예로 구성되어 있다.

— 2-3차시 게임은 각 모둠에서 대표가 게임을 통해 이기면 교육문화시설이 그려진 그림조각을 가져가는 활동이며, 이 활동을 통해 교육·문화 시설은 누구나 공평하게 누려야 함을 알게 한다.

— 4차시 호주의 사례 제시는 각 학교의 학급에 설치되어 학교에서 일어나는 인권문제나 학부모, 교사, 학생이 요구하는 인권문제를 고민하고 해결하기 위해 일하는 '인권연구회'와 지역의 '인권위원회'를 소개하고, 아이들의 수준에서 할 수 있는 실천방법을 생각할 수 있게 하는 활동이다.

▷ 학습지도안 예시—6단원 4차시(<표 6> 참조)

6단원의 수업 설계는 위와 같으며, 지도안을 예시한 4차시의 경우 활동의 결과 지역자치단체장에게서 답장을 받음으로써 아이들이 활동에 대한 자부심을 느낄 수 있었으며, 이런 경험을 토대로 인권을 지켜나가려는 실천력을 기를 수 있다.

문화생활과 예술에 자유롭게 참여할 수 있는 아동의 권리를 인정한다.

2. 당사국은 문화·예술적 생활에 완전하게 참여할 수 있는 아동의 권리를 존중하고 촉진하며, 문화, 예술, 오락 및 여가활동을 위한 적절하고 균등한 기회의 제공을 장려하여야 한다.

〈표 4〉

단원명	주제	차시별 제재	제재별 내용 요소
1. 차별은 싫어요	인권의 의미, 평등/차별의 의미	1. 차별이 뭘까?	차별의 원인 알기, 차별은 부당한 것임을 알기
		2. 경찰관이 되어요	소극적 의미의 평등 이해하기
		3. 나는 구조대	적극적 의미의 평등 이해하기
		4. 아낌없이 주는 나무	평등의 의미 되새기기
2. 누구나 안심하고 살아야 해요	생명/신체의 자유와 안전	1. 인권 어드벤처	생명권에 대해 알기
		2. 위협 받는 생명	생명권이 위협 받는 사례 찾기
		3. 사형제도	사형제도에 대한 찬반토론하기, 생명권에 대해 더 깊이 이해하기
3. 누구나 인간다운 생활을 누려야 해요	사회보장, 기본권, 사회적 책임	1. 우리들의 죽음	사회보장제도가 필요한 이유 알기
		2. 더 필요한 사회보장	우리나라의 사회보장제도의 현실과 확장되어야 할 사회보장 영역 알기
		3. 길거리의 사람들	사회적 약자에 대한 보호는 사회구성원 모두의 책임임을 알기
4. 우리 함께 걸어요	장애우 인권, 사회적 약자	1. 듣지 못하는 아이	장애우에 대한 편견 버리기
		2-3. 나도 장애우가 될 수 있어요	장애체험을 통한 장애우 이해하기
		4. 우리 사회의 장애우	우리나라의 장애우 인권문제를 알고 장애우 인권신장을 위해 실천하기
5. 일하며 쉬어야 해요	노동과 휴식에 대한 권리	1. 희망이네 아빠	직업을 가질 권리에 대해 알기
		2. 우리는 기계가 아냐	적절하게 쉴 권리에 대해 알기
		3-4. 나의 의자	놀이를 통해 일하고 쉴 권리에 대해 되새기기
6. 교육·문화생활을 누려야 해요	교육받을 권리, 문화생활을 누릴 권리	1. 나의 일기	교육·문화 시설의 필요성 알기
		2-3. 우리 마을에 문제가 생겼어요	교육·문화 시설은 누구나 공평하게 누려야 하며, 사회적 보장이 필요함을 알기
		4. 구청장님께	교육·문화 시설 확충을 위한 편지 쓰기
7. 자유로운 생각과 표현	사상과 표현, 결사의 자유, 양심수 인권	1. 준배의 그림	사람마다 생각의 차이가 있음 알기
		2. 검열된 편지	사상과 표현의 자유를 억압하는 사례 찾기
		3. 보랏빛 수건	양심수에 대한 인권문제 알기, 사상과 표현의 자유가 억압되어서는 안 된다는 점 알기
8. 법보다 인간이 소중해요	법의 필요성, 정의, 공정한 법집행	1. 잘못된 규칙	규칙의 필요성 알기 잘못된 규칙이나 법을 개정해야 함을 알고 실천하기
		2. 억울한 누명	법 집행과정에서 인권존중 알기
9. 나만의 비밀	사생활 보호	1. 도청장치	사생활침해의 문제점 알기
		2. 다이애나비의 재판	사생활보호의 필요성 알고 실천하기
10. 세계와 함께하는 인권	전쟁, 기아, 인종차별, 환경, 국제적 연대	1. 세계는 지금	세계의 인권상황 알기
		2. 다시 태어난다면	인권의 보편성 이해하기
		3. 인권을 위해 일하는 사람들	인권관련단체에 대해 알아보기
		4. 나는 인권 지킴이	국제적인 인권문제 해결을 위한 실천하기

〈표 5〉

차시	활동 목표	활동 내용	준비물
1	교육·문화 시설의 필요성을 알 수 있다.	아이들의 방과 후 활동 발표하기, 두편(A, B)의 일기 살펴보기, 자신의 일기 살펴보기	일기
2–3	교육·문화 시설은 누구나 공평하게 이용할 수 있어야 함을 알 수 있다. 교육·문화 시설에 대한 사회적 보장이 있어야 함을 알 수 있다.	게임 준비하기, 재미 있는 인권놀이 하기, <토론1>우리마을에 문제가 생겼어요 <토론2>나도 수영장에 가고 싶어요	지역의 교육·문화 시설에 대한 그림 조각/게임 도구/활동지
4	지역자치단체장에게 우리 마을에서 필요한 교육·문화 시설을 확충하고 누구나 골고루 사용할 수 있도록 보장해달라는 편지를 쓸 수 있다.	호주의 사례 제시하기, 편지 쓸 내용 정하기, 편지 쓰기	호주의 사례, 관제엽서, 보낼 주소(예: 구청 주소)

〈표 6〉

<table>
<tr><td>단원</td><td>6. 교육·문화 생활을 누려야 해요</td><td>차시</td><td>4/4</td><td>학년</td><td>5~6학년</td></tr>
<tr><td>제목</td><td>누구나 교육·문화 시설을 이용할 수 있어야 해요</td><td>주요 자료</td><td colspan="3">호주의 사례, 관제엽서,
보낼 주소(예: 시·군·구·시청)</td></tr>
<tr><td>학습 목표</td><td colspan="5">지역자치단체장에게 우리 마을에서 필요한 교육·문화 시설을 확충하고 누구나 골고루 이용할 수 있도록 보장해달라는 편지를 쓸 수 있다.</td></tr>
<tr><td>과정</td><td colspan="3">활동 내용</td><td>시간</td><td>자료 및 유의점</td></tr>
<tr><td>도입</td><td colspan="3">○ 지난 수업 상기
T: 교육·문화 시설을 쉽게 이용하려면 어떻게 해야 합니까?
S: 교육·문화 시설을 누구나 공평하게 이용할 수 있도록 하기 위해서는 국가가 보장해주어야 합니다.
T: 그렇습니다. 교육·문화 시설은 국가가 국민의 윤택한 생활을 위해 보장해주어야 하는 것입니다. 그럼 다른 나라의 경우는 어떠한지 살펴봅시다.</td><td>5분</td><td></td></tr>
<tr><td>전개</td><td colspan="3">○ 호주의 사례 제시하기
T: 호주를 예로 든 것처럼 우리가 교육·문화 시설을 고루 사용하기 위해서는 어떻게 해야 할까요?
S: 인권연구회를 만들어요, 편지를 써요, 캠페인을 해요 등
T: 여러 방법들이 있지만 그 중에서 지역자치단체장에게 편지 쓰는 것을 여러분에게 제안하고 싶습니다.
○ 편지 쓸 내용 정하기
T: 우리가 요구할 것들이 무엇인지 정리해봅시다. 개선할 것, 새로 만들 것 등을 구체적으로 타당한 근거를 들어 써봅시다.
○ 편지 쓰기
T: 우리가 요구하는 것들을 편지로 써봅시다.
S: (타당한 근거를 들어 편지를 쓴다.)</td><td>10분

5분

15분</td><td>활동 자료
(호주 인권위원회 사례)

교사는 지역자치단체가 성실한 답변을 할 수 있도록 미리 연락해놓는다.</td></tr>
<tr><td>정리</td><td colspan="3">○ 정리하기
T: 모든 사람에게 필요하거나 우리에게 필요한 것을 요구할 수 있는 작은 실천이 필요합니다.</td><td>5분</td><td></td></tr>
</table>

2) 학급경영 중심의 인권교육

인권교육의 목표는 우리 아이들이 '나'와 내가 가진 '권리'의 소중함을 알고 그 만큼 다른 사람과 다른 사람의 권리 역시 소중히 여기고 존중하는 마음을 가지게 하는 데 있다. 이렇게 볼 때, 학교에 등교해서 하교하는 순간까지 아이들이 보내는 시간과 생활하는 공간이 모두 고려된 인권교육을 생각해야 한다 여기서는 교실의 환경과 학급경영프로그램을 중심으로 인권교육을 소개한다.

교실은 기본적 인권교육의 환경이 되며 나아가 아동인권침해에 대한 아동보호와 문제해결을 위한 공간이며 지역과 사회의 인권문제와 네트워크되는 기본단위여야 한다. 인권적인 교실이 되기 위해서는 아이들의 신체적, 지적인 차이와 특성이 고려되어 장애아와 비장애아가 함께 생활할 수 있어야 하며 책걸상, 책장과 같은 환경 역시 아이들 신체 발달에 맞춰 조성되어야 한다. 처음에 교실에 들어선 아이들은 게시판에 있는 '인권선언문'을 볼 수 있다. 진지하게 읽어보는 아이들도 있고 무관심한 아이들도 있다. 인권수업을 거듭하며 자기를 알리고 여러 활동 속에서 서로를 좀더 알게 된 후 우리 모두가 인간이기 때문에 가지는 기본적인 권리들이 있다는 것과 어떠한 이유로도 침해될 수 없는 이런 권리들이 있다고, 이를 같이 지켜내야 한다고 선언한 것이 바로 '인권선언문'임을 배우고 우리 반에서 지켜져야 할 권리들을 찾아 정리하고 '우리 반 인권선언문'을 만들어 그 옆에 게시한다. 가능한 한 모든 활동은 아이들이 주체가 되어 이루어져야 한다. 학급의 규칙은 첫번째 학급회의에서 벤포스타[20]를 소개하며 아이들과 함께 정한다. 한번 정해진 규칙이라도 회의 시간을 통해서 불합리한 점이 있으면 누구든지 문제를 제기하고 고칠 수 있다. 학급회의는 여러 가지 형태로 운영될 수 있겠지만, '약속 바꾸기', '할 말 있어요' 시간 등으로 나누어 매주의 생활 목표를 정하는 대신 우리가 지킬 수 있는 약속을 정하고 수업, 숙제, 선생님, 친구들, 학교에 대해서 토의하는 시간으로 활용한다.

기본 프로그램들은 인권 시간에 소개되어 생활화되거나 혹은 학교생활을 하면

---

20) 에버하르트 뫼비우스, 김라합 옮김, 『어린이 공화국 벤포스타』, 보리, 2000. 1956년에 에스파냐 오렌세 지방에서 실바 신부와 열다섯 명의 고아 아이들이 세운 나라인 벤포스타에는 실바 신부를 제외한 어떤 어른도 살고 있지 않으며 아이들이 대통령에서부터 은행업무까지 모든 일을 다 스스로 하는 어린이들의 공화국이다.

서 한 달 단위로 이루어지는 것들로 잠깐(STOP)제, 독서퀴즈, 세탁기, 1일 데이트 등이 있다. 먼저 잠깐(STOP)제는 교실에서 벌어지는 여러 가지 갈등 상황에서 "하지마(STOP)"하고 외치며 자기의 기분이나 생각을 구체적으로 이야기하는 것이다. 이때 상대방은 미안하다고 사과를 해야 한다. 이는 다른 사람이 괴롭힘을 당할 때도 사용할 수 있으며 혹시 사과를 하지 않은 아이는 전체 아이들 앞에서 정중하게 사과를 해야 한다. 이것이 지켜지지 않으면 벌을 받아야 하는 엄격한 규칙이 아니라 서로를 보다 깊이 이해하고 존중하기 위한 약속이라는 것을 이해하면 아이들은 자기 감정을 표현하는 데 점점 자연스러워진다. 1일 데이트는 날마다 한 명씩의 아이를 뽑아 데이트를 한다. 선생님의 비서가 되어 심부름도 하고 점심시간엔 같이 밥을 먹고 양치질도 같이 하고 잠깐씩 산책도 하면서 교사와 아이들 간에 친밀감을 기를 수 있다. 딱히 시간을 내어 개별적인 만남을 갖기 어려운 현실에서 상담의 기능도 할 수 있는 프로그램이다. 또한 우리 아이들은 칭찬을 듣거나, 들려주는 데 서로 익숙하지 않다. 그래서 하는 것이 '세탁기'이다. 매달 마지막 토요일에 생일잔치를 하며 그 달에 생일이 있었던 친구들에게 칭찬의 말을 해주는 것이다. 나머지 아이들이 두 줄로 서서 터널을 만들고 생일인 아이들이 지나가는 동안 세탁기가 빨래를 깨끗하게 만들 듯이 어깨를 두드리거나 악수를 하고 칭찬의 말을 하는 동안 아이들은 칭찬에 익숙해지게 된다. 더불어 인권활동과 관련된 도서들을 한 달에 한 권씩 이 달의 책으로 선정해 읽고 독서퀴즈를 하거나 토론해보면서 교과 밖에서도 인권에 대해 고민해볼 수 있다.

이밖에도 다양한 프로그램들을 고민하고 있지만 공통적으로 추구하는 것은 아이들이 주체가 되는 학급이며 문제 상황에 보다 적극적인 자세로 대처해나가는 능력을 길러주는 것이다. 이를 위해서 아이들은 스스로에게 자신감을 가져야 하며 서로를 믿고 이해해야 한다. 또한 교사 역시 권위적으로 아이들 위에서 내려다보는 것이 아니라 수평적으로 아이들과 함께 생각하고 숨쉬고 있어야 할 것이다.

3) 대화법

인권교육을 위해 인권단체나 교사모임의 많은 분들이 노력하고 있음에도 불구하고 아직 부족함이 느껴진다. 이는 프로그램의 문제를 넘어서 생활 속에서 느껴지는 인권적 분위기와 실천의 부재에서 비롯되는 것이다.

인권교육은 기본적으로 민주적이고 인권을 존중하는 분위기에서 이루어져야 한다. 하지만 여러 가지 상황이나 조건을 이유로 지속적으로 인권적인 분위기를 형성해나가는 것이 쉬운 일만은 아니다. 표현의 자유를 이야기하면서 시끄럽게 하거나, 서로를 존중하지 않는 아이들을 혼내주어야 할 때 많은 선생님들은 이것이 과연 아이들의 인격을 존중하면서 이루어질 수 있는가 고민한다.

그래서 처음 교단에서는 교사뿐만 아니라 현직에 오랜 경험을 가진 선생님들도 자신의 방법에 확신을 가지기 어렵다. 그래서 대부분의 선생님들은 아이들의 인권을 존중하는 방식보다는 어떻게 효율적으로 아이들을 관리할 수 있는가에 대한 고민들을 많이 하게 된다. 그것은 아직도 한 학급당 학생 수가 많은 우리나라 교육현장의 한계일지도 모른다.

이는 가정에서도 마찬가지이다. 실제 학교에서의 체벌이나 비인격적인 처사에 대해 분노하는 학부모들 대다수가 가정에서는 아이들을 엄하게 키워야 한다는 말에 동의하는 모순적인 생각을 가지고 있다. 그것은 내 자식이니 내 마음대로 하겠다는 인식이 아직도 우리 사회에 남아 있기 때문이다. 학교에서 교사에 의한 체벌보다 가정에서의 체벌이 큰 사회문제가 되지 않는 것도 그런 맥락일 수 있다.

어쩌면 교사나 학부모 모두 아이들을 존중하고 그들과의 동등한 관계를 맺는 것에 대해서 두려워하거나 그 방법을 모르는 것은 아닐까 싶기도 하다. 사실 교사들도 그 부분에 대한 구체적인 교육을 받은 적이 없고 학부모들도 마찬가지이기 때문이다. 이런 상황에서 인권교육 프로그램뿐만 아니라 교사나 학부모가 아이들과 동등한 관계를 맺고 아이들이 진정으로 자신을 존중하고 관용의 자세를 가진 주체적 존재로 성장하기 위해서 어떤 방법이 필요한지를 고민하는 것은 중요한 문제가 될 수밖에 없다.

따라서 우리가 더욱 적극적으로 고민해야 할 것은 어떻게 인권적인 분위기의 학급과 가정을 만들고 이를 통해 인권의식을 신장시키는 사회적 분위기를 만들 것인가 하는 문제이다. 학교와 가정에서 인권적인 분위기를 형성하기 위해서는 우선 교사와 학생 간의 대화, 부모와 자녀 간의 대화가 인권적이어야 한다. 우리가 아이들과 주고받는 대화 속에는 강압과 무시가 들어 있거나 상호적이고 인권적이기보다는 일방적이고 비인권적인 부분이 많다.

인권교육을 말하면서 대화법에 대해서 강조하는 이유는 사실 인권이라는 것이 더 이상 거시적인 영역에 머물러서는 안되기 때문이다. 거시적인 영역에서의 인권을 이야기하는 사람들이 자신의 가정이나 교실에서는 비인권적인 태도를 보이는 경우가 많다. 이는 부모와 교사라는 입장에 서면 아이들과 동등하고 평등한 관계가 아니라 수직적인 관계로 생각하기 쉽기 때문이다. 그러나 이러한 일상 영역에서의 인권의식이 변화되지 않는다면 거시적인 영역의 인권운동의 성과가 크더라도(혹 인권 관련 법안이 개선되고 구체적인 인권보호법률의 집행과 제정이 된다 하더라도) 우리나라 시민사회 영역에서의 인권의식은 여전히 낙후될 수밖에 없을 것이다.

사실 인권 대화법은 어떤 특정한 방식이 있는 것이 아니라 가정과 학교에서 아이들이 실질적으로 부딪히는 인권침해의 상황을 어떻게 최소화할 것인가를 고민하면서 만들어진다. 그러므로 인권 대화법은 앞으로도 더욱 연구되고 정리될 필요가 있는 영역이기도 하다.

중요한 것은 우리 사회의 인권의식의 신장은 인권교육을 기반으로 이루어져야 하는 것이며 그것은 단순한 교육 프로그램의 개발뿐만 아니라 인권을 존중하며 민주적인 교실 그리고 가정과 사회 속에서 이루어져야 하는 것이다.

여기서는 몇 가지 대화법의 예와 학교·가정·사회에서의 아동인권을 존중하기 위한 대화 10계명[21]을 소개한다.

(1) 반영적 경청

아이들이 교사에게 이야기 할 때 성의껏 듣는 모습을 보여주며 아이들의 감정을 인정하는 것이다.

예) "음, 그렇구나." "기분이 상했나 보구나."

(2) 격려하기

활동의 결과보다는 과정에 대해, 아이들이 처해 있는 상황에 대해 교사 자신의 감정과 느낌, 격려하고자 하는 구체적인 상황을 확인시켜준다.

예) "다른 친구를 위하는 것을 보니 내 마음이 흐뭇하구나."

(3) 나 메시지

21) 이 10계명은 여러 저서에서 인용되었던 내용들을 정리한 것이다. 특히 아델리 화버와 어레인 매즈리쉬의 저서 How to Talk so Kinds will Listen & Listen so Kinds will Talk의 내용을 많이 인용하였다.

문제 행동이 발생되었을 때 아이들의 인격이나 품성에 대해 이야기기하는 것이 아니라 교사의 느낌을 이야기한다. 표정이나 말투는 자상하게 갖는다.

예) "나는 옆 사람을 귀찮게 하는 것을 보면 안타깝단다. 왜냐하면 너와 친구들이 수업을 제대로 들을 수 없게 되거든."

(4) 자율성 기르기

아이들에게 선택할 수 있는 기회를 주고, 그들의 노력을 존중하며 지켜본다. 잘 안 되더라도 언젠가는 할 수 있다는 궁극적인 준비성을 인정한다.

예) "선생님은 걱정하지 않는단다. 때가 되면 너도 훌륭하게 스크랩을 할 수 있을 거야."

(5) 논리적 결과로 책임지게 하기

문제 행동의 결과를 논리적으로 단호하게 확인시켜줌으로써 자신의 행동에 책임을 지게 한다.

예) "교실에서 떠드는 것은 선생님이 수업을 제대로 못 하게 하고 다른 사람을 방해하는 행동이란다. 영수 너도 수업을 못 듣게 되었지 않니. 너의 행동을 보니 더 이상 수업을 하고 싶지 않은 것 같구나."

<학교·가정·사회에서의 아동인권을 존중하기 위한 대화 10계명>

① 아이를 한 명의 인격을 가진 존재로 인식한다.
② 아이의 감정을 이해하고 존중한다.
③ 아이들의 행동보다 현 상황을 알려준다.
④ 아이들의 프라이버시를 침해하지 않는다.
⑤ 아이들의 성격과 인격을 가지고 비판하지 않는다.
⑥ 부모의 감정을 솔직하게 표현할 수 있도록 한다.
⑦ "너는……"으로 시작되는 말은 신중하게 사용한다.
⑧ 과정과 본 것을 그대로 칭찬한다.
⑨ 아동 스스로 문제를 해결할 수 있도록 도와준다.
⑩ 체벌과 신체적 벌을 없애고 대안적 책임을 강조한다.

4) 학부모 프로그램

매해 새학기가 시작되면서 거치게 되는 학부모 총회는 대부분의 교사들에게 부담스러운 자리이다. 학부모를 만나서 어떤 이야기를 하고, 어떻게 대해야 할지 어색하기만 하다. 하지만 학부모는 교사들과 함께 학급의 아이들을 교육하는 동반자가 되어야 한다. 학교에서 아무리 인권적인 분위기에서 인권교육이 이루어진다고 해도 가정환경이나 학부모의 태도가 그렇지 않다면 효과를 거두긴 어려울 것이다. 학부모와 교사 간의 의사소통이 자주 이루어지고 서로를 이해하고 존중하며, 아이들에 대해 함께 고민할 때 의미 있는 교육이 가능할 것이다. 『당신도 유능한 교사가 될 수 있다』, 『당신도 유능한 학부모가 될 수 있다』(창지사)를 참고로 하여 정리한 학부모 참여 프로그램과 교육 프로그램에 대해서 간단히 소개하면 다음과 같다.

(1) 학부모총회

1년 동안 담임을 맡게 될 교사의 교육철학과 학급 경영관 그리고 학급지도중점 등의 내용을 간략하게 정리하여 참석하지 못하는 부모들도 볼 수 있도록 학부모총회를 하기 전에 가정통신문으로 발송한다. '의견개진란'을 마련하여 학부모의 의견도 수용하도록 한다.

(2) 학부모 참여카드(보조교사 신청 받기)

학부모는 자신이 잘 할 수 있는 방법으로 교육에 참여할 수 있다. 구체적인 활동내용이 적힌 참여카드를 보내어 일일교사로 활동할 수 있는 학부모들에게 가능한 항목에 체크를 해서 교사에게 돌려보내도록 한다. 교사는 카드를 보관해두었다가 생일파티 때 다과 준비해주기, 현장학습 참여 등 도움이 필요할 때 활용할 수 있다.

(3) 개인용 가정통신함(서류봉투 활용)

알림장은 교사가 아이에 대해 칭찬할 점이나 고쳐야할 점(과잉행동, 주위산만, 무기력) 등을 적어 학부모와 소통할 수 있는 공간이 된다. 더불어 개인용 가정통신함을 마련하여 안내문을 전달하는 것도 좋겠다. 학기 초에 보내는 학급경영관이나 자기소개서뿐만 아니라 『당신도 유능한 학부모가 될 수 있다』에 수록된 9주간의 학부모 교육 프로그램을 정리하여 가정통신문으로 보낸다. 이 프로그램을 통해 학부모는 자기평가와 교사평가를 할 수 있다. 또는 앞서 소개한 '학교·가정·사회에서의 아동인권을 존중하기 위한 대화 10계명'을 구체적으로 소개한 통신문을 보내는 등 다양한 학부모 연수자료를 통해 학부모의 인권의식을 높일 수 있을 것이다.

(4) 학부모 상담의 날 운영

교사도 학부모도 참 바쁘다. 한 달에 한 번, '매월 넷째 주 목요일 오후 2시'처럼 일정한 시간을 상담을 위하여 비워두는 것은 서로를 위한 작은 배려이다. 이때 아이에 대해 고칠 점부터 이야기하는 것보다는 장점과 발전가능성 등을 이야기하면 아이의 부모는 교사를 신뢰하게 될 것이다. 또한 아이들의 행동에 대하여 구체적으로 설명을 해주어야 하며, 그때 교사의 감정도 솔직하게 이야기하는 것이 좋다. 그리고 학부모들이 아이에 대해 실천할 수 있는 구체적인 방법들을 제시하는 것이 좋다.

(5) 부모님의 교사평가

한 해가 끝날 때는 교육방법이나 교사에 대해 생각하고 느낀 것들을 간단한 설문을 통해 확인한다. 항상 자신의 모습을 바르게 볼 줄 아는 사람에게 발전이 있다. 학부모들은 자신을 평가하는 교사를 보면서 더욱 깊이 신뢰할 것이다.

위에서 살펴본 저학년·고학년 재량활동 프로그램과 학급운영 프로그램, 대화법, 학부모 프로그램은 '인권교육을 위한 교사모임'에서 지난 5년간 인권교육에 대해 고민해오면서 연구하고 현장에서 실천하고 있는 활동의 일부이다. 지면관계상 일부밖에는 소개를 할 수 없었지만 이것이 인권교육의 전부라고 생각하지는 않는다. 또한 정확한 답이라고 말할 수도 없다. 하지만 교사들 속에서, 더 나아가 우리 사회에서 인권교육을 위한 움직임이 더욱 활발하게 이루어지는 데 작은 발판이 되었으면 한다.

제5장 지속가능한 발전과 환경

지속가능한 발전의 개념과 과제 • 조명래

지속가능한 미래를 위한 교육 • 최돈형

지속가능한 발전의 개념과 과제

조명래(단국대학교 교수)

1. 경제성장주의 패러다임의 한계

지난 30~40년 동안 우리사회가 겪은 변화를 압축해내는 단어를 꼽으라면 단연코 '발전' 혹은 '개발'이 될 것이다. 발전 혹은 개발은 우리사회에서 가장 많이 회자되었던 화두라고 말할 수 있다는 뜻이다.

발전 혹은 개발은 정치, 경제, 사회 전반이 양적으로나 질적으로 성장하고 진화하는 것으로 드러나지만, 그 중심은 역시 경제가 아닌가 싶다. 국가가 앞장서 추진한 경제개발계획의 덕분에 우리의 경제는 현재 세계 11위에 이를 정도로 덩치가 커졌고, 국민 일인당 소득도 1960년대 초반 80달러에서 2002년 1만 달러를 넘어서는 수준에 다다랐다. 경제성장 혹은 경제발전이 근간이 되어 우리의 일상 관계로부터 정치체제 전반이 그에 걸맞게 합리화되고 민주화되었다.

근대의 경제성장은, 자연으로부터 자원을 최대한 채취해, 이를 자본과 노동의 관계로 엮어지는 노동과정에 생산요소로 투입해 상품으로 산출한 뒤, 국내외에 있는 시장을 통해 유통소비를 하면서 실현된 이윤을 생산주체별로 배분하는 과정이 확장되는 것으로 전개된다. 이를 위해 정부는 산업정책을 세워 자본, 노동, 토지 등의 생산요소를 생산부문별로 적정히 배분하고, 화폐나 통화 정책을 통해 경제의 거시적 흐름을 조절하며, 통상정책을 통해 다른 나라와의 대외교역을 활성화해간다.

이러한 경제성장의 논리는 시장(가격)을 통한 자원과 생산요소의 적정배분을 도모하면서 국민경제의 총생산을 끊임없이 확장해가는 것을 중심 원리로 하고 있다. 경제가 가지는 중요성 때문에 경제논리는 국가의 운영방식에는 물론, 일상적인 소비과정, 인간관계, 시민사회 활동, 정치제도 등으로 파고들어 근대적 삶의 기본질서와 이념체계로 자리잡게 된다. 이른바 경제지상주의, 성장주의, 시장주의, 신자유주의 등은 경제논리가 사회전반의 이념으로 확대되어 나타나는 현상을 표현하는 개념들이다.

선·후진국 관계없이, 그리고 자본주의와 사회주의 구분 없이, 근대사회는 모두가 경제를 늘리고 확장하는 것을 중심논리로 해서 작동하고 있고, 이를 우리는 모두 당연하게 여기고 있다. 다시 말해 인간의 무한한 욕구를 충족시키기 위해 자연으로부터 최대한 자원을 끌어들이고, 이를 삶의 편리를 돕는 각종 재화와 용역으로 생산해 소비하는 경제성장 혹은 경제발전은 어느 사회, 누구나 이를 당연히 여기고 있으며, 그런 만큼 우리의 사고나 인식, 그리고 일상문화와 사회제도 속에 깊숙이 자리하고 있는 중심가치이자 작동기제이다.

경제성장을 중심으로 하는 근대의 발전담론을 우리는 이 시대의 지배적인 패러다임이라 할 수 있다. 패러다임(paradigm)을 우리 말로 굳이 옮긴다면 '원형(原形)'이라 할 수 있는데, 풀어 말하면 한 시대, 한 분야에서 동일한 세계관을 바탕으로 하여 대체로 비슷한 방식으로 인식하고 사고하며 실천하게끔 하는 지배적인 설명 및 인식체계라 할 수 있다.

GNP 성장중심의 경제주의가 오늘날의 지배적인 발전 패러다임이라 하는 것은 인간의 편익을 위한다는 명분으로 물질적 재화를 끊임 없이 생산하고 소비하는 것을 당연시 여기는 인식과 실천이 계속되고 있음을 의미한다. 이러한 패러다임은 가난과 물질적 결핍으로부터 해방을 가져오고, 사회·문화를 더욱 풍요롭게 하였으며, 정치·경제제도의 합리화를 초래했지만, 그에 따른 각종 비용과 부작용이 시간의 경과 속에서 갈수록 점증하고 있는 것도 사실이다. 가령, 자연환경의 파괴, 성장과 물질중심주의로 인한 인간성의 상실, 상품관계로 재편되는 일상관계, 사회계층 격차의 심화 등은 모두 성장중심주의 발전 패러다임하에서 필연적으로 발생하는 부정적인 효과에 해당한다.

이러한 부작용 중에서 가장 심각한 것은 인간의 삶과 생명의 기반이 되는 지구생태계가 회복불가능하게 훼손되고 파괴되는 것이다. 기존의 지배적인 패러다임하에서는 자연(자원)은 무한하고, 스스로 자생력을 가지고 있는 것으로 간주되고 있다. 자연자원이 고갈된다면 이는 고가의 상품으로 가격이 형성되어 시장을 통해 소비를 줄임으로써 자연스럽게 회복이 될 것으로 믿었다. 모든 것이 인간중심적 사고와 판단 속에서 자연을 대하고 자연을 활용해왔던 것이다.

하지만 오늘날 지구 전체에서 나타나고 있는 환경문제의 상황은 이러한 인간중심, 경제성장지상주의 패러다임으로는 더 이상 설명도, 해결도 될 수 없는 막다른 골목에 이르러 있다. 이는 다시 말하면 기존 패러다임을 버리거나 바꾸지 않으면 안된다는 뜻이다. 즉 지금까지 우리가 꾸려왔던 경제성장중심의 소비생활, 경제구조, 국가정책 등을 과감히 폐기하거나 바꾸는 패러다임으로 이행하지 않으면 물질성장중심의 발전방식에 토대를 둔 근대사회는 더 이상 지탱될 수 없다는 주장이다.

이러한 인식이 곧 이른바 '지속가능한 발전'이란 개념이 등장하게 되고, 이를 통해 발전의 대안적 패러다임을 적극 모색하게 되는 배경이 된다. 주류의 성장 및 발전방식이 가져온 한계, 특히 지구생태환경의 회복불가능한 파괴와 훼손을 그대로 둔 채 더 이상의 성장과 발전은 있을 수 없기에, 새로운 대안적 발전은 지구생태계가 수용할 수 있는 범위 내에서 이루어져야 하는 바, 이를 우리는 지속가능한 발전이라 일컫는 것이다. 1970년대부터 논의되고 실천되기 시작한 지속가능한 발전이란 개념은 경제성장중심의 발전과 지구생태계의 보전을 상호 균형적으로 유지해가는 대안적 발전 패러다임의 핵심을 구성한다. 하지만 경제와 환경이 조화되고 균형을 이루는 발전은 단순히 말로 하는 것 이상으로 기존 패러다임 속에 녹아 있는 인식 및 실천방식을 근본적으로 뜯어고치지 않으면 안된다. 이 점에서 우리는 지속가능한 발전을 새로운 패러다임이라 부른 것이다.

2. 대안 패러다임으로서 지속가능한 발전이란 개념의 등장

1) 환경파괴의 경각심과 성장의 한계

경제성장중심의 발전 패러다임에 대한 비판은 일찍이 1960년대부터 시작되었는데, 그 비판은 먼저 미국에서 시작하여 유럽과 기타 지역으로 퍼져나갔다. 1960년대 이러한 비판에 불을 붙인 것은 1962년 카슨(Carson)의 '침묵의 봄(Silent Spring)'이 환경문제에 대한 세계인의 경각심을 최초로 불러 일으켰던 사건이었다.[1)] 이어

1968년 하딘(Hardin)은 '공유지의 비극(The Tragedy of the Commons)'을 통해 자원이용의 한계를 넘는 사적이윤추구는 결국 그 문제 해결을 위해 공동의 비용을 부담하게 되는 비극을 가져온다[2]는 가정하에 지구적 공유자원의 이용에 대한 경종을 울렸다. 이는 세계인의 환경 경각심을 자극하는 것을 넘어, 생태환경의 수용력 내에서 경제발전이 이루어져야 한다는 새로운 인식을 자극하였다.

이에 대한 보다 심화된 반응은 기존의 성장과 발전의 한계를 본격 주목하는 것이었으며, 그 진수가 1972년 출판된 '로마 클럽[3]'의 『성장의 한계(*The Limits to Growth*)』다. 이 보고서를 통해 로마클럽은 지금까지의 성장추세가 계속 이어질 경우 100년 이내에 산업의 기반이 되는 재생불능자원이 고갈될 것이며, 이에 따라 실업의 발생, 식량생산의 감소, 사망률의 증가에 따른 인구감소현상이 나타나 기존의 경제기반이 급속히 붕괴될 것이라고 경고했다. 이 보고서는 경제개발과 인구증가로 인해 지구의 수용능력(지구체계가 약화되지 않을 정도로 지탱할 수 있는 총인구)이 실제로 한계에 부딪치고 있다는 사실을 보여주고 있는데, 그 밑바탕에 깔려 있는 주장은 바로 기존 패러다임에 근거한 '성장의 한계'와 이의 극복을 위한 '제로 성장(zero growth)'과 같은 대안적 패러다임의 모색이다.

2) 환경과 경제의 상생(相生) 모색

이렇게 해서 환경보전과 경제성장이란 두 용어는 대립개념으로 해석되면서 세계 각국에서 관심을 갖게 되었다. 1970년대 초에는 OECD 가맹국을 필두로 한 선진국이 관심을 갖기 시작하였고, 후반에는 개발도상국들도 관심을 갖게 되었다.

---

1) 카슨은 이 저작에서 DDT와 같은 합성살충제(농약)의 오·남용으로 인해 야생동식물, 농작물, 가축이 죽어 봄이 왔지만 꽃도 피지 않고 새도 지저귀지 않는 조용한 죽음의 침묵만이 계속된다고 경고했고, 동시에 이러한 문제의 심각성이 전세계로 확산되고 있음을 강조했다.

2) 하딘의 비유는 다음과 같다. 중세의 공유지(일종의 공동 방목지)는 목동들이 자기 이익에만 쫓아 가능한 많은 소를 끌고 와 공유지를 최대한 활용함으로써 최대한의 생산이 가능한 평형상태(수용능력의 한계)를 이루게 된다. 그런데 어느 목동이 보다 많은 이익을 챙기기 위해 한 마리의 소를 몰래 더 집어넣게 되면 수용능력의 한계에 도달한 공공목장에 단 한 마리의 소라도 더 추가하는 것이 되어(즉 과잉현상이 나타나게 되어) 결국 공공목장 자체가 파괴되는 비극이 발생하게 된다.

3) 1968년 4월 서유럽의 정계·재계·학계의 지도급 인사가 이탈리아 로마에서 결성한 국제적인 미래 연구기관을 말한다.

1970년에는 OECD에서 경제정책과 환경정책의 조화를 추구하는 것을 주 임무로 하는 환경위원회가 설치되었고, 그 다음해에는 유엔환경계획(UNEP)의 전신으로 스톡홀름회의 준비사무국이 환경과 개발의 조화에 관한 필요성을 주장하여 획기적인 보고서인 '후네 리포트[4]'를 작성하였다.

1972년 스톡홀름 인간환경회의[5]는 국제환경문제의 관심 증대에 매우 중요한 역할을 하였다. 본회의의 준비단계에서부터 선진국과 개도국 간의 이해가 맞섰는데, 공해문제가 심각한 선진국이 주축이 되어 인구, 산업화와 환경문제를 회의의 주제로 삼고자 하는 시도는 가난한 제3세계 국가들의 반발을 초래하였던 것이다. 선진공업국들이 내세우는 '구명선 이론'과 해결책으로 구상하고 있던 제로인구성장, 제로경제성장은 후진국의 실정에 전혀 맞지 않는 것이기 때문이었다. 제3세계 국가들은 선진국들이 일으킨 환경오염을 제3세계와 공동책임으로 떠넘기는 것을 부당하다고 주장하며, 환경보호운동 등의 확산이 제3세계의 주종 수출품인 각종 천연자원과 재화의 수출에 악영향을 미칠 것을 두려워했기 때문이었다. 스톡홀름 회의가 무산된 것을 우려한 준비위원회가 환경문제와 제3세계의 개발문제를 양립할 수 있는 것으로 환경과 개발을 동시에 만족시킬 수 있는 최대공약수를 이 회의의 주제로 삼아 토론하게 하였다. 여기서 환경보호와 경제개발을 합리적이고 종합적인 계획을 통해 모순 없이 동시에 추구해야 한다(즉 지속가능해야 한다)는 선언문

---

4) 1972년의 스톡홀름 회의에 앞서 최초의 세미나가 1971년 6월 제네바 근교 후네에서 열렸는데, 전세계의 27명의 과학자와 다수의 옵서버가 참가하여 개발과 환경에 관한 보고서가 작성되었다. 그 내용을 요약하면 '선진국에 대하여 개발은 환경문제의 원인이지만, 개발도상국에서 개발은 환경문제의 해결이다. 따라서 선진국에서 개발과 환경은 이율배반의 관계에 있으나 개도국에서는 개발이 곧 환경이다'고 했다.

5) 1972년 6월 스웨덴 스톡홀름에서 열린 국제적인 환경회의로 스톡홀름 회의라고도 한다. 1968년 5월 유엔경제사회이사회에서 스웨덴이 제안, 그 해 유엔총회에서 개최를 결정하였다. 목적은 지구를 환경파괴로부터 보호하고 천연자원이 고갈되지 않도록 국제적인 협력체제를 만들기 위한 것이었다. 113개국에서 1,200여 명의 대표가 참가하였으며, 소련과 동유럽 각국은 참가하지 않았다. 회의에서는 100항목에 달하는 행동계획의 권고를 채택하였다. 주요 항목은 환경보전을 위한 인간정주사회의 계획·관리, 환경보전 측면에서 천연자원의 관리(동식물·미생물을 포함한 유전자원 보존을 위한 기관의 설치 등), 유해물질의 제조·사용·폐기에 관한 자료의 국제적 등록제도 실시, 방사성 물질의 배출에 대한 국제등록제도 개발, 세계보건기구(WHO)를 중심으로 식품·대기·수질에 관한 환경기준 및 인체의 허용한도 설정 등에 관한 것이다. 이밖에 국제연합 경제사회이사회의 산하기관으로 환경이사회를 설립하고 환경기금을 조성하며, 회의 개최를 기념하여 매년 6월 5일을 '세계 환경의 날'로 제정하는 것 등을 결정하였다. 마지막 날에는 인간환경선언을 채택하였으며, 유엔총회는 유엔환경계획이라는 국제기구 설립을 결정하였다.

이 채택되었지만 그 내용과 방법이 어떤 것인지는 숙제로 남게 되었다.

3) 우리 공동의 미래: 지속가능한 발전 개념의 정립

스톡홀름 회의에서 부과된 숙제를 해결하려는 최초의 노력은 국제자원보호연합(International Union for the Conservation of Nature and Natural Resources)이 유엔환경계획과 세계야생생물기금(후에 세계자연보호기금으로 개칭)의 협력 아래에서 작성되었던 '세계보전전략(World Conservation Strategy)'에서 처음으로 나타났다. 세계보전전략의 핵심적인 목적은 필수적인 생태과정과 생명지원체계의 보전, 유전자적 다양성의 보전, 생물종과 생태계의 지속가능한 이용의 보장 등이다. 그리고 '우리의 생존, 그리고 다음 세대를 위한 자연자원의 수탁자 임무수행을 위해서 개발과 보전은 동등하게 필요하다'라고 하면서 경제발전과 환경보전의 조화를 강조했다. 다시 말해 이 보고서는 자원보전이 경제발전에 기여할 수 있으며, 동시에 경제발전을 통해 자원보전의 목적을 달성할 수 있다는 주장을 폄으로써 성장우선론과 환경우선론을 서로 조화할 수 있는 개념이라고 규정했다[6].

이 보고서는 다음 세 가지 자원관리 목표를 프로젝트 단계에서부터 완성 후 운영단계에 이르기까지 모든 단계에 걸쳐 실현시킴으로써 지속적 발전이 가능하다고 주장하였다.

첫째, 인간의 건강과 식량생산 등 모든 인간의 생존에 필요한 생명유지생태 시스템을 유지하도록 할 것.

둘째, 유전자자원의 보존을 위해 모든 야생동식물의 종이 멸종되지 않도록 보호할 것.

셋째, 물고기와 산림 및 토지자원 등 재생가능한 자원은 자연재생산과정이 파괴되지 않도록 지속적 이용이 가능한 수준에서 이용하도록 할 것.

전반적으로 이 보고서의 메시지는 자원의 지속가능한 이용에 두고 있지만, 지속가능성과 지속가능한 발전에 대한 분명한 정의를 내리지 못했다. 이런 문제를 해결하기 위해 UN총회에서 1984년 '환경과 개발에 관한 세계위원회(WCED, World

---

6) 이 보고서에서는 생태계, 생명계의 유지, 생물종의 다양성 보전, 자원의 지속적 이용의 확보가 거론되었고, 또한 '지속가능한 사회(sustainable society)', '지속가능한 생활(sustainable living)' 등과 같은 용어들이 사용되었다.

Commission on Environment and Development)'를 구성하고 환경과 개발의 관계를 조화시킬 수 있는 방안을 연구하도록 했다[7]. 이 위원회는 1983년 노르웨이 정부가 지구적 차원에서 빈곤과 개발, 그리고 환경문제를 종합적으로 검토하고 평가하기 위해 유엔에 제안하여 설치되었으며, 위원장은 노르웨이 수상과 WHO 사무총장을 역임했으며, 당시 노르웨이 야당 당수였던 브룬트란드(Gro Harlem Brundtland) 여사였다.

3년간의 연구성과물 형식으로 제출한 보고서가 곧 '우리 공동의 미래(Our Common Future, 일명 브룬트란드 보고서)'이다. 이 보고서는 "인간의 생산과 소비를 유지하는 지구 자연계의 능력에는 한계가 있기 때문에 현재의 경제정책이 지속된다면 머지 않은 장래에 돌이킬 수 없는 대재앙을 가져올 위험이 있다"고 주장했다. 그리고 인류 전체의 장래를 위협하는 주요 요소로 ① 대중적인 빈곤, ② 인구성장, ③ 지구온난화와 기후변화, ④ 환경질의 파괴 등 네 가지를 들었다. 이어 이 같은 위협에 대한 대안으로 '지속가능한 발전'을 새로운 패러다임으로 제시했다. 즉 인류장래에 대한 위협을 극복하며 지속가능한 경제개발을 추구하여야 한다고 주장했다.

발전 패러다임과 관련하여 이 보고서는 개발과 환경은 한 쪽이 다른 쪽에 일방적인 영향을 주는 것이 아닌 서로 영향을 주고받는 동반자적 시스템이라는 입장에서 출발했다. 즉 환경문제는 지나친 경제개발에 의해서 발생하기도 하지만, 성장부재(不在)로 인한 빈곤에 의해서도 생긴다. 따라서 우리가 추구하지 않으면 안 될 새로운 발전은 경제적 측면과 환경적 측면을 동시에 만족시킬 수 있는 '환경적으로 건전하고 지속가능한 발전(environmentally sound and sustainable development)'이라 했다. 이렇게 하여 이 보고서를 통해 '지속가능한 발전'이란 개념이 처음으로 정식화되었다.

이 보고서는 그동안의 다양한 각도로 조망되었던 환경논의를 종합하면서, 지속가능한 발전이란 개념으로 가지고 대안적 패러다임을 제시하고 있다. 이 보고서에서 규정된 지속가능한 발전은 '미래세대가 그들의 필요를 충족시킬 수 있는 가능

---

7) '환경과 개발에 관한 세계위원회'의 설치는 본래 1982년 유엔환경계획(UNEP)회의에서 결의되었던 것이다. 이 회의는 1972년 스톡홀름의 '유엔인간환경회의' 10주년을 기념하기 위해서 개최되었는데, 지속가능한 발전이라는 개념을 통해 '환경보전과 경제개발의 균형에 관한 선진국과 개발도상국 간의 의견을 접근하는 시도가 처음으로 이루어졌다.

성을 손상시키지 않는 범위에서 현재세대의 필요를 충족시키는 개발(Sustainable development is development that meets the needs of the present without compromising the ability of future generation to meet their own needs)'로 정의되었다. 경제성장을 생태학(ecology)과 결합하는 관점을 깔고 있기 때문에, 지속가능한 발전이란 개념은 좁게는 경제의 지속가능성을 우선 강조하지만 유엔환경개발회의(UNCED)가 밝힌 개념은 경제뿐만 아니라 자연자원을 포함한 생태계 전체가 지속가능할 것을 요구하였다.

3. 대안 패러다임으로서 지속가능한 발전의 원칙과 이행

1) 지속가능한 발전의 의미와 원칙

'우리 공동의 미래'에서 제시된 지속가능한 발전이란 개념은 인간들간의 조화 그리고 인간과 자연 간의 조화를 촉진하는 발전의 새로운 방식을 제시하고 있다. 이 개념은 두 개의 물음으로 구성되어 있다. 하나는 '지속가능하다는 것이 무엇인가?'라는 물음이고 다른 하나는 '발전이란 무엇인가'에 관한 물음이다(문순홍, 1999: 268-272).

첫째 물음과 관련하여, 이 보고서의 지속가능성이란 개념에는 현재세대의 전세계인 모두의 지속가능성과 미래세대가 향유해야 할 지속가능성이 내포되어 있다.

지속가능성의 첫째 내용은 현재의 시점을 살아가는 세계인들 모두의 지속가능성이다. 현 세대의 평등한 생존과 삶의 질을 실현시키기 위해서는 '세계의 가난한 사람들이 가지고 있는 기본필요'의 충족에 일차적인 우선 순위를 부여하고, 이러한 기본 필요를 넘어서는 소비 수준은 지속가능성이 충족되는 상황에서만 인정되어야만 한다. 그런데 이러한 인간들의 필수적인 기본 욕구는 생존에의 욕구와 더 나은 삶을 향한 열망을 충족시키고자 하는 욕구로 구성되어 있어, 후자의 욕구는 사회·문화적 차원에서 결정되어야 한다. 지속가능한 발전과 관련하여 이런 조건을 충족시키는 지속가능성은 이후에 '세대 내 형평성(intra-generational equity)'을 실현하는 발전의 원칙으로 설정된다.

지속가능성의 두번째 내용은 현 세대의 지속가능성 못지 않게 미래세대의 지속가능성도 중요함을 다룬다. 미래세대에 대한 지속가능성을 보장하기 위해 이 보고서는 자연의 한계성을 깨뜨리지 않도록 인간의 자연 개입을 제한해야 한다고 주장하고 있다. 그동안의 성장은 인구나 자원의 사용에 한계를 전혀 설정하지 않았다. 이러한 자연개입이 제한되지 않은 성장이 곧 현재의 생태적 재앙과 경제위기를 야기하고 있다. 따라서 미래세대에게도 그들의 욕구를 충족시킬 수 있는 자원의 확보를 위해서는 한계를 두지 않은 무분별한 성장(결국 한계에 미치지만)을 바꾸어 미래에까지 지속가능하도록 하되, 이를 위해 환경수용력의 한계가 인정되어야 한다. 지속가능한 발전과 관련하여 이런 조건을 충족시키는 지속가능성은 후에 '세대간 형평성(inter-generational equity)'을 실현하는 발전의 원칙으로 설정된다.

그런데 이 보고서는 그동안 논란이 되었던 경제활동의 자연적 한계를 상대적 한계 개념으로 받아들여, "(경제성장에 대한) 한계란 이념은 기술 발전 상태와 사회 조직에 의해 부과되는 것으로 이 두 가지 요건이 현재와 미래의 욕구를 충족시킬 수 있는 환경수용력을 결정한다"고 기술하고 있다. 그래서 '우리 공동의 미래'에서 언급된 지속가능성은 현 '자연의 지속가능성'을 배려한 것이 아니라 인간(중심)의 지속가능성에 중점을 둔 것이다. 이런 한계를 극복하기 위해서는 인간중심의 지속가능성을 '생태적 지속가능성(ecological sustainability)'으로 확장해야 한다. 생태적 지속가능성은 인간중심의 개발과 성장이 자연계의 생태종 생존과 서식을 위협하지 않고 양자가 호혜적으로 공존하는 것을 담보하는 지속가능성을 말한다. 이런 조건을 충족시키는 지속가능성은 후에 '인간종-생태종 간 형평성(man being-natural species equity)'을 실현하는 발전의 원칙으로 설정된다.

한편, 두번째 물음인 '발전'이란 무엇인가에 대해 '우리 공동의 미래'는 발전개념의 양면성을 제시하고 있다. 지속가능한 발전의 '발전'은 '경제적 복지 증진'을 위한 경제성장을 한 구성 부분으로 하고, 이외에 '경제와 사회의 점진적 변화'도 다른 한 부분으로 받아들이고 있다. 즉 지속가능한 발전에서 발전은 '경제와 사회의 통합적 발전'을 전제하고 있다. 따라서 지속가능한 발전이란 개념은 경제성장 중심의 기존 패러다임을 경제와 사회가 통합적으로 발전하는 새로운 패러다임으로의 이행을 전제하게 된다.

지속가능한 발전으로서 '사회경제적 변화'는 실제 ① 시민들이 결정과정에 효율적으로 참여하는 정치체제, ② 자립적이고 지속적인 토대 위에 잉여와 기술적 지식을 생산할 수 있는 경제체제, ③ 조화롭지 못한 발전에서 야기된 긴장을 해결할 수 있는 사회체제, ④ 발전을 위해 생태적 기반을 지속시키는 생산체제, ⑤ 지속적으로 새로운 해결을 촉구하는 기술체제, ⑥ 무역과 재정의 지속가능한 패턴을 강화하는 국제체제, ⑦ 자기수정 능력을 가지고 있는 융통성 있는 행정체제 등의 영역들을 통해 실현되는 것으로 접근된다(WCED, 1987: 65).

하지만 경제와 사회의 통합적 발전으로서 지속가능한 발전은 근본적으로 생태계의 수용력이 허용하는 범위 내에서 모색되어야 하기 때문에, 경제와 사회의 발전은 환경과의 통합적 발전을 자동적으로 전제해야 한다. 지속가능한 발전이 대안적 패러다임이란 것은 경제·사회·환경 영역의 변화를 통합화하면서 지속가능성의 제원칙(세대 내, 새대간, 종간 형평성)을 실현하기 때문이다.

2) 지속가능한 발전의 이행방식

지속가능한 발전의 원칙은 1992년 리우 회의를 통해 구체적인 실천전략으로 옮겨졌다. 1992년 6월 브라질 리우 데자 네이루에서 열린 국제연합환경개발회의(일명 리우 회의)는 정부 대표가 중심이 된 유엔환경회의(UNCED, 일명 Earth Summit)와 각국 민간단체가 중심이 된 지구환경회의(Global Forum, 1992)가 함께 개최되었다. 유엔환경회의는 리우 선언·의제 21(Agenda 21)·기후변화협약·생물다양성보존협약·산림원칙 등을 채택하였고, 지구환경회의는 지구헌장·세계민간단체협약 등을 채택하였다.

이 중에서 리우 선언은 1972년 1월 스웨덴 스톡홀름에서 채택된 인간환경에 관한 국제연합인간선언을 재천명하고, 국가간의 새로운 협력수준의 창출을 통해 동반자적 관계를 마련하여 전인류의 이익을 도모하면서 지구환경과 개발체제의 통합성을 보존하기 위해 27개 원칙을 채택하였다. 이것은 지속가능한 개발과 환경보전에 있어서 국제적인 협력관계를 이상(理想)으로 하고 있음을 의미한다.

리우 선언의 원칙을 실천하기 위하여 '의제21(Agenda 21)'이 채택되었다. 지구환경보전과 지속가능한 발전을 위한 행동계획을 담은 일종의 지침서에 해당하는 의제 21의 전체 구조는 전문(preamble) 및 4개 부문의 40개 장으로 구성되어 있으며, 사회경제적인 차원을 다루는 제1부는 7개 장으로, 개발을 위한 자원의 보존관리를 다루는 제2부는 14개 장으로, 주요 그룹의 역할을 다루는 제3부는 9개 장으로, 이행방안을 다루는 제4부는 8개 장으로 구성되어 있다. 전체로 보면, 지속가능한 발

〈표 1〉 의제 21의 구조

분야별	내용
전문(1장)	전문
제1부: 사회경제부문(2-8장)	빈곤퇴치, 소비형태의 전환, 보건, 인간정주, 인구문제 등에 대한 지속가능한 개발 추진과제
제2부: 자원의 보전 및 관리부문(9-22장)	대기, 토양, 산림, 생물다양성, 해양, 폐기물 등의 환경청정 관리 및 보전
제3부: 주요 그룹의 역할강화 부문(23-32장)	지속가능한 개발과 여성, 민간단체, 지방정부, 산업계, 과학기술계, 노동계 등의 역할 강화
제4부: 이행수단 부문(33-40장)	재원, 기술, 능력형성, 국제제도, 국내체제 등 '의제 21' 이행 촉진을 위한 수단

전의 원칙을 실천하기 위한 총 2,500여 개 권고내용을 담고 있다. 분야별로 보면, 지구환경문제의 원인이 되는 각종 사회·경제적인 요인에 대한 해결방안, 대기·해양·폐기물·토지 등 각종 환경사안에 대한 해결방안, 이를 위한 사회 각계각층의 역할 및 법·제도·기술이전 및 재정지원 등의 광범위하고 포괄적인 이행체계로 제시되어 있다. 이 강령은 국제협약과 같은 구속력은 없으나 각국 스스로 환경보전과 개발을 조화시킬 수 있는 방향을 제시하고 있다.

의제 21은 지속가능한 발전을 이행하기 위한 구체적인 의제와 추진방안을 제시하고 있는 것이 가장 중요한 특징이다. 그래서 다루는 과제로는 물·대기·토양·해양·산림·생물종 등 자연자원의 보전과 관리를 위한 지침뿐만 아니라 빈곤퇴치·건강·인간정부·소비행태의 변화 등 사회경제적 이슈들이 구체적으로 제시되어 있다. 또한 실행수단도 재정확충·기술이전·과학발전·교육 및 홍보확대·국제협력강화 등과 같은 것으로 구체화되어 있다. 이는 모두 사회·경제·환경을 통합적으로 다루는 지속가능발전의 원칙을 실천과제와 수단의 선정 차원에서 구체적으로 적용한 것이라 할 수 있다.

하지만 의제 21의 보다 중요한 특징은 대안적 발전 패러다임으로서 지속가능한 발전은 사회 각계각층의 광범위한 참여를 강조하고 있는 점이다. 기존의 지배적인 발전 패러다임은 국가나 시장의 중심역할을 통해 성장과 발전을 도모하는 것에 기반하고 있다면, 지속가능한 발전은 사회 모든 분야의 이해당사자들이 기존의 반환경적인 생활 및 실천방식을 자율적으로 바꾸지 않으면 안 되고, 또한 분야별로 이해당사자들이 참여와 협력을 통해 스스로의 발전목표를 설정하고 이를 실천해가지 않으면 안 된다. 그래서 의제 21에는 지속가능한 발전을 이끌어갈 '주요 그룹(major groups)'을 실천주체로 설정하고 있다. 이 주요 그룹으로는 '여성계(women)', '청소년(children and youth)', '농민(farmers)', 'NGO(non-governmental organizations)', '지방정부(local authorities)', '근로자와 노동조합(workers and trade unions)', '기업 및 산업계(business and industry)', '과학·기술계(scientific and technological communities)', '원주민(indigenous people)' 등 9개 그룹이 제시되어 있다.

실천과 관련하여서는, 특히 지방적 수준에서 주요 집단들이 참여와 협력을 통해 의제를 선정하고 분야별로 이를 이행하는 것을 강조하고 있다. 때문에 지속가능한 발전은 지방적, 지역적 수준에서 추진되는 것을 중요한 특징으로 한다. 실천방식에서는 파트너십과 협력을 강조함으로써 이른바 '거버넌스(governance, 협력적 통치)'의 원리를 적극 활용하고자 한다. 하지만 지역적, 지방적 수준의 지속가능한 발전은 지구적, 국가적 차원과 연동해서 추진하도록 권고함으로써, 지속가능한 발전은 실제 다규모적이고 다층적인 실천구조를 취한다(조명래, 2002).

4. 지속가능한 발전의 실천 경험

1) 리우 이후 10년

1992년 리우 회의의 실천의제로 채택된 이래, 지속가능한 발전은 지난 10년간 발전의 새로운 패러다임이자 실천의 준거로 기능해왔다. 이 10년 동안 지속가능한 발전의 개념은 더욱 정교해졌고, 또한 수많은 분야(지방자치, 도시계획, 경제정책 등)에 이 개념이 적용되었다. 가령 지속가능한 도시계획, 지속가능한 자원관리, 지속가능한 소비 및 생산체제, 지속가능한 정치 등은 지속가능한 발전의 개념을 새로운 응용 개념으로 확대적용한 것들이다. 지속가능성(sustainability)은 심지어 철학이나 이념적 쟁점으로도 논의되어왔으며, 이를 통해 여러 파생 개념들이 생겨났고 또한 새로운 논의가 촉발되기도 했다. 이를테면 지속가능한 발전에 관한 논의는 정의론(正義論)과 결합하여 환경가치가 세대 내·세대간·종(種)간에 공평하게 배분되는 '환경정의'에 관한 논의를 촉발했다(조명래, 2000).

하지만 리우 회의 이후 10년간 지속가능한 발전은 실제 정책 분야에서 다양한 실험과 실천으로 이어짐으로써 국제환경 레짐(environmental regime), 국가발전전략, 지방자치, 시민환경운동의 전략 등의 분야에 괄목할 만한 성과를 거두어왔다. 지속가능한 발전을 실현하기 위해서는 개도국의 빈곤과 저발전 문제, 선진국의 소비방식과 성장방식의 문제가 동시적으로 다루어지지 않으면 안 된다는 문제의식을 자극함으로써 발전의 문제를 전 지구적 차원에서 접근하도록 했다. 이 결과, 지속가능한 발전을 실천하기 위한 다양한 국제협약, 가령 '생물종다양성보존협약', '기후변화협약', '오존층 보호를 위한 협약', '멸종위기에 처한 야생동·식물의 국제거래에 관한 협약', '사막화 방지협약' 등이 체결되어 지구적 차원에서 환경문제를 통치하는 레짐(regime)이 구축되고 있다. 2003년 현재 체결된 국제환경협약은 대기, 수질, 폐기물 및 자연환경 분야에 220여 개가 달하는데, 우리나라는 45개의 환경협약에 가입하고 있다(조명래, 2003b). 지속가능한 발전에 관한 국제적 이행을 촉진하기 위해 '유엔지속가능발전위원회(UNCSD)'가 설립되기도 했다.

한편 리우 회의에 결의된 권고에 따라 세계 각국은 '의제 21'을 국가별로 이행하는 국가실천계획을 수립하고, '유엔지속가능발전위원회'의 주관하에 그 이행의 정도와 성과를 주기적으로 보고하고 논의하고 있다. 우리나라도 1996년 '의제 21 국가실천계획'을 수립하여 유엔에 제출한 바 있고, 국정운영차원에서 지속가능한 발전의 이행을 촉진하기 위해 2000년 대통령 직속의 '지속가능발전위원회'가 설립·운영되고 있다.

하지만 지속가능한 발전과 관련해서 가장 괄목한 이행성과는 역시 지방적 수준에서 나타나고 있다. 주요 집단간의 파트너십을 통한 지속가능한 발전을 지방적 수준에서 이행하도록 촉구하는 의제 21의 28조에 따른 것이다. 선진국 지방자치단체들은 현재 대부분 주요 집단들의 합의와 참여를 통해 '지방의제 21'을 작성해 분야별로, 주체별로 이를 이행하고 있다. 그 결과 '지방의제 21'은 정부가 주도하는 물리적 개발사업 중심인 지방발전모델(법정도시계획 등)을 보완하거나 대체하는 경향이 생겨나고 있다. 특히 파트너십을 통해 지방의제를 실천하는 가운데, 정부·시민·기업간 협력은 지방자치에 대한 시민참여의 확대, 기업-시민 간 협력을 통한 녹색경제의 구현, 시민사회의 녹색화 등과 같은 변화를 불러와 지역사회 차원에서 지속가능성을 실현하고 있다. 우리의 경우, 2003년 6월 25일 현재 248개 지방자치단체 중 73%인 180개 지방자치단체가 '지방의제 21'을 수립하였으며, 21%인 51

개 지방자치단체가 '지방의제 21'을 수립중에 있어 94%의 지방자치단체가 '지방의제 21'을 추진하고 있다.

이렇듯 리우 회의 10년은, 지속가능한 발전을 이행하기 위한 노력들이 지구적 수준은 물론, 국가적, 지방적 수준에서 동시적으로 추진되어오면서 단순한 이론이나 개념이 아니라 대안적 실천방식으로서 지속가능한 발전의 가능성과 유용성을 확인시켜왔다. 이러한 성과 덕분에 지속가능한 발전은 하나의 패러다임으로서 자리를 잡아가고 있음을 누구도 부인할 수 없게 되었다.

5. 지속가능한 발전에 관한 세계환경정상회의

2002년 남아프리카 공화국 수도 요하네스버그에서 개최된 '지속가능한 발전에 관한 세계환경정상회의(WSSD, World Summit on Sustainable Development, 일명 요하네스버그 회의)'는 리우 회의 이후 10년간 성과를 평가하면서 향후 10년 동안 지구촌 사회가 지속가능한 발전을 위해 이행해야 할 새로운 과제들을 합의하고 도출하고자 했다.

요하네스버그 회의의 최종 목적은 지속가능한 지구적 삶을 위한 구체적인 실천방안을 논의하고 도출하기 위한 것이지만, 이에 앞서 그간의 성과를 어떻게 평가하고 선진국간의 의견 차이를 어떻게 좁혀, 실행가능한 이행방안을 이끌어내느냐가 쟁점으로 부각되었다. 전반적으로 요하네스버그 회의에서 드러난 것은 빈곤, 물, 위생, 무역, 생물종 보전 등과 관련된 문제들이 지구촌 사회의 지속가능성을 발목잡고 있으며, 이의 해결을 위한 범지구적 실천을 강구하지 않으면 안된다는 사실이다. 이런 점에서 요하네스버그 회의는 지구촌 사회를 앞으로 지속가능하게 발전시켜갈 수 있는 우리의 실천의지가 어느 정도인지를 가늠해보는 장이었다.

요하네스버그 회의의 가장 중요한 특징은 준비과정에서부터 회의 진행구조 전반에 이른바 '상향적 접근(bottom-up approach)'과 '다자간 대화(multi-stakeholder dialogue)의 방식'이 적용되고 활용되었다는 점이다. 이는 10년 전 리우 회의에서 합의된 의제에 따라 규정된 지속가능한 발전의 실천방식을 따르기 위한 것이다. 즉 지속가능한 발전은 정부에 의해 주도되는 하향적 접근이 아니라 지방정부, 비정부 민간조직, 청소년, 원주민, 노동자 및 노동조합, 기업 및 산업, 과학기술계,

농민 등 '9개 주요 그룹(major groups)'간의 협력과 참여를 통해 밑으로부터 전개되어야 한다.

본 회의는 '파트너십 총회', '정상회의(혹은 요하네스버그 선언문 문안협의)', '이행계획문안협상'의 3가지로 나누어 진행되었으며, 그 결과 최종적으로 산출된 문건도 '정치적 선언문', '이행계획', '파트너십 사업안' 3가지이다. 이 각각은 앞으로 10년에서 20년 동안 세계의 지속가능한 발전을 위해 우리가 지향해야 할 바, 실천목표 및 그 이행수단, 그리고 구체적인 사업안을 담고 있다.

첫번째 문건인 '정치적 선언문'은 10년 전 리우에서 합의된 지속가능한 발전의 3대 축인 '환경, 경제, 사회'의 상호 의존성과 보완성을 재확인하면서 이를 위해 세계 전체가 공동의 책임을 진다는 의지를 재천명하고 있다. 하지만 이 선언문에는 지난 10년간 지구촌 사회가 지속가능하게 발전해오지 않았다는 데 대한 자기성찰도 담겨 있다. 불평등과 빈곤의 악화, 자연환경의 오염과 파괴의 심화를 그 단서로 제시하면서, 그 원인으로 '세계화 혹은 지구화(globalization)'를 지적했다. 선언문은 나아가 지속가능한 발전을 실천하기 위해선, 지금보다 훨씬 더욱 민주적이고 책임있는 지구적 다자주의(多者主義)가 필요하다고 보면서 그 실천방식으로 주요그룹간 파트너십을 다시 한번 강조했다.

두번째 문건인 '이행계획'은 2000년 9월 유엔새천년정상회의에서 채택된 새천년선언에 담긴 '새천년발전목표(Millennium Development Goals)'를 바탕으로 하고, 유엔사무총장이 제시한 '5가지 의제(물, 에너지, 위생, 농업, 생물다양성)'를 중심으로 해서, 빈곤이나 세계화, 이행방안 등이 첨가된 내용으로 구성되어 있다. 전체 목차는 ① 서론 ② 빈곤퇴치 ③ 지속불가능한 소비·생산 패턴의 변화 ④ 자연자원의 보호 및 관리 ⑤ 지구화(지구화되는 세계에서 지속가능한 발전의 문제) ⑥ 건강과 지속가능한 발전 ⑦ 군소 도서국 및 개도국의 지속가능한 발전 ⑧ 아프리카 및 다른 지역의 지속가능한 발전 ⑨ 이행수단 ⑩ 지속가능한 발전을 위한 제도적 틀로 되어 있다. 이행계획의 주요 합의 내용은 다음과 같다.

- 2015년까지, 깨끗한 식수를 먹을 수 없거나 하수도 서비스를 받지 못하는 사람의 수를 반으로 줄인다.
- 재생에너지 비율을 증가시킨다.
- 지속가능한 생산소비를 위한 10개년 계획을 수립한다.
- 2020년까지 유해화학물질의 생산을 단계적으로 금지한다.
- 세계화는 부정적인 측면이 있으나 긍정적인 측면도 있음을 주목한다.
- 2010년까지 희귀동식물의 멸종률을 현저히 줄여나가며, 이를 위하여 추가적인 재정 및 기술적 자원이 필요함을 인정한다.
- 2010년까지 어족자원의 감소를 막고 지속가능한 수준으로 회복시킨다.
- 지구환경금융을 통해 사막화방지협약의 이행에 필요한 재정을 지원한다.
- 세계연대기금을 설치하며, 이에 대한 기여는 자발적으로 한다.
- 국가 및 국제 차원의 굿 거버넌스(Good Governance)가 지속가능한 발전에 필수적임을 인정한다.
- 리우 선언 제7원칙인 차별화된 공동책임의 원칙과 리우 선언 제15원칙인 사전예방의 원칙을 재확인한다.

세번째 문건인 '파트너십/이니셔티브(partnership/ initiatives, 이하 파트너십 사업)'는 관련 주체들이 자발적으로 이행계획을 세워 추진하는 사업 프로그램에 해당한다. 요하네스버그 회의에서는 정부간 협상을 통해 공식적으로 채택된 협력사업을 '유형 1 파트너십(type 1 partnership)'으로 부른 반면, 이해당사자들간에 자발적인 합의를 바탕으로 추진되는 협력사업을 '유형 2 파트너십(type 2 partnership)'이라 불렀다. '유형 1 파트너십'이 정부간 협력이라면 '유형 2 파트너십'은 민간의 이니셔티브가 상대적으로 강조되는 민관협력이라 할 수 있다. 본회의에서 정식으로 채택되기 위해서는 구체적인 사업목표, 활동주체, 재원조달, 모니터링 및 평가 체제 등이 제시되어야 하는데, 이런 조건을 구비해 WSSD 사무국에 회의개최 전까지 제출된 파트너십 사업은 총 172개에 달했다.

WSSD 폐막을 앞두고 이행계획의 주요 내용들이 합의된 것으로 공표되었지만, 그 내용과 실천방안들에는 협상과정에서 노정되었던 이해당사자들의 의견차이와 대립이 그대로 녹아 있었다. 이행계획안의 논의과정에서 드러났던 이해충돌은 주로 선진국과 개도국을 축으로 했지만, 사안에 따라서는 역학관계가 복잡하게 얽혀 있었다.

요하네스버그 회의가 남긴 중요한 합의는 지난 10년 동안 지속가능한 발전의 조건이 바뀌었고 또 그 실천을 둘러싼 의미와 방식이 변하고 있다는 사실이었다.

특히 전 지구적으로 심화되는 빈곤과 불평등 현상을 주목한다면, 1992년 리우 회의 이후 지난 10여 년간 지구촌 사회는 결코 지속가능한 발전의 상태에 있지 않았음이 재확인되었다. 이는 지속가능성의 제1원칙이라 할 수 있는 세내대·세대간 형평성이 지난 10여 년간 결코 개선되지 못했음을 의미한다. 이와 함께 환경오염 혹은 생태계의 파괴가 지구 전역으로 맹렬히 확산하는 가운데 기상이변과 그에 따른 자연재해가 속출하고, 유해물질이 지구생태계 전반으로 확산하면서 생명의 흐름이 단절되는 현상 등이 갈수록 두드러졌음이 재확인되었다. 빈곤과 불평등이 인간계 내에서 확인되는 지속불가능성의 주요 척도라면, 지구 생태계의 파괴는 자연계 내에서 확인되는 지속불가능성의 지표였던 것이다.

지구 생태계의 교란은 1990년대에 불어닥친 경제의 지구화 추세와 더불어 가속화되었다. 이것이 함의하는 바, 지구촌 사회의 발전이 지속가능하지 못한 까닭에는 시장과 자본의 힘을 중심으로 전개되는 지구화의 영향이 중요한 몫을 차지했다. 이는 향후 지구촌 사회의 번영은 바로 지구화를 어느 만큼 지속가능한 발전의 조건으로 이끌어내느냐에 달려 있다는 것을 함의한다.

또 다른 중요한 함의는 지구환경문제를 둘러싼 정치적 실천의 양식이 변하고 있다는 점이었다. 가령, 지속가능한 발전의 이행방안을 논의했던 회의의 진행방식은 '상향적 접근(bottom-up approach)'과 '다자간 대화(multi-stakeholder dialogue)'의 방식으로 추진되었는데, 이는 이해당사자간 협의와 합의란 담론적 역학관계가 지속가능성의 실천을 담보하는 새로운 정치적 양식으로 떠오르고 있음을 암시했다. 말하자면, 지구환경정치가 '담론적 환경정치'로 변모하고 있었던 것이다. 하지만 이러한 담론적 실천방식이 시장경쟁논리가 관철되는 지구화 경향 속에서 얼마나 올바른 실천방식으로 기능할지는 달리 평가되어야 할 것 같다.

6. 패러다임으로서 지속가능한 발전의 한계

지속가능한 발전은 현재의 개발이 현세대 내에서만 아니라 현 세대와 미래세대, 인간종과 생태종 간의 형평성을 실현하는 방식으로 전개되고, 그 실천에서는 주요 그룹들간의 파트너십이 매개되어야 한다. 이러한 원리의 지속가능한 발전이 실현되려면, 무분별한 일상소비, 경제중심적 사고, 과도한 에너지를 사용하는 산업생산

방식, 비민주적 정책관행 등과 같은 기존의 행태와 관행이 모두 바뀌어야 한다. 지속가능한 발전의 원칙에 따라 간다면, 현재의 그 어떠한 개발행위도 현세대 내에서 불평등을 야기하거나 미래세대가 향유해야 할 기본욕구 충족의 기회를 박탈해서는 안 되며, 나아가 생태종의 권리를 억압하거나 박탈해서는 안된다. 이러한 조건들을 충족시키는 지속가능한 발전은 기존의 지배적인 가치, 인간관계, 경제구조, 정치이념 등 전반의 전복을 필요로 하며, 그런 만큼 이는 패러다임적 의미를 갖는다.

하지만 인간역량의 한계, 정치제도의 관성, 인간중심주의적 이념은 여전히 인간사회의 현실을 지배하고 있기 때문에, 지속가능한 발전이 가지는 패러다임적 가치의 구현은 근원적으로 제한적일 수밖에 없다. 지금까지 지속가능한 발전을 위한 각종 정책과 실험들이 전개되면서 드러난 한계들을 나누어 살펴보면 다음과 같다.

첫째, 지속가능한 발전은 일차적으로 현 시대를 사는 세계인들의 지속가능성을 실현하는 것을 지향하지만, 지난 10년간 빈곤층과 부유층 간의 격차는 더욱 확대되어왔다. 개발도상국의 인구 다수는 더욱 열악한 빈곤상태에 빠져들어 생활에 필요한 기본적인 필요조차 충족하지 못하고 있을 뿐만 아니라, 이로 인한 환경의 상대적 파괴와 악화가 날로 더해가고 있다. 반면 선진국 중산층들의 소비수준은 더욱 높아져 더 많은 자원과 에너지를 쓰고 그 결과 더 많은 폐기물을 자연으로 배출해 환경오염의 지구적 확산을 가속화시키고 있다. 현재 지배적인 성장과 발전의 패러다임은 여전히 지속가능성을 담보하고 있지 못하다는 뜻이다.

둘째, 각국 정부들은 지속가능한 발전을 위해 다양한 정책과 실천전략들을 추진하고 있지만, 실제 내용에서는 경제성장주의 정책을 좀더 환경 친화적으로 추진하는 수준에 머물러 있다. 최근 들어 지속가능한 발전은 경제발전과 환경보전을 동시에 추구하는, 그래서 경제와 환경의 상생(相生)을 도모하는 정책으로 다루어지고 있다. 경제에 대한 배려는 환경에 대한 배려와 함께 가야 하고, 반대로 환경에 대한 배려는 곧 경제를 배려하는 것이란 것이 경제와 환경의 상생을 의미하는 것이다. 하지만 경제-환경 상생은 실제 각종 개발 사업에 적용되는 환경기준을 좀더 강화하거나 환경을 보다 적극적인 산업화(환경산업 등)의 대상으로 삼는 것으로 현실화되고 있다. 지속가능한 발전의 이러한 왜소화 내지 축소는, 지속가능한 발전이 경제(개발)정책을 보완하거나 보조하는 것으로 전락하는 것을 의미할 뿐이다.

셋째, 지속가능한 발전을 위한 이행 수단과 방법들은 대체로 경제적 유인책이나 시장지향적인 정책수단에 의거하는 경우가 많다. 리우 회의나 요하네스버그 회의에서 결의된 이행방안들을 보더라도 공정한 국제시장거래를 회복해 이를 통해 지구 환경재가 시장의 가격으로 거래되면서 개발과 보전의 균형을 찾도록 하고 있다. 이는 각국의 환경정책에서도 유사하게 활용되고 있다. 가령, 대부분의 선진국에서는 '오염자부담원칙'과 같이 가격이나 세제정책을 통해 환경파괴 및 환경보전의 비용을 사회화하는 기제들을 지속가능한 발전에 이르는 이행수단으로 활용하고 있다. 하지만 지속가능한 발전의 이러한 실행방식은 경제정책을 실현하는 한 영역에 불과해, 즉 환경을 경제논리에 의해 규정받도록 해, 환경과 경제, 나아가 사회를 통합적으로 발전시키면서 지속가능성을 실현하고자 하는 지속가능한 발전의 패러다임적 가치를 구현하는 것과는 거리가 멀게 된다.

넷째, 지속가능한 발전은 기존의 지배적인 정책이나 가치체계에 의해 수용되지 않고 있다. 실제 국가정책, 기업의 생산정책, 지방자치단체의 개발정책, 개인의 소비생활 방식 등에서 지속가능성의 원칙을 존중하고 실현하는 것은 여전히 이상(理想)적인 것으로 여겨지고 있다. 그러니 현실에서는 현세대는 물론 미래세대와 생태환경에 부담을 주는 성장·개발·생산·소비의 관행과 방식이 우월하게 작동하고 있다. 1960, 1970년대부터 환경주의자들이 줄기차게 제기했던 '성장의 한계'와 '지구호의 침몰'이란 경고는 아직도 구호로만 그치고 있고, 현실의 제도와 관행은 과거의 반환경적 방식을 그대로 답습하고 있다

다섯째, 지속가능한 발전이 현실화되기 위해서는 사회, 경제, 환경 모든 영역에서 현재 우리가 꾸리고 있는 생활방식이나 제도운영방식을 바꾸지 않으면 안 되고, 지속가능한 발전에 관련된 이해당사자들은 이러한 변화를 이끌어내기 위해 협력해야 한다. 그래서 지속가능한 발전의 이행은 주요 집단들간의 참여와 협력이 필수이다. 참여와 협력이 제대로 이루어지기 위해서는 주요 집단들간의 관계가 대등하고 소통적이며 민주적이어야 한다. 하지만 현실에서는 국가주의, 관료적 통치, 권력 및 계층 불평등, 중심-주변부 간 불균형, 여성-남성 불평등 등이 온존하고 있어 주요 집단간 '대등한 파트너십'은 요원하다. 이렇다 보니 현실에서 지속가능한 발전의 이행을 둘러싼 논의는 권력과 역량이 있는 집단을 중심으로 이루어진다.

여섯째, 지속가능한 발전이 경제성장중심의 기존 패러다임을 대체할 수 없게 하는 가장 근본적인 걸림돌은 인간과 자연의 관계를 불평등하게 만드는 인간중심주의이다. 생태주의자들의 관점에서 볼 때, 기존의 지배적인 국가정책이나 경제구조

속에서 추진되는 지속가능한 발전은 환경문제를 생산방식의 개선이나 제도의 합리화를 통해 해결하고자 함으로써 이른바 기술개량주의에 빠져 있으며, 또한 그렇게 해서 최종적으로 얻고자 하는 것도 사람을 위한 편익을 최대한 증진하는 데 있어 근본적으로 인간중심주의에 매몰되어 있다. 지속가능한 발전은 인간과 자연 간의 호혜관계를 회복하는 데 궁극적인 목표를 두고 있으며, 이를 위해서는 자연계의 생태종이 가지는 권리를 인간이 가지고 있는 권리만큼이나 대등하게 인정해 주되, 강자인 인간은 약자인 생태종들을 보호할 의무를 져야 한다. 하지만 현실에서 지속가능한 발전은 생태종의 권리를 인정하고 보호하는 원칙을 여전히 부차적으로 다루고 있다.

<참고문헌>

데이브 페퍼 저. 이명우 외 역, 1994, 『현대환경론』, 한길사.

조명래. 2000, 『녹색사회의 탐색』, 한울.

조명래. 2002, 「지구화시대 지방거버넌스의 가능성과 한계」, 박종민·이종원 편, 『한국지방민주주의 위기』, 나남.

조명래. 2003a, 「WSSD의 평가와 과제: 지구환경정치의 지형과 한국시민사회의 과제」, 『지역사회개발연구』, 제27집 2호.

조명래. 2003b, 「지구환경문제와 그 대응」, 지구촌나눔운동 주관 '21세기 지구촌 대학생의 새로운 비전'에 관한 워크숍 발제문.

문순홍. 1999, 『생태학의 담론』, 솔.

WCED. 1987, *Our Common Future(or Brudtland Report)*, Oxford and Newyork: OUP.

지속가능한 미래를 위한 교육

최돈형(한국교원대학교 교수)

1. 환경과 인간

우주에는 수많은 천체들이 있는데, 현재까지는 생물이 살고 있는 천체는 지구 하나뿐인 것으로 알려지고 있다. 지구에는 인간 외에도 여러 생물이 살고 있으며, 생물들은 태양, 공기, 육지, 바다, 도로, 건물 등 여러 가지 요소들에 의해 둘러싸여 있다. 특히 인간은 갖가지 규범, 법, 제도 등과 같은 사회제도와 문화 속에서 삶을 영위하고 있다.

인간은 생활에 필요한 모든 물자와 에너지를 자연환경으로부터 얻으며, 또한 살아가는 동안 불가피하게 발생하는 모든 폐기물을 자연환경에 버린다. 따라서 인간은 자연환경의 도움 없이는 결코 살아남을 수 없는 존재로서 자연환경의 수혜자이면서 동시에 가해자이다. 환경에 대한 인간의 영향(I)은 'I=인구×소비×기술'로 나타난다고 한다. 그러나 생태계의 평형을 고려하지 않은 자연환경의 개발과 이용으로 하나뿐인 지구가 차츰 병들어가고 있다.

지구의 역사는 46억 년, 인류의 역사는 200만 년 정도인데, 이 200만 년에 걸친 인류의 역사는 더 나은 의식주 생활과 삶의 질을 향상시키기 위한 환경의 이해와 이용을 위한 투쟁이었다. 인류의 역사 200만 년을 30분으로 축소해서 생각한다면, 최초의 29분 51초 동안은 수렵·채취 생활을 하였으며, 이때의 사람들은 현대인이 사용하는 에너지의 100분의 1 정도만을 사용하였고, 그 대부분은 식량을 얻는 데 썼으며, 환경 친화적인 생활을 영위하였다. 그 후 약 8초 동안은 정착된 농경생활을 하였는데, 신석기시대의 사람들은 현대인이 매일 사용하는 에너지의 50분의 1 정도만을 사용하였으며, 그 대부분은 움집을 짓고, 도구를 만들며, 옷을 만들어 입는 데 이용되었다. 그 이후의 청동기시대의 사람들도 현대인이 매일 사용하는 에너지의 20분의 1 정도만으로 삶을 영위하였는데, 물론 생활양식도 환경친화적이었다.

현대 산업사회가 시작된 것은 마지막 1초 이내인데, 산업혁명시대의 한 사람이 매일 사용한 에너지는 현재 한 사람이 쓰는 에너지의 3분의 1 정도에 이르렀다. 특히 현대인들은 대량생산과 대량소비 및 대량폐기로 대변되는 환경파괴적인 생활양식에 빠져 있으며, 이런 생활을 영위하기 위한 생활용품의 생산, 운송, 소비로 인하여 자원고갈, 오염물질 배출 등의 환경문제가 야기된다. 또 공장과 주택 및 오락 시설 등의 건설로 인하여 쾌적하고 아름답던 지구환경은 날로 파괴되고 그 질이 더욱 악화되고 있다.

우주에서 지구를 보면 지구는 작고 깨지기 쉬운 하나의 유리 구슬과 같은 행성처럼 보인다. 이 아름다운 우리의 삶의 터전, 지구는 인간의 오만과 부주의로 인해 많은 변화를 겪어야 했고, 급기야는 환경문제로 심각한 몸살을 겪고 있다. 그러나 세계 60억의 인구는 지구 이외에는 더 이상 피할 곳이 없다. 우리가 살아갈 지구도 하나요, 물려줄 지구도 하나라는 사실을 명심해야 한다.

과연 지금 지구는 위기에 처해 있으며, 구명 보트를 내려야 할 때인가? 어떻게 하면 경제를 밑받침하는 자연자원과 환경파괴를 수반하지 않는 발전 모형을 뒷받침할 수 있을까?

2. 지속가능한 미래와 환경교육

요즘 환경의 보전과 개발의 지속이라는 상이한 관점을 통합한 '환경적으로 건전하고 지속가능한 개발(ESSD, Environmentally Sound and Sustainable Development)' 개념이 부각되면서 환경교육 강화의 당위성이 보편적으로 인정되었다. '지속가능한 개발'이란 미래세대의 환경에 대한 요구를 훼손시키지 않으면서 현재세대의 환경에 대한 요구를 충족시키는 개발로 정의된다. 지속가능한 개발은 환경문제에 대한 장기적인 해결책을 찾는 데 핵심적인 개념이며 환경교육은 그 해답에 도달하는 장기적인 수단의 하나이다.

따라서 21세기 새천년의 환경교육은 더 이상 산업화의 폐해를 '치유'하는 차원에 머물러서는 안 되며, 환경에 대한 관점을 전면적으로 재정립하면서 우리의 삶의 질을 유지할 수 있는 환경교육의 새로운 패러다임인 '지속가능한 미래를 위한 교육(Education for Sustainable Future)'으로 전환되어야 한다. 미래란 존재하거나 발견되는 것이 아니라, 의지에 의해서 창조되는 것이다.

'지속가능한 미래'란 사회적 지속가능성(평화와 평등), 환경적 지속가능성(보존), 경제적 지속가능성(적당한 개발), 정치적 지속가능성(민주주의) 모두가 유지되는 사회를 의미한다.

환경은 현세대와 미래세대를 연결해주는 다리이며, 환경교육은 지속가능한 미래를 준비하고 창조하는 데 필수적인 인식, 지식, 태도, 기능, 참여 능력을 기르는 가장 확실한 수단이다.

그러나 현실은 어떠한가? 세계 인구의 최상층 20%가 세계 수입의 82.7%를 차지하는 반면, 최하층 20%는 세계 수입의 1.4%만을 차지하는 불균형이 엄연히 존재하고 있다.

3. 환경교육과 환경운동 및 환경해설의 관계

환경교육과 환경운동의 성격은 어떻게 다른가 그리고 환경교육자와 환경론자 및 환경해설자의 역할은 무엇일까? 일반적으로 환경교육자와 환경운동가를 동일시하는 경향이 있다. 왜냐 하면 환경론자 또는 환경운동가의 대부분은 환경교육자이기 때문이다. 그러나 환경교육자와 환경운동가는 분명히 다르다. 환경론자는 환경에 나쁜 것은 멈추어져야 한다는 행동을 지지하는 사람이다. 아마도 부정적 평판의 환경론자는 드라마틱하고 급진적 행동을 도출하기도 한다. 이에 반해 환경교육자는 한편으로는 항상 제기되는 환경 쟁점에 대한 시비들을 여러 관점에서 분석할 때 도움을 주는 사람이다. 환경교육자는 '중재자', '중재 전문가' 또는 '화해자'가 아니라, 기능개발자이자 정보분석가로서 앞으로 올바른 환경 의사결정을 하게 될 사람들을 가르치는 사람이다. 그러므로 환경교육자는 이런 역할을 할 때 '가치중립적' 또는 '가치 자유적'일 필요가 있다. 환경교육자는 모든 사실을 수집하고 모든 관점을 조사·조명해야 한다.

환경해설은 환경교육 자체가 아니고 한 접근으로서, 책임 있는 환경행동 변화에 도움을 줄 수 있지만 환경교육의 궁극적 목적을 성취하지는 못한다. 환경해설은 개인과 집단이 대안적 미래와 관련된 의사결정을 하는 데 참여하도록 북돋우거나 동기화시키고, 인지적 수준뿐만 아니라 정의적 수준에서도 호소한다. 환경해설자의 최상의 성공전략은, 환경교육의 장기적이고 지속적인 과정에서 협력함으로써 공동의 목적인 책임 있는 환경행동을 육성하는 것이며, 대상들이 이해하고 탐구하는 데 유용한 방법을 활용하는 것이다. 환경해설을 좀더 질적·양적으로 발전시키기 위해서는 환경해설에서 성취하고자 하는 것이 무엇인지, 환경교육과 최상의 관계를 맺는 방법이 무엇인지를 알아내는 것이다.

환경교육의 발전을 위해 가장 중요한 전략은 환경교육과 환경운동 및 환경해설의 관계를 상호 유기적으로 밀접히 하여 교육 경험과 훈련을 연계하는 일이다. 이들의 궁극적 목적을 성취하기 위한 상호 관계를 면밀히 조사하는 것이 중요한데, 이러한 노력이 여전히 부족했다고 볼 수 있다. 환경운동과 환경해설에서의 경험을 환경교육 과정에서 의미 있게 통합할 수 있는 학습이 이루어지는 것이 중요하다.

환경교육, 환경운동, 환경해설 중에서 어느 하나가 다른 것보다 더 중요하다는 준거는 없다. 우리는 환경교육자와 환경론자 및 환경해설자의 역할을 구분해야 한다. 환경교육자와 환경론자 및 환경해설자 자신은 모든 면에서 박식해야 하고 각각의 주장들에 대해 확고한 입장을 가지고 있어야 하며 논의되는 문제에 대해서는 합리적인 입장을 취해야 한다. 환경교육자는 환경론자와 환경해설자의 권리와 의무를 지니지만, 본래의 역할을 견지해야 한다. 환경교육자는 교육자로서의 전문적 역할을 충실히 수행하면서도, 경우에 따라서는 환경론자, 환경운동가, 환경해설자의 역할도 수행할 필요가 있다. 그러나 환경교육자가 반드시 환경운동가의 역할을 수행해야 한다는 의미는 아니다.

환경교육 목적의 역사적 진화과정에서 살펴보면, 환경교육은 점차 인간과 환경과의 관계에 대한 인식과 이해에서, 인간의 삶의 질과 환경의 질의 균형 있는 발달을 강조하고 환경적으로 책임 있는 의사결정과 행동을 할 수 있는 인간을 육성하는 쪽으로 발달하였다. 즉 환경교육은 생물학적 환경 그리고 그것과 관련된 문제들에 관한 지식(지식)과 이들 문제들을 해결하는 데 도움을 줄 수 있는 방법을 알고(문제해결 기능), 그리고 문제해결에 참여하려는 동기(참여적 동기유발)를 가진 생산적인 시민을 육성하는 것을 목적으로 하는데, 그 특성을 환경운동과 비교하면 다음과 같다.

① 환경교육은 장기적이고 지속적인 반면, 환경운동은 단기적이고 단속적이다.
② 환경교육은 교육과정 중심으로 이루어지는 반면, 환경운동은 쟁점 중심으로 전개된다.
③ 환경교육의 참여자(대상)는 연속적 학습과정에 참여하는 학생들인 반면에, 환경운동의 참여자는 자발적 지원자들이다.
④ 환경교육은 여러 목표 영역을 균형 있게 성취하는 것에 관심을 갖지만, 환경운동은 특정 목표를 성취하는 것에 관심을 갖는다.
⑤ 환경교육은 활동의 결과뿐만 아니라 과정도 중시하는 반면, 환경운동은 결과를 중시한다.
⑥ 환경교육은 가치중립적이며 다가치접근인 반면, 환경운동은 가치주입적이고 단일가치접근이다.
⑦ 환경교육은 교육적 원리를 중시하는 반면, 환경운동은 사회운동 원리를 중시한다.

4. 21세기 환경교육의 지향점

환경교육은 개인과 사회로 하여금 개인적으로 그리고 집단적으로 책임 있는 환경행동과 올바른 환경의사결정을 내리는 데 필요한 환경소양을 함양하고자 하는 평생 교육적 과정으로서 <그림 1>에 나타낸 것과 같은 상호보완적인 기본방향하에서 이루어진다. 환경교육은 학교환경교육과 사회환경교육으로 구분할 수 있다.

학교 환경교육은 환경전문가나 환경운동가를 양성하는 것이 아니라 모든 학생들을 대상으로 한 교육으로, 환경소양(생태학적 기초 지식, 환경 감수성, 사회·문화적 기초 지식, 인식, 기능, 행동 등)이 있는 사람을 육성하는 데 목적이 있다. 그러나 사회환경교육이나 전문환경관리인 교육은 학교환경교육과 다르다(<표 1> 참조). 사회환경교육과 전문환경관리인 교육은 학교환경교육과정과 다른 방향에서 보다 구체적이고 실질적이면서 좀더 특수한 목적을 가지고 환경교육을 실시할 수 있다.

첫째, 환경교육은 전인교육(全人教育)의 완성을 지향한다. 환경교육은 교육의 일환으로서 개개인에게 책임 있는 환경행동과 올바른 의사결정을 하는 데 필요한 환

〈그림 1〉 환경교육의 지향

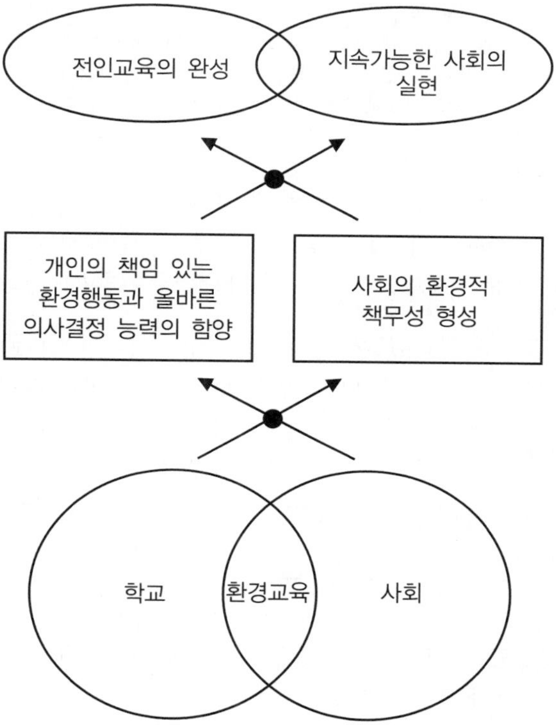

\경소양을 내면화함으로써 우리의 교육이 지향하는 전인교육에 기여한다.

둘째, 환경교육은 지속가능한 사회의 실현을 지향한다. 환경교육은 환경문제의 예방과 해결에 책무성을 견지한 사회적 토양을 형성함으로써 우리 사회가 지향하는 지속가능한 사회의 실현을 위한 노력에 기여한다.

전인교육의 완성과 지속가능한 사회의 실현이라는 기본방향을 추구하기 위하여 환경교육은 교육의 두 주체인 학교와 사회의 통합적인 노력을 필요로 한다. 교실 상황에서 지력(知力)의 연마에 중점을 두는 일반적인 의미의 교육과 달리 환경교육에서의 개인적 실천과 사회적 참여는 학교와 사회가 통합된 삶의 실제적 상황 속에서만 가능하다.

학교환경교육은 교과 및 교과 외 교육을 통한 환경교육뿐만 아니라, 환경친화적, 생태적 관점에 충실하게 생태화된 교육의 과정(過程)에 의하여 이루어질 때 책임 있는 환경행동의 함양에 효과적이다.

〈표 1〉 학교환경교육과 사회환경교육의 비교

구분	학교환경교육	사회환경교육
목적	환경과 환경문제와 쟁점에 대한 지식, 인식, 기능, 가치와 태도를 가지고 책임 있는 의사결정과 환경행동을 할 수 있는 시민육성	환경문제에 대한 인식을 바꾸고 친환경적인 태도를 형성하며, 친환경적인 삶의 가치와 행동 양식을 교육을 통해 형성하는 것
대상	모든 학생	전체 시민
교육내용	학교환경교육과정의 내용	개인이나 집단의 목적에 따라 달라짐
교육방법	조사, 사례연구, 탐구학습, 강의, 토론, 실험, 관찰, 역할놀이, 모의재판 등 다양함	환경체험교육, 강의, 토론, 시청각교육 등을 활용한 계몽교육과 현실참여교육이 주됨
교사	교육대학이나 사범대학의 교원양성과정이나 부전공자 심화연수 등을 통해 교사자격증을 가진 전문교사	일정기간의 연수나 교육을 받지 않은 비전문가. 개인이나 집단의 목적에 의해 선정된 환경과 관련된 인물
가치	중립적	개인이나 집단의 목적에 따라 가치가 편향적임
사회참여적 환경행동	소극적, 제한적, 권장 사항으로 기회부여	적극적, 개인이나 집단의 목적에 따라 참여방법의 선택이 다양함
정치적 입장	중립적	개인이나 집단의 목적에 따라 정치적 입장이 차이가 있음
교육시기	대체로 장기적(학교별 교육과정 운영에 의한 학기나 학년 과정)	단기적(1일 과정, 1박 2일 과정, 1주 과정)

사회환경교육은 삶의 과정에서 환경문제의 해결에 참여하기 위한 책무성과 일상성 맥락을 제공함으로써 책임 있는 환경행동의 내면화를 격려하고 나아가 개인적 실천과 사회적 참여에 의미를 부여한다.

따라서 21세기의 학교환경교육과 사회환경교육(환경 관련 NGO가 실시하는 환경교육)은 환경교육의 새로운 패러다임인 '지속가능한 미래를 위한 교육(Education for Sustainable Future)'으로 전환되어야 할 것이다.

'지속가능한 미래를 위한 교육'으로 실시되는 환경교육은 독립된 여러 부분을 산술적으로 더하는 평면적이고 기계적인 관점에서가 아니라, 다양한 교육 목표 측면에 대한 입체적, 유기체적인 관점에서 파악되어야 한다. 즉 다양한 측면을 고려하되 그것을 하나의 생명력 있는 유기체로 파악하고 환경교육을 실시해야 하는데, 이것을 '유기체적 환경교육관'이라 할 수 있다. 체제의 특징은 고유한 유기체 전체의 목적을 가지며, 전체성을 중시하며, 주변 환경과 상호 작용하며, 각 부분들 사이에 내적 상호 작용 및 상호의존성을 가지며, 유기체 유지를 위한 각 부분들을 통합·조정하여 역동적 균형을 유지하는 통제기제를 가진다. 또한 환경교육을 유기체에 비유할 경우 환경교육은 지식, 기능, 가치, 태도, 참여 등과 같이 특정 부분으로 이해되어서는 안 되며, 그러한 부분들을 통합할 수 있는 '전체'로 이해되어야 한다. 일반적으로 전체는 부분의 합보다 크며, 공동상승작용인 시너지 효과를 가지며, 목적지향성을 가지며, 생명력을 가지고 성장하는 동적인 특성을 지닌다.

5. 유네스코가 개발·보급한 '지속가능한 미래를 위한 교수·학습' 프로그램의 해설

1) '지속가능한 미래를 위한 교수·학습' 프로그램 개발의 배경

1980년대 초반부터 나타난 사회·정치·기술적인 변화에 따른 새로운 요구들을 환경교육을 통하여 학교교육과정에 반영하기 위하여 교사 전문성 개발을 위한 교사교육에 대한 필요성이 대두되었다. 이러한 문제의식의 확산으로 정규학교 교육과정에서의 환경교육의 준비도와 교사의 교수능력을 점검하기 위해서 국립교육연구소(NIER, National Institute for Educational Research, Tokyo)-아시아·태평양 교육혁신프로그램(APEID, Asia-Pacific Programme of Educational Innovation for Development, UNESCO)의 세미나가 일본의 도쿄에서 개최되었다(NIER, 1993). 여기에는 세계 15개국(오스트레일리아, 중국, 인도, 인도네시아, 일본, 말레이시아, 뉴질랜드, 필리핀, 한국, 싱가포르, 스리랑카, 태국, 베트남)이 참여하였다. 이 세미나의 결과를 정리한 보고서는 교사교육과정에 통합적인 환경교육 내용과 교수·학습 방법의 전문성을 포함시키는 방법을 제안하면서 아시아·태평양 교육혁신센터(ACEID, Asia-Pacific Centre of Educational Innovation for Development)는 아시아·태평양 지역의 환경교육을 발전시키기 위한 3단계의 교사교육 프로젝트를 개발할 것을 요청하였다. 이 단계들을 제시하면 아래와 같다.

제1단계: 환경교육을 위한 모범적인 교사교육자료들의 개발.

제2단계: 아시아·태평양 지역의 대표적인 국가들에서 상기 교사교육자료의 도입과 개정.

제3단계: 광범위한 실행.

이러한 제안들은 1993년 오스트레일리아의 그리피스 대학교(Griffith University)에서 열린 "교사교육을 통한 환경교육의 장애를 극복하기 위한 아시아·태평양 지역 세미나(Asia-Pacific Regional Seminar on Overcoming the Barries to Environmental Education through Teacher Education)"에서 유네스코가 정립한 환경교사 자질을 위한 핵심에 기초하고 있다.

협동연구의 공동 책임자로서, ACEID 회장인 맥클린(Rupert Maclean) 박사와 오스트레일리아 그리피스 대학교의 환경교육 개혁·연구 센터의 대표인, 피엔(Jhon Fien) 박사는 1993년 도쿄 세미나에서 제안된 안건들을 실행하기 위해 APEID 프로젝트의 일환으로 '지속가능한 환경을 위한 학습: 교사교육의 혁신(Learning for a Sustainable Environment)' 주제의 프로젝트를 ACEID 후원으로 시작하게 되었다. 위에서 언급한 3단계의 프로젝트(NIER 회의에서 제안된) 실행을 위한 방법이 APEID, 오스트레일리아 정부, NIER의 재정적 지원으로 개발되었고 시도되었다.

프로젝트의 일단계는 교사양성과 교사연수교육에서 활용할 수 있는 적합한 워크숍 모듈들을 공유하기 위한 교사교육자들의 네트워크를 창설하는 것이었다. 9개의 워크숍 모듈이 일단계에서 개발되었다. 이들은 20개국 이상에서 추천된 평가 패널들의 의견을 기초로 개정되었다.

프로젝트의 이단계는 1995년 6월 태국에서 시작되었는데, 이러한 워크숍 모듈들의 수용, 도입, 평가를 실시했던 지역의 다수의 국가들에서 온 교사교육자들은 '리뷰 가이드(Review Guide)'에서 시용 모듈들은 지역사회의 요구, 사례연구, 계속적인 전문성 개발 부분을 보충할 것을 주장하였다.

프로젝트의 이단계의 실행이 마무리될 1996년 무렵에 교사교육 프로그램의 범주에 속하는 9개의 워크숍 모듈들(모듈 주제: 환경교육의 본성과 목표, 환경교육을 위한 전체 학교 접근, 환경교육에서 고유한 지식·실제·접근, 환경을 위한 쟁점 또는 탐구 중심의 교육, 학습을 위한 자원으로서의 환경의 이용, 환경적 가치, 환경과 윤리, 환경교육 내에서 학습평가, 학교와 지역사회에서 교수 전략으로서의 활동 연구, 지역환경의 체계적인 분석을 통한 환경 개념과 원리를 가르치기)의 시도에 대한 보고서가 쓰여졌다. 이를 계기로 1996년 10월~11월에 프로젝트 일단계와 이단계로부터 나온 방법과 산출물을 평가하고, 삼단계를 위해 공동 계획을 세우기 위해 일본, 도쿄에서 NIER/UNESCO-APEID 세미나가 열렸다. 여기서는 특히 아시아·태평양 지역의 환경교육의 전문성 개발의 촉진과 더불어 교사 교육자의 기능 개발을 도와주는 삼단계 전문성 개발 프로그램을 개발하는 것을 주요 목적으로 하였다(NIER, 1996).

프로젝트 삼단계의 주요 목표는 첫째, 프로젝트에 참가하는 국가들뿐만 아니라 그 이외의 국가들까지 프로젝트의 과정을 산포하는 데 도움을 주는 종합적인 양성 프로그램을 제공하고 둘째, 프로젝트 실행에 대한 평가 보고서를 마무리하며 셋째, 프로젝트의 과정과 산출물을 재고하기 위한 아시아·태평양 지역 세미나를 추진하는 데 있으며, 마지막으로, 다른 유네스코 회원 국가들을 위해 프로젝트의 연구 산출물을 산포하는 데 있다.

이상과 같은 꾸준하고 체계적인 삼단계의 프로젝트를 진행하는 노력을 통하여 유네스코는 2001년 1월 교사, 교사교육자, 예비교사를 위한 멀티미디어 중심의 전문성 개발 프로그램인 '지속가능한 미래를 위한 교수·학습(TLSF, Teaching and Learning for a Sustainable Future)'을 개발하게 되었는데, 이것은 인터넷 버전의 형태로 웹사이트(http://www.unesco.org/education/tlsf)에 탑재되고, 동시에 CD-ROM으로도 제작되어 국제 평가 그룹에 의한 대규모의 실제 적용 및 평가 과정을 거친 후 수정·보완된 것이다.

2) TLSF 프로그램의 목표

① 지속가능한 미래를 위한 범위의 이해와 교육의 목적을 개발하기 위함.
② 지속가능한 개발과 연관되는 개념과 주제들을 선정하고, 그 개념과 주제들을 학교 교육과정 내의 모든 교과 영역 속에서 통합할 수 있는 방법을 명백히 하기 위함.
③ 지속가능성에 대한 주제들을 학교에서 다루어지는 교과와 교실 수업에서 다루어지는 주제들 속으로 통합하기 위한 기능을 향상시키기 위함.
④ 지속가능한 개발을 위한 교육을 재구성하는 데 필수적인 지식, 비판적 사고력, 가치, 시민의식을 보강하는 데 필요한 학습자 중심의 교수학습 전략을 더욱 적절하게 적용하기 위함.
⑤ 유효한 정보와 의사소통 기술, 교육과 전문성 개발을 위한 멀티미디어 중심

의 접근가능성, 그리고 교육자료의 풍부한 원천으로서의 인터넷에 대한 인식을 향상시키기 위함.

3) 실연 프로젝트로서의 TLSF 프로그램

TLSF 프로그램은 아래의 내용을 설명하기 위한 실연(實演) 프로젝트로서, 유네스코에 의하여 개발되었다.

지속가능한 미래를 위한 교육에서 전문성 개발의 요구들에 응하는 방법들은 예를 들면, ① 삶의 상호연관성과 지구문제의 복합성을 더 잘 이해하기 위해 간학문적 접근들이 교육에서 어떻게 적용될 수 있는가, ② 지속가능한 주제들에 대한 훈련과 그 주제들을 어떤 방식으로 가르칠 것인가에 대한 기능을 훈련하는 것을 어떻게 연결할 수 있는가, ③ 교육적으로 훌륭하고 직업적으로 윤리적인 방법으로 지속가능한 개발 주제들의 본성이 포함된 가치들을 어떻게 다룰 수가 있는가, ④ 계속적인 전문성 개발의 핵심적인 견지로서 심도 있는 반성적 사고(학습일지를 통하여)를 할 수 있도록 어떻게 북돋아줄 수 있는가 등이 있다.

교사전문성 개발을 위한 자료들을 제공하는 국제 공동 연구의 가능성은 예를 들면, ① 유네스코와 같은 국제기구가 광범위한 국제 협의와 주장, 설계의 융통성, 계속적인 교육과 재검토, 그리고 광범위한 협회·국가·국제적 지원을 제공하는 경로로 교육자료의 설계, 개발, 시도, 개정, 그리고 배포를 위한 상호 협조적인 체제를 어떻게 확립할 수 있는가, ② 유네스코와 같은 크고 다양한 기구의 많은 분야와 요소들이 어떻게 공통의 프로그램으로 공헌할 수 있는가, ③ 수많은 국제 기구들 ─ 연합된 국가 공동체, 국제적인 기관들, 교육부, 교사 협회들, 비정부 기구들 ─ 이 교육개혁을 위해 성공적이고 자료가 풍부한 상태에서 어떻게 협력을 하는 데 통합될 수 있는가 등이 있다.

교사양성교육과 교사연수에서 멀티미디어 기술의 가능성 있는 이용과 이점은 예를 들면, ① 어떻게 멀티미디어 접근이 넓은 범위의 교육자들에게 다양한 측면의 전문성 개발 경험들을 제공해줄 수 있는가, ② 어떻게 전문성 개발 자료들이 개별적, 그리고 소그룹의 이용을 위해 최대한의 융통성을 가지도록 준비될 수 있는가, ③ 어떻게 그러한 융통성이 독립적인 연구와 제3 교과의 한 부분으로서 이용하기 위한 멀티미디어 자원 활용을 가능하게 할 것인가, ④ 어떻게 정보통신기술

(ICT, Information and Communication Technology) 활용에서 개발된 수용량이 다른 분야에서 전문성 개발의 성과로서 발전될 수 있는가, ⑤ 어떻게 프로그램 효과의 규모가 효과적인 ICT의 이용과 혁신적인 멀티미디어 디자인을 통하여 세계 6,000만 명의 교사들을 위해서 극대화될 수 있는가 등이 있다.

4) TLSF 프로그램의 전체적인 구조분석

인터넷 버전(http://www.unesco.org/education/tlsf)과 CD-ROM에 제시된 TLSF 프로그램의 전체적인 구조를 분석한 결과는 <그림 2>와 같다. 이 프로그램에는 전체 25개의 모듈이 포함되어 있으며, 각각의 모듈은 4시간에 다루어지도록 구성되어 있다. 따라서 총 100시간 분량의 교수·학습 자료이며, 25개의 모듈들은 크게 4개의 주제('교육과정개발이론', '교육과정을 횡단하여', '간학문적 교육과정 주제', '교수·학습')로 분류되어 모듈들간에 상호관련성을 지니고 있다.

5) TLSF 프로그램의 전체적인 내용분석

TLSF 프로그램의 전체적인 내용을 분석한 결과는 <표 2>와 같다. 이때 총 25개의 모듈을 각각 도입, 목표, 활동의 항목별로 구분하여 분석·정리하였다. 각각의 모듈에는 이러한 3가지 항목 이외에도 참고문헌, 저작권 항목이 포함되어 있었으나, 지면상 이 부분은 분석에서 제외했다.

〈그림 2〉 TLSF 프로그램의 전체적인 구조

교육과정개발이론 (Curriculum Rationale)

· 지속가능한 미래를 위한 교육의 근거가 되는 지속적 개발과 지구의 현실 소개

(1) 지구의 현실 탐험
(2) 지속가능한 개발의 이해
(3) 교육과정의 미래 조망
(4) 지속가능한 미래를 위한 교육의 재구성
(5) 도전의 수용

교육과정을 횡단하여 (Across the curriculum)

· 지속가능한 미래를 위한 교육으로 모든 교육과정 영역을 통합시킬 수 있는 방법의 제시

(6) 교육과정을 횡단한 지속가능한 미래
(7) 시민의식교육
(8) 건강교육
(9) 소비자교육

지속가능한 미래를 위한 교수·학습 (Teaching and Learning for a Sustainable Future)

간학문적 교육과정 주제 (Interdisciplinary Curriculum Themes)

· 다양한 교육과정 주제들을 범교과적으로 통합하기 위한 재구성 방법 제시

(10) 지속가능한 미래를 위한 문화와 종교.
(11) 토착지식과 지속가능성
(12) 여성과 지속가능한 개발
(13) 인구와 개발
(14) 세계 기아현상의 이해
(15) 지속가능한 농업
(16) 지속가능한 관광
(17) 지속가능한 공동체

교수·학습 (Teaching and Learning)

· 지속가능한 미래를 위한 교육의 지식, 기능, 가치 등 확대된 교육 목표를 학생들에게 교수
· 학습하기 위한 전문성 개발의 방법 제시

(18) 경험학습
(19) 이야기학습
(20) 가치교육
(21) 탐구학습
(22) 적합한 평가
(23) 미래의 문제 해결
(24) 교실 밖 수업
(25) 공동체문제 해결

〈표 2〉 TLSF 프로그램의 내용

	〈모듈 1〉 지구의 현실 탐험	〈모듈 2〉 지속가능한 개발의 이해	〈모듈 3〉 교육과정의 미래 조망	〈모듈 4〉 지속가능한 미래를 위한 교육의 재구성	〈모듈 5〉 도전의 수용
도입	· 다음에 다루어질 모듈의 기초가 되는 쟁점들을 제공한다.	· 지속가능한 개발의 최근 개념을 이해하고, 이러한 개념이 지역적 상황, 흥미, 필요에 따라 다르므로 경제·생태적 원리와 통합시켜 이해한다.	· 교육에서 미래적 측면의 중요성과 지속가능한 미래의 중요한 특징들을 확산한다.	· 지속가능한 미래를 위한 교육의 재구성을 위한 방법의 틀을 제공하는 미래교육과 지속가능한 개발에 대한 아이디어를 종합한다.	· 지속가능한 미래를 위한 교육재구성에 대한 도전을 유발하고 이를 수용하도록 한다.
목표	· 오늘날 세계가 직면한 사회, 경제, 환경 쟁점 등의 범주 이해 · 서로 다른 쟁점들의 상호연관성 이해 · 교육이 지속가능한 미래를 위해 일할 수 있는 사람들을 키워낼 수 있음을 인식함	· 지속가능한 개발의 최근 개념 이해 · 지속가능한 개발에 대한 다양한 해석 · 선진국과 후진국의 지속가능한 개발의 접근의 차이 인식 · 지속가능한 개발에 대한 자기 자신의 정의 모색	· 교육에서의 미래적 측면의 중요성을 인식 · 미래 연구와 미래 교육의 중요 개념 이해 · 더 나은 미래에 대한 개인적 시각 분석 · 교육과정에서 지속가능한 미래의 시각을 통합시킬 방법 모색	· 몸과 마음으로 느끼는 환경과 지속가능한 미래와 이를 위한 교육개념 조사 · 급부상한 지속가능한 미래를 위한 교육의 개념 확립 · 지속가능한 미래를 위한 교육의 지식, 기능, 가치의 목표 구분 · 지속가능한 미래를 위한 교육의 재편성에 필요한 광범위한 범주 이해	· 교육과정 재구성의 가능한 범위 인식 · 학교가 교육과정 재구성에 기여할 수 있는 방법을 평가함 · 학교에서 교육과정 재구성을 강화하는 전략을 개발하고 이를 지원할 자원들을 밝힘 · 세계의 혁신적인 교육과정을 조사하고 학교에서 활용할 수 있는 아이디어와 교과를 밝힘 · 지속가능한 미래를 위한 교육의 개인적인 시도를 반영함

	〈모듈 1〉	〈모듈 2〉	〈모듈 3〉	〈모듈 4〉	〈모듈 5〉
활동	**① 뉴스따라잡기:** 인터넷과 같은 미디어를 이용하여 세계가 직면한 문제의 심각성을 인식한다. **② 연관성 조사:** 쟁점들이 서로 연관성을 갖고 있음을 도식을 통해 깨닫게 한다. **③ 지역 활동:** 지속가능한 개발의 접근이 필요하다. **④ 전략적인 질문:** 지속가능한 미래를 이룩하려면 새로운 교육방법이 필요하다. **⑤ 반성적 사고:** 행동과 사고의 변화가 일어났는지 질문을 통해 알아본다.	**① 지속가능한 개발이란:** 지구 전반의 여러 쟁점들과 연관되어 있음을 인식한다. **② 지속가능한 개발의 정의:** 미래세대에 악영향을 주지 않으면서 우리의 필요를 만족시켜주는 것이다. **③ 지속가능한 인간 발전을 향하여:** 지속가능한 개발을 이루려면 쟁점의 통합적인 인지가 필요하다. **④ 지구헌장:** 지구헌장을 통해 지속가능한 개발과 지속가능한 인간개발의 필요성을 널리 인지시킨다. **⑤ 반성적 사고:** 행동과 사고의 변화가 일어났는지 질문을 통해 알아본다.	**① 미래를 위한 교육:** 이론적 배경: 미래의 시민을 길러내는 교육과정에서 지속가능한 발전을 위한 측면을 포함시킨다. **② 미래경향분석:** 미래를 예측하게 하는 경향들을 분석한다. **③ 대안적 미래:** 바라는 미래와 있음직한 미래 -미래 예측의 요인은 개인의 관점에서 보느냐, 세계의 관점에서 보느냐에 따라 결과가 다르다. **④ 당신의 미래 분석:** 미래에 대한 시각은 그 요소들의 비중을 어디에 두느냐에 따라 다르다. · 지속가능한 미래 구상하기: 현재의 가치관과 미래의 시각은 서로 영향을 주므로 지속가능한 미래에 대한 기준을 마련한다. **⑤ 반성적 사고:** 행동과 사고의 변화가 일어났는지 질문을 통해 알아본다.	**① 몸과 마음으로 동일하게 보는 시각:** 환경은 종합적인 영향을 받으므로 몸과 마음으로 함께 느끼는 시각을 교육을 통해 기른다. **② 지속가능한 미래를 위한 교육:** 지속가능한 미래를 위한 교육에 대한 종합적인 이해를 확립한다. **③ 교육과정 재정비:** 다양한 사회와 단체의 후원이 필요하다. **④ 지속가능한 미래를 위한 교육의 목표:** 교육목적에 맞추어 구체적인 목표를 재구성한다. **⑤ 반성적 사고:** 행동과 사고의 변화가 일어났는지 질문을 통해 알아본다.	**① 지속가능한 미래를 위한 학교:** 학교의 기여와 정책적인 지원도 평가한다. **② 변화를 위한 계획:** 지속가능한 미래를 위한 교육의 지역적 지원을 조사한다. **③ 반성적 사고 I:** 지속가능한 미래를 위한 교육재구성에 대한 사고의 전환 · 지원을 위한 자원들: 교육부, NGO, 교사연합 등 조직에 의한 자원의 공급 **④ 반성적 사고 II:** 행동과 사고의 변화가 일어났는지 질문을 통해 알아본다.

	〈모듈 6〉 교육과정을 횡단한 지속가능한 미래	〈모듈 7〉 시민의식교육	〈모듈 8〉 건강교육	〈모듈 9〉 소비자교육	〈모듈 10〉 지속가능한 미래를 위한 문화와 종교
도입	· 지속가능한 미래를 위해서는 교육과정의 통합적인 접근이 필요하다.	· 시민이 사회를 이끌어가기 때문에 지속가능한 미래를 위해서는 그들의 의식을 교육을 통해 발전시킬 필요가 있다.	· 인간의 건강은 사회의 전반적인 요인들과 복잡하게 얽혀 있다. 여기서는 몸과 마음으로 일치하는 건강의 특징을 제시하고 건강교육에서 범교과적인 주제로 건강을 가르칠 수 있는 방법을 제시한다.	· 세계도처의 소비주의는 사회와 경제의 발달로 팽배되어 있다. 이러한 소비문화가 환경파괴에 영향을 주므로 지속가능한 미래를 위해서는 소비자 의식을 바꾸어야 한다.	· 문화와 종교의 차이가 세계를 보는 시각의 차이를 가져오므로 종교를 포함한 문화의 역할을 알아보고, 학교교육에서 이를 주제로 한활동을 준비한다.
목표	· 형식·비형식적 교육과정 모두의 중요성을 바르게 인식함 · 지속가능한 미래를 위한 교육과정 재구성의 여러 방향을 이해함 · 지속가능한 미래를 위한 교육의 범교과적 교육과정을 촉구함	· 교육의 범주와 자연에 대한 이해력을 증진함. · 활동적 시민의식의 초기 학교의 예를 제공함 · 통합적 교육과정에서의 학습 경험을 계획할 수 있는 기능을 개발함	· 새로운 공중 건강과 건강의 다차원적인 특징 분석 · 지속가능한 미래 건강의 넓고 긍정적인 관점의 중요성 인식 · 건강교육에서 전통적인 접근에 치중하는 경우와 건강을 증진하도록 접근하는 경우의 비교 · 건강을 증진하는 접근법을 촉진할 수 있는 독창적인 방법을 찾음	· 효과적인 생산패턴 장려 · 경제성장에서 비생산적인 소비 감소 · 개발도상국의 발전필요성을 고려한 지속가능한 생산과 소비의 패턴으로 장려	· 문화, 종교, 지속가능한 미래 사이의 관계를 이해함 · 네팔의 사례연구에서 종교가 지속가능한 삶을 붙돋아주는 원리를 조사함 · 네팔의 사례연구에서 지속가능한 삶의 원리에 대한 적용과 관련성을 분석함 · 지속가능한 미래를 위한 교육에서 종교교육의 기여를 평가하도록 함

	〈모듈 6〉	〈모듈 7〉	〈모듈 8〉	〈모듈 9〉	〈모듈 10〉
활동	① 교육과정이란: 교육과정의 정의를 알고 현실적 과제에 영향을 받음을 인식한다. ② 간학문적인 교수·학습: 사회문제해결을 위한 훈련과정의 일환으로 하나의 토픽을 통한 교육으로 통합적인 지식과 사고 기능을 획득한다. ③ 교육목표를 통한 통합: 각 교과에 공통적으로 들어 있는 목표를 중심으로한 통합이 효과적이다. ④ 모든 교과 영역의 학습경험을 통한 도입: 모든 교과의 통합적인 학습경험을 통해서 지속가능한 미래를 위한 교육을 한다. ⑤ 학교 계획에서의 기념일: 학교의 각종 기념일 프로그램을 지속가능한 미래를 위한 교육의 소재로 사용한다. ⑥ 반성적 사고: 행동과 사고의 변화가 일어났는지 질문을 통해 알아본다.	① 우리 사회의 참여: 올바른 시민의식 양성의 기초 단계로 사회가 시민의식 개발을 돕는다. ② 21세기를 위한 시민의식 교육: 활동적인 시민의식을 위한 교육의 대안적 의미를 확장한다. ③ 학교에서의 활동적 시민의식: 미래 시민인 학생들의 시민의식을 길러줄 다양한 기회를 학교에서 제공한다. ④ 지역활동—세계활동: 지역과 세계의 시민활동 예를 통해 시민의식을 개발한다. ⑤ 구조명령: 행성지구 — 이 프로젝트를 통해 학생들의 지속가능한 미래를 이루는 방법에 대한 능력을 개발한다. ⑥ 범교육과정적 시민의식: 시민의식은 모든 교과에서 가르칠 수 있기에 범교육과정적 통합이 가능하다. ⑦ 반성적 사고: 행동과 사고의 변화가 일어났는지 질문을 통해 알아본다	① 새로운 공중 건강: 공중건강을 위한 접근을 치료가 아닌 교육을 통한 예방의 차원에 두어 지속가능한 미래에 기여한다. ② Madlusuth의 농장: 아프리카 한 지역의 건강과 삶의 개선을 위한 것에서 시작한 것으로, 건강을 해치는 근본을 없애는 것을 강조한다. ③ 몸과 마음으로 일치하는 건강의 관점: 활동 ②는 몸과 마음이 일치하는 건강으로만 지속가능한 미래를 구성할 수 있다. ④ 건강교육으로 FRESH 시작: 사회전반의 후원을 받은 건강교육으로 사회전체의 상태를 향상시키고 지속가능한 미래의 바탕이 되도록 한다. ⑤ 건강을 촉진하는 학교: 효과적인 건강에 대한 교육은 통합적인 주제와 방법을 필요로 하고 학교는 인간의 삶 전반에 강력한 능력을 가진다. ⑥ 반성적 사고: 실질적인 교육에 활용할 수 있도록 질문을 한다.	① 중요 개념 복습: 현대 소비패턴이 지속가능한 미래에 주는 영향을 살펴본다. ② 공정한 공유: 소비의 신장으로 지역별, 계층별 소비의 차이가 발생하였다. 소비에 대한 사고를 바꾸어 지속가능한 소비로 전환되도록 한다. ③ 소비의 영향과 모순: 소비의 모순에 대해 분석하고 이를 해결하기 위한 방법을 교육에서 찾아본다. ④ 소비증가를 이끄는 힘: 소비주의로 인한 필요 이상의 소비를 사고의 전환을 통해 재구성한다. ⑤ 생태학적 발자취: 우리가 생태계에 끼친 영향을 통해필요 이상의 피해를 주었다는 것을 인식한다. ⑥ 지속가능한 소비: 다양한 영역들의 통합적인 노력과 교육을 통해 가능하다 ⑦ 반성적 사고: 행동과 사고의 변화가 일어났는지 질문을 통해 알아본다	① 종교와 문화의 정의: 인간의 삶의 중심에 있는 문화와 종교는 지속가능한 미래에 영향을 끼친다. ② 가치와 원리: 다양한 문화 속에서도 공통분모인 가치와 다양한 종교원리는 지속가능한 미래의 원리를 다르게 한다. ③ 사례연구: 성공적인 지속가능한 개발 프로젝트로 문화와 종교가 지속가능한 개발에 미치는 영향을 보여준다. ④ 문화와 개발: 다양한 문화에 따라 지속가능한 개발의 원리도 달라야 성공할 수 있다. ⑤ 반성적 사고: 행동과 사고의 변화가 일어났는지 질문을 통해 알아본다

	〈모듈 11〉 토착지식과 지속가능성	〈모듈 12〉 여성과 지속가능한 개발	〈모듈 13〉 인구와 개발	〈모듈 14〉 세계 기아 현상의 이해	〈모듈 15〉 지속가능한 농업
도입	· 토착지식은 각 사회에 가장 적합한 지식의 구조로 지속가능한 미래를 위한 지속가능한 삶의 방식에 적합한 지식이다. 그러나 현재는 세계화 동향으로 공통의 지식만을 강조하여 지속가능한 미래를 방해하고 있다.	· 여성의 사회에 대한 기여도보다 그들의 권리나 복지는 아직까지 남성에 비해 불평등하다. 지속가능한 미래 건설에 큰 힘이 될 여성의 힘을 교육을 통해서 길러준다.	· 지속가능한 미래를 위협하는 소비는 인구 개발과 밀접한 관련이 있다. 이 주제는 다루기 어렵고 종교적, 문화적으로 민감하므로 윤리적으로 다룰 수 있어야 한다.	· 식량안전보장의 개념과 이것의 달성을 위한 전략에 초점이 있으며 기아 문제는 인구과 잉과 얽혀 있으나 둘의 복잡한 관계를 설명한다.	· 안전한 식량 공급을 하기 위해 생태계의 한계를 넘지 않으면서 충분한 식량 생산을 해야 한다.
목표	· 지속가능하게 자원을 활용하고 함께 살아갈 수 있는 방법에 토착지식을 적용함 · 공동사회의 지속력을 유지하는데 토착지식과 전통적 학습방법을 적용함 · 토착지식과 교수·학습을 위태롭게 하는 현대 교육의 역할을 이해함 · 학교 교육과정에서 교수·학습의 접근과 토착지식적 해석을 연관지을 기회를 줌	· 다양한 상황이 여성에게 미치는 영향 평가 · 개발에 대한 여성의 중요성 검증 · 여성 발전 변화에 대한 가속화의 중요성 이해 · 여성들이 지속가능한 미래를 위해 일하는 방법 모색 · 모듈로부터 교수프로그램까지의 활동과 쟁점 통합의 기회 제공	· 세계 인구 유동의 주요 경향과 쟁점들에 대한 인지 · 지속가능한 개발과 연관된 인구 쟁점을 분명히 함 · 유동적인구-환경-개발의 상호연관성에 대한 새로운 이해의 중요성을 판단함 · 인구쟁점의 인간권리와 성의 중요성 인지 · 인구개발의 피해를 가르치기 위한 도전, 자원의 탐색	· 식량자원과 관계된 인구압과 기아의 근본 원인과 현상을 구별함 · 인구, 기아, 식량공급과 관계된 후진국의 전망을 이해함 · 기아와 인구에 대해 가르치는 데 어려움을 반성적 사고함	· 지속가능한 농업의 중요성과 특성을 이해 · 다양한 농업 형태가 환경에 양적인 혹은 음적인 영향을 끼치는 방법을 이해함 · 경제적으로 이익이 되고, 환경·사회적으로 안정되는 농업의 예를 분석함 · 학교 교육과정에서 지속가능한 농업의 적용을 촉진하는 데 활용할 수 있는 탐구학습방법을 탐색함

	〈모듈 11〉	〈모듈 12〉	〈모듈 13〉	〈모듈 14〉	〈모듈 15〉
활동	① 연장자의 현명함: 토착지식은 고유의 문화와 깊은 연관성을 가지므로 환경에 대한 몸과 마음이 일치하는 견해를 가진다. ② 왜 토착지식이 중요한가: 토착지식을 따르면 지구를 좀더 조심스럽게 다룰 수 있다. ③ 토착지식에 의한 삶: 토착민들의 생활을 통해 지속가능한 삶의 방식의 바탕을 마련한다. ④ 전통교육과 정규교육: 현재의 문제해결을 위해서는 이 두 교육양식의 통합이 필요하다. ⑤ 토착지식을 통한 교육과정: 토착지식을 활용하여 지속가능한 미래를 위한 교육과정을 강화할 수 있다. ⑥ 반성적 사고: 행동과 사고의 변화가 일어났는가 질문을 통해 알아본다.	① 하늘 반쪽 올리기: 사회기여도에 비해 여성들의 요구가 미비함을 보여주고 그들의 권리상승의 필요성을 인식시킨다. ② 발전을 위한 여성 활동: 남성에 비해 낮은 대우를 받고 있는 여성의 다양한 위치를 보여준다. ③ 활동을 위한 국제적 기반: 국제회의에서 여성에게 권리를 위임하기 위한 안건들이 결정된다. ④ 지속가능한 미래를 위한 일: 여성에게 많은 권리를 위임한 나라는 여성뿐만 아니라 그 가족과 사회의 삶에 대한 질이 향상되었다. ⑤ 반성적 사고: 행동과 사고의 변화가 일어났는가 질문을 통해 알아본다.	① 세계 인구패턴과 경향: 다루기 민감한 주제를 가르치기 위한 기본지식 파악 ② 인구성장비율 이해하기: 인구로 인한 사건은 복합적으로 여러 가지 부분과 얽혀 있음을 인지한다. ③ 새로운 인구와 개발의 이해: 과거 인구정책의 모순과 부족함을 통합 교육을 통해 새롭게 이해한다. ④ 사회발전과 인간권리: 인구문제의 열쇠인 여성의 권리보장이 지속가능한 미래를 위해서 중요함을 깨닫게 한다. ⑤ 반성적 사고: 행동과 사고의 변화가 일어났는가 질문을 통해 알아본다.	① 세계의 기아와 영양실조: 미래를 위해 활동하기 위해서는 충분한 영양의 공급이 필요하나 식량 분포의 차이로 기아와 비만이 공존하고 있다는 것을 기아문제를 다룰 때 유의한다. ② 기아의 근본원인: 기아에 대한 여러가지 견해가 있으나 후진국에서 선진국으로의 식량 이동이 근본원인이다. ③ 식량을 위한 근본적인 원칙들: 세계의 기아문제를 해결하기 위한 원칙을 개발하여야 한다. ④ 모두를 위한 식량 안전을 향하여: 식량의 불균형을 막기위해 식량무역을 지양해야 모든 이를 위한 식량공급이 가능하다. ⑤ 반성적 사고: 실제 수업에서 활용할 방법을 생각해본다.	① 지속가능한 농업: 지속가능한 농업의 등장 배경과 정의, 필수 아이디어 – 농업기술의 발달로 식량의 생산은 증가했으나 농업공동체의 파괴를 가지고 왔다. 그래서 농업공동체에 경제적 이익과 공동체 유지를 동시에 만족시키는 지속가능한 농업이 등장했다. ② 연결고리 만들기: 현대의 농업은 자연과 농부의 신념, 사회 전반의 시스템과 연결되어 있음을 설명한다. ③ 지속가능한 농업의 사례연구: 사례연구를 읽고 지속가능한 농업의 원리를 안다. ④ 교육과정에서의 지속가능한 농업: 지속가능한 농업에 대한 학습으로 탐구학습을 통한 지역문제 해결력을 키울 수 있다. 이를 위해서는 공동체와 학교의 협조가 요망된다. ⑤ 반성적 사고: 지속가능한 농업을 실제 수업에 어떻게 적용할 것인가?

	〈모듈 16〉 지속가능한 관광	〈모듈 17〉 지속가능한 공동체	〈모듈 18〉 경험학습	〈모듈 19〉 이야기학습	〈모듈 20〉 가치교육
도입	· 관광은 경제에 활력을 주기도 하지만 이로 인해 관광지의 환경과 문화에 피해를 주기 때문에 지속가능한 관광이 필요하다.	· 사회문제는 문화에 뿌리를 둠으로 이를 해결하려면 사회다방면에서 구성원들의 노력에 의해 지속가능한 공동사회를 구성할 수 있다. 교육과정의 통합을 통해 이러한 행동을 하게 한다.	· 학생중심의 경험학습을 통해 학습한 것을 다시 피드백을 통하여 강화시킬 수 있다.	· 이야기학습을 통해 학습의 동기유발을 유도하고 그 속에서 현재 우리 문제를 생각할 수 있는 기회를 준다.	· 인간행동의 기준인 가치와 태도가 미래형성에서 중요하다는 것을 인지할 기회를 준다.
목표	· 관광으로 인한 이익과 피해 파악 · 관광을 통해 복지와 문화유산, 자연을 강화시킬수 있는 방법 모색 · 지속가능한 관광을 위한 개인의 노력 자극 · 지속가능한 관광을 가르칠 방법을 계획함	· 도시화의 크기와 도시화에 따른 문제와 기회 판단 · 지속가능한 공동사회 개발의 원리와 지속가능한 공동사회의 특징 검증 · '지방의제 21' 계획의 공헌으로 지속가능한 공동사회 개발과 지역 시민의식 인지	· 학생중심의 경험학습의 가치평가 · 경험학습의 요소분석 · 경험적 접근을 통한 교수 안내서 개발 · 지속가능한 미래를 위한 교육과 경험학습의 연계	· 지속가능한 미래를 위한 교육을 지원하는 교육자료로서의 이야기 개발 · 교수 프로그램의 일부로서의 이야기 말하기와 지역화의 기능 개발 · 지속가능한 미래를 위한 교육의 목표 수행을 위한 교수 단위에서의 통합적 이야기학습의 접근전략 개발	· 가치교육전략의 이해증진 · 지속가능한 미래의 달성에 영향을 주는 개인의 행동과 가치 사이의 관계 고려 · 수용과행동으로 반영 · 교수의 가치 분석과 가치 명확성의 활용을 위한 기능 개발

	〈모듈 16〉	〈모듈 17〉	〈모듈 18〉	〈모듈 19〉	〈모듈 20〉
활동	① 관광의 증가: 관광의 형태에 따른 관광지의 영향을 통해 지속가능한 관광의 필요성 인식한다. ② 물질관광의 문제와 신념: 환경에 가장 많은 피해를 주는 비생산적인 관광의 유형을 파악한다. ③ 생태관광의 문제와 신념: 지속가능한관광의 한 형태로 관광지에는피해를 주지 않고 그 곳의 특성들을 보고 배울 수 있다. ④ 계몽된 여행자 되기: 여행자들의 의식이 깨어야 대안 관광도 가능하고 정책의 뒷받침도 필요하다. ⑤ 생태관광에 대해 가르치기: 모의 관광게임을 통해 지속가능한 관광의 필요성을 깨닫고 이를 통해 지속가능한 인간개발을 이룬다. ⑥ 반성적 사고: 행동과 사고의 변화가 일어났는가 질문을 통해 알아본다.	① 도시로의 형태전환: 도시화로 인한 인구의 증가와 소비의 증가는 경제성장이라는 이익과 같은 시간과 지역에서 공존함을 깨닫는다. ② 지속가능한 공동체란: 지속가능한 공동체의 정의를 내리고 지속가능한 공동체의 척도를 가지고 우리 사회의 흐름을 분석하고 이를 위한 정부의 정책을 검토한다. ③ 세계문제의 지역적 해결: 세계자원협회의 환경교육 프로젝트에 의해 제공되는 사례연구 지역의 지속가능성을 탐색함. ④ 반성적 사고: 행동과 사고의 변화가 일어났는가 질문을 통해 알아본다.	① 경험학습은: 학습한 내용의 피드백을 개인적으로 반영할 수 있는 중요한 학습법이다. ② 경험학습과정 분석: 경험학습의 4단계를 설명하고 이를 바탕으로 게임에서의 행동을 분석하고 학생의 활동을 도울 수 있는 가이드 라인을 제시한다. ③ 결과보고의 중요성 인식: 질문을 통한 결과보고를 통해 경험학습에서의 학생들의 지식의 일반화, 정보수집의 효과를 높인다. ④ 반성적 사고: 행동과 사고의 변화가 일어났는가 질문을 통해 알아본다.	① 이야기 말하기: 이야기학습을 할 때와 들을 때 유의할 사항을 소개한다. ② 이야기의 가치: 이야기학습의 장점을 설명－시간과 공간의 제약이 없다. ③ 좋은 이야기 말하고 발견하기: 이야기를 수집하고 교육목적에 맞게 분류하고 구성한다. ④ 토착 이야기의 활용: 토착 이야기에는 지속가능한 미래를 강조하는 면이 많으므로 지속가능한 미래를 위한 교육에서의 활용가치가 있다. ⑤ 성공한 이야기 활용: 성공한 이야기는 오늘날 문제해결에 도움을 주고 희망을 준다. 지속가능한 미래를 위한 원리를 내포하고 있어야 한다. ⑥ 반성적 사고: 행동과 사고의 변화가 일어났는가 질문을 통해 알아본다.	① 코끼리의 딜레마: 사례연구로 동물의 가치에 대한 다른 견해를 인지할 수 있는 기회를 준다. ② 윤리의 지속가능성을 향하여: 인간이 살아가면서 겪는 수많은 선택의 기회를 지속가능한 미래를 위해 나아갈 수 있도록 윤리적 의식을 키워준다. ③ 가치교육의 전략: 지속가능한 미래를 위한 교육의 바탕인 가치의 선택 기준을 마련한다. ④ 반성적 사고: 행동과 사고의 변화가 일어났는가 질문을 통해 알아본다.

	〈모듈 21〉 탐구 학습	〈모듈 22〉 적합한 평가	〈모듈 23〉 미래의 문제 해결	〈모듈 24〉 교실밖 수업	〈모듈 25〉 공동체 문제 해결
도입	· 세계가 직면한문제를 해결하기 위해 필요한 문제해결력과 고도의 사고력은 학생중심의 탐구학습을 통해 키울 수 있다.	· 지속 가능한 미래는 넓은 범위의 목적을 가지므로 학습과정과 방법에 대한 평가 방안이 필요하다.	· 학생들의 문제 분석력을 키워줄 뿐만 아니라 미래에 대한 흥미를 유발시키며 그룹활동, 연구를 개선시킨다.	· 교실밖 수업을 통해 다양한 측면의 실질적인 문제 해결의 기회를 가질 수 있다. 이 과정에서 야외활동으로 인한 여러 가지 문제를 주의한다.	· 공동체 쟁점을 해결하는 데 필요한 기술을 기르도록 연습할 기회를 통해 지속 가능한 미래를 달성할 수 있도록 도와준다.
목표	· 탐구중심 교수-학습 전략의이해 · 탐구학습을 위한 계획하는 기능 개발 · 탐구중심 교수-학습 평가 방법 설명	· 지속 가능한 미래를 위한 교육의 평가 방향과 혁신적인 감각의 개발 · 교수학습의 통합적인 평가를 위한 결정을 하고 주요 평가 쟁점의 분석 · 지속 가능한 미래를 위한 교육의 평가의 기능 개발	· 미래적 측면의 통합의 중요성 인식 · 교수전략으로서 미래 문제 해결을 활용한 경험 개발 · 다른 논제를 가르칠 때 미래 문제해결 전략을 활용하는 방법을 계획함.	· 교실밖 수업이 가질수 있는 지속가능한 미래를 위한 교육의 긍정적인 효과를 인지함. · 교실밖 교수-학습에서 필요한 계획, 구성과 위험의 처리에 대한 이해 증진 · 교실밖 교수-학습을 위해 알맞은 전략 탐색	· 지속 가능한 미래를 위한 교육에서 활용될 수 있는 공동체 문제해결의 이해를 증진함. · 공동체 문제 해결에 직접 참여하는 데 필요한 학생들의 기능 향상 · 공동체 문제 해결로 가르칠 때 등장할 지도 모르는 쟁점과 질문들을 조사함. · 공동체 문제 해결 프로젝트의 일부로 사용될지도 모르는 교수·학습 전략을 밝힘.

	〈모듈 21〉	〈모듈 22〉	〈모듈 23〉	〈모듈 24〉	〈모듈 25〉
활동	① 기초적인 세계: 기본적인 탐구학습 단계를 통해 사고력과 문제해결력을 키운다. ② 탐구 중심 학습 인지하기: 학습경험의 예중에서 탐구학습을 구별한다. ③ 오염지도 그리기: 탐구학습의 예–탐구학습의 실례를 통해 구체적인 방법의 이해를 돕는다. ④ 탐구학습을 위한 모델: 지속가능한 미래를 위한 탐구학습의 모델을 제공한다. ⑤ 반성적 사고: 행동과 사고의 변화가 일어났는가 질문을 통해 알아본다	① Yim-lin의 학급: 다양한 평가 방법을 소개하고 지속가능한 미래를 위한 교육에 적당한 평가 방법을 모색한다. ② 총평(assessment)과 평가(evaluation)의 정의: 이 두 가지 평가방법의 차이를 확실히 한다. ③ 총평으로 선회하기: 총평과 평가의 차이를 분명히 하고 형성평가와 총괄평가의 개념을 안다. ④ 평가의 방법: 교육 목적에 맞는 평가방법을 선택하고 새로운 평가방법을 개발한다. ⑤ 의사결정 실습: 새로운 평가방법 중의 하나로 가치와 태도 분석에 효과적이다. ⑥ 자가평가: 새로운 평가 방법의 하나로 학습의 질을 높일 수 있다. ⑦ 반성적 사고: 행동과 사고의 변화가 일어났는가 질문을 통해 알아본다	① 상상 여행: 미래에 대한 이야기 속의 문제(쓰레기)해결로 가치와 지식에 바탕을 둔 기능을 발전시킬 수 있다. ② 쓰레기문제: 미래문제해결 전에 쓰레기문제의 이해를 돕는 기본지식을 제공한다. ③ 미래문제해결하기: 미래문제해결 계획시 유의할 사항과 과정, 평가 초점을 소개했다. ④ 반성적 사고: 행동과 사고의 변화가 일어났는가 질문을 통해 알아본다. 당신의 문제해결을 평가한다.	① 지역 학습을 통해 학습한 것을 강화하기 위해서는 교육과정 통합이 필요하다. ② 교실 밖 수업으로의 접근: 교실 밖 수업의 목적과 그 유형을 알아보고 효과적인 새로운 모형을 소개한다. ③ 교실 밖 수업의 계획: 효과적인 단계를 소개하고 장소로 인한 문제를 수업 계획시 고려한다. ④ 위험처리: 교실 밖 학습에 잠재하는 위험을 감소시키는 데 필요한 기능들을 소개한다. ⑤ 반성적 사고: 질문을 통해 교실 밖 수업시 행동과 계획시 안전에 대한 주의를 안다.	① 지역의 관심사: 지속가능한 미래를 위한 시작 단계로 지역의 문제와 쟁점을 조사한다. ② 공동체문제 해결이란: 사례연구를 통해 공동체문제해결의 필수요건과 진행단계를 알고 서비스 학습을 통해 그 효과를 높인다. ③ 학생의 기능 개발: 공동체문제해결에 필요한 기능들과 교수 기능들을 개발한다. ④ 공동체문제 해결을 하기 위한 계획: 학생들의 흥미와 동기를 유발시킬 수 있고 실질적인 참여가 가능한 쟁점들로 구성한다. ⑤ 반성적 사고: 성공적인 수업의 적용을 위한 질문을 한다.

제6장 다문화 사회와 타문화 이해

타문화 교육의 방법과 실제 • 한경구

낯선 문화의 학습전략 • 한건수

영어를 통한 한·일 국제이해 • 킵 케이츠

타문화 교육의 방법과 실제

한경구(국민대학교 교수)

1. 머리말

타문화이해교육은 여러 가지 목적을 염두에 두고 이루어지고 있다. 가장 흔히 거론되는 목적은 무엇보다도 타문화에 대한 이해가 세계화시대를 맞이하여 개인의 국제경쟁력을 강화하는 데 도움이 된다는 것이다. 외국어 능력의 습득은 물론 다른 나라의 현지 사정을 잘 파악하고 그 나라 사람들의 습관과 정서를 잘 이해하는 것이 중시된다. 외국사람들과 무리 없이 상담을 진행하는 방법을 익히고 현지에 가서 잘 적응하고 또 현지 사람들을 고용하여 마찰 없이 지내는 것은 물론 외국사람들의 기호와 가치를 잘 이해하여 새로운 상품을 개발하고 마케팅 방법을 발견하는 것 등이 그 주요 목표가 될 것이다.

그 다음으로 자주 거론되는 것은 국가의 경쟁력으로서 이는 물론 첫번째의 개인의 국제경쟁력과 무관한 것은 아니다. 국가적으로 국제학대학원을 설치하고 국제전문가를 양성하며 지역연구를 지원하는 것 등은 모두 국가의 국제경쟁력을 향상시키려는 의도에서 출발한 것이다. 각급 학교에서 이루어지는 세계화에 대한 교육이나 민족문화에 대한 교육 또한 이러한 의도와 결코 무관하지 않다. 특히 문화산업은 미래의 고부가가치산업이며 문화의 상품화야말로 지역경제 활성화와 국제경쟁력의 방안이라는 믿음 또한 확산되고 있다.

그러나 상당수의 문화인류학자들은 타문화이해가 자기 자신을 잘 알기 위해서도 중요하다고 생각하고 있다. 즉 타문화이해의 진정한 목적은 자기 자신과 자신의 사회·문화를 잘 이해하는 것이며 이를 통해 자신의 사회가 보다 인간다운 삶을 누릴 수 있도록 변화를 가져오는 데 기여하는 것이다. 그러한 의미에서 타문화에 대한 이해는 전복적(顚覆的, subversive)이라고도 할 수 있다.

문화인류학은 비록 제국주의시대에 서구에서 출발하였으나 문화인류학은 근대적인 학문으로 성립한 이래 타문화에 대한 이해 및 존중을 가르쳐왔다. 문화인류학의 문화상대주의는 타문화를 일단 그 문화의 입장에서 이해할 것을 요구하고 있다. 문화인류학은 생물학적 결정론을 반대하고 인종주의를 비판해왔으며 남성과 여성의 구분이 생물학적 차이에 기반을 두고 있기는 하지만 문화적으로 구성된 것이라는 점을 밝힘으로써 성적 차별에 대한 비판의 중요한 근거를 제공하였다.

이렇게 인류가 하나의 종(種, species)이며 세계는 하나라는 문화인류학의 이상은 매우 아름다운 것이지만 인류학자가 속한 사회의 입장에서는 대단히 위험하고 전복적 요소를 가지고 있다는 점을 인식하여야 한다. 타자(他者)에 대한 진정한 이해는 자신의 사회에 대한 변화를 요구하고 또한 이를 수반하기 때문이다. 문화상대주의는 강자의 입장에서 약자에 대한 온정주의적 동정이나 관대함의 과시처럼 논의될 수도 있으나 강자의 지위가 위협 당하거나 또는 문화상대주의를 진정으로 실천하려고 할 경우에는 심각한 저항에 부딪치게 된다. 타문화이해교육 역시 보다 효과적인 세계화의 도구나 온정주의의 표현으로 간주되는 것이 아니라 사회의 진정한 변화를 촉구하기 시작할 경우에는 거센 저항에 부딪칠 것이라 예상해야 한다.

타문화이해교육은 적어도 이러한 세 가지 목적이 동시에 존재하며 또한 중요하다는 점을 의식하며 이루어져야 한다. 특히 타문화이해교육이 단순히 개인적 또는 집단적 경쟁력의 강화뿐만 아니라 자기 자신과 주변 사람들의 삶을 더 인간답게 만든다는 궁극적 목적과 연결되어 있다는 사실을 깊이 인식해야 한다. 이런 인식을 기반으로 이 글에서는 타문화이해교육의 방법과 전략을 간단히 살펴보기로 한다.

2. 타문화이해의 몇 가지 문제

1) 선택적인 일반화의 달콤한 유혹

대부분의 사람들은 문화를 통합적이며 지속적인 것, 사회 구성원들이 공유하고 있는 것 등으로 파악하고 있다. 그 결과, 하나의 민족이나 나라에 하나의 독특한 문화가 있다고 생각하기 쉽다. 이러한 이해 방식은 전통적인 문화개념에서 비롯된 것으로서 널리 확산되어 있으며 아마도 가장 알기 쉽기도 하다. 극단적으로는 문화에 하나의 주도동기(主導動機, Leitmotiv)나 핵심적 가치가 있어 모든 제도나 행위에 나타나고 있다는 주장도 등장한다. 문화인류학에서 1920년대와 1930년대에 걸쳐 형태론적 접근(Configurationalist Approach)이라는 방식으로 발전한 이러한 문화이해방식은 그 후의 이론적 발전과 변화에도 불구하고 대중적인 논의 수준에서는 끈질기게 남아 있다.

이러한 이해 방식의 가장 큰 문제점은 선택적인 증거나 사실에 기초를 두고 쉽게 일반화를 하고 있다는 점이다. 또한 변화나 내적 다양성, 그리고 갈등과 억압, 착취 등을 보지 못하게 만드는 경우도 있다. 지배적인 가치와 관련이 없거나 모순되는 행위 및 제도들은 무시되거나 억압되고 '화학적으로 순수'하거나 일관된 문화의 모습이 그려지기도 한다.

또한 전후의 일본에서 마치 일종의 문화산업처럼 범람했던 니혼진론(日本人論) 또는 니혼분카론(日本文化論)의 사례에서 볼 수 있듯이 이러한 이해방식은 자문화의 우월성이나 특이성을 강조하고 현재의 제도나 불평등한 관계를 마치 민족문화적 특징인 것처럼 자연스럽게 받아들이도록 하는 이데올로기적인 역할을 담당하기도 한다. 나아가 이러한 이해방식은 타문화에 대한 기존의 편견과 고정관념을 유지시키거나 강화시키는 경우도 있다.

니혼진론의 경우 비판자들은 니혼진론의 선택적 측면을 집중적으로 비판하여왔다. 이들은 문화론적 설명이 선택한 자료들에 대하여 반대 증거들을 제시하였으며, 문화론적 설명의 이러한 선택성을 '왜곡', '허위진술', '구성물(construt)'이라고 비난하였다. 그런데 불행히도 이러한 선택성이란 문화론적 설명의 약점이라기보다는 오히려 강점이기도 하다. 선택성이야말로 문화론적 설명의 설득력의 원천일 수도 있다.

인간의 마음이란 일관되지 못한 것들, 관련이 없는 것들, 애매, 모호, 그리고 모순 등으로 가득찬 상(像)보다는 통합되고 일관된 상(像)을 더 쉽게 수용하는 경향이 있는 것처럼 보인다. 소설가이자 문학비평가인 올더스 헉슬리(Aldous Huxley)에 의하면 우리들은 비극이 현실을 그대로 반영하지 않는다는 점을 매우 잘 알고 있으면서도 계속 "화학적으로 순수한" 비극을 즐긴다. 이것이야말로 문화에 대한 유기체적 관념이나 획일적인 견해가 그리도 끈질기게 살아남는 이유인 것이다. 이러한 견해들은 매우 인상적이고 잘 이해되기 때문에 그 유혹을 떨쳐버리기가 매우 어렵다.

이렇게 지속적이며 통합적인 문화개념은 타민족이나 국가의 억압과 착취에 대항하는 저항적 민족주의의 발전과 깊은 관련을 가지고 있다. 원래 '경작하다'는 의미를 가졌던 '문화(culture)'는 점차 '교양'을 의미하게 되었으나, 이후 원시인이나 미개인들도 나름대로 문화를 가지고 있다는 시각이 등장하기 시작하였다. 그리하여 문화는 인간이 사회의 구성원으로서 학습한 복합적인 총체를 지칭하기에 이르렀다. 문화는 문화적 활동의 결과물들을 포함하는 포괄적인 개념으로 사용되기도 하고, 또는 그 근저에 있는 관념, 즉 삶의 디자인을 의미하기도 한다. 그런데 정치적 통일이 늦었던 독일에서는 문화(Kultur)가 영국과 프랑스의 문명(civilization)에 대한 대항개념으로서 중요한 의미를 가지고 등장하였다. 독일은 나폴레옹 전쟁 이후에도 보수반동체제가 지속되면서 영방(領邦)으로 나뉘어 국민국가를 형성하지 못하고 있었다. 특히 1848년에도 통일의 기회를 상실한 독일의 지식인과 학생들은 문화공동체로서의 민족(Volk)을 강조하면서 문화운동을 통해서 통일에 대한 열망을 불태우고 있었다. 독일의 민속학은 바로 이러한 '독일 민족에 대한 탐구(Volkskunde)'로서 발전한 것이며, 따라서 독일적인 것의 존재를 가정하는 것은 물론 독일적인 것을 발견하고 연구하며 이를 널리 알리고 기린다는 강력한 현실적 관심을 가지고 있었다.

즉 독일 민족은 비록 정치적 통일은 달성하지 못했으나 역사적 지속성과 문화적 통합성을 가진 것으로 파악되었으며 독일 민족을 구성하는 사람들은 독일 민족의 문화를 공유하고 있다고 가정하였다. 따라서 독일 문화는 대내적으로는 공유되는 것이며, 대외적으로는 다른 문화들과는 달리 독일에 고유한 것이라는 점을 강조하는 경향이 있었다. 이러한 문화민족주의의 문화개념은 저항적 민족주의의 핵심적 개념으로서, 메이지 시대 후기의 일본에서도 서구를 추종하는 문명개화에 대한 반동으로서 등장하였다.

하나의 집단이 하나의 문화를 가지고 있다는 시각은 영국 사회인류학의 구조기능주의 시기, 미국 문화인류학에서는 형태론적 접근(Configurationalist Approach)이 우세하던 시기의 특징이기도 하다. 이러한 문화개념과 연구경향은 한편으로는 진화주의 인류학의 억측을 반대하고 현실적으로 조사가 가능하고 입수할 수 있는 자료들에 대한 철저한 분석을 학문적 논의의 토대로 하려는 의도에서 비롯된 것이다.

특히 문화를 통합된 하나의 총체(integrated whole)로 보는 입장은 문화인류학의 발전과정에서 단선적 진화론의 문제점을 지적하며 등장했던 전파주의 및 역사적 특수주의(Historical Particularism)에 대한 반동으로 1920~1930년대에 등장한 기능주의 및 형태론적 접근의 특징이기도 하다. 전파주의나 역사주의는 개별 문화요소들이 인접한 문화들 사이에 어떻게 분포되어 있는가에 대한 조사를 통해서 전파의 경로를 추적하고 문화영역 또는 문화권을 설정하는 것에 주된 관심을 두었기 때문에, 이러한 연구경향은 문화를 문화요소들의 집합으로서 파악하는 경향이 있었다.

이러한 '누더기/넝마조각(shreds and patches)' 문화관에 대하여 문화요소들간의 상호 관련에 주목해야 한다는 입장이 등장하게 되는데 이것이 기능주의(functionalism)와 형태론(configurationalism)이다. 형태론은 문화의 다양한 요소들을 넝마조각으로 보지 않고 오히려 색깔이 다른 실로 보면서, 문화는 이러한 일련의 색실들로 짜여진 무늬(pattern)로 간주하였다. 기능주의 역시 문화의 각 부분들이 서로 어떻게 다른 부분들을 지지하고 있는가에 주목해야 한다고 하면서 각 부분들간의 기능적 관계[함수 관계(functional relation)]를 밝히는 일에 주목하였다. 이러한 입장들은 미국과 영국에서 각기 발전하였으나 모두 사회와 문화를 '전체는 부분의 합보다 크다'는 시각에서 이해할 것을 강조하고 있다.

2) 국민성 연구의 부정적 유산

제2차세계대전 중 상당수 미국의 인류학자들은 '민주주의를 위한 전쟁'이라는 확신에서 심리전이나 정보수집 및 분석, 점령지 및 해외 기지의 행정문제 등에 탁월한 기여를 하였다. 형태론적 접근의 주창자인 루스 베네딕트(Benedict, 1946)는 일본의 국민성을 연구하였는데, 『국화와 칼(*The Chrysanthemum and the Sword*)』은 실제로 대(對)일본 전쟁 수행 및 전후 처리에 큰 기여를 하였다.

국민성 연구는 앞서 언급한 형태론적 접근의 영향을 받아 문화의 통합을 강조하였을 뿐만 아니라 전쟁이라는 특수한 상황에서 이루어진 것(Bock, 1988; Garbarino, 1977)으로서 특히 적국에 대한 심리전 및 국민 사기의 유지, 그리고 점령정책 등과 깊은 관련을 맺고 있었다. 전쟁 중, 그리고 그 이후 이러한 연구의 부산물들이 출판되어 대중적 관심을 모으기도 하였으며, 냉전 기간 중에도 러시아에 대한 연구

등이 계속되었다.

『국화와 칼』로 대표되는 소위 국민성(national character) 연구는 전쟁 및 점령 상황에서 거칠지만 신속하고 효과적인 결정을 내리는 데 도움을 주었던 것은 사실이다. 또한 문화에 대한 대중의 이해와 관심을 높이는 데 기여한 것도 사실이다. 그러나 다른 한편으로 이는 문화의 스테레오 타입을 강화하고 이를 대중화하는 부정적 유산을 남기기도 하였다. 특히 대중적 수준에서 수많은 국민성에 관한 서적들이 출간되면서 편견과 오류와 선택적 설명 및 성급한 일반화는 더욱 확산되었다.

3) 교육 현장에서의 문화개념의 도입과 문제점

챔버스(Chambers, 1985)에 의하면 미국의 경우 학교는 소수민족집단의 관계 개선, 인종의 평등, 사회적 약자에 대한 보건 및 영양의 공급 등을 위한 정책의 실험장인 동시에 중심무대가 되어왔다. 지난 수십 년간 교육정책 및 과외활동에 대한 정책은 다문화적 상황으로서의 학교문제와 관련되어 있었다고 할 수 있다. 교육자들은 학생들이 다문화적 배경을 가지고 학교에 온다는 사실에 동정적이었으며 또한 학생들간의 문화적 차이가 학교에서 발생하는 교육의 양과 종류에 결정적 영향을 미친다고 생각하였다.

그리하여 1960년대에는 '문화적으로 불리한(culturally disadvantaged)'이라는 용어가 공립 학교에서 널리 사용되었으며 주로 백인 중산층 출신 학생들을 위하여 개발된 교육체계에 소수민족 학생들이 적응하는 것을 돕기 위한 다양한 프로그램이 시작되었다. 이러한 과정에서 문화적 다원주의(cultural pluralism), 다문화교육(multicultural education) 등의 용어가 사용되기 시작하였으며 특히 문화개념이 교육학자 및 교사들에 의해 널리 사용되기 시작하였다.

교육계에서 문화개념의 채용은 매우 바람직한 일이었으나 챔버스에 의하면 이에 따라 중대한 문제도 발생하였다. 교육에서의 불리(disadvantage)를 문화적 차이에 기반을 둔 것으로 파악한 결과, 교육학자들과 교사들은 소위 빈곤의 문화(culture of poverty)를 논의하면서 빈곤이 문화적 요인 때문이라고 오해했던 정책입안자들과 동일한 오류를 범하였다고 할 수 있다(St. Lawrence & John Singleton, 1976).

그런데 미국 사회에서 소수민 집단의 지위는 미국 사회 내의 지배집단의 가치와 구조의 결과물로서 소수민족 학생들에 대한 교육을 아무리 개선하더라도 이러한 사회 전반의 구조를 바꿀 수 있는 것은 아니다. 이러한 구조의 변화는 지배집단의 공적 문화의 변화가 있어야 가능한 것이며, 교육정책은 소수민족 학생들에 대한 교육을 개선하는 것도 중요하지만 동시에 이러한 사회적으로 불리한 처지의 원인을 인정하고 사회 전체를 변화시키기 위한 노력을 기울여야 한다.

또한 문화간 교육은 자칫하면 역효과를 가져올 수도 있으며 실제로 중서부 지방 도시에서 학교 교사와 푸에르토리코 학생 간에 그러한 문제가 발생한 사례가 있다. 일부 교사들은 푸에르토리코 사람들의 행동을 일반적인 문화론을 사용하여 묘사하고 설명하였으며 그 결과 푸에르토리코 사람들의 스테레오 타입을 강화하였다고 한다(Hill-Burnett, 1978).

4) 현대의 상황과 국제이해교육의 과제

대중적 수준 및 교육현장에서는 문화인류학에서 확립된 전통적인 문화개념이 확산되고 있었으나 인류학자들은 1930년대 후반부터 식민지 내의 문화변동에 주목하기 시작하였고 이질적인 문화들의 충돌이 빚어내는 상황의 분석을 시작하였다. 또한 도시 내의 소수민족 집단과 계층문제에 대한 관심은 1950년대에 이르러 통합보다는 갈등을, 구조보다는 프로세스를 강조하는 새로운 연구경향으로 발전하였다. 하나의 문화 속에 살고 있는 여러 개인들이 자신들의 문화에 대하여 다양한 견해와 시각을 가지고 있다는 사실은 현지조사를 하는 인류학자들이 끊임없이 부닥친 문제였다. 그리하여 현대의 문화인류학자들은 하나의 사회에 하나의 문화가 존재한다거나 사회 구성원들이 문화를 동일하게 공유하고 있다고 주장하지는 않는다.

문화가 통합된 하나의 전체라는 생각은 민족을 문화공동체로 파악하는 문화민족주의의 논리적 필요에서 비롯되었으며 인류학이 근대적 학문으로 성립하면서 부족사회를 연구하기 위해 발전시킨 이론적 경향인 구조기능주의와 형태주의의 산물이라 할 수 있다. 현대의 인류학자들은 이미 이러한 통합된 문화개념을 지양하여 보다 동태적이며 다양한 방식으로 문화를 파악하고 있으나, 통합된 하나의 전체로서의 문화개념은 대단히 매력적이며 무언가를 파악하고 알았다는 느낌을 쉽게 주기 때문에 여전히 강력한 힘을 가지고 있다.

자본주의의 발전으로 노동력의 국경을 넘는 이동은 더욱 활발해지고 있으며 그 결과 외국인노동자들의 수는 비약적으로 증가하고 있다. 세계화의 진전에 따라 현지투자와 다국적 기업은 더욱 증대할 전망이다. 외국인노동자들 중 상당수가 정주(定住)하기 시작함에 따라 자녀들이 취학을 하게 되었고 과거 단일 문화로 간주되던 사회와 학교에는 다문화적 현상이 나타나게 되었다. 이들 이민자 집단이나 외국인노동자들로 이루어진 소수민족집단과 이들을 받아들인 사회(host society)와의 관계는 권력과 불평등의 문제, 착취의 문제 등을 가지고 있으나, 흔히 문화적 문제로 표현되기도 하며 또한 문화적 정체성을 인정 받지 못하고 동화를 강요당하기도 한다. 또한 국가 내에는 외국인에 대한 이러한 외적 차별뿐만 아니라 성이나 지역에 따른 내적 차별이 존재하기도 한다.

국제이해교육, 특히 타문화이해교육은 이러한 현대적 상황에서 매우 중요한 역할을 담당하게 될 것이며, 이러한 상황에서 고전적인 통합된 문화개념은 자칫 타문화에 대한 편견과 스테레오 타입을 강화할 위험을 가지고 있다. 보다 동태적이고 유연한 문화개념에 대한 이해가 중요하며, 문화의 이데올로기적 역할, 권력, 불평등, 계층 등에 대한 고려가 중요하다.

3. 교육현장에서의 문제

1) 국제이해교육의 '교육'적 측면의 문제

국제이해교육은 교육의 일부로서 교육의 공학적 측면을 무시할 수 없으나 교육의 '효과'에 대한 평가 문제는 외국어, 수학, 과학 교육 등 다른 분야의 경우와는 전혀 다르다고 할 수 있다. 평화교육, 인권교육, 국제이해교육 등은 피교육자가 교육의 내용을 이해하거나 암기하는 것으로는 지극히 불충분하며 피교육자의 의식과 행동에 진정한 변화가 발생하고 나아가 주변 사람들의 의식이나 행동에도 변화를 가져올 경우에 효과가 있다고 할 수 있다.

그러므로 평화나 인권에 관한 것을 어떻게 교육시킬 것인가라는 문제는 매우 중요한 문제이다. 국제이해교육의 경우, 다른 분야의 교육과 유사한 방식으로 접근하려는 유혹을 느끼기 쉽지만, 교재의 개발이나 교육방법의 개발, 교사의 연수, 교육 결과에 대한 평가나 측정 등은 상당히 다른 방식으로 진행되어야 할 것이며 또한 정규과목으로 채택할 것인가 또는 여러 분야의 과목에 분산시킬 것인가 등의 결정도 이러한 점을 고려해야 한다.

특히 국제이해교육 담당교사의 경우 교사가 과연 어느 정도 준비되어 있는가, 교사가 과연 문화적 편견에서 어느 정도 자유로운가 등은 심각한 문제가 된다. 학생들은 대다수가 유색인이며 교사들은 대부분 백인으로 구성되어 있는 학교에 대한 교육인류학자들의 사례연구에 의하면, 교사들은 학생들의 학업부진을 '가난한' 부모가 학업을 장려하지 않는 탓으로 돌리고 있으나 부모들은 학생들에게 백인 세상에서 성공할 것을 너무 기대하지 말라고 하는 등 교사를 불신하고 있는 것으로 나타난 바 있다.

2) 학교의 교과과정과 사회

교육은 학교에서의 교육과 학교 외부에서의 교육으로 구성되며 학교교육은 정규 교과 이외에 각종 제도와 규칙으로 구성된다. 후자는 교육의 숨겨진 차원(hidden dimension of education)이라고 할 수 있는데, 여기에는 교육가가 의도하지 않은 것들도 포함될 수밖에 없다. 학교는 의도적이건 의도하지 않건 사회를 반영하게 된다. 따라서 사회에 차별과 불평등이 존재하는 상황에서 학교가 실시하는 국제이해교육의 효과는 매우 제한적일 것이다. 즉 학교교육의 내용과 가정 및 사회적 경험 사이에는 커다란 괴리가 존재하며 이는 교육의 효과를 반감시킬 뿐만 아니라 학생들에게 상당한 혼란을 초래할 수도 있다.

우리 사회는 아직도 상당 부분 자민족중심적이며 차별적이며 폭력적인 요소가 존재하고 있다. 이러한 상황에서 학교에서 실시하는 국제이해교육은 '어린이/학생들이 사회를 어떻게 파악할 것인가'라는 문제를 야기하게 될 것이다. 아이들에 대한 교육과 아이들이 가정과 사회에서 경험하는 인간관계 사이에 괴리가 발생하게 된다. 아이들은 혼란을 느끼기 쉬우며 또한 자신들이 살고 있는 사회·문화에 대하여 균형적인 이해와 파악이 어렵게 된다. 부모들도 서로 동일한 패턴을 보여주지 않으며 교사, 친구, 친척들 모두가 괴리를 노정하게 된다. 심지어는 국제이해교육을 충실히 받은 학생은 사회에서 적응에 어려움을 느낄 수도 있다는 역설적인 주장도 등장할 수 있다.

3) 부작용에 대한 고려

국제이해교육은 여러 다양한 민족집단의 학생들간의 상호 이해를 향상시키는 것을 목적으로 하고 있으나 체계적으로 실시할 경우에만 집단간의 갈등을 완화할 수 있으며 자칫하면 오히려 갈등을 촉발하는 상황이 발생할 수도 있다. 다민족이 등교하는 학교 상황에서는 여러 상이한 '소수집단' 학생들간의 관계 자체가 문제가 되며 다문화교육이 성공하려면 갈등을 이해하고 이에 대한 대책이 마련되어야만 한다. 실제로 미국의 고등학교의 경우 특정 소수민족집단의 축제나 행사가 오히려 소외와 고립을 초래할 수 있으며 또한 교실 내에서 소수민족어의 사용이 갈등과 저항감을 촉발시키는 사례가 보고된 바 있다.

4. 타문화 교육의 실제: 전략과 방법에 대한 몇 가지 제언

타문화에 대한 이해는 학생들의 관심과 흥미를 유발하기에 용이하므로 국제이해교육의 중심적 내용이 될 수 있다. 또한 타문화에 대한 이해를 통하여 인권, 평화, 지속가능한 발전, 세계화 등 국제이해교육의 주요 내용을 가르칠 수 있다.

타문화이해교육은 무엇보다도 먼저 학생들에게 일종의 문화충격을 주는 것이 중요하다. 학생들은 낯선 것을 만나면서 자신을 돌이켜보게 되기도 하지만 또한 자신의 문화 속에서 익숙한 것들을 낯설게 보게 되기도 한다. 이러한 기회를 갖도록 하는 것은 매우 중요하다. 이와 더불어 적절한 과제와 실습문제, 특히 조를 형성하여 활동하도록 하는 것이 매우 중요하며 기존의 서적, 소설, 영화, 연극, 음악, 미술, 박물관 등을 적극 활용하는 것도 중요하다. 또한 고교과정에서 가르치는 외국어(영어, 중국어, 일어, 독일어, 프랑스어, 러시아어 등) 텍스트도 가능한 경우 사용하는 것도 매우 바람직하다.

낯선 곳에서 나를 만나거나 익숙한 것을 낯설게 보는 것은 여러 가지 방법을 통하여 가능하다. 실제로 일본 홋카이도 교육대학의 오쓰 가즈코[大津和子] 교수는 고베 지역에서 고등학교 사회과 교사로 재직하던 시절에 『바나나와 일본인』이라는 책을 읽고 감명을 받아 바나나를 가지고 몇 주간 수업을 진행한 일도 있다. 수퍼마켓에서 바나나를 사다가 먹어보면서 가격이 왜 과거에 비해 크게 싸게 되었는지, 바나나가 원산지는 어디고, 현재 어디에서 어떻게 생산되게 되었는지, 누가 바나나 농장에서 일하는지, 바나나 노동자의 노동조건은 어떠한지, 바나나 밭은 어떻게 만드는지, 유통과정에서의 변질을 막기 위해 언제 수확하고 어떠한 약품처리를 하는지 등을 추적하다보면 세계화 및 환경과 관련된 사회과 과목의 중요한 주제 대부분을 다룰 수 있기 때문이다. 햄버거 하나 가지고도 같은 식으로 계속 연관된 질문을 던질 수 있다. 이하에서 몇 가지 제시하는 사례들 또한 동일한 문제의식에서 출발한 것이며 그 중 상당수는 실제로 유네스코의 고등학교 국제이해교육 교과서 개발과정에서 검토되고 있다.

1) 음식과 문화이해

학생들이 가장 쉽게 접할 수 있고 또한 구체적인 사례를 통하여 심도 있게 자문화와 타문화를 이해할 수 있다는 점에서 매우 유용하다. 예를 들어 고추는 임진왜란과 병자호란을 거치면서 들어왔으나 새빨간 김치가 마치 한국인의 입맛과 음식을 대표하는 것처럼 간주되는 사실 등으로부터 이야기를 시작할 수도 있다. 김치 대신 햄버거를 좋아하는 아이들이 늘어나고 있다고 경고하는 신문기사 등은 좋은 토론거리를 제공해준다.

한편 음식의 환경적 차원도 흥미 있는 논의거리가 된다. 육류 소비의 증가가 가져온 사회문화적 변화와 아메리카 원주민 사회의 붕괴, 그리고 현재와 미래의 환경적 재앙에 대해서도 논의할 수 있을 것이다. 제레미 리프킨의 『육식의 종말』 등은 좋은 참고가 될 것이다. 또한 환금작물 재배로 인한 제3세계의 곡물 부족과 영양결핍문제도 논의할 수 있다.

예를 들자면 '햄버거를 먹는다는 것'과 같은 우리 주변에서의 경험을 주제로 ① 지속가능발전과의 관련, ② 육식과 식량위기, ③ 브라질 열대우림의 파괴와 소의 사육, ④ 미국 대평원의 들소 멸종 등 동식물군의 변화, ⑤ 세계화 및 소위 맥도널드화 등에 대해 자료를 조사하고 발표하며 토론할 수 있다.

또한 '커피'와 같은 일상생활에서 사용되는 기호품을 주제로도 ① 커피에 대한 문화적 태도의 변화(악마의 음료, 퇴폐, 서양 것 등), ② 다방과 커피숍의 변화(서울의 경우에는 스타벅스의 확산도 포함), ③ 각종 커피 음료의 등장과 건강문제, ④ 수출지향적 단일작물 경작, 즉 단작(單作)과 종속·빈곤 문제, ⑤ 환경파괴문제, ⑥ 브라질

등의 역사적 경험을 통해서 음식과 세계체제의 문제 등에 대해 조사하고 토론할 수 있다.

설탕의 경우는 시드니 민츠의 『설탕과 권력(*Sweetness and Power*)』과 같은 책이 있으므로 더욱 흥미롭게 수업을 진행할 수 있다. 사탕수수 플랜테이션과 노예무역, 홍차 마시는 습관의 확산과 설탕에 대한 수요의 증가, 산업화 등과 긴밀한 관계를 가지고 있다. 또한 설탕에 대한 이야기는 곧 '차'에 대한 논의로 발전할 수 있다. 차 마시는 습관의 확산(high tea 등)으로 중국에서 차의 수입이 증가하였으며 이를 은으로 결제하였으므로 멕시코 은이 다량으로 중국에 유입되었고 중국은 경제가 확대되고 은본위제를 실시하게 된다. 한편 수입초과로 고전하던 영국은 인도에서 아편을 재배하여 중국에 수출하였고 중국에서 은이 유출되면서 중국 경제는 파탄에 이르며 중국 정부의 아편단속을 계기로 아편전쟁이 발발하고 중국에 대한 제국주의적 침략이 본격화된다. 이는 발전과 저발전의 문제 및 종속과 세계체제 문제와도 깊은 관련을 갖고 있다. 동아시아에서도 차를 마시는 습관의 확산으로 일본에서 조선의 도자기[소위 고려다완(高麗茶碗) 등]에 대한 수요가 증대하고 임진왜란이 발발하게 되는데, 이는 무역전쟁이며 특히 도자기전쟁이라는 성격도 가지고 있다는 점을 살펴볼 수 있다.

2) 이민자의 세계

우리 주변에서 볼 수 있는 외국인노동자문제, 우리가 흔히 듣는 재외한인문제 등을 타문화이해와 관련하여 논의한다. 재외한인의 강제이주나 착취, 차별만 다룰 것이 아니라 외국인노동자의 인권문제와도 관련시켜 이해함으로써 보편적인 문제로서 이해하는 것이 중요할 것이다.

'LA 폭동' 같은 구체적인 사례를 통하여 ① 흑백갈등문제가 한·흑 갈등으로 전화되는 과정, ② 소위 모델 소수민(model minority)으로서의 재외한인 문제와 중간소수민(middlemen minority)으로서의 재외한인문제(host society 내에서의 다른 소수민과의 관계, 자본주의와의 관계, '모델'로서 차별구조 속에서 주류사회에 포섭되는 것은 아닌지?) 등의 시각을 통하여 재미한인 문제를 심층적으로 다루어보며 또한, ③ 아시아계 미국인(Asian-American)으로서의 정체성문제와 한국계 미국인(Korean-American)으로서의 정체성문제를 생각해볼 수 있다.

'외국인노동자'는 매우 중요한 수업 주제가 될 수 있다. 나이지리아 노동자의 경우 아프리카인이라고 하면 경멸의 대상이지만 이태원에서 미국인 행세를 하면서 영어를 구사하면 대접을 받는다고 하는데, 이러한 사례들을 통하여 타문화에 대한 한국인의 편견과 차별을 다시 생각해보는 기회를 갖는다. 또한 외국인 노동자에 대한 차별문제를 자본주의의 발전과 세계화 문제와 연계시켜서 이해하도록 한다. 특히 노동시장의 장벽과 국가간의 경계를 넘는 노동력의 이동이 필요한 이유 등에 대해 외국의 사례들도 함께 조사하면서 알아보도록 한다. 또한 차별의 실제상황에 대한 이해도 중요하다. 이러한 소주제들은 학생들에 의한 현장조사 프로젝트도 가능하다. 나아가 인권개념과 관련하여 이해의 심도를 높이는 것도 중요하다.

'재일한인의 본명선언'도 비교적 유사한 연령층에서 이루어지고 있다는 점에서 학생들의 관심을 촉발시키고 동감과 감정이입을 통한 학습효과를 극대화시킬 수 있는 좋은 주제이다. 본명선언은 재일한인 가운데 일어나고 있지만 차별과 민족교육의 문제는 사실은 한인만의 문제가 아니라 소수민 일반의 문제이기도 하다. 인권문제로 포착하는 것, 인간으로서의 존엄성문제와 아이덴티티 문제 등에 대한 논의가 가능하다.

조선족 선원들이 계속되는 비인간적 대우, 차별과 구타에 불만을 품고 선장 등 한국인 선원들을 무참히 살해하여 세상을 놀라게 했던 페스카마호 사건 또한 수업시간에 다루어볼 것을 권한다. 사건의 발생과 재판에 관한 당시의 신문기사를 인터넷에서 찾을 수 있으므로 학생들을 그룹으로 나누어 모의재판을 준비하여 실행하는 것도 효과가 클 것이다. 역할극은 매우 좋은 학습방법이기 때문이다.

3) 한국 문화는 얼마나 한국적인가?

우리들은 자신에게 익숙한 것에 대해서는 당연하게 여기고 또 무심코 지나치기 때문에 우리에게 낯선 다른 문화를 가진 사람들의 습관과 행동은 이상하게 여기면서도 사실은 우리 한국인, 한국 문화가 얼마나 독특하고 이상하게 보일 수 있는가를 이해하지 못하는 경우가 많다. 그러므로 익숙한 것을 낯설게 보는 경험과 훈련도 중요하다. 한국 문화는 얼마나 한국적인가, 우리 전통은 얼마나 전통적인가 등의 질문을 던지고 그 사례들을 찾아보도록 한다.

최근 역사학과 역사인류학 등에서 논의되고 있는 전통의 창출(invention of tradition) 개념 등은 이와 관련하여 특히 중요하다. 아득히 오래된 것으로 여겼던 것들 중 많은 것들이 사실은 그리 오래된 것이 아니라는 사실을 깨닫는 것은 매우 중요하다. 또한 지역적 다양성에 대한 이해도 중요하다. 추석처럼 일부 지역의 명절이었던 것이 근대화 과정을 거치면서 국가공휴일로 지정되고 특히 권위주의 정부 시절에 공휴일이 확대되면서 민족 전체의 명절로 자리 잡는 과정 등에 대해 알아보는 것도 의미 있는 일이다.

예를 들자면 최근 논란이 되고 있는 호주제도, 가족제도, 제사관행, 재산상속 등에 대해 알아보고 이들이 조선시대 후기에 들어와 크게 변화를 겪었으며 그 후 일제의 식민지가 되면서 또다시 왜곡되고 변화했다는 사실을 이해한다. 한편 외국인들의 시선으로 바라본 한국 사회, 한국 문화에 대하여 토론하는 시간을 갖는 것도 중요하다.

4) 문화충격 주기

학생들의 흥미를 유발하거나 또는 타문화이해가 중요하다는 사실을 잘 알지 못하는 학생들에게 그 중요성을 인식시키기 위해서 일종의 문화충격을 주는 것도 타문화이해교육 초기에는 매우 좋은 방법이다.

먼저, 본다는 것은 무엇인가 등을 주제로 당연하다고 여겼던 것들에 대해 충격을 주고 의문을 품게 한다. 예를 들자면 "라일의 착시"(김영훈, 『문화와 영상』 수록)를 보여주면서 '목수가 만든 세상'에서 자란 사람들에게 그러한 착시가 잘 일어난다는 사실을 설명하고 문화화 과정과 훈련이 얼마나 중요한가를 인식하도록 한다. 또한 이누이트(에스키모) 어린이들의 그림도 좋은 주제가 될 수 있다. 이누이트는 얼음 밑에 있는 동물도 그리는데, 이들은 비록 눈에는 보이지 않지만 거기에 있기 때문에 그린다고 한다. 본다는 것에 대한 생각이 근본적으로 다른 것을 확연히 느끼게 해준다. 또한 원근법을 사용한 그림과 그렇지 않은 그림들을 비교하는 것도 좋은 방법이다. 원근법이란 하나의 문화적 규약으로서 '있는 대로 그리는 것'이 아니라 그림을 그리는 자의 눈에 '보이는 대로 그리는 것'이기 때문이다.

시간과 공간에 대한 관념의 문화에 따른 차이도 좋은 주제가 될 수 있다. 아프리카에서 계절에 따라 이동을 하며 유목을 하는 누어족의 시간과 공간은 산업사회의 시간과 공간과 다르다. 우리의 인식에서 가장 기본적인 시간과 공간 같은 기본적인 범주에 대한 지각마저도 문화에 의해 형성된다는 사실을 이해하고 시계의 등장과 산업화가 우리의 생활과 인식을 어떻게 바꾸어놓았는가를 생각해본다. 한편 일롱고족의 사례처럼 시간이 공간으로 표현되는 경우(『처음 만나는 문화인류학』 제1장 참조)에 대해서도 살펴본다. 한편 성에 따라 시간의 인식이 다른 경우도 있어서 여성들은 남성과 달리 개인사적 주요 사건을 중심으로 시간을 기억하기도 한다(『처음 만나는 문화인류학』 제1장)는 사실을 살펴보는 것도 흥미를 유발할 수 있을 것이다. 공간에 관해서는 에드워드 홀(Edward Hall)의 『숨겨진 차원』이 번역되어 있으므로 여러 가지 실험과 관찰을 할 수 있을 것이다. 문화에 따라 사람들이 어떻게 공간을 인식하고 또 사용하는지 여러 사례들을 살펴보고 우리 주변에서 이를 확인하거나 실험해본다.

문화에 따라 동일한 텍스트에 대한 해석과 평가가 달라지는 흥미 있는 사례로 아프리카의 티브족에게 인류학자가 세익스피어의 작품을 들려준 경험이 번역되어 있다(『낯선 곳에서 나를 만나다』 제1장). 우리에게도 잘 알려진 『햄릿』이라는 작품은 한편으로는 위대한 문학작품이기 때문에 시간과 공간을 초월하여 감동을 줄 것이라 기대할 수도 있지만 다른 한편으로는 특정한 시간과 공간에 뿌리를 내리고 있는 작품이며 그러한 문화적 배경을 떠나면 전혀 이해가 달라질 수밖에 없는 텍스트이기도 하다.

5. 맺음말: 전망과 과제

국제이해교육은 단순히 개인적, 국가적 수준의 경쟁력 향상만이 아니라 사회의 진정한 변화를 목표로 하고 있다. 한국과 같이 단일민족신화를 가지고 있고 식민지나 전쟁상황 등 특수한 상황 이외에는 다른 문화를 가진 인간 집단과 접촉할 기회가 적었던 사회에서는 국제이해교육이 매우 필요하면서도 또한 어려움도 클 것임을 예상할 수 있다. 특히 다음과 같은 사실들이 중요하리라 생각하므로 이를 결론에 대신하고자 한다.

첫째, 국제이해교육의 발전을 위하여 방법론과 이론의 개발이 필요하다. 무엇보다도 국제이해교육이 실시되고 있는 여러 상황에서의 현장경험이 중요하며 이러한 현장에서의 경험이 기록되고 분석되며 이론화됨으로써 새로운 방법론과 이론들이 개발되어야 한다. 특히 교육의 대상인 학생들로부터 배우는 것이 중요하다. 그리고 이렇게 새로이 개발된 방법론과 이론들이 교육현장에 환류(還流, feedback)되어야 한다. 이는 국제교육에 관심을 가진 학자들과 현장에서 교육을 담당하는 교사들이 참여하는 학회활동이 중요하다는 점을 의미한다.

둘째, 사례교육이 중요하다. 지역사회에서 발생한 사건이나 시사적인 사건들에 대해 조사하고 토론하는 등 실제사례들을 국제이해교육과 관련된 학습에 활용하여야 한다. 학생들의 주변에서 일어나고 있는 사건들에 대한 사례분석은 학생들의 관심을 유도하는 것은 물론, 진정한 국제이해와 공생(共生)을 위해서는 자신들의 사회의 변화가 얼마나 중요한가를 인식하는 데 매우 큰 도움을 줄 수 있다. 또한 나아가 그러한 변화를 촉구하는 데 노력하는 인물로 성장하는 데 기여할 수 있다.

셋째, 문화인류학에서 현지조사를 하면서 발전시켜온 민족지(民族誌) 방법(ethnographic method)의 활용을 통하여 학생들로 하여금 주변의 사회적 상황을 좀 더 잘 이해하도록 하는 방안이 필요하다. 이는 특히 국제이해교육이 단순한 지식이나 이론의 학습이 아니기 때문에 더욱 중요하다. 현지조사에서 민족지 방법은 조사자 자신을 도구로 사용할 것을 요구하며 조사자는 지적 능력과 감성적 능력을 최대한 단련하고 활용하게 된다. 이러한 훈련을 통하여 흔히 문화적 차이의 문제처럼 보이는 권력과 불평등의 문제에 대한 학생들의 인식능력과 분석능력 등 사회과학적 감수성의 개발에 크게 기여할 수 있을 것이다.

넷째, 문화상대주의의 시각을 학생들이 가급적 어린 시기부터 이해하기 시작하도록 노력해야 한다. 어린 시절부터 세상에는 자신과 다른 생각과 감정, 그리고 생활방식을 가진 사람들이 존재한다는 사실을 인식하고 또한 그러한 다른 사람들의 삶을 그 사람들의 시각에서 바라볼 줄 안다는 것은 매우 중요하다.

다섯째, 자신의 변화, 자기 사회의 변화가 없이는 진정한 국제이해가 불가능하다는 점을 인식하고 행동과 의식의 변화를 가져오는 교육이 실시될 수 있도록 하여야 하며, 또한 이에 대한 사회적 저항을 각오하고 대비해야 한다.

<참고문헌>

Benedict, Ruth, 1934, *Patterns of Culture,* 김열규 역, 1989, 『문화의 패턴』, 까치.

_____. 1946, *The Chrysanthemum and the Sword: Patterns of Japanese Culture,*Boston: Houghton Mifflin, 김윤식 외 역, 2002, 『국화와 칼』, 을유문화사.

Chambers, Erve. 1985, *Applied Anthropology: A Practical Guide,* Englewood Cliffs, N.J.: Prentice-Hall.

Gabarino, Merwyn S. 1977, *Sociocultural Theory in Anthropology: A Short History,* 한경구·임봉길 공역, 1994, 『문화인류학의 역사』, 일조각.

김신일. 2000, "세계화시대 국제이해교육," ≪국제이해교육≫, 2000 봄(창간호), 유네스코 한국위원회.

김현덕. 2000, "국제이해교육의 개념과 방향," ≪국제이해교육≫, 2000 봄(창간호), 유네스코 한국위원회.

이승환. 2000, "새로운 국제이해교육을 위하여: 유네스코 국제이해교육사업에 관한 비판적 검토를 바탕으로," ≪국제이해교육≫, 2000 봄(창간호), 유네스코 한국위원회.

한경구 외. 1998, 『낯선 곳에서 나를 만나다』, 일조각.

_____. 2003, 『처음 만나는 문화인류학』, 일조각.

낯선 문화의 학습전략

한건수(강원대학교 교수)

1. 왜 문화를 학습해야 하는가

타문화의 이해는 오늘날과 같은 국제화 시대에 가장 필요한 덕목 중의 하나가 되었다. 기술의 발전은 전세계를 하나의 시장과 교류의 장으로 만들어놓았다. 80일간 세계를 일주한다는 것이 문학 속의 상상이었던 시절이 그리 먼 과거가 아님에도 불구하고 오늘날 우리는 다른 대륙에서 벌어지는 일들을 실시간으로 듣고 경험할 수 있는 세상에 살게 되었다. 외국에 나가지 않더라도 인터넷을 통한 가상공간에서 다른 문화를 접하게 되고, 국내에 들어와 있는 수많은 외국인노동자들을 통해 다른 문화를 경험하는 현실이다.

전통 한국 문화를 체험할 수 있다는 인사동 거리에는 네팔, 티베트, 인도 등지에서 들여온 각국의 민예품들이 노점에 전시되어 있고, 한국 기업의 세계화와 국내 기업의 해외매각은 외국인 상사 밑에서 일하는 한국인들을 늘어나게 했다. 동시에 외국에 생산시설을 갖고 있는 대기업에 취업한 한국인은 다른 언어와 문화를 갖고 있는 노동자들을 관리하며 최고의 상품을 생산해내야 한다. 미얀마의 민주화를 위해 운동하던 이주노동자들이나 아프리카의 카메룬에서 정치적 박해를 받았던 이주노동자들이 국내에 정치적 망명을 신청하며 난민으로 인정해줄 것을 요구하고 있고, 일부는 난민의 지위를 부여받기도 했다. 우리나라의 경우에도 외국인노동자와 결혼한 한국 여성들은 국내법에 의해 결혼을 인정 받거나 자녀들의 출생신고를 할 수 없는 현실이며 아파하고 있다. 또한 외국인노동자의 아이들도 한국에서 우리 아이들과 함께 같은 교실에서 수업을 받고 있다. 젊은이들의 일상생활에는 미국의 외식문화가 대중화되어가고 있고, 유명한 미국의 커피 체인점은 커피 맛뿐만 아니라 카페 실내의자 배치마저 미국 본점의 분위기를 복사하듯이 도입하고 있다. 미국 회사가 운영하는 대형할인매장에 가면 주차장의 주차공간이 다른 한국 매장과는 다른 것을 느낄 수 있다. 대형차가 많고, 주차장에서 발생하는 접촉사고의 책임을 매장주가 책임져야 하는 미국에서의 기준을 그대로 적용한 결과이다. 쇼핑카트의 크기도 한국 할인매장보다 큰 미국 기준을 적용한 것을 사용하고 있다. 이제 커피를 마시거나 할인매장에서 물건을 사면서도 우리는 알게 모르게 다른 문화를 경험하고 때로는 그 문화에 길들여지기도 한다.

국제화시대의 한국 기업도 다른 문화에 대한 기본적인 소양 없이는 생존할 수 없는 상황에 이른 듯 하다. 1994년 월드컵 특수를 겨냥해서 맥도널드와 코카콜라는 사우디아라비아 사람들을 염두에 둔 상품을 개발했다. 즉 포장지에 사우디아라비아의 국기와 이슬람 신자들이 가장 중요하게 여기는 코란의 한 구절을 아랍어로 인쇄한 것이다. 이들은 200만 봉의 종이봉지와 270만 개의 알루미늄캔을 생산했다. 그러나 이슬람 신자들은 "알라 외에는 신이 없고 모하메드(Mohammed)는 알라의 선지자"라는 구절은 상업적인 목적으로는 사용될 수 없다고 생각하기 때문에, 더구나 쓰레기통으로 들어갈 포장지와 음료수 캔에 인쇄한다는 것은 자신들의 종교와 신앙을 모독하려는 것으로 받아들였다. 미국인들에게는 기독교인들이 운영하는 햄버거 체인점에서 포장지와 음료수 컵에 선교를 목적으로 성경구절을 인쇄해서 사용하기 때문에 이슬람 신자들의 반응은 예상할 수 없었던 것이었다. 상품개발과 가격경쟁에만 매달려온 한국 기업들에게 미국의 대기업들이 경험한 이상의 사례는 해외시장에서 외국의 대기업과 경쟁해야 하는 한국 기업들에게도 중요한 시사점을 주고 있다.

한국인에게 국제이해교육이나 다른 문화를 지닌 사람들과 조화로운 삶을 배워야 할 필요성은, 위에서 보았듯이, 일상의 문제이자 미래의 생존을 위한 경쟁력의 문제로 다가오고 있다. 그렇다면 한국인들은 개인적인 차원에서 혹은 국가적인 차원에서 다른 문화를 이해할 준비가 되었는가? 올림픽이나 월드컵과 같은 세계적 스포츠 축제를 유치했고, 엑스포와 같은 국제행사도 경험했으며, 해외관광을 다녀온 한국인들의 숫자도 과거에 비해 비교할 수 없을 정도로 증가했지만, 다른 문화에 대한 한국인들의 태도는 여전히 국수적이고 자기중심적인 경향을 보이고 있다.

실제 1998년 국제경영개발연구소(IMD)가 조사한 바에 따르면 한국인들의 타문화 적응력은 전체 조사 대상국 46개국 중 최하위를 차지했다. 이런 문제의식에서 낯선 문화에 대한 한국인의 문화적 감수성을 고양하기 위해 필요한 문화학습의 내용과 전략을 살펴보도록 하자.

2. 문화란 무엇인가

우리는 일상생활에서 문화라는 말을 많이 쓴다. 세종문화회관, 문화상품권, 문화시민, 문화예술인, 문화관광부와 같은 단어에서부터 "문화가 경제다!" 또는 "교통문화확립"과 같은 표어에도 문화라는 어휘가 등장한다. 동일한 단어인 '문화'를 공유하고 있는 이러한 어휘들은 실제 그 의미가 다양하게 받아들여지고 있다. 문화라는 단어가 쓰이는 용례를 살펴볼수록 문화가 무엇인지 그 개념을 규정하기가 쉽지 않음을 알 수 있다. 대부분 한국 사회에서 문화라는 용어는 일상생활에서 '문명'이나 '교양'과 혼동하여 사용되고 있다. 문화라는 단어가 내포하는 '예술, 공연, 음악'의 이미지가 강하게 투영되어 있거나, 또는 '문학이나 지식'을 상징하는 용어로도 받아들여지기 때문이다. 문화를 가장 중요한 분석 개념으로 사용하는 인류학자들은 이에 대해 문제를 제기하기도 하고, 한국 사회에서 문화라는 단어가 갖는 함의와 올바른 문화개념을 소개하려는 시도를 하기도 했다(전경수, 1994; 한경구, 1995).

실제 문화를 주 연구대상으로 삼는 인류학에서도 문화라는 개념을 정의하는 데 논란이 많았다. 문화인류학자인 크로버와 클러크혼은 1952년에 다양하게 정의되는 문화의 개념들을 모두 정리해보았다. 이들은 타일러가 1871년에 정의한 개념에서부터 1952년까지 인류학자들이 시도한 500여 개의 문화 개념들을 정리해서 175개의 서로 다른 정의를 찾아내기도 했다(Kroeber and Kluckhone, 1952). 이들의 시도는 학자들 사이에서도 결국 문화라는 용어의 개념을 정의하는 것이 그리 간단하지 않음을 보여주는 것이다.

흔히 인류학에서 정의하는 문화의 개념은 크게 둘로 나누어 설명되어왔다. 우선 1871년 영국의 인류학자인 에드워드 타일러(Edward Tylor)는 문화를 "지식, 신앙, 예술, 법률, 도덕, 관습, 그리고 사회의 한 구성원으로서의 인간에 의해 얻어진 다

▶ **문화의 개념**

– 지식, 신앙, 예술, 법률, 도덕, 관습 그리고 사회 구성원으로서의 인간이 가진 모든 능력이나 관습을 포함하는 복합적인 총체. 「타일러(Edward B. Tylor)」
– 어떤 특정한 사회의 구성원에 의하여 공유되거나 전승되는 지식과 태도 및 습관적인 행동 기반의 총체. 「랄프 린튼(Ralph Linton)」
– 인간의 생활을 위해 역사적으로 창조된 설계로서, 명확하든 명확하지 않든, 합리적이든 합리적이지 않든 간에 어떤 주어진 기간에 인간의 잠재적인 행동규범을 위해 존재하는 것. 「클라이드 클러크혼(Clyde Kluckhohn)과 켈리(W. H. Kelly)」
– 대부분은 배우고 전승되는 자동반사, 습관, 기술, 사상 그리고 행동을 유도하는 가치관을 말한다. 「알프레드 크로버(Alfred Kroeber)」
– 인간이 만들어낸 환경의 일부. 「멜빌 허스코비츠(Melville J. Herskovits)」
– 문화는 의미의 망으로 이루어져 있으며 상징형식으로 표현된다. 인간과 문화의 관계는 거미와 거미줄의 관계와 같다. 「클리포드 기어츠(Clifford Geertz)」
– 살림살이의 꼴, 또 솜씨. 개인이면 개인, 집단이면 집단, 민족, 국민이 그 생활을 경영하고, 유지하고, 발전시켜가는 과정에서 사용한 방법, 작성한 양식, 재료를 이용하는 기술, 가치를 건설한 능력.(최남선)

른 모든 능력이나 관습들을 포함하는 복합총체"라고 규정했다(Tylor, 1871: 1). 타일러는 인류가 사회를 구성하고 살면서 성취한 다양한 요소들 전체를 문화로 보는 것이다. 이 정의는 흔히 인류학에서 총체론적 문화개념 또는 생활양식으로서의 문화개념으로 알려져왔다. 문화를 이렇게 생활양식의 모든 측면을 포괄하는 구체적인 사물들을 포함하는 것으로 정의하는 의견에 대한 불만도 적지 않았다. 문화의 개념을 그렇게 폭넓게 정의한다면, 문화가 아닌 것이 무엇이며 나아가 실질적으로 현상을 분석하고 이해하는 데 어떤 도움을 줄 수 있느냐는 비판이 제기된 것이다.

타일러류의 총체적 문화개념에 대한 대안으로 제시된 다양한 문화개념 중에 문화를 하나의 추상적인 관념으로 보려는 시도가 있다. 미국의 인류학자인 워드 구디나프(Ward Goodenough)는 문화는 사람의 행위나 그 행위의 결과로 나타나는 구체적인 사물이 아니라 사람들의 마음속에 존재하는 하나의 관념적 모델이라고 규정한다. 즉 '행위를 위한 유형(pattern for behavior)'과 '행위들의 결과에서 발견되는 유형(pattern of behavior)'을 구분하고 문화는 사람들로 하여금 일정한 유형의 행위를 하게끔 하는 행동의 문법, 즉 관념적인 유형·모델이라고 정의한다.

총체론적인 관념을 따른다면 문화는 곧 한 집단의 생활양식의 총체로 정의되며, 위에서 인용한 문화라는 용어의 다양한 사용이 문제될 것이 없어 보인다. 반면에 관념론적인 정의를 따른다면 문화는 일상생활에서 보이는 구체적인 행위나 그러한 행위의 결과로 축적된 물질문화 자체가 아니다. 예를 들어, 한국 문화는 한옥이나 한복, 음식과 같은 구체적인 물질문화이거나 어른 앞에서 담배를 피우지 않는 구체적인 행위가 아니라, 어른 앞에서 담배를 피우는 것이 무례한 행위라고 받아들여지는 공통의 관념들을 통해서 들여다볼 수 있는 추상적 관념체계가 한국 문화라는 것이다.

이러한 총체론적 또는 관념론적 문화개념은 그러나 현대사회에서 분석의 적실성을 갖고 있느냐는 점에서 비판을 받기도 한다. 김광억(1999)은 현대 인류학에서 논의되어온 문화의 개념을 네 가지로 분류한다. 첫째, 윤리와 미학의 영역에서 논의되는 "인간다움에 대한 철학적 이상," 둘째, 일상과 구별되는 "미적 활동 및 그 결과물," 셋째, 대중문화, 소비문화에서 사용되는 것처럼 "소비의 대상으로서의 생활 스타일과 물질생활," 넷째, "사회적 관습과 제도"들이다. 이러한 네 가지의 개념에서 인류학은 네번째 사회적 관습과 제도에 관심을 집중해왔다고 설명한다(김광억, 1998: 2-3). 그러나 그렇다고 해서 인류학이 다른 차원의 문화들을 배제하는 것은 아니다. 생활양식으로서의 문화개념에 주목하는 학자들은 이미 물질문화의 중요성을 일찍부터 강조해왔고, 예술인류학자들은 예술작품을 통해 그 문화의 미의식과 이에 반영되는 해당 사회의 우주관, 사회관계, 정치경제적 함의, 종교적 의미 등을 파악해왔다(앞의 책: 3). 소비의 대상으로서의 문화 역시 근래 인류학자들의 관심을 끌어온 문화의 한 측면이기도 하다.

애초에 문화는 자연에 대비되는 개념으로서 자연에 가해진 인공, 인위적인 산물이라는 의미를 내포하고 있다. 영어에서의 'culture'라는 용어가 어원상 '경작하다'라는 뜻이 포함되어 있고, 따라서 자연에 가해진 인간의 창조적 행위의 결과물들을 문화라고 보는 관점이 가장 일반적인 것이라고 할 수 있다. 주어진 주제나 연구의 목적에 따라 위에서 살펴본 다양한 관점에서의 문화개념 중 가장 적절한 것을 선택적으로 사용할 수 있으리라 생각된다. 중요한 것은 문화의 개념규정이 아니라 문화를 어떻게 이해하느냐는 방법론과 관점의 문제라 생각된다.

3. 문화의 속성과 연구관점

문화를 연구하는 인류학자들은 문화를 이해할 때 가져야 할 기본적인 생각으로 문화는 다르지만 인간이 공유하는 심리적 제일성과, 문화의 상대성과 총체성을 인식해야 함을 지적해왔다(전경수, 1994: 34-36).

1) 제일성

인류학에서의 심리적 제일성은 논어의 구절 "성상근, 습상원(性相近, 習相遠: 인간의 본성은 서로 비슷한데, 그들의 습속은 서로 차이가 많이 난다)"을 인용해서 설명되기도 한다(전경수, 1994: 35). 즉 다양한 문화를 지니고 있는 인간은 "마음이 표현되는 방향과 방법은 다를지언정 사람의 마음은 동일하다"는 것이다. 초기의 인류학자인 타일러가 심리적 제일성(psychic unity of mankind)을 주장한 것도 같은 인류이기 때문에 공유하는 공통분모가 있으며 이에 기반해서 특수함과 차이를 이해할 수 있다는 것이다.

2) 상대성

인간의 보편적 요소인 제일성에도 불구하고 각 문화는 본질적으로 상대성을 지니고 있음을 또한 알 수 있다. 즉 다양한 문화는 그 문화를 만들고 영위해온 사람들이 자신들의 자연환경과 고유한 역사적 경험 같은 인문환경에 맞추어 형성된 것이다. 문화의 상대성은 관념적인 차이에서뿐만 아니라, 구체적인 행위가 다르게 해석되어지는 것에서 확인된다. 예를 들어, 미국에서 선생님께 꾸지람을 듣는 학생이 선생님의 눈을 똑바로 쳐다보는 것은 꾸지람을 달게 받는 예의바른 행동이다. 반면에 선생님의 눈을 피해 아래를 내려보는 습관은 선생님의 꾸지람에 저항하는 표시로 해석된다. 이러한 행위는 한국에서는 정반대로 해석된다. 즉 선생님의 눈을 똑바로 쳐다보는 행위는 선생님의 꾸지람에 저항하는 것이고, 눈을 아래로 내려보는 행위는 겸손한 자세로 해석된다. 한국과 일본에서 여자들의 앉음새에 대한 상이한 해석도 같은 예이다. 공손한 앉음새로 일본 여자는 '꿇어'앉지만, 한국 여자는 두 다리를 수직 교차시키는 L자의 자세가 정좌이다. 그러나 이러한 앉은 자세는 두 문화에서 서로 다르게 해석된다. 한국인들은 꿇어앉은 일본 여성을 야단맞거나 복종적인 자세로 이해한다. 반면에 일본인들은 한국 여성의 앉음새를 공손하기보다는 성적인 충동을 자극하는 것으로 이해한다고 한다(전경수, 1994: 39).

3) 총체성

문화의 총체성은 문화의 개념규정 자체에서도 보인다. 즉 문화는 여러 요소들이 각기 독립되어 있는 것이 아니라 서로 연결되어 하나의 전체를 이루고 있다. 이것은 말리놉스키(Malinowski)가 연구한 트로브리안드 섬의 쿨라(Kula) 관습을 보면 잘 알 수 있다. 말리놉스키는 조개 목걸이와 팔찌의 의례적 교환망인 쿨라망을 연구하면서 의례적 교환과 함께 이루어지는 물물교환과 정치적 과정을 발견했다. 말리놉스키는 '쿨라'라는 의례적 교환망을 단순히 의례의 측면에서만 연구할 때 트로브리안드 사람들의 경제 및 정치 행위와 같은 중요한 문화적 측면을 간과하게 된다는 것을 발견하고, 문화연구에 있어 체계적이며 총체적인 관점의 필요성을 강조하게 된 것이다. 즉 문화의 속성 자체가 부분들이 단순히 모여 합을 이루고 있는 것이 아니라, 각 부분들이 맺고 있는 유기적 연결을 고려하지 않으면 이해할 수 없는 것임을 깨달은 것이다.

4. 문화상대주의와 반문화상대주의

문화상대주의는 위에서 본 문화의 상대성을 이해하기 위한 인류학의 관점이다. 19세기 말과 20세기 초에 이르는 진화론적 인류학자들에 반대한 프란츠 보아스(Franz Boas)는 진화론자들의 역사발전단계에 대한 이론화 작업은 불충분한 자료에 근거한 논리적 억측이라며 엄밀하게 정의된 소규모의 지리적 영역 내에서 각 지역의 고유한 역사적 경험과 환경에 근거한 문화를 구체적으로 연구해야 한다는 '역사적 특수주의'의 방법을 주장했다. 이러한 보아스의 영향을 받은 미국의 후대 학자들 중, 특히 허스코비츠(Herskovits)는 문화상대주의를 체계화시키는 데 중요한 기여를 했다. 허스코비츠는 문화상대주의가 문화를 연구하는 기본적인 관점이 되어야 할 이유를 "판단은 경험에 기초하며, 경험은 개인의 문화화라는 맥락에서 그 사람 자신에 의하여 해석된다는 사실"을 강조한다(유명기, 1993: 35). 그에 따르면, 개인의 행위는 "문화적 배경에 비추어 평가되어야 하며, 공간적으로나 시간적으로도 모든 사람에게 해당하는 도덕적 표준이라는 것은 존재하지 않는다"는 주장을 한다(앞의 책: 35).

1930년대 이래 미국 인류학에서 문화상대주의는 문화를 연구하는 하나의 기본적 입장이 되었다. 인류학자들 중에 문화상대주의를 전적으로 부정하는 사람들은 거의 없다고도 할 수 있었다. 더욱이 서구 유럽 중심의 진화론적 역사발전에 대한 거부감과 다른 문화를 유럽 중심의 가치로 판단하는 '자문화[민족]중심주의'를 철저히 비판해온 인류학자들은 문화상대주의에 대한 일말의 불만이 있었음에도 이를 전적으로 부인할 수 없었다고 할 수 있다.

그렇다면 문화상대주의는 절대적이고 최선인 입장인가? 다음은 전세계 여성인구의 30%가 직면하고 있는 문화적 관습에 대한 논란이다. 이 문제를 검토해보는 것이 문화상대주의의 관점을 재고해볼 기회가 될 듯 하다.

그 하나의 예로서 여성할례는 이슬람 문명권의 사회나 아프리카에서 발견되는 관습으로 주로 성인식에서 여성에게 행해지는 것으로 의학적으로는 '음핵절제시술'이라 불린다. 이 의례는 마을의 어른들에 의해서 위생상태가 불결한 환경에서 진행된다. 의례를 주관하는 사람들은 여자아이가 이 의례를 통하여 온전한 여성으로 새롭게 태어나는 것이고 사회적으로도 아이가 성인이 되었음을 확인하는 의미있는 전통이라고 설명한다. 그러나 여성단체나 세계보건기구(WHO)와 같은 기구는 이 의례로 많은 여성들이 회복할 수 없는 질병에 걸리거나 출산력을 상실하기도 하고, 심한 경우 목숨을 잃기도 한다며 이 관습의 폐지를 주장해왔다. AIDS 감염율이 높은 아프리카 지역에서 아무런 소독도 없이 같은 도구로 여러 명의 여성들의 음핵을 절제하기 때문에 이 의례에서 질병 감염의 위험이 매우 높다. 또한 운이 좋아 감염되지 않은 여성들도 기본적 인권이라 할 수 있는 성적 욕망의 추구에 심각한 장애를 가져오기도 한다.

이런 상황에서 세계보건기구(WHO), 유엔아동기금(UNICEF), 여성인권단체 등은 아프리카나 아랍권에서 행해지는 '여성할례(음핵절제시술)'의 중단을 위한 홍보활동 및 입법화를 추진하고 있다. 1996년 9월 미국하원은 '여성할례'를 불법화하고 이를 시술하는 부모나 당사자는 5년 이하의 징역에 처하기로 했으며, '여성할례 금지교육'을 실시하지 않는 아프리카 국가에 대한 차관 공여를 중단하도록 하는 법안을 통과시켰다. 반면에 일부 서아프리카의 여성들은 자신들의 전통적인 문화를 폐지하려고 하는 서구 유럽인들의 시도라며 반발하기도 했다. 특히 이슬람권에서는 서구 기독교 문화를 중심으로 한 백인들이 자신들의 문화적 관점에서 아프리카나 이슬람 문화를 모독하는 제국주의적 행위라며 비난했다.

여성할례를 둘러싸고 벌어지고 있는 이러한 논쟁은 크게, 국제사회가 개입해서라도 이러한 관습을 폐지해야 한다는 주장과, 여성할례를 비판하는 것은 기독교 중심의 서구 문화가 자신들의 문화적 관점에서 다른 문화를 비하하는 것이라는 주장으로 대별된다. 서구사회에 대한 일부 비판론자들은 '문화상대주의'의 관점을 인용하면서 비판하기도 한다.

이 논쟁은 문화상대주의와 관련된 핵심적 주장들을 모두 내포하고 있다. 낯선 문화를 자신들의 문화를 중심으로 판단해서는 안 된다는 문화상대주의 입장은 때로, 외부인은 다른 문화에 대해 가치판단을 해서는 안 된다는 주장으로도 전환되는 것이다. 이런 입장을 비판하는 사람들 역시 문화상대주의를 가치상대주의, 윤리상대주의로 폄하하면서 문화상대주의는 지적·도덕적 허무주의요, 책임을 회피하는 입장이라고 비판하는 것이다. 인류학자들 역시 이러한 지적들에 대해 진지한 자기성찰을 하기도 한다.

> 나는 어떤 모순에 부딪칩니다. 나 자신이 속해 있는 사회가 특정한 행동양식이나 특정 행동을 택하는 것을 보게 될 때 분노와 환멸을 느끼지만 그 비슷한 것들을 소위 우리가 일컫는 원시사회들에서 보게 될 때는 가치판단을 하려 하지 않습니다. 왜 그렇게 될까를 알아보려고 노력하고 그러한 행동양식이나 태도가 존재하는 한, 그것에 어떤 이유가 반드시 있을 것이라는 가정 위에서 작업하기도 합니다(레비-스트로스, 1984: 9).

인류학자는 여아살해나 고문과 같은 잔혹한 행위가 자신이 연구하는 사회에서 관찰될 때, 그러한 행위들이 그 사회에서 갖는 의미는 무엇이고, 이들은 왜 이런 행위를 하는가를 최대한 그들의 관점에서 이해하려는 자세로 생각하는 경향이 있음을 지적한 것이다. 하지만 같은 인류학자들이 그와 똑같은 행위들이 자신이 속한 사회에서 발생한다면, 생각할 것도 없이 그런 반인권적인 행위들이 철폐되어야 함을 소리 높여 주장하게 된다고 말한다. 전자의 경우 인류학자들은 자신들이 마땅히 해야 할 도덕적 판단, 시민으로서의 의무를 방기하는 것은 아닐까? 레비-스트로스의 이 질문은 오늘 문화상대주의에 관한 우리들의 고민을 반영하는 것이기도

하다.

문화상대주의에 반대하는 사람들의 기본적인 논리는 이 점에서 시작된다. 즉 문화상대주의는 "무사려한 관용, 이념적 난교, 평등주의적 위선"에 지나지 않는 것이고 "인식적, 도덕적 가치판단의 보편원리를 부정함으로써 인간행위와 사물에 대한 판단, 그리고 통문화적 비판과 의사소통을 불가능하게 하는 지적 허무주의일 뿐"(유명기, 1993: 38)이라고 비판한다. 나아가 "상대주의는 옹호될 수 없는 '입장' 정도가 아니다. 그것은 도대체 '입장'이라고 말할 수 없다"(Dan Sperber, 1982; 유명기, 1993: 38에서 재인용)는 극단적 평가를 받기도 한다.

문화상대주의를 반대하는 사람들은 우선 문화상대주의를 도덕상대주의의 측면에서 비판한다. 가치판단을 포기했다는 것이다. 따라서 옳고 그름을 포기한 이 입장은 나치즘 같은 인류사회의 공적마저도 그들의 입장에서 이해하고 판단해야 한다는 주장을 할 것이라고 비판한다. 시카고 대학의 사회사상 교수인 앨런 블룸(Allan Bloom)은 『미국 지성의 종말』에서 문화상대주의의 "개방적인 태도는 과거에는 이성을 사용하여 좀더 나은 것의 추구를 가능하게 하는 덕목이었으나 이제는 모든 것을 인정하며 이성의 힘을 부인하는 것"으로 타락했고, "문화상대주의는 자기 자신뿐만 아니라 선 자체마저도 파괴"해버렸다(Bloom, 1987: 35; 한경구, 2000: 32-33에서 재인용)고 비판한다. 이러한 주장들은 문화상대주의가 갖는 전복적 성격에 대한 미국사회의 신보수주의의 반응의 하나라고 평가된다(한경구, 2000: 34).

다른 차원에서 가해지는 문화상대주의에 대한 비판은 인식상대주의라고 할 수 있다. 이들은 모든 문화를 그 문화의 맥락에서만 이해할 수 있고 평가할 수 있다면, 궁극적으로 문화간 의사소통이나 상호 이해는 인식론적으로 불가능한 것이 아니냐는 것이다. 결국 "문화의 번역이 가능하다면 그것은 상대주의가 허위라는 의미이며 상대주의가 진실이라면 문화의 번역은 불가능"(Newton-Smith, 1982; 유명기, 1993: 50에서 재인용)한 것이 아니냐는 비판이다.

그러나 위에서 본 도덕상대주의나 인식상대주의를 통한 문화상대주의의 비판은 의도적인 왜곡과 편향된 비판이라 할 수 있다. 우선 문화상대주의를 도덕적 허무주의 또는 윤리적 판단의 포기로 보는 견해는 문화상대주의라는 입장이 형성된 역사적 맥락에 대한 무지에서 나오는 주장이다. 서구·유럽 중심의 세계관과 가치가 보편적 선으로 인정되던 사회에서, '자민족중심주의'에 대항한 상대주의는 지배문화와 주류에서 배제된 소수문화와 비주류 사회를 보호하고 옹호하는 전복적 수단이었으며, 나아가 "항거의 이념이고 해방의 이념"이었다(김여수, 1991: 64). 실질적으로 문화상대주의의 입장을 갖고 다른 문화를 연구하는 인류학자들이 윤리적, 도덕적 허무주의에 빠진 타협주의자나 도피주의자였던 사례는 없다. 실제 인류학자들은 자민족중심주의가 갖는 폐해를 극복하는 것을 최고의 가치로 여긴다. 미국의 일부 보수주의자들이 문화상대주의를 비판하고 나선 이유는 현재 미국사회가 당면한 사회문제나 자신들이 미국문화의 핵심이라고 여겨온 것들이 해체되는 상황을 문화상대주의의 탓으로 돌리려 하기 때문이다. 즉 이민자들과 그들이 들여온 부정적인 관행들이 미국 사회의 건국이념이나 기본적인 사회적 규범들을 파괴시킨 원인이라는 주장인데, 이것은 이민자들과 같은 소수민족과 사회의 주변적 집단에 책임을 전가하는 것에 지나지 않는다.

문화상대주의를 인식론적 상대주의로 비판하는 입장에 대해 유명기(1993)는 어린아이가 새로운 개념을 배워나가는 과정을 통해 반박한다. 즉 어린이가 '유령'의 개념을 배워나갈 때, 처음에는 유령이라는 개념의 이해 없이 말하는 것부터 배우지만, 반복되는 이야기를 통하여 유령이라는 어휘에 부여된 의미를 배우게 되는 것처럼, 인류학자도 다른 문화에 들어가서 그 문화구성원들의 "언어와 맥락과의 반복적 연결"을 통하여 "해당문화의 개념세계를 이해"하게 된다고 주장한다(유명기, 1993: 50-51). 이러한 주장은 인류학자가 다른 문화를 완벽하게 이해할 수 있다는 것은 아니다. 어린이가 자라면서 자신이 속한 문화의 복합적이고 중층적인 문화를 더 잘 이해할 수 있듯이, 인류학자 역시 다른 문화를 연구하는 과정에서 어느 단계가 온전한 다른 문화의 이해인지를 규정할 수는 없다. 기어츠(Geertz, 1973: 29)가 말한 대로 다른 문화를 깊이 이해해나가는 것은 한편으로는 그 문화에 대해 점점 불완전한 이해로 가는 것인지도 모른다. 그러나 다른 문화를 객관적으로 이해한다는 주장 자체가 갖는 인식론적 문제를 고려한다면, 인류학자들은 '부분적' 또는 '불완전한 이해'를 인정하는 것을 주저하지 않는다(Clifford, 1986). 또한 문화 자체가 서로 경쟁하는 '코드와 재현물'이기 때문에 다른 문화를 객관적으로 이해할 수 있다는 주장은 의미가 없을뿐더러, 오히려 인류학자의 타문화이해가 '부분적 진실'임을 인정하는 것이야말로 다른 문화를 온전히 이해하는 시작이라고 본다(앞의 책: 2).

이상에서 살펴본 인류학의 관점들과 그에 대한 비판들을 검토한 필자의 논의는 인류학의 관점들이 아무런 문제나 한계가 없다는 것은 아니다. 문화상대주의는 분명 기본적 인권과 같은 개념 앞에서 현실 도피적인 성격이 있는 것으로 해석될 수 있다. 르완다에서 벌어진 종족학살이나 보스니아에서 벌어진 인류의 비극 앞에서 문화상대주의는 과연 어떤 의미와 힘을 갖고 있을까? 인류학자들은 레비-스트로스의 고백대로 자기 앞에 닥친 모순적인 현실을 어떻게 해결할 수 있을 것인가?

필자는 문화상대주의를 비판하는 반문화상대주의자들의 논지에 대한 기어츠의 답변이 우리에게 무엇이 중요한가를 일깨워줄 수 있으리라 생각한다. 기어츠는 문화상대주의의 한계를 비판하는 반문화상대주의자들을 반박하면서, 자신은 문화상대주의를 옹호하는 것이 아니라, 이를 비판하는 반문화상대주의를 반대한다고 했다(Geertz, 1984). 즉 문화상대주의는 한계가 있지만, 그럼에도 불구하고 문화상대주의가 없는 사회가 갈 수 있는 극단적 자문화중심주의의 위험과 폐해를 고려한다면 문화상대주의는 여전히 그 의미와 역할이 중요하게 평가되어야 한다는 것이다. 유럽에 확대되고 있는 이민자들에 대한 공격과 차별, 종교와 종족성에 근거한 대량학살, 백인중심의 인종주의가 여전히 지속되고 있는 현실은 지난 세기에 문화상대주의가 국제이해와 타문화이해에 기여한 역할이 여전히 요구되고 있음을 알 수 있다.

5. 문화학습의 전략

낯선 문화를 이해하고 배우고자 할 때 중요한 과정을 단계로 나누어 설명해보자. 우선 낯선 문화를 접하는 개방적 자세를 갖는 것이 중요한 출발이라 하겠다. 이 개방적 자세의 밑그림은 문화를 보는 인류학의 기본 전제들과 문화상대주의와 같은 관점이다. 아래의 단계들은 다니엘 워커(Danielle Walker, 1995: 33-35; 이두원, 2001: 274-275)의 타문화학습 모델의 단계와 내용을 필자가 새롭게 변형한 것이다.

제1단계: 개방적 자세(열린 마음)

목표: 타문화 수용 태도를 개발한다.

– '우리는 모두 같은 사람이지만 상이한 문화를 형성해왔다'라는 인식에서 타문화의 이질성을 있는 그대로 인정하려는 열린 마음을 갖고 있는가?
– 객관적이고 공정한 방식으로 나 자신의 문화적 성향을 검토하며, 역효과를

초래하는 문화적 습관을 탈피하려는 열린 마음을 갖고 있는가?
- 타문화의 방식이 내가 믿고 있는 현실·사실과 상반될 때, 또한 내가 알고 있는 효율적이며 적합한 방식과 불일치할 때 상대의 방식을 수용하려는 열린 마음을 갖고 있는가?
- 타문화에 대한 성급한 평가를 피하고, 고정관념에 얽매이지 않으며, 자문화 중심적 행위를 지양하면서 타문화를 경험하려는 열린 마음을 갖고 있는가?
- 안정된 마음과 침착한 행동을 유지하면서, 타문화의 다른 관점에서 입장을 바꾸어 사안을 바라볼 수 있는가?

제2단계: 타문화에 대한 지식의 축적
목표: 견실한 문화적 기초 지식을 쌓는다
- 모든 문화(또는 특정한 문화)에 대하여 내가 반드시 알아야 할 것은 무엇인가?
- 내가 필요한 문화적 지식을 제공할 수 있는 자료는 어떤 것이 있는가?
- 어떻게 장기적으로 나에게 도움이 될 수 있는 실천적 문화적 지식을 지속적으로 습득해갈 수 있는가?

제3단계: 문화간 숙련 및 기술
목표: 문화간 접촉의 효율성을 극대화할 수 있는 행동 및 행위를 개발한다.
- 어떻게 문화적 인식과 지식을 기능적 기술로 활용할 것인가?
- 어떤 기술이 문화간 갈등을 최소화하며 생산성과 효율성을 극대화하는 데 도움이 될 수 있는가?
- 어떻게 '문화간-기술(cultural skills)'을 지속적으로 숙련하고, 문화적 수용력을 개발할 수 있는가?
- 어떻게 '문화간-기술'을 타문화 학습에 대한 개방적 자세를 강화하는 데 사용할 수 있는가?

제4단계: 자신과 타인에 대한 인식
목표: 자신과 타인 사이의 이질성과 동질성을 인식한다

〈표 1〉 타문화학습과 이해의 능력 개발 모델

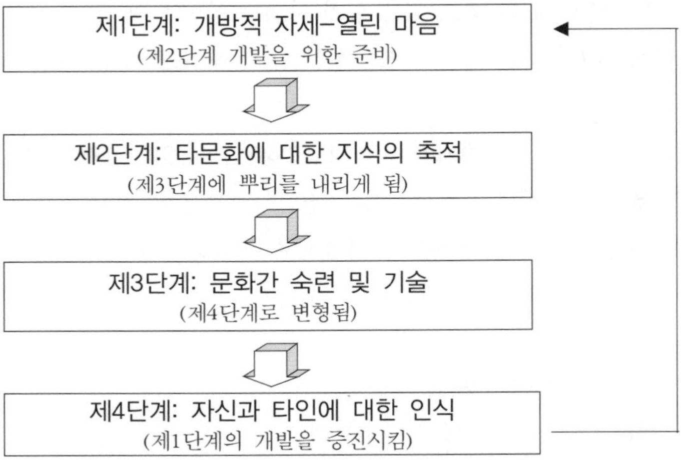

① 자신에 대한 인식

– 나 자신의 문화적 오리엔테이션(성향)은 어떠한가? 내가 비즈니스를 하거나 낯선 문화에 속한 사람들을 만나는 데 이러한 성향이 어떤 영향을 미치는가?

– 내가 속한 문화나 사회의 주류로부터 나는 얼마나 이질적 측면을 갖고 있는가?

– 나의 적응력은 어느 정도인가? 문화간 접촉에서 어떻게 나의 능력을 증진시킬 수 있는가?

② 타인에 대한 인식

– 그들의 주된 문화적 오리엔테이션(성향)은 어떠한가? 이러한 성향이 그들의 행동이나 사고에 어떤 영향을 미치는가?

– 그들이 속한 문화와 사회의 주류는 어떠한 것인가? 그들 문화의 주요 변인으로 어떤 것들이 있는가?

– 그들의 적응력은 어느 정도인가? 나와 나의 문화에 대해 배우려는 그들의 의지는 어느 정도인가?

– 동질적·공통적 측면이 존재하는가? 어떻게 상호간 공감대를 형성할 수 있는가?

제4단계의 인식은 다시 제1단계로 순환하면서 각 개인의 문화적 감수성을 심화 개발시키게 된다. 이 과정을 도표로 표시하면 <표 1>과 같다.

6. 문화학습의 사례

부록에 소개되는 문화학습의 사례들을 통해서 실제 타문화를 이해하는 데 어떤 지식과 단계들이 필요한지 살펴보자. 문화간 이해를 위한 개방적 자세를 전제로 할 때 각 사례들이 어떤 문화적 지식을 요구하고 있는지 확인하고, 그러한 지식이 없을 때 어떤 자세로 접근해야 하는지 토론하자. 다음의 사례들은 문화감수성 훈련을 위한 시민교육 프로그램에서 인용한 것이다(한건수, 김현미, 정진웅, 김찬호, 2002).

〈질문 1〉 왜 Mr. Kim과 하인리히는 기분이 나빠졌을까?

미국 실리콘벨리에서 한국 기업과 중요한 거래를 하는 전자회사의 직원인 독일계 미국인 하인리히는 서울에서 업무차 회사를 방문한 한국인 Mr. Kim을 안내하게 되었다. 회사와 공장시설을 안내하기로 되어 있는 날, 하인리히는 Mr. Kim에게 호텔 방에서 기다리고 있으면 호텔 로비에서 전화를 하기로 약속을 했다. 몇 가지 업무를 처리하고 호텔로 가던 하인리히는 예기치 않은 교통체증 때문에 약속시간에 도착하지 못할 것 같아 Mr. Kim의 방으로 전화를 걸었다. 그러나 Mr. Kim은 호텔 방에 없어서 전화연결이 되지 않았고, 중요한 사업 파트너의 행방을 알 수 없는 상태에서 약속시간에 늦게 된 하인리히는 걱정과 근심 때문에 극도로 예민해졌다. 30분을 교통체증에 시달린 하인리히는 호텔에 도착하자마자 Mr. Kim의 방으로 뛰어올라갔고, 방에서 만난 Mr. Kim에게 왜 호텔 방에서 기다리고 있지 않았는지를 물었다. Mr. Kim은 호텔 로비에서 기다리고 있었노라고 대답했고, 하인리히는 Mr. Kim보고 방에서 기다리기로 하지 않았느냐며 Mr. Kim을 탓하는 표현을 했다. Mr. Kim은 곧 표정이 어두워졌고, 둘의 관계는 껄끄러워졌다.

〈질문 2〉 그 회사는 기강이 없을까? 아니면 무례한 직원일까?

비즈니스맨 M씨는 일본 상사 직원 와타나베 씨를 만나 무역 거래에 관해 여러 가지 이야기를 나누었다. 와타나베 씨는 한국어가 꽤 유창한 사람이다. 그런데 자기 회사 사장에 대해 이야기할 때 전혀 존칭을 사용하지 않았다. 예를 들어, "우리 사장은 말했습니다"라는 식이었다. M씨는 의아하게 생각했다. 자신의 상사에 대해 존칭을 사용해야 하는 건 아닐까? 예의 바르다는 일본 사람이 어떻게 저렇게 말할까? "우리 사장님은 말씀하셨습니다"라고 해야 하는 것 아닌가? M씨는 처음에 와타나베 씨의 한국어 실력 때문이라고 생각했으나, 대화가 길어질수록 그렇지 않다는 것을 알았다. M씨에 대해 이야기할 때는 정확하게 존칭어를 구사했기 때문이다. M씨는 와타나베 씨의 말을 들으면서 와타나베 씨가 무례한 직원이거나 아니면 그의 회사 조직에 기강이 없는 것이 아닌가 생각했다. 아무리 사장이 옆에 없다고 저렇게 말해도 되는지, 예의 바르다는 일본 사람에 대해 다시 생각해야 한다고 속으로 중얼거렸다.

〈질문 3〉 교사는 무엇을 물어보았을까?

다음은 미국에 유학 간 한국 학생과 교수 사이에 벌어진 대화이다. 학생이 숙제를 해오지 않아 교수가 물어보았다. “Why didn't you do your homework?” 학생은 기어들어가는 소리로 대답했다. “I am sorry” 이 말을 들은 교수는 다시 물었다. “I am asking you why you did not do your homework.” 학생은 더욱 몸둘 바를 몰라하면서 대답했다. “I am sorry. I will do my homework next time.” 교수는 마지못해 말을 이었다. “All right. Then see you tomorrow.” 이에 학생은 더욱 기죽은 표정으로 대답했다. “I am really sorry.” 이 대화가 끝난 다음에 학생과 교수는 각각 무슨 생각을 했을까?

〈질문 4〉 그 아이는 왜 교사를 뚫어지게 쳐다보았을까?

미국에서 초등학교를 다니다가 5학년 때 한국에 돌아와 새로운 학교에 전학한 S군은 어느날 학교에서 선생님에게 꾸중을 듣게 되었다. 그런데 그 아이는 꾸중을 들으면서 교사의 눈을 똑바로 쳐다보았다. 교사는 매우 불쾌하게 생각하여 더 심하게 야단을 쳤고, 그럴수록 아이는 눈을 더 크게 뜨고 선생님을 쳐다보았다. 이에 교사는 화가 나서 급기야 손찌검을 하게 되었다. 왜 아이는 그렇게 선생님을 뚫어지게 응시했을까?

〈질문 5〉 웬디가 보인 반응은 어떠한 문화적 차이에 기인한 것일까?

미국 대학으로 유학을 간 희경은 학교 기숙사에 기거하며 미국 여학생 웬디와 한 방을 사용하게 되었다. 둘은 얼마 동안은 낯설음에 언어소통의 어려움이 더해 서먹한 관계였으나 시간이 지나며 점차 친해지게 되어 한학기가 끝나갈 즈음에는 자주 얘기를 나누는 사이가 되었다. 그러자 희경은 난생처음 타지에서 생활하고 또 공부하면서 겪는 어려움과 그에 따라 의기소침하게 되는 여러 가지 사연들을 털어놓을 만큼 웬디를 스스럼없이 느끼게 되었다. 그런데 어느날 희경의 하소연을 다 듣고난 웬디는 희경에게 “근데 넌 날 어떻게 생각하길래 네 그런 약점들을 다 내보이는 거니?” 하고 물어 희경을 무척 당황하게 했다.

<참고문헌>

김광억. 1998, 「문화에 대한 인류학의 개념과 연구방법」, 김광억 편, 『문화의 다학문적 접근』, 서울대학교 출판부.
김여수. 1991, “상대주의의 논의의 문화적 위상,” ≪철학과 현실≫, 철학문화연구소.

샤르보니에, 죠오지. 1984, 『레비-스트로스와의 대화』, 현암사.

유명기. 1993, "문화상대주의와 반문화상대주의," ≪비교문화연구≫ 제1집.

이두원. 2001, "문화간 커뮤니케이션 능력," 김숙현외, 『한국인과 문화간 커뮤니케이션』, 커뮤니케이션북스.

전경수. 1994, 『문화의 이해』, 일지사.

한건수·김현미·정진웅·김찬호. 2002, "문화감수성 훈련을 위한 시민교육 프로그램," 또 하나의 문화 편, 『글로벌 시민교육 매뉴얼 및 자료집』, 또 하나의 문화.

한경구. 1995, "이 땅에서 인류학을 하기 위하여: 전경수 著 문화의 이해에 대한 논평," 『사회과학논평』13, 한국사회과학협의회.

______. 2002, "문명의 충돌과 문화상대주의," ≪국제이해교육≫ 통권7호.

Walker, Daniel. 1995, *Doing Business Internationally: The Guide to Cross-Cultural Success.* New York: IRWIN.

영어를 통한 한·일 국제이해

킵 케이츠(돗토리 대학교 교수, 일본)
옮긴이: 김희진·곽숙희(아시아·태평양 국제이해교육원 교육정보실)

1. 영어에 관한 여러 가지 입장들

한국과 일본에서는 널리 많은 사람들이 영어를 외국어로서 공부하고 있다. 한·일 간의 좀더 낳은 관계를 증진시키기 위해 영어 교사들에게 영어의 본성 그 자체를 새롭게 정의하는 것은 아주 중요하다. 외국어로서 영어를 가르치는 영어 교사들을 위하여 영어는 전통적으로 다음과 같이 알려져왔다.

① 단어와 문법 및 발음의 음성학적 체계.

② 학교 교과목으로서 대학입학시험을 위한 과목.

③ 가족, 스포츠, 패션 및 취미와 같은 종류의 주제에 관하여 일상적으로 대화하기 위한 언어.

④ 미국, 영국, 오스트레일리아 및 캐나다와 같은 나라들에서 사용되는 모국어.

이러한 전통적인 입장은, 영어 교사들은 문법을 가르치거나, 국가 시험들을 대비하고, 일상적인 대화 표현들을 연습하고, 미국이나 영국에 대해서 가르치는 것으로 한정짓는다. 이와 대조적으로, 점차 많은 교육자들이 이러한 입장을 넘어서서 영어를 다음과 같이 재정의하고 있다.

⑤ 전세계의 사람들과 의사소통하기 위한 국제적인 언어.

⑥ 세계의 다른 나라들, 문화들, 민족들과 문제들에 대하여 배우기 위한 '세상의 창구'와 같은 역할.

⑦ 전 지구를 의식하고 국제이해와 평화증진을 위한 교육의 수단.

영어교육의 이러한 새로운 패러다임은 '영어가 국제적 언어'라는, 즉 '내용중심의 언어교수법'이나 언어 교육에서의 '대화식 접근법'이라는 아이디어에 입각한 것이다(Crystal, 1997). 이 새로운 패러다임으로 인해 전문적인 언어 교수협회들 내에서 '글로벌 이슈'라는 특정 관심그룹을 형성하게 되었고, 서로 자신들의 뉴스레터, 웹사이트, 회의프로그램과 프로젝트를 교환하였다. 1991년에 만들어진 '언어교수법을 위한 일본협회(JALT)', 1995년 영국에 본부를 둔 '외국어로서 영어교수를 위한 국제협회(IATEFL)', 1999년 미국에 본부를 둔 '외국어로서의 영어를 가르치는 교사들(TESOL)'이 여기에 포함된다.

영어 교사들이 평화를 만들어갈 수 있는 특정한 공헌은 유네스코의 링구아팍스(Linguapax) 프로젝트와 "외국어와 외국 문학 교육을 통해서 국제 이해와 평화에 공헌할 수 있는 교재내용과 방법"에 관한 링구아팍스 키에브 헌장(유네스코, 1987)에서 명시되어졌다. 국제헌장이 전 세계에 있는 외국어 교사들에게 시사하는 바는 외국어 교육을 통해서, 교사들에게 교육을 통해서 국제이해를 증진할 책임감을 자각시키고, 평화, 관용, 국제이해에 바탕한 언어 교과과정을 기획하며, 언어 교과서에서의 고정관념과 편견을 제거, 학생들이 세계적인 이슈들이나 다른 나라에 대하여 더 많은 지식을 습득하도록 한다.

구체적인 예로서, 평화를 위한 언어 훈련에 관한 구제적인 사례, 접근, 추천사항들은 주요한 링구아팍스의 출판물에서 찾을 수 있다(Raasch, 1991; Raasch, 1993; Raasch 1997; Cunningham 1995). 평화교육에 참여하고 있는 영어 교사들에게는, 영어는 다문화적인 지구촌을 알고, 국제이해를 증진하고, 지구라는 우주선이 직면하고 있는 전 지구적인 문제들을 해결하기 위하여 다양한 문화의 지구촌에 대해 배울 수 있는 기능을 하는 것이다.

2. 한국과 일본의 타문화에 대한 이해

1) 일본과 일본인에 대한 한국인의 태도

1945년에 한국에 대한 일본의 통치는 끝났으나, 한국 내에 일본을 거부하는 태도들은 20세기 말까지 50여 년간 강하게 남아 있다. 이러한 태도들은 영어로 된 소개책자나 한국에 대한 문화적인 소개 속에 나타나 있다.

· 대부분의 한국인들에게 비인간적인 탄압을 했던 일본에 대한 적개심은 아직까지 남아 있다(Saccone, 1994: 15).
· 일제 침략으로 인해 한국 사람들은 일본이나 일본인에 대해 높은 가치를 두지 않는다. 이로 인해 한국에 사는 일본인들에게는 극복해야 할 여러 장애물들이 있다(Hur, 1988).

한국에 관한 외국의 여행책자 속에 묘사된 한국인과의 만남은 이러한 한국인의 태도를 다음과 같이 표현했다.

강씨는 한국 민족주의자였다. 그는 일제 식민시대에 일본이 했던 일들로 인해 일본인을 질색하리만큼 싫어한다. "우리는 두 번 다시 그들을 신뢰할 수 없다. 그들은 지금은 친절한 듯 싶지만, 그러나 그들 내면 저변에는 그렇지 않다. 그들이 한 행동에 대해 난 마음 속 깊이 매우 증오한다. 그들은 우리의 언어를 없애고, 우리의 이름을 빼앗고 일본이름을 사용하도록 만들었다. 그들은 우리들의 왕을 빼앗아갔고, 우리의 보물들을 훔쳤으며, 우리나라를 무너뜨렸다. 나는 그들이 했던 만행에 대해 결코 용서할 수 없다. 또한 나는 내 아이들이 그러한 사실들을 절대 잊지 않도록 할 것을 결심한다."(Winchester, 1988: 143)

이러한 부정적인 태도들은 공개여론 조사에서도 또한 나타난다. 1997년 '아시아 7개국의 일본에 대한 이미지'란 조사에서 다음과 같이 밝혀졌다. "일본이란 이름을 들었을 때 어떤 단어가 떠오르냐?"는 질문에 한국 사람들은 대부분 "식민지, 제2차세계대전, 잔인함"이라고 언급했다. 그와 대조적으로, 태국이나 인도네시아와 같은 나라에선 "지적임, 기술, 공손함"이라 언급했다. 1995년에 했던 또 다른 조사에선 69%의 한국 사람들이 일본을 매우 싫어하는 것으로 나타났었고, 1999년에서야 43%로 그 비율이 떨어졌는데, 세대간의 큰 격차를 보였다. 나이든 층의 56%가 일본을 싫어하는 것에 비해 젊은 층은 29%로 비교되었다.

어느 한국 대학생은 어떻게 일본을 향한 한국 사람들의 태도가 세대에 따라 다른지에 대해 설명한 적이 있다. 그의 말에 따르자면, 일본의 통치를 경험했던 세대는 일본에 대해 감정이 섞여 있다. 나이든 사람들은 일본의 잔인함과 압제를 직접적으로 알고 있는 반면에, 그들은 일본어를 할 줄 알고, 일본 문화에 익숙하며, 그들의 젊은 시절을 일본의 문화 속에 어울려 살아왔었고, 때론 술을 마실 때 일본 노래들을 부르기도 한다 했다. 일본인들의 통치에 대하여 오직 배우기만 했던 부모님 세대는 비록 그들이 일본의 통치를 직접 경험하지 않았을지라도, 일본에 대한 적대감이 조부모님 세대보다 더 강하다. 그와 대조적으로, 어린이 세대는 일본을 증오해야만 하는 것을 당연한 것으로 알고 자라왔다. 그러나 그들은 역사에 대해서 잘 알지도 못하며 관심도 없다.

몇몇의 한국인들은, 일본에 대해 상당한 좋은 이미지를 가지고 있음에도 불구하고, 여전히 부정적인 이미지를 지우기가 어렵다.

필자의 학생들 중 한국 학생은 30대 중반의 서울에 있는 고등학교 영어 교사였는데, 일본에 여러 번 방문한 적이 있었다. 또한 그녀는 일본 교사들과 일본 학생들과 셀 수 없이 많은 즐거웠던 시간들을 나눴다. 그러나 "일본에 대해 어떻게 생각하냐"고 내가 물었을 때, 대답하기 전에 잠시동안 조심스럽게 생각해야 했다. 그리고 대답하길 "난 일본 사람들은 좋지만, 일본은 싫습니다"라고 대답했다.

2) 한국과 한국인에 대한 일본인들의 태도

만일 일본에 대한 한국인의 태도를 표현할 때 역사적으로 '고통과 증오감'이라 한다면, 전쟁 이후 한국에 대한 일본인들의 태도는 '무지와 두려움'이란 단어로 표현될 수 있다. 일본에 있는 젊은 사람들은 일본이 문화적으로 한국에 끔찍할 만큼 좋지 않은 그런 일을 했다는 것을 알지만, 정확하게 그것이 무엇인지를 잘 알지 못한다. 학교에서 역사적 몇몇 사실을 배우는 동안, 잔인했던 전모의 세부적인 내용들은 전혀 나오지 않았다. 이런 잔인한 과거에 대한 지식을 갖고, 일본 젊은이들은 한국 사람들과 관계를 맺는 데 어려움을 종종 느낀다. 많은 사람들이 역사가 그들 목을 죄는 큰 짐이 되고 있다고 느끼고, 그들 스스로 과거의 짐에서 벗어나고자 한다. 이러한 태도로 인해, 어떤 일본인들은 한국인을 두려워하기도 하고, 달갑지 않은 경험을 피하려는 듯이 만남을 적극적으로 회피한다.

이러한 태도는 다양한 상황 속에서 볼 수 있다. 일본 지역에 내가 설립을 도운 국제기관에서 외국 학생들이 현지 고등학교들을 방문하고 일본 학생들을 만나 이야기를 나눌 수 있도록 준비해놓았다. 한 학교에서는, 이집트, 프랑스, 중국과 한국에서 온 학생들이 일본 학생들을 방문하도록 조정하고, 일본학생들에게는 이들의 경험을 두 주제의 에세이로, 첫째는 방문자들과 그들의 나라들에 대한 방문자의 방문 받기 이전의 기대, 둘째는 수업참관 이후의 그들의 생각에 대하여 쓰도록 요구하였다. 한 일본학생은 다음과 같이 썼다. "한국 학생이 수업을 참관한다는 말을 들었을 때 난 전혀 기쁘지 않았다. 일본이 과거에 한국에 잔인한 일을 했다는 것을 알기 때문에 난 한국 학생이 우리 일본 학생들에게 수업시간 내내 우리 반에서 일본이 한국에 했던 만행에 대해 비난할 것이라 확신했었다. 그런데 한국 학생이 도착했을 때 나는 너무도 놀랐다. 그는 유창한 일본어를 구사했고, 재미있는 농담을 했고, 한국에 대한 흥미로운 이야기들을 해주었다. 우리는 모두 그가 방문한 것을 즐거워했다. 그가 방문하기 전에는 난 한국인과 일본인은 절대로 친구가 될 수 없다고 생각했었다. 그러나 이제는 그것이 현실적으로 가능하다고 생각한다."

3) 타문화이해의 장애로서 무지와 편견

1990년대에 있었던 일본에 왔던 한국 청소년들과 한국을 방문했던 일본 청소년들의 경험들을 통해, 일본과 한국 사이의 청소년 교환 프로그램을 통해 우리는 다음과 같은 사실을 정리해볼 수 있었다. 두 나라가 각기 극복해야 할 가장 중요한 문제가 있었다. 일본의 문제는 무지였다. 일본의 젊은이들은 한국을 점령했던 일본에 대하여 조금은 알고 있다. 그리고 잔인한 사실들을 배우면서 놀란다. 한국을 방문하는 일본인들이 이러한 사실들에 무지하기 때문에 한국을 방문했을 때 묶게 되는 한국 가정들을 종종 놀라게 하고 화나게 하기도 했다. 이와 반대로, 한국의 문제는 편견이었다. 학교에서 선생님들과 교과서를 통해 또 가족들과 대중매체 등을 통해서 일본에 대하여 분개할 만한 이야기들을 들으며 자라온 한국 젊은이들은 일본을 방문할 때, 1930년대에 우리 조상들이 당했던 것처럼 거만한 일본인들에 의해 부당하게 대우 받을 것이라는 기대 속에 일본에 도착한다. 이들이 따뜻하게 환영받고, 관대한 일본인 주인 가정들로부터 사랑으로 대접받을 때, 이들은 모두 놀랐고 혼돈스러웠다.

3. 한국과 일본의 영어에 대한 이해

영어는 한국과 일본 사이에 의사소통, 이해와 평화를 증진시키기 위한 중재자의 역할을 할 수 있는 특별한 역할을 갖고 있다. 이에 대한 여러 가지 논리들이 있다.

첫째, 영어는 한국과 일본학교 내에서 필수과목이다. 일본에서는 일반적으로 만 13세부터 영어공부를 시작한다. 중학교 3년, 고등학교 3년 그리고 대학에서 2년 정도, 모두 합해서 8년 가량 영어를 공부한다. 2002년 봄 초부터, 초등학교에도 '일반과목'으로서 영어가 소개되기 시작했다. 한국에서는, 1997년부터 초등학교에서도 영어가 소개되었고, 지금은 초등학교 3학년인 만 9세부터 모든 한국 어린이들은 필수적으로 영어를 배우게 되어 있다. 일본과 마찬가지로, 한국도 중·고등학교 와 대학교에 이르기까지 영어를 계속 공부한다.

둘째, 영어는 한국과 일본 젊은이들 사이에 유일하게 공용되는 언어이다. 일본에서 영어는 일반적으로 중·고등학교에서 유일하게 가르치는 외국어이다. 한국어는 대학 이후에나 선택할 수 있도록 되어 있으며, 최근까지만 해도 선택과목이었다. 한국에서는 영어 다음으로 일본어가 가장 인기 있는 외국어임에도 불구하고, 일반적으로 대학에서 선택과목으로 되어 있다.

셋째, 영어는 일본인과 한국인에게 정치적으로 중립적인 언어라 할 수 있다. 일본에서 영어는 어떠한 부정적인 견해 없이 국제언어로서 간주되어진다. 한국에서 일본어는 점령을 위한 언어로 강요되었기에 아직까지도 좋지 않은 의미를 함축하고 있다. 이와 대조적으로, 영어는 세계적인 의사소통으로서 국제언어로 생각되고 있다.

넷째, 영어는 한국인과 일본인에게는 평등의 언어이다. 일본과 한국에서, 젊은이들은 비슷한 시간 분량의 영어공부를 하며, 영어를 외국어로서 접하고, 거의 비슷한 수준의 영어를 구사한다. 어느쪽도 영어에 대하여 모국어로서의 장점을 갖지 않는다.

4. 한국과 일본의 영어 교재들

한·일간의 이해증진을 위한 언어 교육자 그룹 중에는 영어 교과서를 집필하는 분들이 있다. 영어를 외국어로 가르치는 전통적인 틀에서는 교과서 집필자들은 일상생활이나, 영어를 모국어로 쓰는 나라(영국, 미국)에 대한 것, 그리고 영문학에 관련된 주제로 자신들을 국한하였다. 이러한 전통은 상당수의 평화교육자들에 의해서 비판되었다. 프로이덴슈타인에 의하면, 나는 전통적인 영어 교과서에서 평화에 관한 문제들이나 풀어가야 할 현안들을 다룬 어떠한 단원이나 수업내용, 또는 읽기자료를 보지 못했고 이러한 내용을 학습하는 것은 저학년의 교과서뿐만 아니라 고학년의 교과서에서도 빠져 있다고 비판하면서 어휘나 문법상의 문제 때문에 평화에 관한 내용을 무시한 것은 이유가 되지 않는다고 했다. 이러한 내용은 여태껏 학습자들이 다루었던 쇼핑하기나 길 물어보기 또는 파티에 참석하기 등의 내용을 다루는 것과 똑같이 학습자들에 의해서 공부하고 토론해볼 수 있고 영어 교과서 집필진들이 '의사소통적인 평화(communicative peace)'의 요구에 부응하여 그에 맞는 학습자료들을 집필하기를 주장하였다(Freudenstein, 1992).

전세계적인 언어로서의 영어에 대한 새로운 인식과 전 지구적 교육과 평화교육, 국제이해교육에 대한 관심의 증대로, 교과서 집필진들은 1990년대에 시사문제와 세계의 문화 그리고 평화와 인권, 환경에 관한 전 지구적인 이슈를 포함하기 시작했다.

1) 한국의 고등학교 영어 교과서

최근 한국 고등학교의 교과서에는 일본에 대한 문제를 주저함 없이 다루고 있다. 1990년대에 출판된 한국의 교과서들은 일본이나 일본의 한국 침략에 관한 역사에 대해서 많은 영어 지문을 통해 다루고 있다. 한 지문은 1592년에 한국을 침략했던 일본이 한국의 이순신 장군에게서 패전했던 사건을 자세하게 묘사하고 있다(Kim, 1992). 다른 지문에서는 1909년 한국인 안중근 의사가 일본의 수상이었던 이토 히로부미를 암살한 사건을 묘사하고 있다. 또한 1910년에서 1945년까지의 일제 강점기 때의 시절을 다루고 있는 교과서도 있다. 예를 들어, 한 교과서는 1919년 일본의 식민통치에 대항하여 억압 받고 살았던 한국인들의 3·1 독립운동을 묘사하고 있다. 하지만 이렇게 과거 일본의 잔인한 만행을 중요하게 다루면서도 흥미로운 것은 현재의 일본이나 그들의 문화, 그리고 일본인들에 대한 내용은 전혀 다루어지지 않고 있다는 사실이다.

한국 학생들에게 일제식민통치에 관해서 늘 상기시키는 영어 교과서가 있는 반면 일본에 대한 적대감정을 완화하는 교과서는 없다. 1990년대에 출판된 한 고등학교 교과서 중에는 '잊을 수 없는 시절(The Unforgettable Hour)'이라는 단원이 있다. 이 단원에서는 한국과 일본 간의 용서와 화해를 도모하기 위해서 새로운 접근을 보여주고 있다. 이 단원에서는 일본이 제2차세계대전에서 패망했던 날인 동시에 한국의 광복절인 1945년 8월 15일에 있었던 한 한국 가정의 이야기를 다루고 있다. 이는 일제식민통치하에서 실제로 어린 시절을 보냈던 한 한국 작가의 이야기를 토대로 하고 있다. 이 단원은 영어 읽기 지문으로 시작하여 마지막에는 미국인 여학생과 한국인 여학생과의 대화로 끝을 맺는다.

'잊을 수 없는 시절(The Unforgettable Hour)'(발췌 지문)

> 집에는 나와 할아버지뿐이었다. 아버지는 내내 감옥에 계셨다. 일본 경찰이 마을 이곳저곳을 다니면서 정오에 있을 라디오로 중계될 천황의 특별 메시지를 청취하라며 계속적으로 마을 사람들에게 말하고 다녔다. 그것은 전쟁에 관한 중요한 성명이라는 것이다. 할아버지는 일본어를 전혀 모르셨기 때문에 내가 할아버지께 통역을 해드려야만 했다. 라디오에서는 먼저 일본의 국가가 나왔고, 그 뒤에 일본 천황의 목소리가 나왔다. "뭐라고 하는 거냐?" 할아버지가 물으셨다. 나는 라디오에서 들려오는 소리에 놀라서 자세를 바로 해 앉았다. 곧 난 나 스스로를 주체할 수 없어서 일어서 있었다. 나는 일본이 미국에 항복했다고 소리를 질렀다. 할아버지는 잠시 나를 뚫어지게 보셨다. 그리곤 이내 할아버지의 얼굴을 타고 눈물이 하염없이 흘러내렸다. 당신 자신을 어떻게 할 수 없으셨던지 할아버지는 우시면서 말씀하셨다. 할아버지는 기름종이로 꽁꽁 싸맨 꾸러미를 가지고 오셨다. 그 안에는 조그맣게 네모로 정갈하게 개켜 있는 국기가 있었다. 태극기였다. 할아버지는 태극기를 내게 주시면서 "가서 달아라"라고 말씀하셨다. 나는 문으로 달려가서는 일장기가 여전히 걸려 있는 깃대를 끌어내렸다. 깃대에서 일장기를 확 잡아뜯어서 할아버지께 드렸다. 할아버지는 일장기를 불태우셨다. 그리고 우리는 깃대에 태극기를 매고 올렸다. 바로 그때 할아버지가 소리지르셨다. "여러분! 모두들 나와요! 우리는 자유예요! 독립했다구요!"
>
> 큰 길가로 내려가보니 사람들이 풍악을 울리고 있었고, 길가에는 여러 명이 춤을 추고 있었다. 난 그들에게서 눈을 돌려 언제나 그랬듯, 그러고 싶지 않아도 이미 내 눈은 눈물로 그렁그렁했다. 아마도 난 감옥에 계신 아버지를 생각하고 있었던 것 같다. 나는 일본놈들이 우리 땅에 안겨주었던 모든 슬픈 기억들을 떠올리고 있었다. 하지만 암흑 속의 시간들은 이제 다 끝이 났다.

Dialog: Judy(American) and Ha-na(Korean) talk about August 15 in Korea.[대화: 쥬디(미국인)와 하나(한국인)는 한국에서의 8월 15일에 대해서 얘기하고 있다.]

Judy: Ha-na, aren't you going to school today?(하나야, 오늘 학교 안 가니?)

Ha-na: It's August 15 today. It's a national holiday. (8월 15일이잖아. 오늘은 국경일이야.)

Judy: What are you celebrating?(뭘 기념하는 건데?)

Ha-na: It's the day when Korea was freed from the Japanese occupation.(이 날은 한국이 일제 식민통치에서 해방된 날이야.)

Judy: See. How long did Japan occupy Korea?(아하. 얼마나 일본이 한국을 식민통치했었니?)

Ha-na: for 35years.(35년 동안)

Judy: for so long? Koreans must have had a hard time during that period.(그렇게나 오래? 한국 사람들 그 세월 동안 정말 힘들었겠다.)

Ha-na: My grandfather says it was one of the darkest periods in Korean history.(우리 할아버지가 그러시는데 그 때가 한국 역사에 있어서 가장 어두웠었던 시간이었대.)

Judy: I can imagine how happy Koreans were when they were freed from the occupation. Do you have any hard feelings toward the Japanese?(식민통치하에서 해방되었던 날, 한국 사람들이 얼마나 기뻐했겠는지 알 것 같아. 너는 일본 사람들에 대해서 어떤 안 좋은 감정 같은 것은 없니?)

Ha-na: Most of the older people do, but the younger generation have mixed feelings.(대부분의 나이 드신 분들은 다들 일본에 대해 적대적인 감정이 있으시지. 하지만 세대가 더 젊어지면 질수록 여러 가지 다양한 감정을 가지고 있는 것 같아.)

Judy: You mean you shouldn't blame the young Japanese for what their ancestors did?(그러니까 네 말은 너희 선조들이 했던 것처럼 젊은 일본 사람들을 비난해서는 안 된다는 의미니?)

Ha-na: That's right.(응. 맞아. 바로 그거야.)

고등학교 영어II-A 9과(Lee, 1992)(16쪽)

평화교육과 관련해서 주목할 것은 영어 교과서를 쓰는 한국의 교과서 집필자들이 용서를 강조하고, 정죄하는 것을 피하고자 일제식민통치에 대한 지문들을 얼마나 고려하였느냐 하는 것이다. 이 읽기 자료는 해방으로 인한 한국인의 기쁨과 일제 식민 통치에 대한 일본에의 증오심을 묘사하는 데 감정적인 자극을 배제하고 있다. 이제까지의 한국의 교과서 집필진은 그동안 더 젊은 세대들까지도 포함하여 단지 일본에 대한 한국인의 분노를 강조하는 대화를 썼을 수도 있지만, 앞의 지문은 세대에 걸쳐 반복되었던 일본에 대한 증오와 적대감의 악순환의 고리를 깨기 위해 마지막 몇 줄의 대화를 넣음으로써 희망의 메시지로 마무리를 했다.

2) 일본의 고등학교 영어 교과서

영어 교과 내용에 대해서 일본에서는 많은 연구가 계속적으로 있었다. 그 연구들은 전 지구적 교육과 평화교육에 관련하여 교과 내용을 분석하였다. 한 예로, 나가바치는 1980년대부터 48개의 일본 고등학교 영어 교과서에서 752개 단원을 조사했다. 그 결과 이 교과서들 중에서 일반적으로 전쟁에 대한 것이나 제2차세계대전 같은 평화를 다룬 주제가 54%를 차지했고, 여성문제나 흑인에 대한 인종차별 격리정책, 미국의 인디언, 미국에서의 시민권 같은 인간의 권리를 다룬 주제가 70%를 차지했다(Nakabachi, 1991). 최근에는 이노우에가 일본에 있는 40개의 고등학교 영어 교과서를 분석했다. 이 교과서들에서는 좀더 폭넓고 다양한 전세계적인 이슈가 포함되어 있었다. 환경문제를 55개 단원에서, 인권문제를 48개 단원에서, 평화의 문제를 30개 단원에서, 개발에 대한 문제를 29개의 단원에서 다루고 있었다. 그의 연구에서 가장 높은 빈도수의 주제에는 성역할(11번), 마틴 루터 킹(10번), 자원봉사(8번), 장애인(7번), 사라예보에서의 아이들의 삶을 다룬 책(5번), 식인종에 관한 것(3번), 넬슨 만델라(2번) 등이 있다.

(1) 크라운 영어 시리즈(Crown English Series)

일본의 고등학교 교과서가 한국에 대한 일본의 식민통치를 다루고 있지 않는 가운데, 오로지 한 선구적인 교과서는 한국을 일본의 고등학교 학생들에게 소개한다. 다음은 이 단원을 조금이라도 맛보게 하기 위한 교과서의 발췌 부분이다.

Reading Passage(spoken by a Japanese high school girl)[읽기자료(일본의 고등학교 여학생의 말)]

I have studied English for about two years. I have also studied Korean since last month. Korea is Japan's neighbor. It lies about 50kilometers from Tsushima across the sea. Korean is quite similar to Japanese in some ways.(나는 2년쯤 영어를 공부해오고 있다. 지난 달부터 나는 한국어도 공부하고 있다. 한국은 일본의 이웃 나라이다. 한국은 쓰시마 섬에서 바다를 건너 약 50킬로미터 떨어져 있다. 한국인은 여러 가지 면에서 일본인과 많이 비슷하다.)

<Dialog>

Tom: I hear you're studying Korean.(너 한국어 공부하고 있다며?)

Kumi: Yes. Who told you that?(응. 누구에게 들었어?)

Tom: Ken did. Have you studied it for a long time?(켄이 그러더라구. 오랫동안 한국어 공부해온 거야?)

Kumi: No.(아니.)

Tom: How long have you studied it?(얼마나 공부했는데?)

Kumi: Only a month and a half.(딱 한달 반 됐어.)

Tom: Is it interesting?(재미있니?)

Kumi: Yes. The word order of Korean is almost the same as that of Japanese. I'm also interested in Korean culture. I've just read a book about it.(응. 한국어의 어순이 거의 일본어의 어순하고 같아. 난 한국의 문화에도 관심이 많아. 그냥 한국 문화에 관한 책을 계속 읽고 있어.)

Tom: Is Korean culture quite different from Japanese culture?(한국 문화랑 일본 문화랑 많이 다르니?)

Kumi: Well, the two cultures are the same in many ways, but there are some big differences too.(글쎄, 두 나라의 문화는 여러 부분에서 비슷한 점이 많아. 하지만 크게 다른 부분들도 있어.)

Tom: Can you give me an example?(예를 들면?)

Kumi: Well, people in both countries use chopsticks. But Korean people usually use spoons to eat rice. In Japan we bring a bowl up to the mouth. That's rude in Korea.(흠,

두 나라 사람들 모두 젓가락을 사용해. 하지만 한국 사람들은 대부분 밥을 먹을 때에는 숟가락을 사용하지. 일본에서서는 그릇을 입에 대고 먹지만 한국에서는 이런 게 무례한 행동이야.)

신 크라운 영어 시리즈 III-3과(14-16페이지)

이러한 일본의 고등학교 영어 교과 단원에서는 대다수가 영어의 문법 사항에 대한 연습으로 이루어져 있다(예를 들어, 현재 완료 Have you studied? 비교구문 Korean is the same as Japanese, 대조구문 In Japan But in Korea). 위의 예문에서 봤던 것처럼 이 단원에는 한국에 대한 이해와 홍미를 높이기 위해서 여러 가지 다양한 방법들이 제시되어 있다.

① 이 단원은 하나의 외국어(영어) 공부와 다른 나라의 언어(한국어) 공부를 연결해준다.

② 이 단원은 한국이 일본의 바다 건너 이웃 나라라는 사실을 강조한다(물론 외교적으로 한국어로는 '동해' 일본어로는 '일본 해'라는 바다의 이름에 대한 두 나라의 갈등은 제외하고 있다).

③ 이 단원은 일본의 어순과 같은 한국어가 홍미로운 언어임을 일본 학생들에게 말해주고 있다.

④ 이 단원은 한국과 일본이 비슷한 점이 많다는 사실을 강조하면서 동시에 기본적으로 문화가 다르다는 것 또한 알려주고 있다.

⑤ 이 단원은 한국에 대한 학생들의 관심도를 높이기 위해 한국 지도와 한글을 소개하고 있다.

(2) 안녕 한국(Anyong Korea)

한국의 주제를 전적으로 다루는 좀더 새롭고 좀더 진보적인 일본의 고등학교 교과서가 있는데, 바로 '안녕 코리아'이다. 이 책은 일본의 학생들에게 한국인과 한국의 문화와 역사에 관해 소개하면서 학생들의 영어이해능력을 증진시키고자 한다. 교과서의 13개 단원은 한국어와 한국 음식, 한국의 전통문화, 한국의 대학입학 시험, 한국의 통일, 한국과 일본의 교환학생, 한·일 월드컵 경기에 대한 내용을 다루고 있다. 일본에서의 한국인과 유관순 열사(한국의 잔다르크라고 불리는 16세의 여학생으로 한국의 독립을 위해서 싸웠으며, 1920년 일본군의 고문으로 죽임을 당했다)에 대해서 다룬 특별한 단원도 있다. 각각의 단원은 한국에 대한 사진과 읽기자료,

어휘설명, 영어 연습문제로 구성되어 있다. 교과서에는 한국 지도와 한글 표도 포함되어 있다.

(3) 일본 교재 속에서 다루어지는 한국

일본의 대부분의 영어 교사들은 한·일 간의 이해를 증진시키고자 한국의 주제에 관한 교안과 단원들 혹은 과정을 개설해왔다. 한 예로서, 일본의 삿포로에 있는 대학의 2학년들은 타문화의 의사소통이라는 수업에서 두 달 반 정도 한국에 관하여 영어로 배운다(Cates, 1999). 이 수업과정 속에는 다음과 같은 것들이 포함되어 있다.

① 한국에서의 삶에 대한 다큐멘터리 비디오 상영 및 토론.
② 한국의 음식, 관습, 문화, 전통의상, 결혼식, 언어 등등의 사진 및 인쇄물.
③ 한국인 강사의 수업 방문을 통한 질의와 응답.
④ 한국에 있는 대학생들과 개인적으로 영어 펜팔 교류.
⑤ 한국의 영어수업과의 교류(일본 학생들은 책자들을 통해 일본을 소개한다. 스모, 다도, 기모노, 유행하는 음악이나 색종이, 일본의 사탕 같은 것들을 보낸다).
⑥ 한국의 섬유전시회 관람을 위한 지역 박물관으로의 여행.

6. 타문화이해로서 영어 펜팔 프로그램

한국과 일본학생들 사이에서 영어 펜팔(pen-pal)과 키팔(key-pal) 프로그램은 힝켈만(Hinkelman, 2002)과 스즈키(Suzuki, 2001)가 묘사했듯이 이제 점점 더 일반화되어가고 있다. 10년 전만 해도 상당히 드물었던 일이다. 여하튼 1991년 한·일 간의 영어 펜팔 프로그램 구축시의 내 경험을 연결지어보고자 한다.

1990년에, 일본의 돗토리 대학의 신임 영어교사로서, 나는 일본국립대학이 한국의 충남대학과 문서상으로 자매결연이 되어 있는 것을 알게 되었다.

나는 일본 학생들의 영작에 대한 필요와 한·일 간의 이해증진의 필요성을 믿으면서, 충남대학교의 영문학부 담당자에게 한·일 두 대학의 학생들이 서로 영어펜팔 프로그램을 시작하자고 제안하였다. 2년 동안 아무런 답신이 없었다. 그러나 충남대 총장님이 우리 학교에 공식방문을 했고, 나는 내가 2년 전 썼던 편지에 대해 물어볼 수 있었다. 그 다음주에 답신을 받았다. 충남대학교에서 영어를 가르치는 뉴질랜드 사람이 아래와 같이 편지를 썼다.

> 케이츠 씨, 2년 전 보낸 당신의 편지에 감사를 드립니다. 총장님께서 그 편지를 찾아보라 하셔서, 저희 문서 속에서 찾았습니다. 당신의 편지를 보건대, 당신이 한국을 방문하신 적이 없으셔서 그런지, 한국 사람들이 얼마나 일본 사람들을 싫어하는지 모르시리라 생각합니다. 당신의 단순한 영어 펜팔 프로그램은 매우 이상적이나, 그것이 이뤄질 수 있을지 정말 의문입니다.

나는 다시 답신하기를 난 한국에 방문한 적도 있고, 난 두 나라 사이의 적대감에 대해서도 이해하고, 내가 이 프로그램을 제안했던 이유가 바로 그것 때문이었다고 썼다. 나는 내 펜팔 제안이 이뤄지지 않을 수 있는 것도 알고 있으나, 포기하기 전에 적어도 시도라도 해보자고 그에게 강력하게 요구했다. 반갑게도 내 편지에 의해 그 사람은 설득되었고, 그 다음주에 그는 대학 내의 그의 영어수업 시간에 이와 같이 광고했다.

> 저는 지금 막 영어 펜팔 프로그램을 시작하고 싶어하는 일본에 있는 우리 자매학교에 계신 캐나다 선생님으로부터 편지를 받았습니다. 여러분 중 누가 영어로 편지를 쓰는 일본 펜팔 친구를 두고 싶습니까? 손을 드십시오.

나의 뉴질랜드 상대편은 나중에 내게 언급하길 그의 한국 학생들은 일본에 자매학교가 있었는지도 몰랐다고 했으며, 그는 아무도 일본과 함께하는 영어 프로그램에는 관심이 없으리라 추측했다고 했다. 그러나 놀랍게도 50명의 학생들이 손을 들었다고 했다.

이 일화는 갈등 지역에서의 교환 프로그램을 주도하는 데 한 가지 장애가 있음을 보여준다. 편견과 선입견이다. 나의 뉴질랜드 동료는 반일의식에 대해서 한국에서 자주 들어왔기 때문에 한국의 젊은이들이 반일의식이 강하리라고 유추했던 것이다. 그러나 그가 몰랐던 것이 있는데 많은 한국의 젊은이들은 일본에 대해 궁금해 하며, 기회가 주어진다면 일본의 젊은이들과 접촉하고 싶어한다는 것이다. 나의 '단순하며 비현실적인' 펜팔 프로그램을 광고하겠다는 그의 의지를 통해서 모든 한국인이 모든 일본인을 싫어한다는 편견을 깰 수 있도록 해주었다.

그가 광고한 결과, 한국의 학생들로부터 '미지의 일본 펜팔 친구에게'란 50통의 편지를 갑자기 받게 되었다. 나는 50통의 한국 학생의 편지들을 개봉하여 하나하나 읽어보았다. 내 아내는 놀라서 "당신 지금 뭐 하는 거예요? 그건 사적인 거예요. 그건 비도덕적이에요"라고 말했다. 그러나 나는 "내가 이 펜팔 프로그램을 하는 궁극적인 이유는 한국 젊은이와 일본 젊은이들 간의 좀더 나은 관계를 만들고자 하는 것이야"라고 반박했다. "평화교육자로서, 이 편지들에 무엇이 적혀 있는지 난 알아야 하거든. 만일 이 젊은이들이 평화를 도모한다면 좋지만, 그렇지 않다면 이 모든 프로그램을 다시 생각해봐야만 해." 50명의 한국 학생들의 편지를 읽으면서, 나는 두 가지 흥미로운 것을 발견했다.

첫째, 한국 학생들의 편지의 95%는 젊은이들의 편지다운 것이었고, 한국이나 일본에 관계된 그 어떠한 내용도 없었다. 다음의 내용들은 시사하는 바가 있다.

> 사랑하는 일본 펜팔 친구에게,
> 안녕! 내 이름은 박은미야. 우리 가족은 모두 5명이고, 할머니, 아빠, 엄마, 오빠, 그리고 나야. 우리 집엔 이리라는 이름을 가진 고양이가 있어. 난 학교에서 컴퓨터 클럽에 속해 있고, 내 취미는 우표 수집이고, 내가 제일 좋아하는 가수는 마이클 잭슨이야.

내 일본 학생들도 비슷한 분량으로 이러한 종류의 편지들을 써서 보냈고, 각자의 일본 가족들, 취미, 애완용 동물에 대하여 한국 펜팔 친구들에게 답신을 했다.

둘째, 나머지 5%의 편지들은 이와는 상당히 다른 내용들로 다음과 같이 시사하는 바가 있다.

> 사랑하는 일본 펜팔 친구에게,
> 안녕! 내 이름은 김기철이야. 나는 대학교 2학년이고 21살이야. 우리 뉴질랜드 영어 선생님께서 펜팔 프로그램을 이야기하셨을 때, 나는 우리에게 정말 좋은 기회라고 생각했어. 일본과 한국은 슬픈 역사를 공유하고 있지. 이러한 과거를 극복하여, 미래를 위한 더 좋은 관계를 이뤄나가는 것은 우리 젊은 세대들의 책임이라고 생각해. 이 프로그램을 통해 너에 대해 매우 알고 싶고, 두 나라간의 우정을 연결짓는 중요한 임무를 너와 함께 이뤄가고 싶어.

이처럼 다른 종류의 편지들을 쓴 사람들의 나이와 성을 통해 왜 그들이 다른지를 알 수 있었다. 그들은 모두 나이가 좀더 있는 남학생들이었고, 의무적으로 2년 반의 군복무를 마치고 돌아온 젊은 남성들이었다. 왜냐하면 그들은 좀더 나이가 들고, 더 성숙했기 때문에, 전쟁과 평화, 삶과 젊음에 대해 좀더 신중히 생각해봤었고, 내가 이 프로그램을 시작한 근본 취지를 정확히 붙들 수 있었다. 한국-일본 펜팔 프로그램을 시작한 이 첫 경험으로 인해 일본 학생들과 한국 학생들 사이의 풍부한 교환이 이루어졌고, 펜팔 친구들을 개인적으로 만나려고 애를 썼다.

7. 한·일 간의 방문 프로그램

일본에서는 해마다 국내 명소들을 방문하는 것이 전통이다. 보통 이런 수학 여행은 며칠에 걸쳐서 도쿄 또는 교토를 방문한다. 또한 히로시마나 오키나와 같은 평화의 현장들도 방문한다. 1980년대에는 해외로 수학여행을 다녀오는 고등학교들의 수가 늘어났다. 일본 수학여행 안내 여행사에 따라, 한국으로 방문했던 첫 일본 고등학교는 1972년 두 개의 사립학교에 국한되어 있었다. 10년 후, 1982년엔 60여 개 학교에서 한국으로 수학여행을 다녀왔다. 1988년 서울올림픽 이후로는 해마다 200여 개의 고등학교가 한국을 방문하여 거의 3만 명에 달하는 일본 학생들이 한국을 방문했다. 1996년까지 이 숫자는 5만 5,000명에 다랐다. 이와 대조적으로 한국에서는 2000년이 되어서야 일본으로 수학여행을 처음 왔는데, 최근 월드컵을 통한 움직임으로 이러한 수학여행을 오고가는 일이 늘어날 것으로 예상된다.

내가 경험했던 한국과 일본 간의 수학여행은 위에서 언급했던 펜팔 프로그램을 통해 1993년에 시작되었다. 2년간의 펜팔 프로그램을 통해, 내 동료들과 나는 한국으로 일본 대학생들을 데리고 가기로 결정했다. 우리가 당면했던 첫번째 도전은 대학 당국과 영문학부에서 왜 영어를 모국어로 쓰는 미국, 캐나다, 영국이나 오스트레일리아가 아닌 영어를 쓰지 않는 한국으로 학생들을 데리고 가는지에 대해 다른 교수들에게 설명하는 일이었다.

우리의 두번째 도전은 학생들의 영어실력을 향상시킬 수 있으며, 한국과 일본의 관계를 개선할 10일간의 여행코스를 만드는 것이었다. 여행의 인솔자로서 나는 몇 가지 흥미로운 결정을 내렸다. 나는 우리 학생들이 한국 박물관, 공원, 고궁이나 여행을 위한 관광을 하고 일본으로 돌아올 때 한국에 대하여 장미빛과 같은 환상을 갖고 돌아오는 것 대신, '고통과 황홀'이라 자칭하는 좀더 도전적인 프로그램을 선택했다. 서울에서 이틀간 관광을 한 후, 우리는 한국 독립박물관을 방문해서 잔인했던 일제 침략기 때에 일본으로부터 구타당하고 고문당하며 죽임 당한 그림들을 보는 '고통'을 경험했다. 우리 일본 학생들은 충격을 받았다. 그 다음날, 우리는 한국인 펜팔 친구들과 그들 가족과 함께 황홀한 3일을 보냈다. 일본이 한국에 어떻게 했는지의 혐오스러움을 본 이후, 한국 펜팔 친구와 그 가족들의 사랑스럽고 관대한 대접에 몸 둘 바를 몰라 했다. 이 3일간의 시간이 언어학습과 평화교육을 위해서 절대적으로 필요했다. 처음 우리가 일본 학생들을 한국 가정에 인계했을 때, 학생들은 3일 동안 영어로 말하며 살아야 한다는 점과 일본에 의해 잔인하게 압제당했던 조상을 둔 전혀 알지도 모르는 이방인들과 함께 지내야 한다는 것에 긴장하는 것을 볼 수 있었다. 3일 후에 우리가 학생들을 데리러 갔을 때는 완전히 정반대의 모습이었다. 한국 젊은이들과 일본 젊은이들은 가장 좋은 친구가 되어 있었고, 새로운 가족과 헤어지는 데 대해 모두 울고 있었다. 일본 학생들은 "지난 72시간 동안 전 오로지 영어만 썼어요"라고 신이 나서 말했다.

8. 교사 훈련

영어 교사 훈련은 일본과 한국의 관계 속에서 국제적인 이해의 다른 분야이다. 일본의 두 활동의 예를 들어보자.

하나는 일본 언어 연구소(LIOJ)가 매년 주최하는 여름 워크숍으로 여기에는 150명의 일본 고등학교 영어 교사가 참가해 일주일 동안 '일본어 사용을 금지'하는 교사훈련 코스이다. 이 워크숍의 특징은 한국과 타일랜드, 라오스, 베트남과 같은 다른 아시아 국가에서도 고등학교 영어교사들이 참여한다는 것이다. 일본 교사들이 '영어만 사용하는' 환경 속에서 공부하고 이야기하고 식사하고 한국인이나 다른 아시아 국가의 영어교사와 한 방을 쓰는 것은 대단한 자극이다. 한국에 대해서도 배울 수 있으며 아시아인의 의사소통의 언어로서의 영어를 볼 수 있다.

다른 하나의 활동은 '전 지구적인 문제'에 대한 대학원과정이었는데, 내가 콜롬비아 대학(뉴욕)의 도쿄 캠퍼스에서 교사를 위한 테솔(TESOL) 프로그램의 석사과정을 가르친 것이었다. 이것은 일본의 영어교사에게 전 지구적 교육과, 평화교육, 인권교육과 환경교육 등의 현장을 소개하였고, 교사들이 교육자료와 국제 이해와 평화와 연결된 교과를 적극적으로 개발하도록 했다. 그 과정의 일부로서, 교사들은 한국의 영어 교과서를 연구하고 국제이해를 돕기 위한 하나의 방법으로 한국에 대해 가르치는 것을 논의한다. 많은 참여자들은 일본에서 영어 교과서에 한국에 대한 것을 포함하고 한국인 교사들과 영어 펜팔 프로그램이나 수업 교류 등으로 관계를 맺고 있다.

이밖에도 영어교수연합은 또한 일본과 한국 상호간의 이해를 촉진하기 위한 중요한 역할을 한다. 한국과 일본의 일부 교사들간의 국제교류는 상호간의 이해를 통해 다른 나라의 언어교육가의 눈을 열도록 했고, 이해와 협력을 증가시켰으며, 각 나라의 학생에게 직접적인 영향을 주었다. 특히 한국과 일본 교사의 연락과 소통이 증가됨으로 각국에 대해 더 많은 것을 가르칠 수 있고, 한·일 학생들이 영어를 매개로 교류가 이루어졌다. 또한 일본 교사들과 한국의 교사들이 자매결연의 결과로 언어 교사들의 정체성에 대해서 새롭게 인식하여 '일본인' 혹은 '한국인' 영어 교사라기보다는 스스로를 '아시아'의 영어 교사로, 아시아의 다른 국가와 함께라는 연대감을 통해서 새로운 정체성을 확인시켜준다.

9. 국제 청소년 행사

한국과 일본의 국내 영어교수협회 공동으로 범아시아대회 중 '아시아 청소년 포럼(AYF)' 개최를 주도했다. 아시아 청소년 포럼은 한국과 일본, 타일랜드 및 다른 아시아 국가의 대학생 정도의 청소년이 참가하는 유일한 청소년 행사로 계획되어 아시아 언어로서의 영어를 매개로 언어와 문화, 전 지구적 이슈와 국제간의 이해를 논의했다. 이 행사를 계획하는 데 참여한 몇몇은 다음과 같은 논의를 했다. 범아시아인 대회에는 일본, 한국, 타일랜드와 같은 국가에서 영어 교사가 참가하였는데, 여기에서 참여국 교사의 학생들을 국제 청소년 행사에 초청하는 여부를 논의했다. 이 행사의 목표는 영어를 통해 국제간의 이해를 촉진하는 데 있다.

첫 아시아 청소년 포럼은 1999년 10월 한국, 서울의 올림픽공원에서 열렸다. 이 행사에 일본, 한국 등의 나라에서 온 50명의 학생들이 영어를 통한 아시아 이해와 국제간의 이해를 증진시키고자 하는 학회 세미나와 친목 행사에 4일 동안 참여했다. 특별한 요소는 일본 학생들이 한국인 집에서 숙박[홈스테이(Homestay)]한 것과, 평화교육 워크숍, 한국인과 일본인이 일본의 한국점령과 상호 이해의 필요성에 대해서 패널 토의를 영어로 진행한 것이었다.

제2회 AYF는 2001년 11월에 일본의 고쿠라에서 개최했고, 11개의 도시에서 40명의 대학생이 참가했다. 참여한 한국과 일본 학생들은 견고한 우정을 쌓고 두 나라간의 이해증진을 위해 일하고자 하는 강한 참여의 의지를 만들어갔다. 여기에는 영어교육, 리더십, 세계문제, 아시아인의 전형과 학문적인 모임들과 타이완 내 여행, 홈스테이, 문화공연을 모두 포함한다. 참여하는 학생들은 함께 각각의 나라와 상호간의 고민을 나누고 전 지구적 문제를 탐색하고, 타문화를 이해하는 우정을 나눌 것이다.

10. 결론

영어를 통해 일본과 한국의 관계를 발전시키기 위해 수고해온 우리 모두는 2002년 월드컵을 통해서 보여준 한국 사람들과 일본 사람들 간의 상호 관심과 이해와 우정의 현 수준의 정도에 놀라고 있다. 한국에서는 지금 일본의 음악, 영화와 대중문화가 열풍을 일으키고 있다. 한때는 한국에 대한 무지가 지배적이었던 곳 일본에, 한국의 음식, 영화와 패션이 선풍을 일으키고 있다. 적대감과 고통의 감정이 우정과 이해로 전환하는 데 한국과 일본에서 화해와 평화를 증진하는 도구로서 영어를 가르친 영어 교육자들의 역할도 한몫했다.

이 논문이 한국인과 일본인 사이의 관계를 증진시키는 수단으로서의 영어와 영어 교육의 역할에 대해 검토한 것에 비해 어떻게 영어가 다른 민족들과 나라들 사이의 평화를 증진시키는 중재자로서의 역할을 하는지 또 다른 많은 예들이 있다. 한 예로서, 와인트롭(Weintroub, 1998)은 이스라엘의 영어 수업이 중동평화를 공부하는 데 어떻게 사용될 수 있는지에 대해 서술하고 있으며, 포한(Forhan, 1996)은 1995년에 있었던 전문적인 개발과 상호간의 이해를 위한 교사훈련과정을 통해 어떻게 이스라엘과 팔레스타인 영어 교사들이 함께했는지를 서술하고 있다. 그에 비해 필립슨(Phillipson)은 영어가 언어의 제국주의라고 비판하기도 한다(Phillipson, 1992). 또 다른 이들은 영어가 민주주의와 인권을 도모하기 위한 도구로 얼마나 사용될 수 있는지를 지적하고 있다. 예를 들면, 케어푸트(Kerfoot, 1993)는 남아프리카에서 영어 교사들에 의해 고안된 남아프리카 흑인들을 위한 '역량강화를 위한 영어'라는 학습자 중심의 커리큘럼을 설명했다. 이러한 예들이나 한·일 간의 아시아인을 위한 이해로서 영어에 대한 이 보고서는 영어 교육이 진정으로 평화를 도모하는 데 어떠한 잠재력을 갖고 있는지를 엿보게 한다.

<참고문헌>

Breen, M. 1998, *The Koreans,* London: Orion Books.

Cates, K. 1999, "English for Inter-Asian Understanding," Presentation at Korea TESOL conference, October 1999, Korea.

Crystal, D. 1997, *English as a Global Language,* UK: Cambridge University Press.

Cunningham, D. 1995, *Linguapax V,* Australia: FIPLV.

Forhan, L. 1996, "Israeli-Palestinian EFL Collaboration," *Global Issues in Language Education Newsletter,* Issue #22 March 1996, Tottori, Japan.

Freudenstein, R. 1992, "Peace Education? No, Thank You!", *Global Issues in Language Education Newsletter,* Issue #26, March 1997, Tottori, Japan.

Hinkelman, D. 1993, "Overseas Tours to Research Social Issues: language Learning through Experiential Education," *Special Issue of The Language Teacher magazine on Global Education,* Vol.XVII No.5 May 1993, Tokyo: JALT.

Hinkelman, D. 2002, "Korea-Japan Student Exchanges," Presentation at JALT CALL conference, May 2002, Hiroshima, Japan.

Hiranoi, C. 2001, "An Analysis of Global Issues in Japanese Secondary School English Textbooks," *Waseda Review* #37, Tokyo.

Hur, S. 1988, *Culture Shock: Korea,* Singapore: Times Books.

Inoue, M. 1999, *Content Analysis of Japanese Senior High School English Textbooks for Global Issue Themes,* Unpublished course project for Teachers College Columbia University TESOL MA course.

Kerfoot, C. 1993, "Participatory Education in a South African Context," TESOL Quarterly, Vol.27/3 Fall 1993, USA.

Kim, R. 1970, *Lost Names,* Seoul: Si-Sa-Yong-O-Sa Press.

Nakabachi, K. 1992, "A Survey of Global Issues in Japanese High School English Textbooks," *The Language Teacher,* Vol.XVI, No.5 May 1992 Tokyo: JALT.

Phillipson, R. 1992, *Linguistic Imperialism,* Oxford: Oxford University Press.

Raasch, A. Ed. 1991, "Peace Through Language Teaching," *Saarbrucken*, Germany: SALUS.

Raasch, A. Ed. 1993, "Languagein a World Without Peace," *Saarbrucken*, Germany: SALUS.

Raasch, A. Ed. 1997, "Languages: Ways Towards Peace," *Saarbrucken*, Germany: SALUS.

Saccone, R. 1994, *The Business of Korean Culture.* Seoul: Hollym.

Schaffner, C. and Wenden, A. Eds. 1995, *Language and Peace,* Aldershot, UK: Dartmouth.

Shukutoku Yono High School. 1987, *Joshi kokosei no mita Kankoku(Korea as seen by high school girls),* Tokyo: Shingaku.

Shukutoku Yono High School. 1988, *Anyong haseyo Kankoku(Hello Korea: A high school study tour*, Tokyo: Chikumashu.

Suzuki, S., and Choi, T. 2001, *Discourse Analysis on the Internet Between Korean and Japanese High School Students*. Presentation at 2001 Korea TESOL Conference, Seoul, Korea.

UNESCO. 1987, *Linguapax Kiev Declaration,* Pris: UNESCO.

Weintroub, E. 1998, "Hot Potato: The Israeli-Palestinian Peace Process." *Global Issues in Language Education Newsletter,* Issue #33 December 1998. Tottori, Japan.

Winchester, S. 1988, *Korea: A Walk through the Land of Miracles,* New York: Prentice Hall.

한국 서적

Chang, Wong-Rok. 1992, High School English II: B. Seoul, Korea: Dong A Press.

Kang, Yong-Se. 1992, High School English II: A. Seoul, Korea: Dong A Press.

Kim, Ki-Hong. 1992, High School English II: B. Seoul, Korea: Hyong Sal Press.

Kim, In-Suk. 1992, Middle School English. Seoul, Korea: Dae Rim Press.

Lee, Mang-Sung. 1992, High School English II: A. & B. Seoul, Korea: Ji Haksa Press.

Shin, Sang-Sun. 1992, High School English I. Seoul, Korea: Chinmunhwa Press.

일본 서적

Crown. 1992, New Crown English Series III. Tokyo: Crown.

Nishizawa, T., Muroi, M. & Brock, S. 2001, Anyong Korea. Tokyo: Sanyusha.

WEBSITES

Asian Youth Form www.asianyouthforum.org.

Global Issues in Language Education(GILE SIG) Japan www.jalt.org/global/

Global Issues Special Interest Group(GI-SIG) UK www.countryschool.com/gisig.htm.

TESOLers for Social Responsibility(TSR) US. www.tesolers4sr.org

■ 지은이(가나다순)

강순원	한신대학교 기독교교육과 교수
강현정	서울 도봉초등학교 교사, 인권교육교사모임회원
고병헌	성공회대학교 교양학부 교수
김영화	경북대학교 사회복지학과 교수
김현덕	거제대학교 교육학과 교수
베티 리어든	미국 컬럼비아 대학교 평화교육센터 교수
스위힌 토	오스트레일리아 그리피스 대학 교수
오낙영	외교통상부 인권사회과 과장
이삼열	유네스코 아시아·태평양 국제이해교육원장
이찬근	인천대학교 무역학과 교수
조명래	단국대학교 사회과학부 교수
최돈형	한국교원대학교 환경교육과 교수
버지니아 카와가스	캐나다 앨버타 대학교 교수
킵 케이츠	일본 돗토리 대학교 교수
한건수	강원대학교 문화인류학과 교수
한경구	국민대학교 국제학부 교수

■ 역 자(가나다순)

곽숙희(아시아·태평양 국제이해교육원 교육정보실 실장)
김희진(아시아·태평양 국제이해교육원 교육정보실)
배경래(인권운동사랑방 상임활동가)
이대훈(평화운동가)
이윤진(아시아·태평양 국제이해교육원 교육정보실)

한울아카데미 606

국제이해교육 1

세계화 시대의 국제이해교육

엮은이 | 유네스코 아시아·태평양 국제이해교육원
지은이 | 강순원·강현정·고병헌·김영화·김현덕·오낙영·이삼열·이찬근·조명래·최돈형·
한건수·한경구·토 스위힌·버지니아 카와가스·베티 리어든·킵 케이츠
펴낸이 | 김종수
펴낸곳 | 도서출판 한울

초판 1쇄 발행 | 2003년 12월 26일
초판 5쇄 발행 | 2012년 3월 15일

주소 | 413-756 파주시 문발동 535-7 302 (본사)
121-801 서울시 마포구 공덕동 105-90 서울빌딩 1층(서울 사무소)
전화 | 영업 02-326-0095, 편집 031-955-0606, 02-336-6183
팩스 | 02-333-7543
홈페이지 | www.hanulbooks.co.kr
등록번호 | 제406-2003-000051호

Printed in Korea.
ISBN 978-89-460-4583-5 93300

* 책값은 겉표지에 표시되어 있습니다.